NDRC

BTS NDRC

1re et 2e années

Négociation et Digitalisation
de la Relation Client

Relation Client
à distance et digitalisation

2e ÉDITION

W0212332

Sous la direction de :
Marie José Chacon Benito

Jean-François Ferré, Sylvie Georges,
Mohamed Maazouzi, Isabelle Masseran,
Sophie Turconi

Nathan
TECHNIQUE

Avec ce livre, une licence i-Manuel 2.0

Le i-Manuel 2.0, un outil simple d'utilisation qui reprend l'ensemble des contenus de ce livre sous forme numérique et interactive.

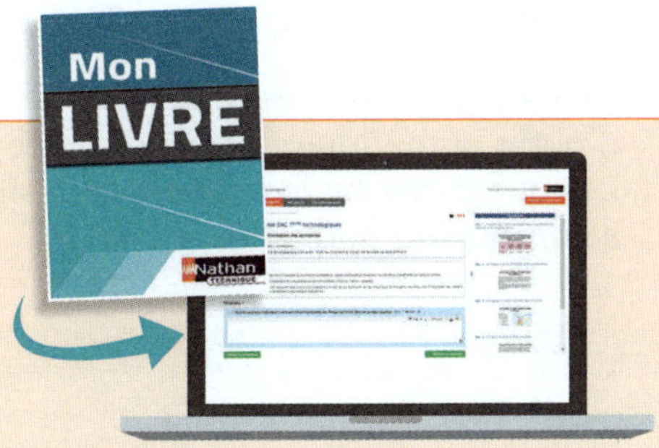

Il permet d'accéder au contenu de ce manuel à tout moment et en tout lieu sur un ordinateur ou une tablette. L'utilisateur peut donc passer du papier au numérique et choisir le support qui lui convient le mieux selon le travail à faire et le lieu où il se trouve.

Une véritable interactivité entre l'enseignant et sa classe

- **Vidéoprojeter** en classe les activités, les documents et les corrections pour animer les cours et travailler collectivement.
- N **Feuilleter le livre papier enrichi et le télécharger** pour un usage sans connexion.
- N Bénéficier d'**une banque de ressources.**
- **Piloter la classe** en assurant le suivi du travail des élèves à distance et en cours (recevoir et envoyer du travail, faire des commentaires, intervenir en temps réel).
- **Intégrer et envoyer à la classe**, à un ou plusieurs élèves, **des documents personnels**.
- **Afficher les corrigés** ou la correction individuelle du travail de l'élève.
- **Imprimer** les documents nécessaires pour mettre les élèves en **situation d'examen**.

Des fonctionnalités innovantes pour favoriser l'intérêt, la motivation et l'implication des élèves

- **Saisir les réponses** en travaillant sur ordinateur ou tablette.
- **Faire les activités et les exercices**, préparer ou réviser le cours **en classe ou à la maison**.
- **Accéder** aux **ressources numériques**, vidéos, fichiers élèves (Word, Excel, GeoGebra...).
- **Sauvegarder** au **format Word** le travail effectué dans un dossier (classeur).
- **Envoyer le travail** au professeur.
- **S'enregistrer** pour les activités orales.
- **S'auto-évaluer**.

Toutes les infos et les tutos sur www.nathan.fr/i-manuel2

Avec ce livre, des ressources numériques en accès direct

Flashez les QR Codes avec votre smartphone ou saisissez les mini-liens associés pour accéder à des vidéos, animations, QCM...

Ce pictogramme indique les savoirs managériaux qui peuvent être traités en CEJM appliquée.

Ce pictogramme indique les savoirs juridiques qui peuvent être traités en CEJM appliquée.

Ce pictogramme permet de repérer les questions qui font appel à l'utilisation d'outils numériques, notamment ceux de la plateforme numérique du BTS NDRC. Les questions sur les outils Prestashop et Wordpress permettent de s'entraîner à l'épreuve pratique du BTS NDRC.

Cet ouvrage peut contenir des liens hypertextes vers des sites internet. L'Editeur prend le plus grand soin dans la sélection des liens hypertextes pour leur intérêt pédagogique et leur sérieux. Néanmoins, l'Editeur ne saurait garantir la pérennité, les contenus et les services qui sont proposés. Il appartient aux Utilisateurs d'être vigilants sur les liens hypertextes et de signaler à l'Editeur tout problème pour lui permettre de faire évoluer l'ouvrage.

Édition : Anna-Tatum Villalba, Florence Terrasse
Fabrication : Laura Milhomme
Conception couverture : Vincent Rioult
Conception maquette intérieure : Anne-Danielle Naname et Lucas Cholewa
Mise en pages : Anne-Charlotte Reyntjens / Nord Compo
Infographies : Nathalie Guéveneux Nourry / Domino / Vincent Landrin

ISBN : 978-2-09-167664-7

Sommaire

Sommaire des fiches ressources

Sommaire des fiches ressources

Sommaire des ressources numériques

Sommaire des ressources numériques

CHAPITRE 1

Prospecter *via* un centre de relation client

Contexte professionnel

Activités/Tâches
Prospection et identification d'opportunités commerciales
Mise à jour des data clients

Compétence
Créer et entretenir la relation client à distance

Vers PIX
1.3. Traiter des données
2.3. Collaborer

Omnicom est un centre de relation client situé à Gennevilliers dans la banlieue parisienne. L'entreprise a été créée il y a 15 ans. Ses clients sont des PME des secteurs de la cosmétique et de la parapharmacie.
Omnicom propose diverses prestations : qualification de fichiers de prospection, prise de rendez-vous qualifiés, vente directe et suivi de la relation client. L'entreprise apporte à ses commanditaires les compétences d'une équipe commerciale privilégiant la qualité dans toutes ses démarches : à l'écoute des interlocuteurs, les commerciaux déploient des solutions optimales, en adéquation avec les besoins et l'image haut de gamme des clients.

Votre rôle

Annabelle Cépania, manager chez Omnicom et responsable de plusieurs clients, a participé à votre recrutement en tant que téléopérateur(-trice) débutant dans le domaine de la cosmétique.
Elle vous charge de travailler sur la base de données fournie par une nouvelle entreprise cliente.

Vos objectifs

I Comprendre le fonctionnement d'un CRC

1 Présentez l'offre d'Omnicom et les missions qui peuvent vous être confiées par votre manager, Annabelle Cépania, en tant que téléprospecteur(-trice) ? — Fiche ressource 1 ; Annexes 1, 2 et 3

2 Quel est l'intérêt pour Omnicom d'utiliser le logiciel de phoning Telcontact en mode SaaS et relié au CRM ?

3 En quoi le logiciel de CRM facilitera-t-il la collaboration entre les téléopérateurs ? — Fiche ressource 2

II Respecter les obligations légales

4 Repérez les activités de Marielle Nature. Pourquoi fait-elle appel aux services d'Omnicom ? — Annexes 4 et 5

5 En quoi le délégué à la protection des données personnelles dont dispose Omnicom constitue-t-il une garantie pour Marielle Nature ? — Fiche ressource 3

Marielle Nature a-t-elle respecté la réglementation (RGPD et CNIL) pour collecter les données de Lebon Coiffure ?

6 Quand doit-on saisir le service Bloctel avant de lancer une campagne de prospection téléphonique ? — Fiche ressource 4

III Structurer une base de données

Votre manager vous confie la base de données de Marielle Nature (annexe 7).

7 Le formulaire distribué sur les salons respecte-t-il la règlementation (RGPD et CNIL) pour collecter les données de Lebon Coiffure. — Annexe 6 et 7

8 Restructurez la BDD de Marielle Nature afin de faciliter le tri des données. — Fiche ressource 5 ; Annexe 7 ; BDD.xls

9 Nettoyez la base de données de Marielle Nature en supprimant les coquilles et les doublons. Entourez en rouge les cases comportant des informations incomplètes et surlignez en jaune les informations qui seront régulièrement mises à jour. — Fiche ressource 6 ; Fiche ressource 6 ; Annexe 7

10 Votre manager vous demande de réaliser la sirétisation et la mise aux normes RNVP automatique des contacts de la base. Quel est l'intérêt de ces opérations ? — Annexe

Votre manager vous demande d'appeler les contacts de la BDD pour vérifier les informations, les mettre à jour si besoin, et en recueillir de nouvelles pour enrichir la BDD.

11 Vous appelez Lebon Coiffure pour vérifier les informations recueillies par Marielle Nature. Quelles informations allez-vous vérifier en priorité ? — Annexe 7

IV Segmenter et scorer la base de données

Votre manager souhaite pouvoir repérer, grâce à la base de données, les opportunités commerciales pour lancer des campagnes de prospection ciblées.

12 Quels critères pouvez-vous retenir pour segmenter les différents groupes qui composent la clientèle de Marielle Nature ? — Fiche ressource 7 ; Annexe 7

13 En utilisant la méthode RFM, calculez le score attribué à chaque client et indiquez quels clients vous allez cibler en priorité pour les futures campagne de prospection. — Annexes 7-8-9

Votre dossier

Annexe 1 — Omnicom : créer et entretenir la relation client à distance

Omnicom est un centre de relation client à distance dont les téléopérateurs sont chargés de mener diverses missions pour le compte de commanditaires (entreprises clientes) :
- traiter les bases de données clients/prospects : création, qualification et enrichissement ;
- répondre aux appels des clients/prospects (appels entrants) : réclamations… ;
- faire de la prospection téléphonique (appels sortants).

Les commanditaires et leurs clients exigent une réponse immédiate à leurs besoins par le biais des différents moyens de communication dont ils disposent. C'est pourquoi Omnicom a tout mis en œuvre pour évoluer, initialement d'un centre spécialisé dans le traitement d'appels téléphoniques, vers un centre de relation client capable de prendre en charge divers canaux de communication (téléphone, mail, tchat, site Web...).

Annexe 2 — La structure et les ressources humaines d'Omnicom

La priorité d'Omnicom et de ses téléopérateurs est d'établir et de conserver la relation avec les commanditaires en étant à l'écoute de leurs besoins.

Pour favoriser cette relation, Omnicom met à disposition les ressources de différents départements qui apportent leurs compétences à l'équipe commerciale de téléprospecteurs :

Directeur du département commercial

↓

Animateur de plateau
Dominique Faure
responsable de la plateforme

Chef de plateau cosmétique
Annabelle Cépania
dirige le travail des téléacteurs dans le domaine de la cosmétique

- **10 télévendeurs confirmés** : missions de vente et de conseil
- **7 téléprospecteurs** : constitution, qualification des bases de données et prise de RDV

Chef de plateau parapharmacie
Antoine Chaben
dirige le travail des téléacteurs dans le domaine de la parapharmacie

- **15 télévendeurs confirmés** : missions de vente et de conseil
- **8 téléprospecteurs** : constitution, qualification des bases de données et prise de RDV

Les téléacteurs (télévendeurs et téléprospecteurs) travaillent 3 jours à distance depuis leur domicile et sur site le lundi et le mercredi.

Dix télévendeurs confirmés indépendants, travaillant en *homeshoring* (depuis leur domicile), complètent l'équipe. La société Omnicom dispose également d'un délégué à la protection des données personnelles.

Annexe 3 — Le logiciel de phoning Telcontact

Afin d'évoluer vers un centre de relation client, Omnicom s'est doté d'un CRM incluant un logiciel de phoning : Telcontact. Ce logiciel en mode SaaS offre dans une même interface tous les outils pour faciliter le travail collaboratif et optimiser les échanges entre les téléopérateurs, les commanditaires et les clients/prospects.

L'entreprise a installé ce logiciel sur l'ordinateur portable de tous les téléopérateurs. Grâce au mode SaaS, ils peuvent travailler en réseau, qu'ils soient sur site ou à distance.

Extrait des fonctionnalités de Telcontact	
Accès aux différents canaux	Accès simultané au téléphone, e-mail, tchat et forums depuis le logiciel
Intégration des outils commerciaux	Bases de données au format Excel fournies par les commanditaires
	Constitution, structuration et mise à jour des bases de données
	Simplification et uniformisation de la qualification des fichiers (outil permettant de définir différents types de champs)
	Récupération des données externes pour qualifier les bases de données (fichiers de La Poste, l'Insee, Bloctel…)
Collaboration et partage des informations (mode Saas)	Historique des bases de données et des remarques d'autres téléopérateurs ou des commerciaux du commanditaire lors des différents contacts avec le client

Annexe 4 — Marielle Nature, une PME en pleine expansion

MARIELLE NATURE

Marielle Nature est une PME spécialisée dans le domaine de la cosmétique bio. Son offre « *Made in France* » répond aux tendances émergentes autour des produits éthiques, bio et durables. Le vif succès rencontré par l'offre de Marielle Nature a permis, après l'ouverture d'une boutique dans le centre de Paris, l'inauguration de deux autres points de vente à Nantes et à Lille. En pleine expansion, Marielle Nature souhaite aussi développer la vente en ligne aux particuliers et professionnels, principalement les salons de coiffure, les salons d'esthétique et les parapharmacies.

Annexe 5 — La mission confiée à Omnicom par Marielle Nature

Marielle Nature a constitué une base de contacts au format Excel qui comporte à la fois des informations sur les particuliers ou entreprises rencontrés sur les salons (bio, bien-être…), les informations recueillies en boutique grâce aux données des cartes de fidélité, et les demandes d'informations remontées à partir du site Internet.

Marielle Nature a conscience que la qualité de sa base est faible, mais elle ne dispose ni des compétences, ni des moyens financiers, ni des connaissances juridiques, ni des logiciels nécessaires pour gérer correctement sa base en interne.

Elle a fait appel à Omnicom pour retravailler la base de données déjà constituée sur Excel, dans un double objectif :
– disposer d'une base de données de qualité, restructurée, mise à jour, qualifiée, dans le respect des contraintes juridiques ;
– améliorer sa connaissance client en segmentant sa BDD et en notant ses clients pour identifier les opportunités commerciales.

Annexe 6 — Formulaire distribué sur les salons

Salon de la cosmétique d'Alençon – 12-14 avril N

Gagnez l'un des 100 lots de produits de soins bio !

Inscrivez-vous au tirage au sort en complétant le bulletin de participation ci-dessous et remettez-le à l'une de nos conseillères sur le stand Marielle Nature !

Prénom : ....

Nom : ....

Adresse : ....

Code postal : ....

Ville : ....

Téléphone (fixe) : ....

E-mail : ....

Téléphone (portable) : ....

Soins préférés : ....

Type de peau : ....

Les informations recueillies sur ce formulaire sont enregistrées dans un fichier informatisé par Marielle Nature. Elles sont conservées pendant 1 an et sont destinées au service marketing et au service commercial de l'entreprise. Conformément à la Loi informatique et libertés et au Règlement européen sur la protection des données, vous pouvez exercer votre droit d'accès aux données vous concernant et les faire rectifier ou supprimer en contactant : Marielle Nature, 155 av. de la République, 75011 Paris – 01 45 68 22 XX

☐ *En cochant cette case, vous acceptez que vos données soient utilisées pour les finalités exposées ci-dessus.*

Annexe 7 — Extrait de la BDD de Marielle Nature (fichier Excel)

Nom	Coordonnées du contact	Dernier achat	Achats / an	Panier moyen
Annabelle Jalbert	12 rue V. Hugo Nantes - 06 88 50 56 XX	M 1 mois	5	106,60 €
Betty Legran	22 av. Berthier Paris - 01 56 95 66 XX	M 1 mois	4	156,58 €
Mohamed	33 bd Flandrin Nantes - 06 60 23 77 XX	M 1 mois	3	121,89 €
Daphnée Gomard	54 rue Noisiel Paris - 06 64 50 69 XX	M 7 mois	1	45,00 €
Fatima	67 av. Flandres Lille - 03 80 50 32 XX	M 4 mois	3	89 €
Victor Hamlin	43 av. de Paris Lille - 06 82 10 25 XX	M 9 mois	1	56,00 €
Dorothée Vaquez	45 rue Sereine Paris - 01 52 24 36 XX	M 1 mois	7	212,60 €
Styl'in	12 impasse des Sœurs Blois - 02 56 22 01 XX	S 1 mois	1	390,50 €
Coupnet	90 av. Cerisier Chartres - 02 96 42 12 XX	1 mois	1	423,00 €
Biocoif	44 bd du Tertre Nice - 04 10 36 32 XX	S 1 mois	1	123,00 €
Biobella	66 rue Peuplier - 01 77 33 25 XX	S 1 mois	1	67,40 €
Colorbio	78 bd Mathis Paris – 01 23 56 89 XX	S 1 mois	1	85,20 €
Zencoiff	32 av. Dorée Nantes – 02 62 59 66 XX	S 1 mois	1	125,00 €
Lebon	12, allée des Peupliers Asnières - 01 23 59 11 XX	S 1 mois	1	74,00 €
Esthezen	76 rue Papillon Angers - 02 51 50 20 XX	S 1 mois	1	265,35 €
Catherine	45 bd Principal Bordeaux - 05 15 12 23 XX	M 1 mois	4	98,00 €
Victor Hamlin	43 av de Paris Lille - 06 82 10 25 XX	M 9 mois	1	56,95 €
James Vidal	32 rue Serpète Nantes - 06 38 52 13 XX	M 3 mois	2	63 €

S = Salons du bio et du bien-être / M = Magasin / Entreprises

Annexe 8 — Extrait du site Omnicom

Des équipes Omnicom spécialistes en qualification de fichiers

En faisant appel à nos services, vous pourrez bénéficier de fichiers de qualité grâce à une équipe spécialisée dans :

- **Le traitement et l'intégration des données** issues de bulletins, jeux-concours, coupons…
- **La vérification des informations** (appels pour enrichir et qualifier la base de donnée)
- **La mise aux normes postales RNVP** (contrôle automatique des adresses)
- **La sirétisation des fichiers :** Omnicom est homologué pour comparer les informations du Répertoire de l'Insee « Sirene » avec celles de votre base de données pour :

OMNICOM

– introduire le n° d'identification (Siren, Siret, code APE) ;
– supprimer les doublons ou radier de votre fichier les entreprises absentes du répertoire Sirene pour cause de cessation d'activité.

Annexe 9 — Critères RFM utilisés par Omnitel

	Récence (Nbre de mois depuis le dernier achat)			Fréquence (Nbre d'achats par an)			Montant (panier moyen en €)		
Critères	< 3	3 ≥ et ≤ 12	> 12	> 4	1 ≥ et ≤ 4	< 1	> 100	25 ≥ et ≤ 100	< 25
Scores	10	5	0	20	10	0	20	10	0

Très bons clients	RFM > 40	Bons clients	RFM 25 à 40	Clients tièdes	RFM 1 à 24	Inactifs	0

FICHE RESSOURCE 1

L'ORGANISATION D'UN CENTRE DE RELATION CLIENT

I Comprendre le fonctionnement d'un centre de relation client

Un centre de relation client (CRC) exécute des missions pour différents commanditaires (entreprises clientes). L'espace de travail est souvent organisé sous forme d'*open space* (espace ouvert) où les employés s'isolent grâce à des casques de communication.

Faute de compétences ou de moyens, de nombreuses PME font appel à un CRC extérieur pour leur expertise en traitement de bases de données, prospection téléphonique ou service après-vente, et pour leurs équipements (logiciels de phoning, CRM).

Ce développement de l'externalisation dans les entreprises a permis aux centres d'appels d'évoluer en CRC :

Centre d'appels
Traitement d'appels téléphoniques en masse uniquement

▶

Centre de contacts
Traitement massif de demandes *via* divers canaux de communication (téléphone, mail, tchat, site Web...)

▶

Centre de relation client
Traitement d'appels entrants ou sortants et missions de constitution et qualification de bases de données, de vente et de conseil client, en collaboration avec les commerciaux du commanditaire

Cette évolution privilégie l'aspect relationnel et collaboratif des téléopérateurs, qui sont de plus en plus considérés comme faisant partie de la force de vente du commanditaire.

II Identifier les activités du CRC

Les activités des téléacteurs concernent trois grands domaines :

Traitement des bases de données clients/prospects	– Structuration et qualification (homologations pour la mise en conformité) en particulier : • sirétisation : correction des données des entreprises en fonction du fichier Sirene de l'Insee • traitement RNVP (restructuration, normalisation, validation postale) : base de données de l'entreprise confrontée au référentiel postal pour corriger les adresses non conformes. – Segmentation et scoring (RFM, scoring comportemental)
Gestion des appels sortants	– Contact avec les prospects pour récolter les informations – Prise de rendez-vous pour les commerciaux terrain – Vente
Gestion des appels entrants	Conseil, renseignement, information, fidélisation, SAV, contentieux, recouvrement, foire aux questions, communication simultanée (tchat)…

III Distinguer les métiers au sein d'un CRC

Un centre de relation client comprend plusieurs métiers. Le téléopérateur les assume souvent ensemble pour répondre aux impératifs de l'entreprise :

Métiers	Fonctions
Téléopérateur, téléprospecteur	Son travail consiste à structurer et analyser les bases de données, puis appeler pour recueillir par téléphone les informations qui permettront de qualifier (vérifier et enrichir) la base. Il se charge des appels sortants pour obtenir les rendez-vous clients (auxquels se rendront les commerciaux pour finaliser la vente).
Télévendeur	Il est chargé de vendre une offre pour le commanditaire.
Téléconseiller	Il oriente les utilisateurs, répond à leurs questions, parfois vend des options ou services supplémentaires.

FICHE RESSOURCE

2

LES CRM ET LES LOGICIELS DE PHONING

I Les logiciels *Customer Relationship Management* (CRM)

Les logiciels CRM (en français, Gestion de la relation client : GRC) permettent de maîtriser la globalité des informations clients et de suivre l'historique des échanges avec chacun d'eux dans le temps. Ils centralisent les informations et les échanges commerciaux avec chaque client et permettent de les analyser pour prendre des décisions marketing efficaces.

Fonctions du CRM				
Création de bases de données	Recueil d'informations	Automatisation du processus de vente		Suivi client à long terme
Traitement et structuration des informations clients à des fins marketing	Reporting Exploitation des dossiers clients, des historiques…	Enregistrement des nouveaux clients Envoi des relances clients…	▶	L'analyse des informations clients/prospects du CRM permet de piloter l'ensemble de l'activité commerciale en accédant à des tableaux de bord détaillés.

Un CRM est orienté vers les actions futures (ex. : analyse des informations sur les clients actuels pour savoir comment gagner plus de clients et les fidéliser). Son objectif est d'améliorer la gestion des clients et d'augmenter les ventes.

II L'apport des CRM avec logiciel de phoning intégré

Les logiciels de phoning sont souvent intégrés au module de CRM. Ils permettent de mener l'ensemble des tâches nécessaires à l'activité des téléopérateurs (constitution et qualification de bases de données, prospection téléphonique, prise de rendez-vous, relances, planning…) à partir d'une seule interface.

En renforçant et en structurant le travail relationnel et collaboratif entre les téléopérateurs, les clients et les commanditaires, les logiciels de phoning ont largement contribué à faire évoluer les centres d'appels vers des CRC.

III L'intérêt des logiciels de phoning en mode SaaS

Les logiciels de phoning sont souvent installés en mode SaaS (*Software as a Service*), c'est-à-dire mis à disposition à distance par un fournisseur et accessible *via* un navigateur Internet. Les avantages du mode SaaS sont multiples :

– aucun logiciel à installer sur le matériel informatique de l'entreprise ;
– pas de données stockées en interne ;
– mise à jour automatique des applications et maintenance gérée en externe par l'éditeur ;
– l'application peut être utilisée partout et n'importe quand : il suffit d'un ordinateur avec connexion Internet et codes d'accès ;
– la sécurité des données est assurée par le prestataire.

Utilisés en mode SaaS, les logiciels de phoning permettent de travailler en collaboration entre collaborateur et avec le commanditaire, même à distance.

FICHE RESSOURCE

3

RESPECTER LA RÈGLEMENTATION SUR LA COLLECTE DES DONNÉES

I Respecter la réglementation

1. La protection des données personnelles

L'entreprise qui crée un fichier client doit prendre en compte la Loi informatique et libertés ainsi que le Règlement général européen sur la protection des données (RGPD), entré en vigueur en mai 2018. Ces textes définissent les principes à respecter pour la collecte, le traitement et la conservation des données personnelles.

Les données des entreprises (nom de la société, raison sociale…) n'entrent pas dans le champ d'application de la Commission nationale de l'informatique et des libertés (CNIL) et du RGPD, mais les noms de salariés ou de dirigeants sont bien considérés comme des données personnelles et sont donc protégés.

2. Tenir un registre de traitement des données

Le RGPD supprime l'obligation jusque-là imposée aux entreprises de déclarer le traitement des données à la CNIL, sauf si le traitement concerne des données sensibles (santé, biométrique…) ou répond à une mission d'intérêt public (santé publique…). En revanche, les entreprises doivent tenir un registre qui recense les traitements de données personnelles.

3. Le délégué à la protection des données personnelles

Depuis mai 2018, une entreprise qui traite des données à grande échelle et/ou des données sensibles (santé, banque…) doit obligatoirement faire appel à un délégué à la protection des données (externe ou interne à l'entreprise), qui informe et conseille l'entreprise, contrôle le respect du droit et de la réglementation en matière de protection des données, et coopère avec la CNIL.

II Les mentions obligatoires sur les formulaires de collecte

Certaines mentions (tableau ci-après) doivent obligatoirement apparaître sur les formulaires de collecte des données personnelles (par exemple un bulletin d'adhésion). Le consentement explicite de la personne avant la collecte des données est obligatoire.

Mentions obligatoires	Objectifs
Identité et coordonnées du responsable du traitement	Les personnes doivent être en mesure de contacter le responsable du traitement des données (ou le délégué à la protection des données personnelles).
Finalités et base juridique du traitement des données	Informe les personnes de l'utilisation qui sera faite de leurs données personnelles. L'entreprise doit collecter uniquement les données strictement nécessaires à la réalisation d'un objectif défini.
Destinataires des données	Désigne l'entité qui va utiliser les données (le service marketing par exemple).
Durée de conservation des données	La durée de conservation des données est obligatoirement limitée et les personnes doivent en être informées. Une fois l'objectif atteint, l'entreprise doit supprimer les données recueillies.
Droits des personnes	Informe les personnes de leurs droits d'accès, de rectification, d'effacement, d'opposition au traitement et à la portabilité des données.
Droit de réclamation	Les personnes peuvent adresser une réclamation auprès de la CNIL.
Consentement	L'entreprise doit respecter la protection de la vie privée en sollicitant l'accord explicite et spécifique de la personne dès la collecte.

FICHE RESSOURCE

4

RESPECTER LA RÉGLEMENTATION SUR LE DÉMARCHAGE ET LA PROSPECTION TÉLÉPHONIQUE

I Les listes anti-prospection des opérateurs de téléphonie

Tout abonné peut demander à son opérateur de téléphonie ou à son fournisseur d'accès Internet de l'inscrire sur la liste des numéros cachés ou sur une liste anti-prospection, appelée « liste rouge », pour ne pas apparaître sur les fichiers extraits de la base de données de téléphonie fixe, Internet et mobile de l'opérateur utilisés à des fins de marketing direct. Cette inscription protège contre le démarchage par téléphone, courrier ou mail.

II La liste d'opposition au démarchage téléphonique Bloctel

1. Le principe

Bloctel interdit à tout professionnel, directement ou par un intermédiaire, de démarcher par téléphone une personne inscrite sur la liste Bloctel, sauf exceptions :

- fourniture de journaux, magazines, service public, instituts de sondage ou associations à but non lucratif ;
- si le consommateur a une relation contractuelle en cours avec l'entreprise ;
- si le consommateur a communiqué librement et explicitement son numéro afin d'être rappelé.

Cette liste concerne uniquement le téléphone et n'est pas valable pour les mails ou les SMS. Il est également interdit de vendre des fichiers contenant des numéros de consommateurs inscrits sur cette liste.

2. Les risques encourus

Le professionnel qui démarche un particulier inscrit sur Bloctel avec lequel il n'est pas lié contractuellement encourt une amende pénale pouvant atteindre 75 000 €.

3. Le coût et les démarches

L'inscription à Bloctel est gratuite pour le consommateur mais l'accès est payant pour les professionnels. Avant toute campagne de prospection commerciale (puis chaque mois si la campagne excède 30 jours), le professionnel doit s'assurer que sa base de données est conforme à la liste Bloctel.

Lorsqu'une entreprise passe un contrat avec un CRC, le coût du service Bloctel est à la charge de l'entreprise, qui reste responsable de la conformité de ses bases de données.

III Les particularités du *B to B*

Il n'existe pas de liste d'opposition au démarchage téléphonique pour les prospects professionnels. Cependant, la loi demande que la prospection soit cohérente avec l'activité de l'entreprise.

EXEMPLE

Un contact travaillant dans le secteur de l'informatique pourra être contacté dans son cadre professionnel pour une offre portant sur un logiciel mais pas pour une offre alimentaire.

FICHE RESSOURCE

5

LES INFORMATIONS DES BASES DE DONNÉES

I Les informations d'une base de données clients/prospects

Une base de données efficace comporte diverses informations :

Mentions obligatoires	**En *B to B* :** – coordonnées de l'entreprise (raison sociale, numéro Siren/Siret) – adresse du siège, des établissements, coordonnées GPS – contact(s) au sein de l'entreprise, fonctions des contacts – secteur d'activité (avec code NAF, code APE) – données financières (chiffre d'affaires et évolution) effectif, site Web, activité e-commerce – état du marché du client…	**En *B to C* :** – nom, prénom, sexe, âge, situation matrimoniale, nombre d'enfants – adresse, e-mail, numéro de téléphone, coordonnées GPS – niveau de revenu, salaire, poste, budget, type d'habitat, propriétaire/locataire, centres d'intérêt…
Données d'action	Données relatives aux actions menées : – date du premier rendez-vous commercial – date du dernier contact – type de prospection utilisé (mailing, e-mailing, phoning, SMS...)	
Données de réaction	Données relatives au comportement d'achat : – freins et motivations d'achat – nombre de produits différents achetés, chiffre d'affaires, – dates d'achat….	

II Les sources des données

Le recueil de données suppose l'accès à différentes sources :

Données internes	Données externes	Données reconstituées
– Fiches clients, comptes rendus d'activité (*reporting*) des commerciaux – Données des cartes de fidélité – Analyse des historiques clients lors de la consultation du site – Historique de contact de l'entreprise (pour une demande, etc.) – Contacts lors des salons…	– Location ou achat de fichiers de données – Annuaires (Pages Jaunes, annuaires spécialisés : Kompass…) **Données officielles :** – Insee, Bodacc, INPI, Open Data, IGN, Téléatlas – Bases partenaires respectant la législation en vigueur (Cnil, Bloctel)	– À partir de la structure de l'entreprise (e-mail, téléphone) – À partir de l'adresse (coordonnées GPS)…

III L'objectif de la collecte des données

À partir de ces différentes sources, il sera possible de construire une base de données avec toutes les informations nécessaires pour mener les actions de prospection commerciale :

Action	But recherché
Sur les suspects (prospects non qualifiés : dans la cible mais aucun contact initié)	Identifier les prospects potentiels
Sur les prospects (pas encore client mais contact déjà établi) – **prospect froid :** ancien contact, pas de suivi depuis longtemps – **prospect tiède :** contact relativement récent sans besoin immédiat, mais faisant l'objet d'un suivi – **prospect chaud :** relation en cours mais pas encore signée	Identifier les prospects potentiels
Sur les clients actuels (ayant déjà acheté ou déjà fait appel aux services de l'entreprise – affaire signée et suivie en après-vente)	Développer les ventes et fidéliser la clientèle

FICHE RESSOURCE 6

STRUCTURER ET QUALIFIER UNE BASE DE DONNÉES DE QUALITÉ

I Structurer la base de données

Pour chaque base de données, le téléopérateur doit choisir la structure qui lui permettra d'utiliser les informations le plus simplement et le plus efficacement possible. Il faut donc veiller à ranger les informations en autant de colonnes que nécessaire :
– adresse : voie, code postal, ville et pays (pour trier par pays, par ville...) ;
– téléphone et e-mail, pour préparer différents modes de prospection (phoning, e-mailing) ;
– nom de la personne à contacter, intitulé de son poste...

Une base de données bien structurée suppose aussi le tri des données :

Type de tri	But recherché	Données ciblées par le tri
Tri multicanal	Toucher la cible en utilisant le meilleur canal	E-mail, SMS, téléphone, courrier…
Tri par critères	Cerner la cible selon des critères pertinents	*B to C* : âge, sexe, lieu et type d'habitat... *B to B* : activité, fonction, effectif, site Web…
Tri par zone géographique	Visualiser la zone à prospecter sur un outil (GoogleMap)	Adresse (conversion de l'adresse en coordonnées GPS)

II Qualifier la base de données

1. Les opérations de qualification

Pour disposer d'informations fiables et assurer la qualité de la base de données, l'entreprise doit effectuer plusieurs opérations :

Opérations	But
Nettoyer	Éliminer les coquilles, les imprécisions, les doublons. *Exemple : éliminer « Mme É. Durand », déjà inscrite sous « Madame Élise Durand »*
Mettre à jour et enrichir	Éliminer les prospects sans intérêt, enregistrer les dates de rappel, les nouveaux besoins des contacts, les motifs de refus…
Vérifier les informations	Lutter contre l'obsolescence des informations : près de 12 % des Français déménagent chaque année, il faut donc veiller à actualiser les coordonnées de domicile pour éviter de cumuler des NPAI (n'habite plus à l'adresse indiquée).
	Lutter contre l'inexactitude des informations : les imperfections dans les adresses inscrites dans le fichier rendent les contacts inexploitables (PND : pli non distribuable).

2. Appeler pour qualifier

Pour qualifier et enrichir la base de données, on pourra également vérifier ou collecter les informations en utilisant la méthode CROC :

1. Contact	Salutations d'usage et présentations (nom et entreprise). Demander à parler à l'interlocuteur recherché et passer les barrages éventuels (standard…). Vérifiez l'identité de l'interlocuteur et sa fonction.
2. Raison	Expliquer clairement et brièvement le motif de l'appel. Utilisez un prétexte (inscription à un programme de fidélité, envoi de catalogue…).
3. Objectif	Développer pour vérifier et collecter un maximum d'informations (mail, besoins…)
4. Congé	Remercier et saluer nominativement.

3. Les outils payants

Certains outils, disponibles sur abonnement payant, permettent à l'entreprise d'obtenir un fichier fiable qui comportera un faible taux de NPAI et PND, notamment :

Fichiers du groupe La Poste	Les logiciels **Charade®**, **Charade Entreprises®** ou **Estocade®** permettent le traitement RNVP des données postales et actualisent automatiquement les adresses. La Base des Bonnes Adresses (BBA) contient des informations complémentaires permettant de mieux qualifier une adresse (n° de bâtiment…).
Fichier de l'Insee	Le logiciel Sirène permet la sirétisation des données. Il recense les entreprises inscrites au Registre du commerce et fournit leur état civil officiel (raison sociale, statut, adresse…).

FICHE RESSOURCE

7

SEGMENTER ET SCORER UNE BASE DE DONNÉES

I Segmenter une base de données

1. Une segmentation qui optimise les actions commerciales

Parce qu'une entreprise peut rarement cibler tous les clients sur son marché, la segmentation est primordiale : elle permet à l'entreprise de choisir un ou plusieurs segments de clients auxquels il sera plus efficace de s'adresser, selon les objectifs de ses actions marketing.

EXEMPLE

Une entreprise de cosmétiques située à Paris-La Défense qui souhaite lancer une offre « box beauté féminine » pourra cibler le segment « femmes de 30 ans et plus travaillant dans le quartier de La Défense, avec un panier moyen de 100 € ».

2. Les critères de segmentation

Un segment de clientèle est un groupe de clients ou prospects présentant des caractéristiques, des comportements et des besoins homogènes. La segmentation consiste à créer des groupes réunissant des clients ou des prospects homogènes.

Critères pour segmenter	
Critères sociodémographiques	Âge, sexe, profession et catégorie socioprofessionnelle (PCS)
Critères géographiques	Pays, région, département, code postal, lieu de vie
Activité et secteur d'activité de l'entreprise	Codes NAF, APE, etc.
Tranche salariale	De 1 à 9 salariés, 10-19, 20-49, 50-99, 100-199, 200-499, 500-999, 1 000-4 999, 5 000 et +
Type d'établissement	Siège social, établissement secondaire
Critères comportementaux	L'intention, les habitudes, les heures de consommation, la raison de la présence sur le lieu d'achat ou à proximité

En utilisant un logiciel de CRM, l'entreprise peut croiser les informations de sa base de données et mixer plusieurs critères.

EXEMPLE

L'entreprise qui souhaite commercialiser l'accessoire d'un produit (dosettes pour un café de luxe) pourra segmenter sa clientèle en fonction du comportement d'achat (les clients qui ont acheté la machine à café), combiné à l'âge (plus de 30 ans) et à la CSP (cadres et ingénieurs).

II Scorer les clients de la base de données

1. L'intérêt du scoring

Le scoring consiste à affecter une note à chaque client de la base de données, de façon à identifier les plus intéressants (ceux qui rapportent plus, achètent plus souvent, sont plus réceptifs aux sollicitations...). Un score élevé pour un client ou prospect traduit :
- la probabilité qu'il appartienne à la cible recherchée ;
- son intérêt potentiel pour une offre ultérieure ;
- la probabilité qu'il réponde à une sollicitation marketing ;
- sa valeur potentielle, c'est-à-dire l'espérance de gain qui peut lui être associée.

Le scoring permet le ciblage des actions marketing. À partir de la probabilité d'achat, on peut cibler les clients à fort potentiel, les clients rentables, etc.

Les critères de scoring peuvent reposer sur les données sociodémographiques, liées à la consommation d'un produit ou service, au comportement en ligne...

2. Le calcul du scoring RFM (Récence, Fréquence, Montant)

Le scoring RFM vise à déterminer la valeur d'un client sous l'angle de trois variables liées à l'historique des achats. Sachant que la probabilité de réponse est plus grande parmi les personnes ayant acheté récemment, on s'intéressera en particulier à la récence.

Le *scoring* RFM en trois étapes	
1. Déterminer les critères retenus	**R**écence du dernier achat
	Fréquence de renouvellement des commandes dans une période donnée
	Montant du dernier achat réalisé ou du panier moyen ou de la totalité des achats
2. Identifier des tranches pour chaque variable	Par exemple en quintile (cinq catégories) – *Ex. : achat de moins de 3 semaines ; de 3 semaines à 2 mois ; de 2 à 6 mois ; de 6 mois à 1 an ; plus d'1 an.*
3. Attribuer une note par variable à chaque client	La somme des notes obtenues, ou score RFM du client, le classe dans un groupe : le premier groupe (quintile ayant le plus grand score RFM) répond de façon très favorable aux sollicitations commerciales de l'entreprise, le deuxième un peu moins, etc.

EXEMPLE

Une entreprise qui vend des dosettes de café a établi les critères suivants :

	Récence date du dernier achat			**F**réquence d'achat (boîte de 25)			**M**ontant des produits achetés		
Critères	**Mois depuis le dernier achat :**			**Nombre de produits achetés :**			**Montant global en euros :**		
	> 6	≥ 6 et 3 ≤	< 3	0	≥ 1 et ≤ 2	> 3	< 20	≥ 20 et < 50	> 50
Scores	0	2	5	0	2	5	0	2	5

Le score d'un client qui a acheté 3 cartons de 25 dosettes depuis moins de 3 mois pour un montant de plus de 50 € est de : 5 + 5 + 5 = 15.

3. Le calcul du scoring comportemental

En marketing digital, le scoring comportemental consiste à attribuer un score à un individu en fonction de ses comportements sur les sites Internet (pages consultées) et à la réception des e-mails marketing (ouverture, nombre de clics…). Pour établir ce scoring, il faut d'abord choisir les critères à retenir :

Critères	Méthode
Densité	**Filtrer les visites sur le site** selon le degré de curiosité du visiteur pour la thématique du site : **temps passé sur le site, nombre de clics pendant la visite…**
Valeur	**Attribuer un nombre de points à chaque page** : le visiteur cumule des points selon son parcours en fonction des critères retenus : recherche d'un mot-clé, visite de la page Tarifs, ouverture des *newsletters*, des guides, téléchargement d'un livre blanc, abonnement aux réseaux sociaux de l'entreprise…
Catégories	Classement des pages d'un site Web en 3 catégories : – **pages « chaudes »** (formulaire de contact, page tarifs, CGV…) : les visiteurs sont en phase de décision d'achat ou de consultation – **pages « tièdes »** (fonctionnalités, présentation du produit…) : les visiteurs s'informent et sont en **phase d'éducation ou de considération** – **pages « éliminatoires »** (recrutement, témoignages clients…) : les visiteurs sont hors cible ou déjà conquis.

Pour calculer le score, on attribue un nombre de points à chaque critère puis on calcule le score total en les additionnant.

EXEMPLE

Un vendeur en ligne de meubles de cuisine choisit les critères suivants :

Visite d'une page chaude	35 pts
Visite d'une page tiède	25 pts
Visite de la page tarifs	8 pts
Abonnement aux réseaux sociaux de l'entreprise	10 pts
Temps passé sur le site > 30 min	5 pts
Téléchargement livre blanc	5 pts
Nombre de clics > 50	5 pts
Inscription à la *newsletter*	5 pts
Recherche d'un mot-clé	2 pts
TOTAL	**100 pts**

Un internaute consultant le formulaire de contact (page chaude) et la page fonctionnalités (page tiède), qui télécharge un livre blanc et qui s'abonne à la page Facebook de l'entreprise aura un score de : 35 + 25 + 5 + 5 = 70.

Applications

Maîtrise

1 Externaliser l'évolution du site vers un centre de relation client

Bejar est une TPE localisée dans le 10e arrondissement de Paris, spécialisée dans les visites guidées de la capitale. Sa dirigeante, Marie Bejar, a créée avec une équipe de deux autres guides passionnés, des parcours dans Paris autour de six thèmes : croisières sur la Seine, Paris en scooter, visites guidées de musées, visites virtuelles de monuments, cabarets et spectacles, gastronomie et vins français. Ayant peu de connaissances commerciales et aucune compétence en digitalisation de la relation client, elle se tourne vers DigitCenter, un CRC où vous êtes manager pour créer un site qui soit une vitrine, mais aussi un outil commercial qui attire de nouveaux clients.

1. Identifiez pourquoi des TPE comme Bejar font appel à un centre de relation client.
2. À l'aide d'un CMS, présentez une architecture qui mette en valeur l'activité de Bejar et ses différents parcours de visite. Proposez une ou plusieurs pages « offre » en les renommant si nécessaire.
3. Montrez comment vous pourriez mettre en valeur les autres pages du site.

Document — Réflexion sur l'arborescence du futur site Bejar

Échange avec Marie Bejar pour cerner son besoin.

Marie Bejard : Comment imaginez-vous faire l'arborescence de mon futur site WordPress ?

Manager DigitCenter : Pour que vous puissiez visualiser l'arborescence il faut commencer par réfléchir aux pages les plus importantes, celles que nous inclurons dans notre menu. Voici un exemple :

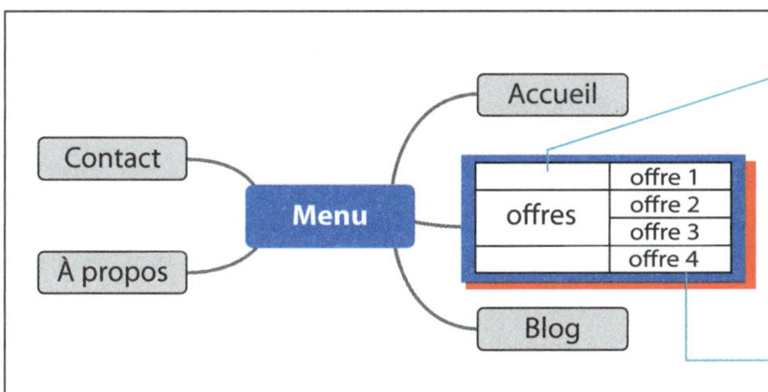

Vous pouvez créer une page « offres », en y insérant du contenu, par exemple offre 1 en titre avec une brève présentation et des photos et un lien qui mènera à la sous-page offre 1 et ainsi de suite pour la 2, 3 et 4 ou plus.

Vous pouvez aussi choisir de ne pas avoir une page « offres ». Ainsi, lorsque vous voudrez consulter les offres vous ne pourrez choisir que les sous-pages soit, offre 1, 2, 3, 4 ou plus

Pour les autres pages, il faut garder à l'esprit que : La page d'accueil aura selon vos souhaits une photo de votre entreprise, de votre équipe. **La page à propos** sera une brève présentation de votre entreprise. **La page contact** contiendra vos coordonnées ainsi qu'un formulaire de contact et **la page blog** pourra présenter des articles concernant les expériences de vos clients

Applications

Maîtrise

2 Qualifier, segmenter, scorer une BDD

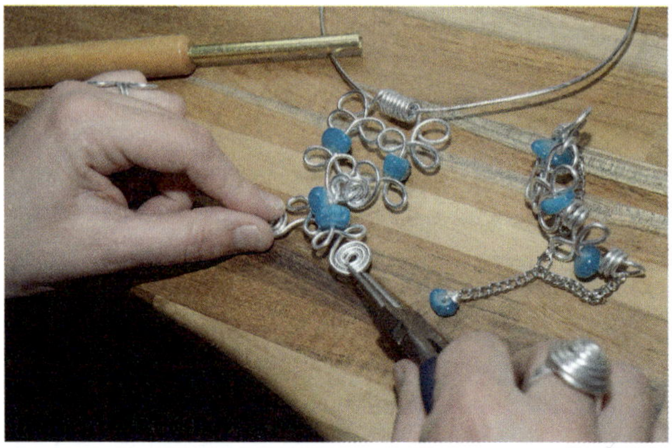

Bijoudar est une PME spécialisée dans la production et la vente de bijoux de créateurs. Son offre made in France rencontre un vif succès avec trois collections d'inspiration celte, africaine, et indienne. L'entreprise vient de participer à un salon dédié aux bijoux et a eu plusieurs contacts intéressants et de nombreuses ventes. Après la participation au salon, sa gérante, Vanessa Jestin, confie à OMNIUMcontact, son CRC, une mission consistant à retravailler son fichier clients qui contient des contacts pris sur le salon mais aussi dans les magasins de la marque. Ensuite, elle souhaite pouvoir repérer, grâce à la base de données retravaillée par son CRC, les opportunités commerciales pour lancer des campagnes de prospection ciblées vers ses clients professionnels.

1. Restructurez la BDD Bijoudar afin de faciliter le tri des données. Procédez à son nettoyage en supprimant les coquilles et les éventuels doublons. Quel serait l'intérêt de réaliser la sirétisation et la mise aux normes RNVP automatique des contacts de la base ?
2. Vous appelez la bijouterie Bijou Pil pour qualifier les informations de la BDD. En vous aidant du script d'appel OMNIUMcontact, formulez la phrase de préqualification qui vous permettra d'engager la conversation.
3. Vous appelez la Bijouterie Précieuse pour vérifier les informations recueillies par Bijoudar. Quelles informations allez-vous vérifier en priorité ?
4. En vous aidant du script d'appel créé par OMNIUMcontact, entraînez-vous en organisant un jeu de rôle dans lequel vous tenterez de recueillir l'adresse mail de la Bijouterie de Paris.
5. Quels critères pouvez-vous retenir pour segmenter les différents groupes qui composent la clientèle de Bijoudar ?
6. En utilisant la méthode RFM, calculez le score attribué à chaque client du segment des clients particuliers, puis à partir des résultats du scoring, indiquez quels clients vous allez cibler en priorité pour les futures campagnes de prospection.

Document 1 Analyse récente des clients particuliers des magasins

Sexe	**Femmes (70 %)**	**Âge**	**Entre 35 et 45 ans**
	Hommes (30 %)		**Entre 25 et 55 ans**
PCS, classification Insee	Groupe 3 de l'Insee (cadres, ingénieurs, fonctionnaires catégorie A de la fonction publique, directeurs généraux, professeurs de lycée...)		
Localisation	Urbains, habitant ou travaillant près des boutiques		
Comportements	**Consommateur**	réguliers : 4-5 fois par an	occasionnels : 2 fois par an
	Panier moyen	115 €	80 €
	Avantages recherchés	confort, esthétisme	sécurité, confort
	Attitude produit	très bonne connaissance et attachement au produit	informé sans connaissance fine

Document 2 Extrait de la BDD Bijoudar

(Contacts pris sur le salon et dans les magasins le mois suivant.)

Nom	Coordonnées du contact	TELEPHONE	Dernier achat	Achats / an	Panier moyen
Dorothée Chape	12 rue V. Fabres Rennes	06 98 00 57 XX	MR 1 mois	7	115,00 €
Marie Petit	22 av. Bertrand Rennes	01 76 85 66 XX	MR 1 mois	4	123,00 €
Marc	33 bd Prince Nantes	06 50 63 77 XX	MR 1 mois	3	102,00 €
Sandra Gomard	54 rue Noyer Rennes	06 34 40 69 XX	MR 7 mois	1	34,00 €
Daphnée	67 av. Madrid Rennes	03 20 20 32 XX	MR 4 mois	8	65 €
Jean Haplin	43 av. de Paris Rennes	06 22 20 25 XX	MR 9 mois	1	57,00 €
Annabelle	45 bd Prince Paris	01 15 15 23 XX	MP 1 mois	9	95,00 €
Betty Vanaquer	45 rue Serplin Paris	01 72 74 36 XX	MP 1 mois	7	123,00 €
Bijouterie Pil	12 rue Blanche Paris	02 96 22 61 XX	S 1 mois	1	765,00 €
Bijouterie précieuse	90 av. Vendome Chartres	02 86 82 12 XX	S 1 mois	1	678,00 €
Mod Bijou	44 bd du Poteau Bordeaux	07 45 67 43 XX	S 1 mois	1	146,00 €
Bijoubella	66 rue Majeur Paris	01 78 34 25 XX	S 1 mois	1	56,00 €
Bijouterie de Paris	78 bd Madame Paris	01 29 57 99 XX	S 1 mois	1	345,00 €
Bijoux d'OR	32 av. Dormande Rennes	02 69 69 66 XX	S 1 mois	1	1 389,00 €
Artibijou	12, allée des bleuets Colombes	01 26 59 71 XX	S 1 mois	1	87,00 €
CLEAbijou	76 rue Pinson Lille	02 51 60 30 XX	S 1 mois	1	365,35 €
Annabelle	45 bd Prince Paris	01 15 15 23 XX	MP 1 mois	9	95,00 €
Vincent Vatron	43 av de Montel Paris	07 82 50 55 XX	MP 9 mois	1	86,96 €
Michel Petrus	32 rue Victor Paris	06 35 52 23 XX	MP 3 mois	2	73 €
S = Salon de Paris	M P = magasin Paris	M R= magasin Rennes	Entreprises		

Documents 3 Script d'appel OMNIUMcontact pour la qualification des BDD

Bonjour, je me présente : Mme/M. Martin, société Bijoudar, spécialisée dans la vente de bijoux de créateurs. Le responsable de votre bijouterie, Monsieur/Madame... a récemment passé commande et j'aimerais recueillir son avis sur nos produits. J'aimerais échanger deux minutes avec lui/elle sur ce point. « Non, il/elle n'est pas disponible. » À quelle heure me conseillez-vous de rappeler ? Pouvez-vous me communiquer une adresse mail/ une ligne directe sur laquelle le/la joindre ?

☐ « Oui, je vous le passe. »

Merci pour votre écoute, très bonne journée à vous !

Monsieur/Madame... ? Mme/M. Martin, société Bijoudar, spécialisée dans la vente de bijoux de créateurs . Est-ce bien vous le/la responsable de la bijouterie... ? Vous avez récemment acheté des produits chez nous et je souhaiterais vous proposer d'adhérer à notre programme de fidélité. Vous avez deux minutes à m'accorder ?

☐ « Non je n'ai pas le temps. »

– À quelle heure puis-je vous rappeler ?

☐ « Oui. »

– Le programme fidélité vous permettra de bénéficier d'offres promotionnelles personnalisées et d'une réduction de 10 % à partir de 200 euros d'achat. L'inscription au programme est gratuite. Êtes-vous intéressé(e) ?

☐ « Non. »

– Sachez que vous pouvez souscrire à tout moment si vous changez d'avis et que nous restons à votre disposition pour toute question sur nos produits.

☐ « Oui. »

– Votre bijouterie est-elle toujours située... ? J'aurais également besoin de votre adresse mail afin de finaliser l'inscription.

Madame/Monsieur... Je vous remercie pour votre accueil et votre disponibilité. Je vous envoie par mail notre catalogue de produits. Je vous souhaite une excellente fin de journée.

Applications

Maîtrise

3 Qualifier et enrichir une base de données

Vous travaillez comme commercial(e) chez Délices de Chocolat, un artisan chocolatier. Votre responsable vous a confié la base de données clients de l'entreprise, en vue d'une opération de prospection pour le lancement d'une nouvelle boîte de chocolats, la Délixbox. Il vous demande de rechercher les moyens d'enrichir et de mettre à jour la BDD, afin d'obtenir une qualité acceptable pour atteindre des cibles intéressantes.

1. Présentez brièvement la Délixbox. Quelles sont les cibles visées par l'entreprise avec le développement de cette boîte ?
2. Pourquoi la BDD clients de l'entreprise (document 2) n'est-elle pas efficace en l'état ?
3. Proposez une nouvelle structure pour rendre la BDD plus performante.
4. Citez deux exemples de données que vous allez pouvoir ajouter pour enrichir la base.
5. Effectuez une recherche Internet sur les outils présentés en document 3 et indiquez lequel vous pouvez utiliser pour mettre à jour la base de données et/ou pour l'enrichir. Justifiez votre choix.

Document 1 La Délixbox

Je craque, je croque, JE M'ABONNE !

Craquez pour la Délixbox, avec une sélection inédite de chocolats chaque mois. Croquez des chocolats tradition 100 % beurre de cacao et des gourmandises originales.

Abonnez-vous en toute simplicité :
la box est à seulement 26 €/mois livraison incluse !

Offre spéciale pour entreprises : –10 % à partir de 10 boîtes achetées, –20 % à partir 50 boîtes ; au-delà de 100 boîtes : conditions particulières possibles (nous consulter)

Document 2 Extrait de la base de données clients

Nom	Adresse	Téléphone/mail	Montant dernier achat
Adil Feysal	6 rue Belhomme Paris	06 30 36 38 74	**26,95 €**
Catherine Lamoux	9 Francart Orléans	06 38 56 33 76	50,68 €
Françoise Berthet	36 rue Dorian Angers	fbert@laposte.net	200,00 €
Sara Alouche SARL	87 rue Sèvres Angers	0678264386	100,00 €
Yves Chaben SARL	90 av. du Château Angers	s.philippe@hotmail.com	1 000,00 €

Document 3 Des outils pour une base de données performante

Prospecter au hasard revient à chercher une aiguille dans une botte de foin. C'est pourquoi il faut se doter d'outils de prospection efficaces et performants. Une étude montre que 70 % des entreprises prospectent de manière « artisanale ». Les outils présentés ci-dessous permettent de structurer sa prospection, de gagner du temps et d'obtenir de meilleurs résultats :

Salezeo	Tilkee	Corporama
Trouver des prospects : cet outil propose une base de contacts et d'informations sur des professionnels en France, alimentée régulièrement par une communauté de commerciaux qui partagent les coordonnées de leurs prospects.	**Optimiser sa prospection :** cet outil produit des statistiques pour se concentrer sur les prospects les plus prometteurs.	**Se renseigner sur ses prospects :** complémentaire de Salezeo, cet outil compile toutes les données sur une entreprise et permet d'être au plus proche de la réalité de l'entreprise visée.

Maîtrise

E5-A

4 Réaliser un scoring RFM

En tant que téléopérateur/-trice au sein du CRC Adline, on vous a confié la base de données clients d'une PME du secteur de la téléphonie, Phone+, qui souhaite mener une action de fidélisation en proposant à certains de ses clients un kit promotionnel (smartphone, écouteurs, adaptateurs). Votre responsable vous demande de scorer la BDD de Phone+ pour définir un segment à cibler.

1. Quel est l'intérêt de scorer la base de données de Phone+ ? Pourquoi une connaissance intuitive de ses clients ne suffit-elle pas ?
2. En quoi la méthode RFM est-elle adaptée au secteur d'activité de Phone+ ?
3. À partir des critères de scoring retenus, calculez les scores des clients sur la BDD Phone+.
4. Surlignez dans la BDD les clients que vous allez cibler pour l'action de fidélisation.
5. Donnez un exemple d'action que vous pourriez mener auprès des très bons clients et repérez dans la BDD les clients concernés par cette action.

Document 1 La méthode de scoring Phone+

Critères	Récence			Fréquence			Montant		
	Nombre d'années depuis le dernier achat :			Nombre de produits achetés (smartphone, écouteurs…) :			Montant global en euros des produits achetés :		
	> 2	≥ 1 et ≤ 2	< 1	0	≥ 1 et ≤ 2	> 3	< 100	≥ 100 et ≤ 300	> 300
Scores	0	2	5	0	2	5	0	2	5

Document 2 Extrait de la base de données Phone+

Nom	Adresse	Dernier achat	Achats/an	Panier moyen	Score
Garcia Marc	2 impasse du Tremble Niort	1 an	1	300	
Franti Martial	34 rue de la Paix Niort	2 ans	0	400	
Bertier Sylvie	67 bd Foch Niort	6 mois	2	100	
Blanc Elsa	98 av. V. Hugo Poitiers	3 mois	3	50	
Jeantil Sandra	167 rue de Bellefeuille Poitiers	1 an	1	25	

Document 3 Les critères du secteur de la téléphonie

Segment	Score RFM	Profil du client	Action à mener
Très bons clients	13 à 15	Achats récents, fréquents et pour des montants importants.	Fidéliser : carte VIP, invitation au lancement des nouveautés
Bons clients	7 à 12	Achats récents et fréquents. Le montant des achats reste faible.	Développer le montant par commande : opération de montée en gamme avec reprise de l'ancien smartphone
Clients tièdes	1 à 6	Clients peu fidèles.	Fidéliser : réductions et promotions sur les nouveaux smartphones, les accessoires…
Nouveaux clients	0	Premier achat réalisé mais aucune réponse aux nouvelles sollicitations.	Fidéliser et développer les ventes : promotions sur les accessoires, invitation à des soldes privées exceptionnelles.

Expertise

E5-A

5 Constituer une base de données opérationnelle

Vous êtes téléprospecteur/-trice chez TelVoyage, un CRC spécialiste des voyagistes. Votre manager vous confie la base de données de France Croisières : cette agence souhaite proposer à ses très bons clients une croisière en Norvège « Sur le chemin des aurores boréales », à tarif réduit. L'entreprise dispose de deux agences, une à Nantes et une à Toulouse. L'offre est destinée en priorité aux clients nantais afin de dynamiser les ventes de l'agence de Nantes. Lors des précédentes campagnes, les clients dont la récence de la relation commerciale était la plus forte étaient ceux qui avaient répondu le plus favorablement.

1. Analysez la qualité des informations de la BDD et effectuez un nettoyage si nécessaire sur le fichier Excel fourni.
2. Restructurez la BDD pour la rendre performante pour les campagnes promotionnelles.
3. Constituez des trios (observateur, télévendeur, client), et entraînez-vous à appeler pour vérifier et corriger les informations erronées de la BDD. Faut-il appeler tous les contacts ?
4. Scorez la base selon la méthode RFM.
5. Segmentez la base en fonction du score RFM obtenu et en fonction du lieu de résidence, en vue de la campagne promotionnelle envisagée par France Croisières.

Document 1 — L'offre de France Croisières pour l'agence de Nantes

MEILLEUR TARIF !
30 % de réduction* sur votre croisière « Sur le chemin des aurores boréales » à partir de 1 703 €

- Découvrez des destinations magiques
- Naviguez sur des bateaux 5*
- Grand choix d'activités à bord
- Restauration abondante et variée
- Meilleur rapport qualité/prix
- 7 jours / 6 nuits - Pension complète

** Réduction pour une croisière du 1er novembre au 25 février auprès de l'agence de Nantes exclusivement.*

Document 2 — La méthode de scoring pour France Croisières

Critères	Récence			Fréquence			Montant		
	Années depuis le dernier achat :			Nombre de voyages achetés :			Montant global des voyages en € :		
	> 2	≥ 1 et ≤ 2	< 1	< 1	≥ 1 et ≤ 3	> 3	< 1 400	≥ 1 400 et ≤ 1 800	> 1 800
Scores	0	2	5	0	2	5	0	2	5

Très bons clients	RFM 13 à 15	Bons clients	RFM 7 à 12	Clients tièdes	RFM 1 à 6	Inactifs	RFM 0

Document 3 — Extrait de la base de données (fichier Excel)

Civilité, nom, prénom	Adresse	Code postal, Ville	Téléphone	Nbre de mois depuis le dernier achat	Montant du dernier achat (en euros)	Nbre d'achats sur les 2 dernières années
Mme Imbert Lisa	72 Rue Bachelet	16340 L'Isle-d'Espagnac	06 58 78 82 62	50	3829	2
Mr Marie Paulet	218 Place Beauvau	42480 La Fouillouse	06 83 55 30 27	29	2848	3
Mr Huguet Simon	177 Avenue Daumesnil	62500 Zudausques	06 77 71 01 29	44	2573	5
Mr Dos Santos Tristan	228 Rue de l'Harmonie	10260 Virey-sous-Bar	06 26 93 96 43	5	2081	5
Mme Guillou Éloïse	96 Impasse de l'Hôtel-d'Argenson	59273 Péronne-en-Mélantois	06 38 75 02 90	32	365	6
Mme Grosjean Edwige	218 Rue Godot-de-Mauroy	02260 Sommeron	06 05 48 55 97	3	1779	6

Maîtrise

E5-A

6 Réaliser un scoring comportemental

Chocokawa est une entreprise spécialisée dans la vente en ligne de capsules de thé, café et chocolat, pour les distributeurs professionnels. Ses principaux clients sont des collèges et lycées qui proposent des boissons chaudes en salle des professeurs. En tant que téléopérateur/-trice au sein du centre de relation client qui s'occupe du suivi de l'entreprise, votre manager vous demande de scorer les collèges et lycées en fonction de leur comportement sur le site de l'entreprise pour différencier les types d'actions promotionnelles à envisager.

1. Effectuez le *scoring* comportemental sur la base de données en fonction des critères retenus par l'entreprise (document 2).
2. Segmentez la base en deux parties :
– les établissements ayant un score inférieur ou égal à 60, afin de leur envoyer un e-mail avec une offre promotionnelle visant à relancer les ventes de capuccinos ;
– les établissements ayant un score supérieur à 60, afin de planifier une campagne de prospection téléphonique en vue de rendez-vous avec les commerciaux terrain Chocokawa.

Document 1 Extrait de la base de données Chocokawa

Nom	Visite de la page tarifs	Visite de la page formulaire de contact	Téléchargement de la brochure sur les services	Temps passé sur le site (en minutes)	Nombre de clics
Lycée Colbert	1	1	1	30	56
Collège Pompidou	0	0	0	0	0
Lycée Charlemagne	0	1	1	15	29
Lycée Montaigne	1	1	1	50	132
Collège Leduc	0	1	0	5	12
Collège Bossuet	1	1	1	11	21

Document 2 Critères de scoring comportemental

Visite de la page tarifs	35 pts
Visite de la page formulaire de contact	35 pts
Téléchargement brochure	15 pts
Temps passé sur le site > 20 min	10 pts
Nombre de clics > 50	5 pts
TOTAL	100 pts

Synthèse

Prospecter *via* un centre de rélation client

Activité des centres de relation client (CRC)

- Qualification de fichiers
- Prise de rendez-vous qualifiés
- Télévente à distance de produits/services
- Suivi, conseil aux clients

Les outils du téléopérateur

- Les logiciels de CRM
- Les logiciels de phoning

La prospection peut être menée :

- En interne par l'entreprise
- En externe dans des CRC spécialisés

Actions pour créer une base de données

- Collecter les informations
  - Lors de la création
  - Lors des mises à jour
- Respecter les contraintes
- S'assurer de la qualité de la base
  - Structurer et utiliser un logiciel adapté
  - Qualifier : vérifier et mettre à jour les données

Actions pour optimiser les résultats de la prospection

- Segmenter la BDD
- Scorer la BDD

TESTEZ-VOUS

Quiz sur le chapitre 1
liennathan.fr/btu975

MOTS CLÉS : Logiciel de *phoning* · CRM · RGPD · CNIL · Prospection téléphonique · Base de données · Segmentation · *Scoring* · Qualification

CHAPITRE

2 Vendre à distance

Contexte professionnel

Activités/Tâches
Vente à distance
Mise à jour des data clients

Compétence
Créer et entretenir la relation client à distance

Vers PIX
1.3. Traiter des données
2.3. Collaborer

Embauché(e) il y a six mois comme téléopérateur/-trice débutant(e) au centre de relation client Omnicom, vous venez d'être promu(e) télévendeur(-se) confirmé(e). Votre manager, Annabelle Cepania, souhaite maintenant que vous mettiez en œuvre vos qualités de négociation auprès d'un commanditaire, Barber Shop, PME spécialisée dans la vente de matériel pour salon de coiffure homme.

Votre rôle

Annabelle Cepania, votre manager chez Omnicom, vous demande de l'aider à préparer la campagne de prospection téléphonique pour Barber Shop auprès des professionnels de la coiffure et de l'esthétique, en vue d'obtenir des rendez-vous qualifiés ou de vendre directement une offre promotionnelle, et d'y participer.

Vos objectifs

I Préparer une campagne de vente à distance

1 Quelles caractéristiques des produits Barber Shop faut-il valoriser dans l'argumentaire de vente ?
Fiche ressource 1 · Annexe 1

2 Quelles sont les deux types de campagnes téléphoniques auxquelles vous allez participez ? Justifiez l'intérêt pour BarberShop de mener deux campagnes différentes.
Annexes 2 et 3

3 Vous devez paramétrer le logiciel en prévision de la campagne de vente à distance. Quel mode d'appel allez-vous choisir afin que les télévendeurs soient plus efficaces ? Justifiez votre choix.
Fiche ressource 2

4 Quels éléments devez-vous préparer avant de vous lancer dans la campagne d'appels ?

5 Visionnez la vidéo et complétez le début du script d'appel pour la campagne de vente en imaginant les réponses dans le cas où le prospect répond par la négative. Surlignez les mentions obligatoires.
Fiche ressource 3 · Annexes 4 et 5 · Script.docx

6 Imaginez la suite du script afin de vendre l'offre promotionnelle « pack haute technologie » en vous aidant du mail promotionnel et des fiches produits.
Annexes 6 et 7

II Vendre à distance pour le commanditaire

Vous appelez plusieurs salons et vous nous confrontez à différents barrages et objections (annexe 8).
Fiche ressource 4

7 Que pouvez vous répondre si on vous dit que le gérant du salon de coiffure de Lyon est absent ?
Annexe 8

8 Rédigez les réponses à chacune des objections puis en vous aidant de la fiche client et des fiches produits, organisez un jeu de rôle dans lequel vous tentez de vendre l'offre promotionnelle à M. Richardot.
Annexe 9

9 M. Richardot a accepté l'offre promotionnelle. A-t-il encore la possibilité de se rétracter ? Justifiez.
Fiche ressource 5

10 Reportez sur la fiche client les informations recueillies lors de l'appel téléphonique.
Annexe 9 · Fiche-client.docx

III Prendre des rendez-vous pour les commerciaux terrain

11 Adaptez le script pour la campagne de prise de rendez-vous afin que les commerciaux terrain évaluent les besoins de l'entreprise et personnalisent l'offre « un équipement *vintage* à petit prix ».
Annexe 5

12 Traitez les objections des prospects de l'annexe 10 puis organisez un jeu de rôle de 4 minutes maximum, dans lequel vous tentez de placer un rendez-vous pour le commercial terrain à un barbier haut de gamme travaillant dans un hôtel de luxe de Cannes, qui est un important client depuis dix ans.
Annexe 10

IV Analyser les résultats d'une campagne de vente à distance

13 Analysez les résultats des campagnes de vente de l'opération promotionnelle et de prise de rendez-vous pour les commerciaux. Proposez des pistes d'amélioration pour chacune de ces deux campagnes.
Fiche ressource 6 · Annexe 11

Votre dossier

Annexe 1 — Extrait du site Internet de Barber Shop

Barber Shop, le spécialiste n°1 du matériel pour barbier et coiffeur homme haut de gamme

Nous vous proposons les meilleures marques à des prix imbattables.
Commandez en ligne et faites-vous livrer à votre salon.

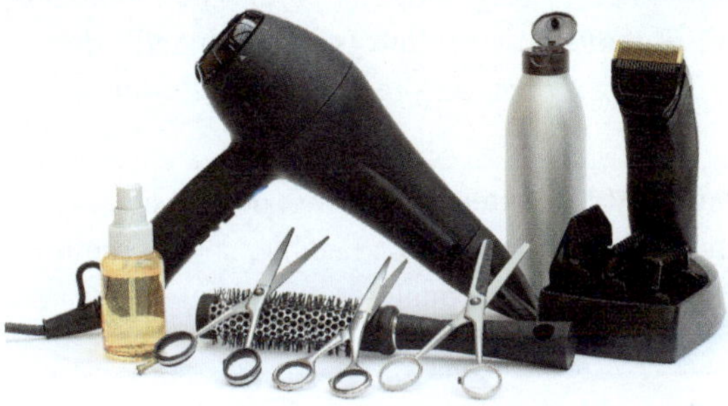

Produits Barbier	Produits Coiffeur homme
◊ Tondeuses à barbe	◊ Ciseaux et tondeuses
◊ Rasoirs	◊ Shampoing et soins
◊ Mousses et crèmes à raser	◊ Sèche-cheveux
◊ Soins après-rasage	◊ Brosses / Peignes
◊ Mobilier	◊ Mobilier

Frais de port pour la France
5,90 € pour un envoi par UPS à partir de 50,00 € d'achat et 9,90 € pour un achat inférieur à 50,00 €. La livraison est offerte dès 80 € d'achat.

Modes de paiement
Virement bancaire, Carte de crédit, Chèque

Annexe 2 — Omnicom, spécialiste des appels sortants

Omnicom réalise des campagnes téléphoniques d'appels sortants avec pour objectifs :
– la **prise de rendez-vous** pour les commerciaux des commanditaires ;
– la **vente par téléphone** (propositions commerciales simples).
Chaque campagne est organisée sur mesure par Omnicom selon les besoins des commanditaires. Omnicom mène un travail collaboratif et instaure une relation durable avec les entreprises clientes (commanditaires), dans le cadre d'un cahier des charges négocié.
Omnicom met à disposition des commanditaires, pour chaque mission :
– un manager pour échanger sur les enjeux et le suivi de l'action ;
– une équipe de télévendeurs dédiée dont le nombre varie selon l'importance de la campagne et selon les missions définies par le cahier des charges.

Annexe 3 Les actions confiées à Omnicom par Barber Shop

Pour consolider sa notoriété et augmenter son chiffre d'affaires, Barber Shop veut mener une campagne de prospection téléphonique à partir de sa base de données client. Sur les conseils d'Omnicom, un mailing de sensibilisation (annexe 5) a été envoyé à l'ensemble de la BDD en amont de l'opération de phoning.

Pour améliorer le ciblage de la campagne de phoning, Omnicom a procédé à un scoring comportemental à partir de critères liés aux visites du site Web de Barber Shop. Selon les scores obtenus (sur 100), Omnicom a différencié ses actions de phoning.

Score	Entre 0 et 21	Entre 21 et 75	Entre 76 et 100
Nbre clients	1 025 clients	379 clients	596 clients
Action à mener	Non retenus pour l'opération de prospection. Envoi d'une *newsletter*.	Opération de vente directe d'offre promotionnelle par les télévendeurs Omnicom.	Prise de rendez-vous qualifiés en prévision d'une visite par un commercial de Barber Shop.
But	Susciter l'intérêt, possibilité de souscrire à l'offre promotionnelle proposée dans l'e-mail.	Vendre le pack promotionnel à 399 € présenté dans l'e-mail.	Augmenter les ventes du mobilier pour salons (surtout fauteuils de barbier présentés dans l'e-mail).
Objectif quantitatif	-	Réaliser des ventes sur 15 % de la cible, soit 55 clients potentiels (CA 22 000 €).	Atteindre un taux de réussite de 10 % de la cible, soit 59 rendez-vous qualifiés.

Annexe 4 Vidéo : Présentation de JobPhoning

Présentation de JobPhoning
Durée : 2'18
liennathan.fr/e9x7v2

Annexe 5 Script d'appel Omnicom pour la vente (fichier Word)

Bonjour, vous êtes bien M./Mme… ?

…[Prénom, nom]…, télévendeur/-se pour l'entreprise Barber Shop, experte en matériel pour salon de coiffure et barbier. Êtes-vous disponible ou préférez-vous que je vous rappelle à un autre moment ?

☐ Oui ☐ Non

Il y a quelques jours, je vous ai adressé un e-mail, avez-vous pu en prendre connaissance ?

☐ Oui ☐ Non

Comme vous avez pu le voir, notre société propose une offre qui devrait vous intéresser …

[Partie à compléter]

C'est parfait M./Mme…, je vous confirme votre commande de … qui sera livrée le … à …

Je vous fais parvenir la facture sur laquelle vous retrouverez les caractéristiques de l'offre, le prix, le détail des produits et les modalités de livraison.

Je vous remercie pour votre attention, M./Mme… et vous souhaite une excellente journée/soirée.

Annexe 6 E-mailing envoyé à tous les prospects

Objet : Maître Barbier : Profitez de nos offres promotionnelles !

BARBER SHOP — ESTD. 2016 —

POUR LA PREMIÈRE FOIS ET RIEN QUE POUR VOUS !

Profitez vite de votre offre avant le 25 novembre

VOTRE PACK HAUTE TECHNOLOGIE	UN ÉQUIPEMENT VINTAGE À PETIT PRIX
Tondeuse + sèche-cheveux haut de gamme **À partir de 219 € TTC au lieu de 345 € TTC** 	**L'incontournable fauteuil barbier au *look* vintage** avec poignée de commande latérale qui permet d'incliner le dossier, accoudoirs et repose-jambes **506 € TTC au lieu de 1 267 € TTC soit 60 % de réduction** 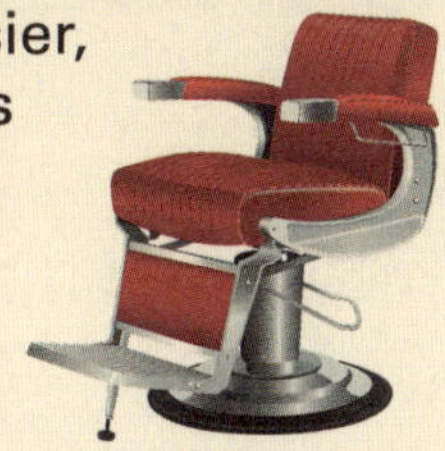

Je fonce !

Profitez de votre offre en ligne ou par téléphone (appel gratuit au 09 02 56 XX XX avec le code 68)

Annexe 7 Le logiciel de phoning Telcontact

Sèche-cheveux professionnel	Tondeuse 3 têtes de coupe interchangeables
Points forts : • Technologie Ceramic & Tourmaline, pour des cheveux brillants, souples et lisses • Séchage 60 % plus rapide avec le débit d'air pulsé • Nouveau *design* ergonomique, moins lourd et plus maniable **Caractéristiques :** • Puissance à 220/240 volts : 2 000 watts • Débit d'air exceptionnel : 86 m3/h • Décibels : 64 dB • Ultra-léger : 565 g seulement • Super-compact : 17 cm • Cordon professionnel extra-long : 3 m • Livré avec 2 embouts et un extender de 5 cm	**Points forts :** • Technologie d'aiguisage à haute précision : les lames assurent un résultat parfait • Kit complet permettant de créer tous les styles de barbe possibles • *Design* ergonomique pour une maniabilité parfaite **Caractéristiques :** • 1 tête de coupe standard • 1 rasoir de précision pour un rasage de près • 1 tête rotative • 3 contre-peignes • Moteur : linéaire 10 000 rotations/minute • Temps de recharge : 1 h pour 50 min. d'autonomie • Poids : 265 g

Annexe 8 Objections des clients pendant la campagne de vente

Daniel Richardot

Gérant du salon de coiffure/barbier Men Coiff' à Paris

« Malgré la promotion, je trouve que c'est trop cher. »

Myriam Colin

Gérante du salon de coiffure Style à Bordeaux

« C'est vrai que la promotion est intéressante mais il faut que je réfléchisse… »

Assane Diao

Gérant de plusieurs coiffeurs barbiers tendance à Lyon

« Je n'en ai pas besoin pour le moment, merci. »

Annexe 9 — Fiche client Daniel Richardot (fichier Word)

ENTREPRISE

Dénomination/nom : Men Coiff' ☐ Particulier ☐ Société Client ☐ - Prospect ☐

Connaissance de l'entreprise : ☐ Site ☐ *Salon* ☐ *Magasin* ☐ *Autre :*

Adresse :	12, allée des Peupliers	Code postal :	75 013	Ville :	Paris
E-mail :	mencoiff@laposte.net	Site Internet :		Activité :	Salon de coiffure/ Barbier
Téléphone :	06 12 34 XX XX	Code APE :	9602A	SIRET/SIREN :	

INTERLOCUTEUR

Nom :	Richardot	Prénom :	Daniel
Fonction :	Gérant	Contact :	

HISTORIQUE

Type d'action ☐ Vente ☐ RDV Date :

Objection : Traitement de l'objection :

Qualification : ☐ Refus ☐ *Rappel* ☐ *Rendez-vous* ☐ *Vente* Date de rappel :

Commentaires :

Annexe 10 — Objections des prospects pendant la campagne de RDV

M. Bidot, gérant d'un salon de coiffure à Grenoble : « Les sièges de mon salon ne sont pas usés, je n'ai pas besoin de les renouveler. En plus, mes clients les trouvent très confortables. »

Nelly Wang, gérante d'un salon de coiffure à Besançon : « Je suis désolée, je n'ai absolument pas le temps, je ne peux pas faire attendre mes clients. »

Annexe 11 — Évaluation de la négociation des télévendeurs

Fichier contacts	Résultats		Objectifs
	Nbre	%	
Contacts en base : 975			
Contacts non utilisables	45	4,62 %	5 %
Contacts utilisables	930	95,38 %	95 %
Qualité du fichier	Qualité du fichier conforme à l'objectif		
Action de vente : 379 contacts			
Absents	26	7 %	4 %
Ventes	57	15 %	15 %
Action de prise de RDV : 596 contacts			
Absents	32	5,37 %	4 %
Rendez-vous	55	9,23 %	10 %
Visites annulées	1	1,82 %	3 %
Visites effectuées	55	100,00 %	
Visites sans suite	10	18,18 %	10 %

FICHE RESSOURCE

1

METTRE EN PLACE UNE CAMPAGNE DE PROSPECTION TÉLÉPHONIQUE POUR UN COMMANDITAIRE

I Répondre aux attentes et au cahier des charges du commanditaire

1. Les missions du télévendeur

Les télévendeurs assurent des opérations d'appels sortants visant à :
– prendre des rendez-vous qualifiés pour les commerciaux des entreprises clientes ;
– vendre des offres spécifiques par téléphone pour le commanditaire.
Pour mener à bien leur travail, les télévendeurs des centres de relation client (CRC) peuvent exercer en tant que salariés ou en indépendants.

2. La connaissance de l'entreprise commanditaire et le respect du cahier des charges

Les télévendeurs du CRC doivent connaître parfaitement l'entreprise commanditaire, ses produits ou services et son secteur d'activité. Ils doivent s'adapter aux exigences et respecter le cahier des charges mis en place avec le commanditaire.
Le cahier des charges est un document contractuel qui permet au maître d'ouvrage (le commanditaire) de faire savoir au maître d'œuvre (le CRC) ce qu'il attend de lui lors de la réalisation du contrat. Il décrit précisément les besoins auxquels le centre d'appels doit répondre, fixe les objectifs à atteindre et les délais.
Pour respecter le cahier des charges, les télévendeurs doivent :
– prendre connaissance des données client (fiche individuelle de contact pour connaître et suivre l'intérêt du prospect…) ;
– s'imprégner de la culture, des codes et produits du commanditaire qu'il aura à vendre (fiches produits, argumentaires produits…).

3. L'organisation des équipes de téléacteurs pour optimiser la qualité

Les téléacteurs font généralement partie d'une équipe placée sous la responsabilité d'un manager. Le plus souvent, pour garantir la qualité des prestations et permettre aux télévendeurs de se former aux produits et à la culture du commanditaire, un télévendeur ou une équipe est directement affectée à un commanditaire.

II Identifier les prospects à contacter

Les méthodes de scoring permettent de classer les prospects selon leur note, de façon à adapter la campagne de prospection.

Score	Type d'action	Phase de la relation du prospect avec l'entreprise
Scores les plus forts	Contactés en priorité (prise de rendez-vous qualifiés pour des commerciaux internes par exemple)	**Phase de décision :** le prospect est « chaud » ; le but est d'accélérer le processus de vente et de le faire entrer dans la dernière phase de sa maturité : la phase décisionnelle.
Scores intermédiaires	Contactés par des actions moins lourdes (offre d'essai…)	**Phase de considération :** le prospect est « tiède », c'est le moment d'envoyer une offre promotionnelle.
Plus petits scores	Sollicités par d'autres actions que le démarchage téléphonique pour les pousser à « scorer » : par ex., envoyer une *newsletter*, inviter à télécharger un livre blanc…	**Phase d'éducation :** le prospect est « froid » ; il est important de garder le contact avec lui par divers moyens.

FICHE RESSOURCE

2

MANAGER

MENER UNE CAMPAGNE D'APPELS SORTANTS

I Préparer la campagne d'appels

Le logiciel de phoning est paramétré de façon à ce que le télévendeur puisse avoir à sa disposition les outils de communication (script d'appel, fiche contact…) et d'organisation (agenda…).
Le manager définit un mode d'appel pour la campagne :

Prévu	Chaque télévendeur décide manuellement de déclencher l'appel.
Progressif	Les appels sont automatiquement lancés par le système (1 seul appel à la fois) et s'enchaînent.
Prédictif	Le logiciel détecte les répondeurs, faux numéros, etc., et met le télévendeur uniquement en relation avec les prospects ayant décroché.

II Respecter les obligations légales

Les professionnels de la prospection téléphonique doivent respecter les règles prévues par la loi du 17 mars 2014 relative à la consommation dans les actions de phoning. Le respect de ces règles juridiques pousse les télévendeurs à avoir un comportement déontologique qui améliore la relation client et la rentabilité.

Obligation	Principe	Avantage pour le télévendeur
Afficher le numéro de téléphone	Les appels en numéro masqué sont interdits sous peine d'amende. Le numéro doit être affecté au professionnel qui effectue la prospection (loi Hamon). Le logiciel de phoning permet de personnaliser le numéro.	Les résultats en termes de joignabilité sont meilleurs lorsqu'un numéro est affiché.
Être joignable	Le consommateur doit être en mesure de joindre le professionnel s'il utilise le numéro affiché.	Rester joignable en cas de question supplémentaire du prospect diminue le nombre de réclamations.
Décliner l'identité au début de la conversation	Le télévendeur doit décliner son identité ou décliner l'identité de la personne pour le compte de laquelle le démarchage est effectué.	Crée un climat de confiance et facilite le contact
Indiquer l'objet de l'appel au début de la conversation	Le télévendeur doit indiquer la raison de son appel au début de la conversation.	La personne prospectée peut refuser rapidement le démarchage, ce qui évite de perdre du temps.

III Adopter un comportement professionnel pendant l'appel

1. Se montrer dynamique et persuasif

Les téléopérateurs disposent de scripts de négociation très détaillés. Les télévendeurs doivent se les approprier et les adapter en fonction de l'activité du commanditaire.
Ils peuvent les compléter, en particulier au niveau du traitement des objections. Pendant l'appel, ils doivent l'adapter en fonction des réactions et réponses de l'interlocuteur.

2. Parler lentement et articuler

Lors d'une négociation téléphonique, l'élocution est particulièrement importante.
En premier lieu, le télévendeur doit garder à l'esprit que le sourire s'entend. Ensuite, il faut toujours articuler le plus distinctement possible et maintenir un rythme d'élocution normal. Les phrases courtes et un vocabulaire simple seront le gage d'une bonne compréhension du message.
Enfin, le télévendeur doit toujours surveiller son niveau de langage, ne jamais devenir familier et veiller à être poli (vouvoyer, appeler son interlocuteur « monsieur » ou « madame »…).

FICHE RESSOURCE 3

LE SCRIPT D'APPEL

Un script efficace est un script qui va à l'essentiel, qui permet de poser les bonnes questions et qui valide que le prospect a bien compris le message. Le manager construit un script pour chaque campagne sur le logiciel de phoning, qui s'affichera automatiquement sur l'écran des télévendeurs lors des appels. Les scripts dynamiques s'adaptent en temps réel en fonction de la réponse du client. Le script peut se baser sur la méthode des 4C :

Étape 1 : Contacter		
Introduction	Mentionner son nom (qui peut être un nom d'emprunt), sa fonction et le nom de l'entreprise pour laquelle l'appel est réalisé Expliquez le motif de l'appel	*« Bonjour, je suis X, responsable commercial pour la société… Je vous appelle de la part de…. » / « Mon directeur, monsieur…, m'a recommandé de vous contacter personnellement. » / « Je fais suite au courrier e-mail/fax que je vous ai adressé le… »*
Autorisation	S'assurer que le client est disponible	*« Êtes-vous disponible ou préférez-vous que je vous rappelle à un autre moment ? »*
Présentation	Présenter l'activité de l'entreprise, ses produits/services en précisant l'intérêt pour le client	*« Ma société apporte des solutions pour… Elle pourrait vous permettre de… »*
Accroche	Donner une information pour capter l'attention de l'interlocuteur (avantage produit…)	*« Nous proposons… » / « Cela devrait vous intéresser, vous être utile… »*
Étape 2 : Connaître (à développer essentiellement en cas de vente à distance)		
Découverte des besoins	Il s'agit de la phase de découverte des besoins qui permet d'anticiper les futures objections.	Poser des questions ouvertes sur les besoins : « *Pouvez-vous me dire…* », puis alternatives « *Vous préférez plutôt… ou…* », puis fermées « *Vous voulez…* »
Étape 3 : Convaincre		
En cas de vente à distance	Argumenter et présenter les bénéfices ; on pourra utiliser la méthode CAP pour argumenter : présenter les caractéristiques et avantages de la proposition en apportant par exemple un témoignage fort ou une preuve.	**Caractéristiques :** • Entreprise : « *Elle existe depuis X années…* » • Techniques : produit innovant, haut de gamme, résistant… • Commerciales : SAV sous 48 h, conditions de paiement favorables…
		Avantages : • Grande notoriété : « *C'est pour vous la certitude d'un savoir-faire…* » • Nouveau : « *Donc, pour vous démarquer de…* » • Rapidité d'intervention : « *Vous avez ainsi l'assurance de ne pas subir de gêne.* »
		Preuve : • Catalogue : référence à consulter sur Internet • Démonstration, témoignage : « *La société X a rencontré les mêmes difficultés. Nous avons mis en place… Elle a gagné…* » • Contrat de garantie
En cas de prise de RDV	Chercher à coopérer avec l'interlocuteur et convenir de la date du rendez-vous	*« C'est la raison pour laquelle je vous propose de nous rencontrer afin de vous expliquer comment la société… / Quel jour vous convient le mieux. / Plutôt en début ou en fin de matinée ? »* **En cas de refus :** « *Je comprends votre point de vue. Me permettez-vous de vous tenir informé(e) de nos développements ?* »
Étape 4 : Conclure		
Conclusion	Confirmer la vente	*« Je vous confirme votre commande de… qui sera livrée le… à… »* Rappel du montant et du contexte juridique à respecter
	Confirmez le RDV	*« Je vous confirme notre visite le… à… »*
Prise de congé	Remercier et saluer l'interlocuteur	*« J'ai été très content(e) de vous entendre. / Encore merci pour votre écoute/ Au revoir M./Mme… Je vous souhaite une bonne journée. »*

FICHE RESSOURCE

4

NÉGOCIER AU TÉLÉPHONE

I Les techniques pour faire face aux barrages du standard

Il est très fréquent, lorsqu'on appelle une entreprise, d'aboutir au standard ou au secrétariat. Il faut réussir à surmonter ce barrage pour parler à l'interlocuteur souhaité. Il est parfois utile de se renseigner au préalable (sur Internet) pour connaître le nom de l'interlocuteur visé et sa fonction.

Question type	Réponse type
« C'est à quel sujet ? »	*« C'est à propos d'une documentation/de l'e-mail que je lui ai fait parvenir »* *« C'est au sujet d'informations pour lesquelles j'aurais besoin de son avis, pouvez-vous me passer M… s'il vous plaît ? »*
« Il/elle n'est pas là »	*« Quand me conseillez-vous d'appeler ? »*
« Il/elle est en réunion »	*« Puis-je le/la joindre un autre jour ? À quelle heure me conseillez-vous de rappeler ? »*
« Il/elle est en ligne »	*« Je peux patienter / Puis je rappeler dans 30 minutes ? »*
« Il faut envoyer un courrier »	*« Je vais le faire, mais pour que ce courrier soit utile, j'ai besoin de son avis sur … Pouvez-vous me le/la passer ? »*

II Les techniques de réfutation des objections

Les télévendeurs s'adressent à des prospects qui sont de moins en moins disponibles et de plus en plus sollicités. Lorsque le client décroche, le télévendeur se confronte souvent à des barrages ou des objections. Il doit être capable de les surmonter de façon réactive et doit développer des réflexes et persévérer afin d'arriver à atteindre les objectifs de rentabilité et de qualité imposés par le commanditaire.

Types d'objections	Caractéristiques	Stratégie à adopter
Objection non sincère et non fondée (non justifiée)	Prétexte qui montre que le client ne souhaite pas poursuive l'entretien.	Ignorer l'objection et la contourner.
Objection sincère et non fondée	La critique n'est pas justifiée mais le client est de bonne foi.	Informer et donner des explications au client sur l'offre et fournir des preuves.
Objection sincère et fondée	La critique est justifiée et le client est de bonne foi.	Accepter l'objection mais essayer de proposer un avantage plus important pour compenser.

Objections	Réfutation
« C'est trop cher »	Le prospect craint de payer un produit plus cher que sa valeur réelle. • L'addition des avantages : *« Je me permets de vous préciser qu'avec ce produit, vous bénéficiez d'un modèle haut de gamme avec …* [citer différents avantages du produit] », *« Vous allez vous différencier de vos concurrents et, en plus, vous profitez d'une garantie de trois ans gratuite et d'un SAV performant… »* • La soustraction des problèmes : *« Vous bénéficiez des prix du Salon. Je ne pourrai pas vous faire une telle offre une autre fois… » / « Je ne pourrai pas vous faire la même offre la semaine prochaine… »* • La multiplication des bénéfices : *« Vous multipliez votre chiffre d'affaires par… »* • La division du prix par périodes : *« 120 €, cela fait seulement 10 € par mois… »*
« Je n'ai pas le temps »	Demander au prospect s'il a un autre moment disponible pour le rappeler et convenir d'un jour et d'une plage horaire.
« Ne m'intéresse pas / Je n'en ai pas besoin »	Chercher à savoir pourquoi l'offre ne l'intéresse pas et demander à quel moment le rappeler pour lui présenter l'offre plus en détail. Mettre en avant des bénéfices que le produit/service pourrait lui apporter. Proposer de lui envoyer des documents complémentaires ou l'inciter à aller visiter le site Internet de l'entreprise…
« J'ai besoin de réfléchir »	Rappeler au prospect qu'il peut se rétracter s'il n'est pas satisfait, sans aucun frais.

FICHE RESSOURCE

5

FINALISER L'APPEL

I Conclure la vente en respectant les obligations légales

Lorsque l'offre du télévendeur rencontre le consentement du consommateur, le télévendeur doit lui envoyer un contrat écrit qui comporte les informations suivantes :
– le nom et les coordonnées du télévendeur ;
– les caractéristiques de l'objet et le prix ;
– les modalités d'exécution du contrat (livraison payante ou non, montage par le client ou non…) et les règles de rétractation.

Depuis le 14 juin 2014, il est également obligatoire d'envoyer une confirmation de l'offre ainsi que les informations précontractuelles.

De plus, le consommateur a la possibilité de se rétracter pendant 14 jours calendaires. Il doit le faire par lettre recommandée avec accusé de réception. Il peut utiliser pour cela le formulaire détachable obligatoirement annexé au contrat. Le consommateur n'a pas à motiver son refus, ni à payer des pénalités. Toutefois, il peut avoir à payer les frais de retour du produit.

II Enregistrer les rendez-vous dans l'agenda

S'il a convenu d'un rendez-vous avec un commercial, le télévendeur doit enregistrer la date et l'heure du rendez-vous dans le logiciel de phoning. Le logiciel permet de partager les agendas des commerciaux et de s'assurer que le rendez-vous est bien programmé sur une plage disponible et à proximité du précédent rendez-vous programmé.

Il permet également de transmettre automatiquement les rendez-vous aux commerciaux et aux prospects par e-mail (ou par SMS).

III Effectuer le *reporting*

Le logiciel de phoning inclut des grilles d'analyse et des outils de gestion des appels permettant un suivi quantitatif et statistique des contacts (caractéristiques du prospect, rendez-vous, documents à envoyer, rappels à faire…). La fonctionnalité de qualification rapide dans le logiciel de phoning permet de spécifier en un clic si l'appel est non qualifié, occupé, faux numéro, non intéressé, rendez-vous pris…, ce qui permet au télévendeur de gagner du temps.

Le télévendeur doit compléter la fiche client pendant et/ou après l'appel. Il peut disposer d'un temps de traitement post-appel (*wrap-up*) pour réaliser ce travail de *reporting*.
Sur chaque fiche client, il doit indiquer :
– les éléments d'identification qu'il a pu vérifier pendant l'appel,
– les objections rencontrées, les résultats obtenus,
– la date de rappel ou de rendez-vous,
– les actions à prévoir,
– les éventuels commentaires.
Ces commentaires sont visibles par l'ensemble des télévendeurs via le logiciel de phoning, ce qui permet de partager les informations et les données sur les prospects.

LES INDICATEURS POUR SUIVRE UNE CAMPAGNE D'APPELS SORTANTS

I L'analyse des indicateurs quantitatifs

Ces indicateurs permettent de déterminer la taille de l'équipe affectée aux appels sortants selon le type d'appel envisagé (prise de rendez-vous, vente d'offre…) et de fixer les objectifs. Leur analyse doit permettre de mettre en place des actions de remédiation.

Indicateurs	Calcul	Actions de remédiation
Volume d'appels	Nbre d'appels passés par heure / Nbre d'appels émis	Si cet indicateur est faible, il faut étoffer l'équipe de téléprospection et/ou la faire monter en compétences (formation au logiciel de phoning).
Taux d'aboutissement	Nbre d'interlocuteurs joints / Nbre d'appels émis	Adapter les horaires des télévendeurs en fonction des heures/jours où il est plus facile de joindre les prospects et faire évaluer la qualité de la base de données avant de lancer les campagnes.
Taux d'échec des appels	Nbre d'appelés ayant raccroché immédiatement / Nbre d'appels émis	Détecter en amont les prospects hors cible (en B2B : entreprise de trop petite taille, mauvais secteur d'activité ; en B2C : situation familiale inadaptée aux attentes…).
Fréquence des appels	Nbre d'appels d'un même prospect / Nbre d'appels émis	Rappeler trop souvent un prospect peut être une perte de temps et d'énergie. Il faut trouver l'équilibre qui va améliorer la productivité, en jouant sur la quantité des appels, mais aussi le moment de la journée/semaine où l'on appelle.
Taux de relance	Nbre de relances programmées / Nbre d'appels émis	Si le taux est faible, paramétrer l'outil de phoning pour prévoir des alertes et des relances automatiques et former l'équipe à l'outil.

II L'analyse des indicateurs qualitatifs

1. Les indicateurs

Pour que chaque télévendeur puisse assurer une prestation de qualité, l'analyse de la pertinence de la communication et des outils utilisés est un objectif primordial.

Indicateurs	Signification
Taux de refus d'entretien	Permet de connaître la capacité de chaque télévendeur à capter le prospect
Nbre de RDV ou ventes / Nbre d'appels	Mesure la capacité du télévendeur à prendre des rendez-vous ou à vendre
Nbre total de contacts / Nbre de fiches contacts complétées	Montre la détermination du télévendeur à recueillir des informations et à relancer les absents
Nbre de contacts non intéressés / Nbre de contacts utilisables	Mesure la capacité du télévendeur à générer des contacts utiles et à susciter l'intérêt du prospect

Le logiciel de phoning analyse également les conversations et permet, à partir de mots-clés, de déceler par exemple des mots à bannir par le télévendeur, des problèmes liés à l'offre (les clients qui évoquent une offre concurrente, un point de vente source de problèmes)…

2. Les actions de remédiation

Elles sont diverses et consistent à :
– former le télévendeur pour qu'il améliore ses compétences en communication à distance en suscitant l'intérêt des interlocuteurs et en instaurant un dialogue en quelques secondes ;
– former à la résistance au stress, à accepter l'échec ;
– analyser avec le télévendeur l'enregistrement de son appel pour en retirer les points négatifs et positifs et repérer avec lui l'origine du dysfonctionnement (par exemple une introduction trop longue) ;
– adapter si besoin le script d'appel pour le rendre plus efficace.

Maîtrise

1 Préparer sa négociation de vente à distance

Vous êtes chargé(e) de mener une campagne de vente à distance pour le Château de Jamyr, commanditaire, spécialisé dans l'organisation de séminaires et repas d'affaires. L'objectif est de proposer une offre promotionnelle de – 25 % sur le prix de la prestation pendant les mois de janvier à fin mars, où l'activité connaît traditionnellement une importante baisse.

1. Préparer un argumentaire CAP pour vendre l'offre promotionnelle du Château de Jamyr.
2. Afin d'être efficace lors de votre campagne d'appels, préparez des réponses aux différents types de barrages des standards suivants :
   « Il n'est pas là. » | « Il est en réunion. » | « C'est à quel sujet ? »
3. Organisez un jeu de rôle avec un télévendeur, un standardiste, un prospect et un observateur, dans lequel vous tenterez de vendre l'offre promotionnelle du Château de Jamyr à une entreprise du secteur de la défense.

Document Les services proposés par le Château de Jamyr

Un lieu d'exception et au calme, situé dans un parc arboré de 5 hectares. Le château, d'une surface de 290 mètres carrés, possède un parking et un vestiaire. Cuisine gourmande et créative, concoctée par notre chef.

Nos clients témoignent

« Tout a été super au niveau prestations, environnement, déjeuner. Excellente réactivité à chaque demande non prévue initialement. »
« Un magnifique cadre propice aux échanges. Une équipe à l'écoute et discrète. »

Repas d'affaires	Formations – Séminaires
• Déjeuner et dîner d'affaires de 25 à 150 personnes au calme et en extérieur l'été dans un lieu calme et empreint de sérénité. • Service à table ou sous forme de buffet. • Repas en extérieur possible selon les saisons.	• Trois salles de réunion avec connexion wifi gratuite, vidéoprojecteur, *paper-board* • Hébergement sur place possible • Restauration sur mesure (bio, sans gluten...)

Tarifs : **variables selon le nombre de convives.**
Paiement : 50 % à la commande, solde à réception de la facture. Un chèque de caution de 2 900 € sera demandé.

Maîtrise

2 Le centre d'appels Elis, une force opérationnelle au service de la vente

Vous travaillez au sein du centre d'appels de la société Elis, spécialisée dans la location et l'entretien de linge, vêtements de travail et produits d'hygiène pour les entreprises. Ce centre d'appels, réactif et performant, participe à la réalisation des objectifs de vente.

1. Visionnez la vidéo et présentez les différentes activités du centre d'appels Elis.
2. Quel est l'intérêt du centre d'appels pour les commerciaux ?
3. Analysez la prise de contact et la conclusion du rendez-vous réalisé par Inès.
4. Comment le centre d'appels participe-t-il à l'amélioration de la qualité des services Elis ?

Document Vidéo : Centre d'appels Elis

Le centre d'appels ELIS, une force opérationnelle au service de la vente et des centre
Durée : 6'39
liennathan.fr/z95m7a

Expertise

3 Maîtriser le contexte juridique pour faire face aux objections

Vous travaillez dans un centre de relation client spécialisé en assurances. Votre mission est de vendre des contrats d'assurance par téléphone pour plusieurs grandes marques d'assurance. Cependant, vous constatez que les prospects sont de plus en plus réticents et de moins en moins disponibles. Votre manager vous charge de travailler sur le traitement des objections pour faciliter le travail de l'équipe. Il vous demande en particulier d'intégrer dans vos réfutations les arguments juridiques concernant la nouvelle législation encadrant le domaine de l'assurance.

1. Rappelez les recours dont bénéficient les consommateurs dans le domaine de l'assurance ?
2. Présentez ce que doit faire et dire le téléprospecteur quand il se présente ?
3. Préparez des réfutations pour les objections du document 2 (intégrez les arguments juridiques).
4. Préparez dans un PowerPoint un script que les télévendeurs pourront utiliser lors de la vente téléphonique des contrats d'assurance habitation.
5. Testez votre argumentaire sous forme d'un jeu de rôle (un observateur, un client au téléphone, un télévendeur) dans lequel vous contactez Marie Delahousse, 25 ans, mère de 2 enfants en bas âge, qui va acheter dans un mois un appartement à Lille, pour lui vendre un contrat d'assurance habitation. L'entretien téléphonique ne doit pas dépasser 4 minutes.

Document 1 — Nouvelle loi encadrant l'activité des courtiers en assurance

Les professionnels devront désormais respecter de nouvelles obligations.

1. Recueillir rapidement l'accord du client pour le démarcher. La prospection par téléphone en matière d'assurance reste autorisée, mais le démarcheur devra, aussitôt après s'être présenté et avoir indiqué le caractère commercial de l'appel, s'assurer que son interlocuteur est favorable à la poursuite de la conversation. À défaut d'accord explicite, il devra mettre fin à l'appel sans délai et ne pourra pas le rappeler ultérieurement.

2. S'assurer que le client est en capacité de souscrire un nouveau contrat. Dans le cas où le client serait couvert par une autre police pour un risque similaire, le démarcheur devra s'assurer qu'il peut y mettre fin concomitamment à la souscription d'un nouveau contrat.

3. Vérifier la bonne réception des documents obligatoires. Dès lors que le client donnera son accord pour souscrire, l'assureur devra non seulement lui faire parvenir plusieurs documents et informations prévus par la législation (contrat, notice d'information, etc.), mais aussi s'assurer qu'il les a bien réceptionnés. Le démarcheur devra par ailleurs **attendre au moins 24 heures** après la réception de ces documents pour rappeler le client.

4. Ne plus avoir recours à l'accord oral. Le simple fait de prononcer le mot « oui » ne suffit plus à valider la souscription d'un contrat d'assurance. La **signature manuscrite ou électronique** du client est désormais obligatoire.

5. Ne jamais conclure de contrat au premier appel. La signature du contrat ne peut désormais intervenir moins de 24 heures après la réception des documents par le client, et donc encore moins dès le premier appel.

6. Envoyer systématiquement une confirmation écrite. Une fois le contrat signé, l'assureur devra informer le souscripteur « par écrit ou sur tout autre support durable » de son engagement, des dates de conclusion et de prise d'effet du contrat, de son éventuel droit de renonciation et des modalités de l'exercer.

7. Enregistrer les communications. Le démarcheur devra enregistrer et conserver pendant 2 ans l'ensemble des conversations téléphoniques intervenues avant la conclusion du contrat.

Quechoisir.org, 15 avril 2021

Document 2 — Les principales objections rencontrées

« J'ai peur des arnaques, une amie a déjà eu affaire à un escroc… »

« Je suis déjà engagé chez un autre assureur. »

« J'ai peur de dire oui sur un coup de tête, j'ai besoin de réfléchir. »

« Je ne veux pas souscrire une assurance par téléphone. J'ai besoin de lire toutes les clauses avant de signer ! »

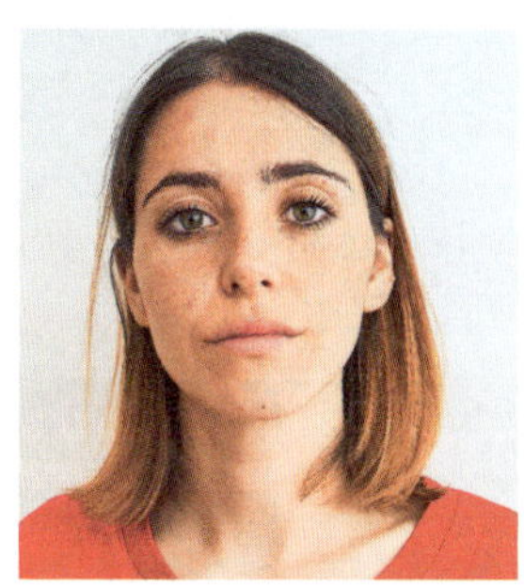

Synthèse

Vendre à distance

Mettre en place une campagne de vente à distance

- Répondre aux attentes et au cahier des charges du commanditaire
- Identifier les prospects à contacter par des méthodes de scoring permettant de les classer
- Paramétrer le logiciel de phoning

Respecter les obligations légales

Obligations d'information au client
- Afficher le numéro de téléphone
- Être joignable
- Décliner l'identité en début d'entretien
- Indiquer l'objet de l'appel en début d'entretien

Obligations concernant la validité du contrat
- Nom et coordonnées du télévendeur
- Caractéristiques de l'objet et prix
- Modalités d'exécution du contrat

Gérer les appels sortants

- Se préparer psychologiquement et matériellement
  - Prévoir un script d'appel pour la négociation
  - Prévoir les outils d'aide à la vente :
    - barrages au standard
    - réfutation des objections
- Adopter un comportement professionnel
- Faire du *reporting* pendant et après l'appel

Suivre les campagnes d'appels sortants

Indicateurs de gestion des appels :
- taux d'abandon d'appels
- volume d'appels
- fréquence d'appels (nombre d'appels d'un même prospect)
- taux de relance
- taux d'aboutissement

Indicateurs de suivi du déroulement de l'appel :
- taux de refus d'entretien
- taux d'échec immédiat
- taux de vente ou de rendez-vous
- taux de contacts
- taux de contacts non intéressés

TESTEZ-VOUS

Quiz sur le chapitre 2
liennathan.fr/ce3f86

MOTS CLÉS

Script d'appel · Outils d'aide à la vente · Indicateurs d'appels sortants

CHAPITRE

3 Mettre en place un service client omnicanal

Contexte professionnel

Activités/Tâches
Accompagnement, conseil et traitement des demandes clients
Mise à jour des data clients

Compétence
Créer et entretenir la relation client à distance

Vers PIX
1.3. Traiter des données
2.3. Collaborer

Vous travaillez depuis un an en tant que téléconseiller/-ère confirmé(e) au sein du centre de relation client Teldirect, spécialisé dans le secteur de la téléphonie. Les conseillers mettent en place une relation omnicanale avec les clients des entreprises commanditaires afin de répondre de manière optimale à leur demande, en véhiculant l'image, les valeurs et engagements de l'entreprise.

Votre rôle

Votre manager, Vanessa Sebastian, vous confie le suivi de la clientèle d'un important client qui commercialise des smartphones et propose des forfaits de téléphonie à bas prix.

Vos objectifs

I Mettre en place une relation client omnicanale

Vanessa Sebastian vous demande d'accompagner la mise en place d'une relation client omnicanale pour que les clients de Casaphone puissent contacter le CRC selon le canal de leur choix.

1 Présentez les produits, le concept de Casaphone et les canaux de contact avec ses clients. — Fiche ressource 1 ; Annexe 1, 2, 3, 4

2 À l'aide de la vidéo (annexe 2), faites deux propositions à Casaphone pour passer à un modèle omnicanal. — Annexes 3, 4 et 5

II Optimiser le traitement des appels téléphoniques

Afin que les téléconseillers soient les plus efficaces possibles, Vanessa Sebastian vous demande de proposer des améliorations visant à gérer la relation client sur les différents canaux.

3 Déterminez une organisation efficace pour l'équipe des six téléconseillers qui sera dédiée au traitement de l'ensemble des demandes clients de Casaphone. — Fiche ressource 2

4 Allez-vous conserver le numéro mis en place par Casaphone ? Justifiez votre réponse. — Fiche ressource 3 ; Annexe 5

5 En vous aidant de la vidéo de l'annexe 6, enregistrez la phrase d'accueil du service client Casaphone et proposez différents choix possibles sur le serveur vocal interactif. — Fiche ressource 4 ; Annexe 6

6 Rédigez une phrase d'attente pour faire patienter les clients. — Fiches ressources 3 et 4

7 Proposez des solutions pour améliorer la gestion des appels en fonction des retours clients de l'annexe 7. — Fiche ressource 3 ; Annexe 7

III Optimiser le traitement des demandes écrites

8 Proposez des solutions pour améliorer la gestion des demandes écrites des clients Casaphone.

9 Rédigez un mail type d'accusé de réception des demandes clients. — Fiche ressource 5 ; Annexes 8 et 9

10 Proposez une phrase type pour accueillir les clients dans le tchat.

IV Utiliser les logiciels de relation client

Un client appelle le 8 janvier expliquant qu'il a déjà envoyé un mail au service client au sujet de la livraison de son smartphone mais qu'il n'a pas eu de réponse. Il souhaite savoir où en est sa livraison.

11 Quelles informations allez-vous demander à ce client pour pouvoir retrouver sa demande ? Montrez l'intérêt d'être équipé d'un logiciel de phoning connecté au PGI et au CRM pour traiter cette demande. — Fiche ressource 6 ; Annexes 10 et 11

12 Vous avez retrouvé le ticket correspondant au mail de demande du client. Formulez une réponse en vous aidant du tableau de suivi des commandes. Effectuez le reporting en indiquant ce que vous faites avec le ticket. — Annexes 12 et 13

Votre dossier

Annexe 1 L'entreprise Casaphone

Casaphone est une PME spécialisée dans le domaine de la téléphonie mobile. L'entreprise propose des forfaits mobiles à bas prix, des téléphones mobiles avec ou sans forfait ainsi que des accessoires (câbles, chargeurs, coques…). Casaphone dispose de deux boutiques à Paris et d'un site de vente en ligne avec livraison à domicile ou retrait en boutique.

L'entreprise propose également des fiches conseils personnalisées pour les clients, ainsi que des « webinaires » (ateliers à distance pour se familiariser avec les fonctions plus évoluées des téléphones). Son service client peut être contacté par mail ou par téléphone.

Annexe 2 Vidéo : 5 étapes pour créer une relation client omnicanale

5 étapes pour créer une relation client omnicanale !
Durée : 6'10
liennathan.fr/38twh2

Annexe 3 Des équipes au service de la relation client

Teldirect met à disposition de chaque commanditaire un manager dédié et une équipe formée à ses produits, ses codes et sa culture.
Teldirect peut mettre en place plusieurs canaux de contact :

- **Téléphone** (ligne téléphonique directe, *click to call*)
- **E-mail**
- **Application mobile**
- **SMS**
- ***Live chat***
- **Commentaires sur les réseaux sociaux, les forums, la chaîne YouTube, et sur le site Internet.**

Les téléconseillers ont été formés pour répondre aux demandes sur tous les canaux (téléphone, site Internet…). Afin d'assurer un service de 8 h à 20 h, les téléconseillers ont l'habitude d'alterner, sur des plages de 2 h 30, téléphone, puis tchat, puis e-mail.
Contrat premium : accès prioritaire à un conseiller par téléphone.

Annexe 4 — La mission confiée à Teldirect par Casaphone

L'entreprise a fait appel à Teldirect dans le but de mettre en place une relation client omnicanale et unifiée. Cette évolution doit donner la possibilité à ses clients de joindre gratuitement le service clients sur des plages horaires plus larges et de développer les canaux de contact. L'entreprise souhaite proposer divers services :

– la gestion du service après-vente (SAV) ;
– la réponse aux demandes d'information et de conseil ;
– le suivi et le traitement des réclamations.

Annexe 5 — Extrait du site Internet de Casaphone

Contactez-nous au 09 45 45 XX (coût d'un appel local + 0,05 ct la minute), du lundi au samedi de 10 h à 18 h ou envoyez-nous un mail à : contact@casaphone.com

Annexe 6 — Vidéo : SFR Business

SFR Business : Comment fonctionne Call Contact ?
Durée : 2'45
liennathan.fr/7vf6b4

Annexe 7 — Avis de clients concernant le service client Casaphone

Frédéric G. : « J'ai commandé en ligne un smartphone que je devais retirer en magasin mais je n'ai toujours pas reçu de mail pour aller le retirer. J'ai cherché à joindre le service client, il faut plus de 20 minutes pour avoir un conseiller, et en plus il n'est pas capable de traiter ma demande et me demande de rappeler plus tard, c'est de l'arnaque ! Et on ne peut même pas demander à être rappelé. »

Imane C. : « Les produits ne sont vraiment pas chers, surtout les accessoires. En boutique, les conseillers sont super, ils m'ont tout installé. Rien à voir avec les téléconseillers au téléphone, impossibles à joindre ! Et en plus, c'est payant ! »

Annexe 8 — Avis de clients concernant les demandes écrites adressées au service client

▶ **Karim H.** : « J'ai envoyé un message sur Facebook pour signaler que ma commande n'a toujours pas été livrée et je n'ai pas eu de réponse, comme tous les autres internautes ! »

Alice V. : « Je n'arrive pas à configurer mon nouveau smartphone alors que j'ai bien suivi les instructions. Comme je déteste le téléphone et que je n'ai pas de temps à perdre, j'ai envoyé un mail mais je n'ai pas eu de réponse, ni d'accusé de réception ! » ◀

Annexe 9 — Interview de Vanessa Sebastian, manager Teldirect

– Quelle est la clé d'une bonne gestion des très nombreux mails de clients ?

– Les mails envoyés au service client doivent être traités méthodiquement et efficacement et une première réponse doit être envoyée au client en moins de 24 heures. Mais, pour que ce soit efficace, il faut former les téléconseillers, qui ont parfois encore du mal à écrire de façon concise et rapide.

– Et pour le tchat ?

Pour le tchat, c'est de l'instantané : il faut accueillir le client dès qu'il s'est connecté au tchat, sinon, il risque de se déconnecter. Il faut être très réactif mais prendre tout de même le temps de rédiger sa réponse correctement. Le client peut voir que le conseiller est en train de rédiger et cela le maintient connecté.

– Y a-t-il un moyen pour limiter ce flux continu de demandes ?

Les forums et les FAQ peuvent permettre de renforcer les échanges entre utilisateurs, qui peuvent s'entraider. Il faut mettre en valeur les clients "ambassadeurs" qui pourront donner des recommandations. Cela soulage le centre d'appels et valorise les clients.

Annexe 10 — Une communication unifiée

Teldirect dispose d'un logiciel PGI synchronisé avec un logiciel de CRM, qui possède des modules support client et SAV. Reliés au logiciel de phoning, ils permettent de :
- centraliser l'ensemble des données clients et l'historique des demandes sur une même interface, ce qui offre une vision client à 360 degrés ;
- répondre depuis une même interface aux demandes clients sur tous les canaux (téléphone, mail, SMS, tchat, remontées site Web et réseaux sociaux…).

Annexe 11 Vidéo : Qu'est-ce qu'un CRM ?

Qu'est-ce qu'un CRM et comment fonctionne-t-il ? | Salesforce
Durée : 2'40
liennathan.fr/84xtr5

Annexe 12 Ticket n° 5421

Date d'ouverture : 05/01 **Date d'échéance :** **Par :** automatique

Dernière modification : 05/01 **Source de la demande :** mail depuis l'espace client

Catégorie : Suivi livraison **Statut :** Nouveau **Priorité :** Normale

Demandeur : **Attribué à :**

Titre : Livraison **Description :**

Historique :

05-01
Frédéric
Rimler

> J'ai commandé sur le site un téléphone Samsung Galaxy S7 32 Go noir avec une livraison en boutique. Mon numéro de commande est : 58C2589. Pouvez-vous me dire si ma commande est arrivée et si je peux venir la chercher ?

Réponse :

Note interne :

Annexe 13 Tableau de suivi des livraisons

Suivi des livraisons

Modifier | <Rechercher> | ROL | Déplier tout | Plier tout | Vues | Toutes (Système)

N° commande	Adresse de livraison	Produit	Modèle	Quantité	Nb articles en stock	Prix	Date de livraison prévue
58C2589	Boutique Casaphone, 5 place de la Nation, 75012 Paris	Smartphone	Samsung Galaxy S7 32 Go noir	1	10	248,93 €	10/01

FICHE RESSOURCE 1

FAVORISER UNE EXPÉRIENCE CLIENT OMNICANALE

I Identifier les différents canaux de vente et d'échange

Pour établir une relation avec les consommateurs, l'entreprise a besoin d'utiliser divers canaux qui lui permettront de promouvoir et vendre ses produits et services, mais aussi d'entretenir une relation avec les clients et répondre à leurs questions ou réclamations.
Le « canal » s'entend de toutes les interfaces (physiques ou virtuelles) permettant au client de rencontrer la marque : boutique physique, boutique Web ou *via* application mobile, site marchand, place de marché Web (Amazon, RueDuCommerce, PriceMinister, eBay…), vente à distance par téléphone (numéro accessible depuis le site Internet, télé-shopping…), vente à distance par catalogue (La Redoute, Françoise Sajet…), porte à porte, vente privée, en réseau…

II Comprendre l'évolution des comportements clients

Les consommateurs, devenus « omni-consommateurs », sont de plus en plus nombreux à utiliser différents canaux, parfois simultanément, pour acheter ou contacter les entreprises (à partir d'un téléphone fixe ou mobile, d'une tablette, d'un ordinateur fixe ou portable connecté à un site Web…). Les entreprises doivent s'adapter à ces nouveaux comportements.

EXEMPLE

Un consommateur pourra débuter son achat en s'informant sur le Web (sites marchands, comparateurs de prix…), puis tester le produit, utiliser des bornes interactives en magasin physique pour confirmer l'utilisation possible du produit et se rendre ensuite sur divers réseaux sociaux pour partager ses questions et impressions, et enfin passer sa commande *via* une application e-commerce installée sur son smartphone en utilisant un coupon de réduction reçu par e-mail…

III Adapter ses canaux aux comportements des clients

Modèle d'échange	Description	Exemple
Canal simple	L'entreprise dispose d'un seul canal de vente.	Une seule boutique physique ou vente uniquement à partir d'un site Internet
Multicanal	L'entreprise diversifie les canaux et multiplie les points de contact pour toucher sa clientèle, communiquer et distribuer ses produits. Les différents canaux restent indépendants et ne communiquent pas entre eux.	– Une entreprise crée une page Facebook ou développe une application mobile. – Un *pure player* (CDiscount par ex.) ouvre un point de vente physique. – Un commerçant crée un site de e-commerce.
Cross-canal	L'entreprise crée des passerelles entre les canaux (magasin physique, catalogue, site Web, etc.) pour qu'ils puissent fonctionner ensemble de manière complémentaire. Chaque canal pourra offrir un intérêt particulier lors de chacune des étapes du processus d'achat.	Le *click & collect* permet d'intégrer deux canaux : le Web pour la commande, et le magasin pour retirer le produit.
Omnicanal	L'entreprise optimise l'interconnexion des différents canaux digitaux et physiques. Les services proposés en magasin le sont aussi en ligne. Il s'agit d'offrir au client une expérience globale unifiée à travers l'utilisation simultanée des canaux.	Développer des IoT (*Internet of Things* ou IdO Internet des objets), c'est-à-dire l'extension des technologies du Web à des boutiques physiques : magasin connecté (phygital), qui est à la fois un point de vente, un point *click & collect*, un showroom découverte, un *community store* pour construire les communautés de marque, etc.

FICHE RESSOURCE 2

ASSURER UN SERVICE CLIENT OMNICANAL DE QUALITÉ

I Proposer différents canaux de contact

L'entreprise doit proposer à ses clients différents canaux possibles de contact afin de faciliter la mise en relation et mieux les satisfaire. Les téléacteurs sont formés pour être des experts de la communication sur les divers canaux.

Point de vente		Le point de vente permet un contact et un échange direct avec les vendeurs qui peuvent conseiller les clients en direct, ce qui peut constituer un véritable avantage pour une entreprise par rapport à des concurrents proposant une offre 100 % en ligne.
Appel téléphonique		Le téléphone est le canal utilisé par 80 % des consommateurs. Le client aboutit la plupart du temps sur une boîte vocale à partir de laquelle il est redirigé, en fonction de sa demande, vers un conseiller téléphonique. La voix et l'échange téléphonique permettent de conserver un contact humain avec l'entreprise, ce qui reste important pour les consommateurs.
	Téléphone VIP	Le téléphone VIP permet aux clients Premium : – d'être redirigés directement vers des téléconseillers haut de gamme formés spécifiquement aux produits ; – de bénéficier de plages horaires élargies pour contacter les conseillers, d'un taux de décrochage maximal et d'un temps d'attente minimal.
	Click to call	Grâce au *click to call*, le client clique simplement sur un bouton d'appel du site Internet, puis laisse son numéro de téléphone afin d'être rappelé par un conseiller. Cela permet d'éviter les temps d'attente.
Mail		Le mail est également très utilisé par les entreprises pour rester en contact avec leurs clients : suivi de commande, échanges avec le service après-vente (SAV), réclamations…
Site Internet		Certains clients, avant de contacter le service client, tentent de trouver une réponse sur Internet par eux-mêmes. Il peut donc être judicieux de mettre en place des pages FAQ (foire aux questions) qui permettent de partager les problèmes et solutions ou bien une plateforme communautaire pour encourager l'entraide des clients. Il est également nécessaire de proposer un formulaire de contact directement sur le site.
SMS		L'entreprise peut envoyer un SMS au client, par exemple pour confirmer une commande. Certaines applications sur smartphone ou tablette permettent également d'accéder à divers services clients : consultation du compte client en ligne, contact avec le SAV…
Messagerie instantanée (*live chat*)		Les clients contactent l'entreprise par écrit *via* des messages instantanés depuis le site Internet (*click to chat*). Un conseiller répond en direct par écrit. Les clients plébiscitent le tchat car il apporte une réponse rapide et personnalisée aux questions.
Réseaux sociaux		Les consommateurs sont de plus en plus nombreux à utiliser les réseaux sociaux pour demander un conseil, une aide... L'entreprise doit donc être capable de répondre à ces demandes.

II Organiser les équipes en charge de la relation client

Les équipes de téléconseillers peuvent être organisées selon plusieurs principes :

Spécialisation par portefeuille client (particuliers, professionnels…)	Le téléconseiller prend en charge les réponses de certains clients sur l'ensemble des canaux à sa disposition. Cette solution permet d'avoir des équipes réactives, formées aux besoins particuliers des clients.
Spécialisation par type de demande	Les téléconseillers sont spécialisés dans le traitement de certaines demandes : SAV, renseignement, recouvrement…
Spécialisation par type de canal de contact	Certains téléconseillers sont affectés aux réponses écrites, et d'autres, au suivi par téléphone. Même si cette solution permet de gagner en rapidité, elle appauvrit la diversité du travail du téléconseiller et rend plus difficile la vision globale des attentes du client.

Le manager évalue ensuite le nombre d'appels prévisionnels et affecte un groupe plus ou moins important de téléconseillers à cette mission.

FICHE RESSOURCE

3

PRENDRE EN COMPTE LE CONTEXTE JURIDIQUE DES APPELS ENTRANTS

I L'interdiction de numéro d'appel surtaxé

L'article 87 de la loi de modernisation de l'économie (LME) pose un principe de numéro non surtaxé pour les appels téléphoniques de consommateurs destinés à obtenir la bonne exécution d'un contrat conclu avec un professionnel ou le traitement d'une réclamation. Ce numéro doit être indiqué dans le contrat et dans la correspondance.

La règle reste identique lorsque ce service est externalisé vers un centre de relation client.
Par contre, cette obligation ne s'applique pas pour les autres appels à l'initiative du client, donc en dehors du cadre du suivi de son contrat.

II L'enregistrement des appels

1. Informer le client

L'employeur peut installer un dispositif d'écoute et/ou d'enregistrement ponctuel des conversations téléphoniques pour améliorer la qualité du service (par exemple, en étudiant le type de réponse apporté au client). Le client doit être informé que la conversation est enregistrée ; cette indication peut être fournie dès le message d'attente, à partir du serveur vocal interactif (SVI), qui précise l'objectif de l'enregistrement.

2. Réglementer l'accès aux enregistrements

L'employeur doit mettre en place des habilitations pour les accès informatiques aux enregistrements, avec traçabilité des actions effectuées (savoir qui se connecte à quoi, quand et pour quoi faire). Les enregistrements peuvent être conservés jusqu'à six mois au maximum.

III Les droits de la SACEM et de la SCPA

1. Respecter les droits de diffusion pour la musique d'attente

Pour faire patienter les appelants, le centre de relation client peut diffuser de la musique sur le réseau téléphonique. Il doit alors veiller à être en conformité avec les droits de diffusion de la Société des auteurs, compositeurs et éditeurs de musique (SACEM) et de la Société civile des producteurs associés (SCPA).

2. Respecter le droit d'auteur

La déclaration auprès de ces deux sociétés civiles incombe et reste sous l'entière responsabilité du CRC qui utilise la musique.

Les œuvres musicales tombent dans le domaine public soixante-dix ans après la mort de l'artiste, mais, dans la mesure où l'arrangeur de la partition (chef d'orchestre…) est considéré comme auteur et qu'elle est produite par un producteur, même la musique classique est souvent soumise à redevance.

FICHE RESSOURCE 4

OPTIMISER LE TRAITEMENT DES REQUÊTES CLIENTS PAR TÉLÉPHONE

I Comprendre la gestion de la distribution d'un appel

La gestion de la distribution des appels dans le logiciel de phoning est essentielle pour gérer le travail des téléconseillers, limiter l'attente des clients et les diriger vers le bon interlocuteur.

En fonction de la disponibilité des agents, l'appel sort de la file d'attente et est dirigé vers le groupe de téléconseillers correspondant à la demande du client.

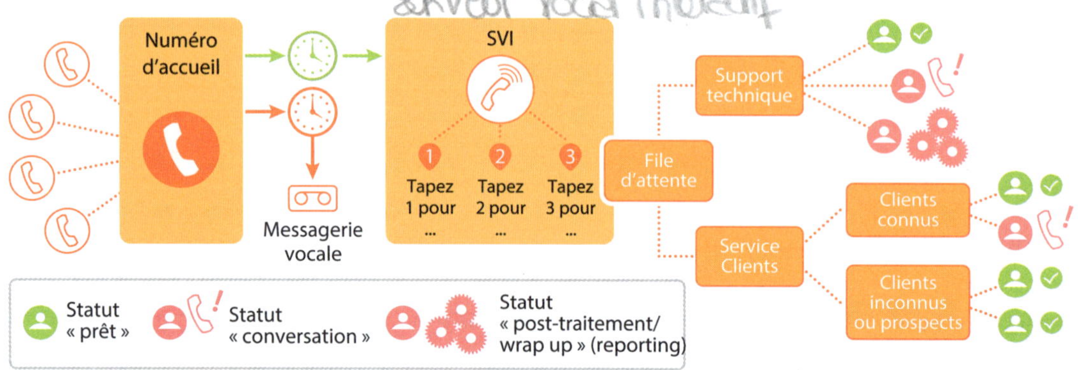

Si le téléconseiller a activé le statut « décroché automatique », la communication est automatiquement établie dès qu'il a raccroché l'appel précédent. Il a aussi le choix de bénéficier d'un temps de pause avant de reprendre un appel en activant manuellement le statut « prêt » lorsqu'il est disponible.

II Paramétrer le SVI

Lorsqu'un client appelle, il aboutit le plus souvent sur un serveur vocal interactif (SVI), qui est une voix *off* enregistrée, qu'il est possible de paramétrer.

La phrase d'accueil	Elle doit présenter le service client en notifiant le nom de l'entreprise afin d'indiquer au client qu'il a appelé le bon numéro. Lorsque le CRC est fermé ou saturé, il est possible de paramétrer une file de dissuasion (boîte vocale qui demande au client de rappeler plus tard).	« Bonjour, bienvenue sur le service client de [nom de la société] ».
Le menu	Permet d'orienter les appelants selon leur demande et selon les compétences des téléconseillers (support technique, SAV…). Il faut proposer 3 ou 4 choix au maximum, exprimés par des phrases simples, courtes. Généralement, la touche dièse (#) permet de revenir au menu précédent ou d'écouter les mentions légales ; l'étoile (*) permet de revenir au menu principal.	« Pour profiter des promotions en cours, tapez 1 ; pour une information sur un de nos produits, tapez 2 ; pour suivre votre commande, tapez 3… »

Le SVI peut également diffuser des informations générales (horaires d'ouverture, délais de livraison, mentions légales…).

III Gérer l'attente des appelants

Si un téléconseiller est disponible, le client est redirigé vers lui. Si tous les téléconseillers sont occupés, un temps d'attente est estimé et communiqué au client à intervalles réguliers. Une musique d'attente ou des messages marketing peuvent être diffusés afin de faire patienter les clients. Pour désengorger le centre d'appels, le site Internet pourra proposer un lexique et une FAQ complète et régulièrement enrichie pour les questions basiques ou les demandes récurrentes.

FICHE RESSOURCE

5

OPTIMISER LE TRAITEMENT DES REQUÊTES CLIENTS PAR ÉCRIT

I Traiter efficacement les demandes par e-mail

1. Optimiser le tri

Pour gérer le flux d'e-mails et pour faciliter le tri des demandes, il est conseiller de :
- mettre à disposition des clients une adresse e-mail dédiée par service ;
- prévoir sur le site des formulaires de demande incluant les questions de qualification (type de produit ou service concerné, fonctionnalité concernée, niveau de gamme concerné…).

2. Mettre en place des procédures de traitement et d'archivage

La procédure ci-dessous peut être utilisée pour traiter efficacement les e-mails :

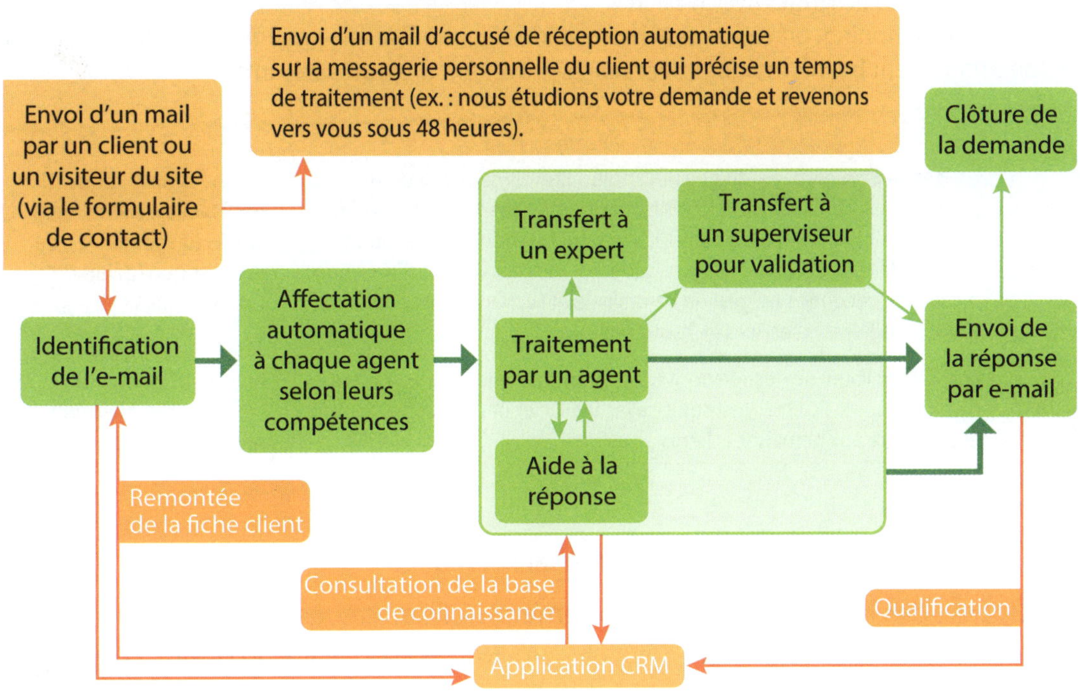

Il est possible d'enregistrer des modèles d'e-mails pour répondre aux questions simples et récurrentes. Enfin, il est nécessaire de définir des procédures d'archivage et de classer les e-mails, par exemple par type de client.

II Traiter les demandes par tchat

Les téléconseillers ont la possibilité de préenregistrer des messages types dans le tchat et de classer les différents types de réponses dans une bibliothèque au sein du logiciel.

EXEMPLE : « Bonjour, je suis [prénom + fonction], puis-je vous renseigner ? »

Les réponses préenregistrées doivent être catégorisées pour être retrouvées plus facilement. Les téléconseillers gèrent souvent plusieurs tchats à la fois, ce qui nécessite d'être réactif et de privilégier les réponses courtes et précises.

Pour les demandes simples par tchat (plus rarement par téléphone), les entreprises ont de plus en plus recours aux *chatbots*, qui sont des robots capables de fournir des réponses simples aux questions des internautes à partir d'une bibliothèque de questions/réponses. Le développement de l'intelligence artificielle tend à perfectionner les compétences des *chatbots* en les dotant de capacités d'analyse plus fine des questions.

FICHE RESSOURCE 6

CONNAÎTRE LES LOGICIELS UTILES À LA RELATION CLIENT

I Accéder à l'ensemble des informations clients grâce au PGI et au CRM

Afin que les téléconseillers aient une vision unifiée et globale des clients et puissent traiter efficacement les demandes ou réclamations clients, il faut qu'ils aient accès :
– aux données clients collectées *via* les différents canaux (points de vente, Web, réseaux sociaux…), ce que l'on appelle une « vision à 360° » des clients ;
– aux données collectées par les autres téléconseillers et par les différents services (service client, comptabilité, logistique, informatique, Web…) grâce à « référentiel client unique » ;
– aux archives des échanges avec le client.
Le logiciel de phoning, grâce à la synchronisation téléphonie/ informatique (CTI), fait remonter automatiquement les informations nécessaires provenant des outils suivants :

Outil	Description	Types de données
PGI	Le Progiciel de gestion intégrée (en anglais ERP : *Enterprise Resource Planning*) est constitué de différents modules (management de projet, ressources humaines, production, comptabilité-finances, logistique, gestion des stocks, CRM pour la gestion des ventes) synchronisés entre eux. Il permet donc une gestion centralisée et l'échange des données entre les différents services de l'entreprise.	Données de la production (ex. : facture client), des stocks (disponibilité), de la logistique (délais de livraison)…
CRM	Le CRM est l'outil de gestion des ventes. Il peut être intégré en tant que module dans le PGI ou synchronisé avec le PGI, et permet aussi de gérer et répondre aux demandes clients.	Suivi et historique des commandes, historique des demandes clients…

II Organiser le traitement des demandes

1. L'apport des logiciels dédiés au traitement des demandes client

Des logiciels spécifiques (logiciels de SAV, outils de tchat, logiciels de support client…) permettent d'organiser le traitement des demandes et d'effectuer un suivi et un traitement efficaces des demandes. Les fonctionnalités proposées par ces logiciels peuvent parfois être intégrées en tant que modules au sein de l'outil de CRM.

2. La gestion des tickets

Les téléconseillers peuvent généralement créer dans ces outils, pour chaque demande, un « ticket » avec un numéro unique. La plupart du temps, les demandes par mail génèrent automatiquement des tickets. Pour les demandes par téléphone, le téléconseiller renseigne le nom du client et décrit clairement et précisément la demande ou réclamation du client qui nécessite un traitement.

Le téléconseiller peut ensuite catégoriser (assistance, panne…), prioriser (urgent, normal…), qualifier (nouveau, en cours, résolu…) les tickets et éventuellement les affecter à une personne d'un service plus compétent pour répondre à la demande.
Le téléconseiller peut directement envoyer un mail de réponse, un SMS ou une réponse sur les réseaux sociaux au client depuis le logiciel, accéder à l'historique des échanges, transférer à un technicien ou à un autre service et, éventuellement, planifier une intervention (rendez-vous avec un opérateur pour installer la fibre, par exemple).

Applications

Maîtrise

E5-A

1 Développer une relation omnicanale avec ses clients

Mobilcar est un CRC spécialisé dans la location de voitures et qui utilise actuellement uniquement le téléphone et l'e-mail. Pour améliorer son service client, Mobilcar a réalisé une enquête (document) auprès de 500 clients en situation de post-achat. L'objectif est de développer de nouveaux moyens de contact adaptés aux besoins des clients.

1. Proposez deux autres canaux que Mobilcar aurait pu inclure à son questionnaire.
2. Identifiez les trois moyens d'accès à privilégier pour l'ensemble des demandes.
3. Quel est l'intérêt pour Mobilcar de multiplier les canaux d'accès aux clients ?

Document Questionnaire auprès de 500 clients

En tant que client, quels moyens de contact préféreriez-vous utiliser lorsque vous contactez notre service de relation client ? (Une liste de plusieurs réponses possibles était proposée pour chaque objet d'appel.)

Type de demande	Appel fixe	Appel mobile	SMS	Courrier postal	Tchat	E-mail	Démonstration vidéo
Informations sur produits/services	30 %	17 %	6 %	8 %	12 %	52 %	15 %
Statut de la commande	25 %	18 %	18 %	7 %	9 %	65 %	2 %
Informations sur la livraison	29 %	20 %	18 %	4 %	10 %	62 %	3 %
Réclamation	44 %	27 %	6 %	25 %	10 %	58 %	3 %
Demande de remboursement	39 %	22 %	8 %	28 %	8 %	61 %	3 %
Urgence / sinistre	58 %	42 %	9 %	9 %	8 %	33 %	3 %
Problème technique	51 %	33 %	6 %	6 %	14 %	38 %	13 %

*Le pourcentage total par type de canal de contact peut être supérieur à 100 % car le client peut opter pour plusieurs modalités de réponse.

Maîtrise

2 Proposer un service client sur mesure

Vous êtes téléconseiller/-ère au sein du CRC de la société Koné, fabricant d'ascenseurs et d'escaliers mécaniques. Vous informez les clients sur les équipements et contrats et assurez le SAV en identifiant les besoins des appelants et en envoyant un technicien sur site si besoin.

1. Quels sont les objectifs du centre de relation Koné ?
2. À quoi les téléconseillers doivent-ils être formés ? Pourquoi cette formation est-elle indispensable ?

Document Vidéo : Le service client Koné

KONE

KONE – Centre de relation client
Durée : 1'52
liennathan.fr/5qqw52

Applications

Maîtrise

E5-A

3 Paramétrer le serveur vocal interactif

Cosmobeauty, chaîne de magasins spécialisée dans les produits de beauté féminine, a choisi d'intégrer des murs vidéo et des miroirs interactifs pour faciliter le parcours des clients au sein de ses magasins. Les clients sont particulièrement satisfaits de ces améliorations mais se plaignent du service de relation client par téléphone. Une cliente a même comparé ce service au sketch de deux humoristes qui tournent en ridicule un service client (vidéo du document 2).

1. Montrez comment un mauvais traitement des demandes clients peut nuire gravement à la réputation d'une marque et peut lui faire perdre des clients.
2. Identifiez le problème principal du service client de Cosmobeauty et proposez des améliorations possibles.
3. Faites une proposition pour revoir la phrase d'accueil et le menu pour le SVI du service client Cosmobeauty (document 4).

Document 1 Enquête auprès d'une cliente en magasin

– Comment trouvez-vous les évolutions de nos magasins ?

– C'est vraiment top, j'adore les murs vidéo et les miroirs interactifs !

– Aviez-vous contacté la marque avant de venir en boutique ?

– Je vais régulièrement sur le site avant d'acheter en magasin. Mais j'appelle aussi souvent votre service client pour des conseils ou le suivi de la livraison de mes produits quand je commande sur le site. Les conseillers sont sympathiques mais ils sont trop difficiles à joindre ! De plus, on ne tombe jamais sur le bon conseiller du premier coup… On se croirait dans le sketch du Palmashow !

Document 2 Vidéo : Sketch : la hotline

La hotline – Palmashow
Durée : 3'56
liennathan.fr/b657mj

Document 3 Interview d'un responsable de plateforme téléphonique

– Quelle est la première chose que vous faites lors du paramétrage de votre SVI ?

– La concentration et la patience sont plus limitées sur un support auditif qu'avec un support audiovisuel. Un SVI ne doit pas impatienter l'appelant et ne doit pas le perdre avec une multitude de menus vocaux. Pour faire les bons choix, il faut repérer les utilisations : renseignements logistiques, informations commerciales, disponibilités en stock, réservation/prise de commande.

– Comment procédez-vous ?

– Je répertorie les demandes qu'il faudra traiter grâce au SVI : les 20 % de demandes qui arrivent par téléphone et par courrier, qui sont faites par 80 % de vos interlocuteurs. Les autres seront traitées par un téléopérateur humain, auquel l'appelant pourra aboutir grâce à la touche 0.

Document 4 Le SVI de Cosmobeauty

Phrase d'accueil	« Service clientèle de Cosmobeauty, bonjour. Ce service interactif vous permet de connaître nos horaires et de passer votre commande depuis votre téléphone. »
Menus	Horaires d'ouverture = 1 / Votre commande = 2 / Délais de livraison = 3 / Conseil = 4 / SAV = 5 / Un conseiller = 6 / Mentions légales = 7.

Expertise

4 Gérer les demandes écrites

Smartlook est une entreprise spécialisée dans la vente de matériel photo et vidéo. Ses clients attendent des réponses immédiates et précises avant, pendant et après l'achat. Face à cette demande, Smartlook vient d'adopter un outil de tchat connecté à un logiciel de support client pour traiter les demandes plus efficacement (documents 1 et 2).

1. Identifiez l'activité et le problème auquel doit faire face Smartlook. Comment un logiciel de support client peut-il contribuer à le résoudre ?
2. En vous aidant du document 3, proposez des réponses types à pré-enregister pour les cas suivants : accueil, qualification du contact, proposition commerciale, féliciter/rassurer sur le choix, prendre congé. Entraînez-vous à enregistrer ces réponses dans un outil de tchat.
3. Choisissez une méthode parmi celles du document 4 pour organiser la bibliothèque de réponses. Justifiez votre réponse.
4. Imaginez les réponses préenregistrées que vous allez utiliser pour répondre à Marta (document 6) et à Jacques. Dans quelles rubriques de la bibliothèque allez-vous les trouver ?
5. Créez un ticket pour le logiciel de support client afin de transférer la demande d'Ismaël à un chargé d'assistance (document 7). Entraînez-vous à créer le ticket directement sur un logiciel de support client.
6. Quelle pourrait être l'utilité d'un *chatbot* pour Smartlook (document 8) ?

Document 1 Interview du responsable de la mise en place du tchat

– Quels conseils pouvez-vous nous donner pour déclencher l'ouverture de la fenêtre de tchat ?»
– Choisir le bon moment ! Il faut éviter de programmer l'ouverture de la fenêtre de tchat dès que l'internaute arrive sur le site car il n'a pas eu le temps de voir ce qui est proposé. Mais surtout, adopter un bon outil. De nombreux progiciels existent à faible coût. La solution iAdvize est le leader européen.

– Que pensez-vous de l'intérêt d'avoir des réponses préenregistrées ?
– C'est essentiel : pendant le tchat, il faut être capable de gérer deux – et jusque quatre – conversations en même temps ! Il faut pouvoir répondre à des questions concrètes sur tous types de situations. Les réponses types doivent donc être enrichies systématiquement : nouveautés produit /service, événement, bug identifié... Ces messages préenregistrés permettent de gagner du temps et d'être réactif et précis. Il faut arriver à répondre aux premiers messages des visiteurs en moins de 30 secondes, puis en moins de 50 secondes dans le reste de la discussion.

– À quel type d'échanges sont-elles adaptées ?
– Pendant une discussion, certaines questions ou formules de politesse reviennent fréquemment, voire systématiquement. Il faut prévoir des phrases d'accueil et de prise de congé, mais aussi des phrases adaptées aux questions récurrentes liées à certaines modalités (livraison, rétractation, moyens de paiement acceptés...). »

– Comment peut-on paramétrer l'outil pour constituer une bibliothèque de réponses types ?
– On peut les organiser en fonction des étapes du processus de commande client : prévoir des catégories contenant les informations avant achat, puis sur les produits, la livraison, et le paiement. On peut aussi organiser sa bibliothèque en fonction des questions les plus fréquentes.

– Comment peut-on organiser la base de connaissances ?
– Pour organiser votre base de connaissances en catégories et en sections, il faut restez simple et ne retenir que quelques catégories générales.

Applications

Document 2 — Vidéo : Une solution e-relation / support par chat

iAdvize : découvrez la solution de e-relation client instantanée et support par chat
Durée : 2'11
liennathan.fr/n86m7b

Document 3 — Fiches produits

Projecteur pour smartphone	Objectif pour smartphone
Prix : 29,99 € **Description :** permet de projeter les vidéos et photos d'un smartphone sur un mur. Léger, compact et portable. Ne consomme aucun courant sauf celui de votre smartphone. Fabriqué à partir de carton imprimé avec lentille en verre de haute qualité. **Dimensions :** 19,5 × 11 × 17 cm **Compatibilité :** tous les téléphones compatibles iOS et Android aux dimensions maximales de 16 × 8 cm **Couleur :** noir et doré ou cuivre **Conseils :** à placer dans l'obscurité pour une meilleure qualité vidéo. Livraison gratuite en France métropolitaine. Cet article est éligible à la livraison en points de collecte.	**Prix :** 29,90 € **Description :** pack d'objectifs compatibles avec tous les smartphones. Le pack comprend un grand angle, un ultra-macro et un *fish-eye*. Les objectifs, très légers, sont fixés sur une pince puis sur le téléphone. Angle de vue de 160°, boîtier en aluminium, optique haute transparence, verre traité polarisé et antireflet. **Compatibilité :** adaptable tous smartphones. Livraison gratuite en France métropolitaine. Cet article est éligible à la livraison en points de collecte.

Document 4 — Organisation de la bibliothèque de réponses

<table>
<tr><th>Organisation 1</th><th>Organisation 2</th></tr>
<tr><td>• Quand ma commande sera-t-elle livrée ?</td><td rowspan="3">• Produits
➢ Photo
➢ Vidéo</td></tr>
<tr><td>• Quel sera le montant des frais de livraison ?</td></tr>
<tr><td>• Quelles sont les conditions de retour ?</td></tr>
<tr><td>• Comment procéder pour rendre mon produit ?</td><td>• Paiement</td></tr>
<tr><td>• Comment utiliser un code de réduction ?</td><td>• Suivi de commande</td></tr>
<tr><td>• Comment bénéficier de promotions ?</td><td rowspan="2">• Livraison</td></tr>
<tr><td>• Comment changer l'adresse de livraison ?</td></tr>
</table>

Document 5 — Vidéo : Quel type de support client choisir ?

Présentation de Freshdesk : logiciel helpdesk pour le service client
Durée : 1'29
liennathan.fr/z96nd2

Document 6 — Demandes dans le tchat

Welcome to Live Chat!

Marta : « Je suis intéressée par les objectifs pour smartphone. Ne sont-ils pas trop volumineux et lourds ? Sont-ils résistants ? Je possède un Samsung, est-ce compatible ? »

« J'habite Nice, est-il possible de faire livrer ma commande dans un point-relais proche de chez moi ? »

Welcome to Live Chat!

Jacques : « J'ai assisté en boutique à une démo de fonctionnement du projecteur pour smartphone. Je souhaiterais l'acheter en ligne. Les prix sont-ils les mêmes qu'en boutique ? Y a-t-il des frais de livraison ? »

Welcome to Live Chat!

Ismaël : « Je viens de recevoir mon projecteur mais je n'arrive pas à m'en servir ni à le connecter à mon smartphone… »

Document 7 — Ticket sur le logiciel de support client

Ticket n°5236

Assigné à :

Date d'ouverture :

Statut :

Priorité :

Catégorie :

Réponse au client :

Note interne :

Document 8 — Vidéo : Qu'est-ce qu'un chatbot ?

Qu'est ce qu'un chatbot et pourquoi en créer un ?
Durée : 5'29
liennathan.fr/g92wr9

Le terme *chatbot* est un raccourci de ***chatter bot***, que l'on peut traduire en français par **robot ou agent conversationnel**. Il désigne un logiciel autonome **capable de simuler des conversations humaines** et de discuter avec un utilisateur ou un client en lui donnant l'impression de parler avec une véritable personne pendant plusieurs minutes. […] Pour les entreprises, l'intérêt des *chatbots* repose sur leur capacité à **accéder à plusieurs bases de données pour récupérer toutes les informations utiles**, et à répondre aux questions posées – à l'écrit ou à l'oral – au sein d'une interface de messagerie tierce. Les robots conversationnels peuvent être **déployés dans le cadre de la relation client** pour fournir des conseils et des informations, et acquérir au passage des données utiles. Par exemple, en […] invitant à choisir entre plusieurs produits vestimentaires/alimentaires pour mieux cerner les goûts de l'utilisateur. Il est aussi possible de **désengorger votre service après-vente**, en paramétrant des réponses automatiques aux questions les plus fréquentes. Les *chatbots* peuvent aussi permettre aux clients de **passer directement une commande en ligne**, avec une intervention humaine réduite au minimum.

https://experiences.microsoft.fr

Synthèse

Mettre en place un service client omnicanal

Les différents modèles d'échange

- **Canal simple** : un seul canal de vente
- **Multicanal** : plusieurs canaux de contact séparés
- **Cross-canal simple** : plusieurs canaux de contact complémentaires
- **Omnicanal** : plusieurs canaux de contact fusionnés

Les différents canaux de contact

- Point de vente
- Téléphone (VIP, *click to call*)
- Mail
- Site Internet (formulaire de contact, FAQ)
- SMS
- *Live tchat*
- Réseaux sociaux

Traiter les appels entrants

- Gérer la distribution des appels
- Paramétrer le SVI
- Réduire l'attente des appelants

Respecter la réglementation pour gérer les appels entrants

- Pas de numéro d'appel surtaxé
- Enregistrer les appels selon les règles
- Respecter les droits de la SACEM et de la SCPA

Traiter les demandes clients par écrit

- **Par e-mail :** optimiser le tri et définir des procédures de traitement et d'archivage
- **Par tchat :** préenregistrer des réponses, être réactif et concis

Utiliser des outils informatiques pour traiter les demandes clients

- Le logiciel de PGI
- Le logiciel de CRM
- Les logiciels spécialisés dans la gestion des demandes clients (support, SAV…)

MOTS CLÉS

Multicanal · Cross-canal · Omnicanal · Communication unifiée · PGI · CRM · SVI

TESTEZ-VOUS

Quiz sur le chapitre 3
liennathan.fr/c4vr37

CHAPITRE

4 Accompagner, conseiller et traiter les demandes clients

Contexte professionnel

Activité/Tâche	Compétence	Vers PIX
Accompagnement, conseil et traitement des demandes clients Mise à jour des data clients	Créer et entretenir la relation client à distance	**1.3.** Traiter des données **2.1.** Interagir

Dans l'impossibilité de suivre en interne les demandes clients et les réclamations, l'entreprise Casaphone a décidé de s'adresser au centre Teldirect pour traiter ses opérations de suivi et de conseil, à savoir :

- apporter un conseil personnalisé aux clients ;
- assurer le service après-vente et l'assistance technique ;
- traiter les réclamations liées aux éventuels dysfonctionnements de smartphones.

Très soucieuse de son image, Casaphone souhaite que ce suivi améliore la qualité de son service client.

Votre rôle

En tant que téléconseiller/-ère confirmé(e), vous devez tout mettre en œuvre pour garantir la satisfaction des clients qui contactent le service *via* les différents canaux, en leur apportant un accompagnement, une assistance technique, un conseil adapté, ainsi que des réponses et solutions en cas de réclamation.

Vos objectifs

I Se préparer à recevoir les appels entrants

1. Présentez l'activité de Casaphone, ses produits et services. À quels types de demandes allez-vous devoir répondre et sur quels canaux de communication ? — Fiche ressource 1 ; Annexes 1 et 2
2. Quelles compétences et quelles qualités devez-vous posséder en tant que téléconseiller/-ère ? Les compétences techniques suffisent-elles ? Justifiez votre réponse. — Annexes 3 et 4
3. En vous aidant de la vidéo de l'annexe 6, adaptez le logigramme de l'annexe 5 de façon à permettre aux téléconseillers de traiter efficacement les demandes d'assistance technique sur l'utilisation des téléphones. — Annexes 5 et 6

II Informer et conseiller les clients

4. Répondez par téléphone à la demande d'information de Catherine Lin. Entraînez-vous en organisant un jeu de rôle. — Fiche ressource 2 ; Annexe 7
5. Répondez par tchat à la demande d'information du client. Indiquez les réponses que vous pourriez préenregistrer. — Fiche ressource 3 ; Annexe 7

III Assurer le service après-vente et l'assistance technique

6. Organisez un jeu de rôle dans lequel vous répondez par téléphone à la demande de Maëlis Arty, en vous aidant de l'annexe 9 et du logigramme réalisé à la question 3. — Fiche ressource 2 ; Annexes 8 et 9
7. Après avoir consulté le tableau de suivi des commandes sur le CRM, rédigez un mail de réponse à Samia Hachim en lui proposant une montée en gamme de son forfait. — Annexes 8 et 10
8. Traitez la demande de Victor Cardon en vous aidant des annexes 5 et 11. Entraînez-vous en organisant un jeu de rôle pour traiter cette demande. — Annexes 5, 8 et 11
9. Rédigez le mail de confirmation pour informer Victor Cardon de la prise en compte de sa demande.

IV Traiter les réclamations clients

10. Quels éléments ont provoqué la colère de Damien Léger ? — Fiche ressource 4 ; Annexes 12 à 14
11. Le mail envoyé par votre collègue était-il correct ? Proposez une correction si nécessaire. — Annexe 14
12. En vous aidant de l'historique des échanges et du tableau de suivi des réparations, répondez au client et traitez sa réclamation en organisant un jeu de rôle. — Annexe 13
13. Procédez à l'enregistrement de la déclaration en remplissant les formulaires dédiés et proposez des solutions pour améliorer la gestion des réclamations. — Annexe 15 ; Fichier Word : Formulaire.docx

V Évaluer la qualité du traitement des demandes clients

14. En vous appuyant sur le traitement de la réclamation de Damien Léger, indiquez si les téléconseillers ont bien atteint les objectifs fixés. — Fiche ressource 5 ; Annexes 12, 13, 14 et 16
15. Identifiez les problèmes des indicateurs choisis et proposez d'autres indicateurs à retenir.

Votre dossier

Annexe 1 Casaphone, une PME en pleine expansion

Casaphone est une PME spécialisée dans le domaine de la téléphonie mobile.
L'entreprise propose des forfaits mobiles à bas prix et des accessoires.

Toute la gamme Apple	Les smartphones Android	Petits prix	Accessoires
			Que recherchez-vous ? Coque personnalisée I Coque I Verre trempé I Câbles I Batterie externe

Choisissez votre forfait mobile sans engagement*	Assurez votre mobile
4,99€/mois 4G **L'essentiel à petit prix** 2 h d'appels + SMS/MMS illimités + Internet 50 Mo en France (option version bloquée gratuite **) 9,99€/mois 4G **Des appels illimités avant tout** Appels illimités + SMS/MMS illimités + Internet 50 Mo en France et en Europe 19,99€/mois 4G **Des appels illimités + Internet** Appels illimités + SMS/MMS illimités + Internet 20 Go en France et en Europe 24,99€/mois 4G **Encore plus d'Internet** Appels illimités + SMS/MMS illimités + Internet 40 Go	Optez pour nos offres simples, complètes et transparentes pour assurer sereinement votre portable contre le vol, la casse, l'oxydation ou les dommages électriques. **Contactez-nous** → Accéder à nos fiches-conseils → Consultez notre FAQ → Contactez-nous : ▸ par téléphone au **36 12** ▸ par mail à **contact@mycasaphone.fr** ▸ par tchat ▸ sur les réseaux sociaux

Nos boutiques
Trouvez une boutique Casaphone proche de chez vous. Entrez un code postal ou une ville :

* Dans un forfait mobile sans engagement, le client n'est pas lié par un contrat (généralement de 12 ou 24 mois) et reste libre de quitter son opérateur dès qu'il le souhaite et sans aucun frais.

**Avec les offres Internet mobile bloquées, la consommation téléphone et Internet mobile est limitée au volume d'Internet (en Mo ou en Go) inclus dans l'offre. Au-delà, le service est coupé. L'utilisateur peut donc téléphoner et naviguer en toute tranquillité, sans risque de dépasser son budget.

Annexe 2 — Casaphone fait appel aux services de Teldirect

Dans l'impossibilité de suivre en interne les demandes clients et les réclamations, Casaphone a demandé à Teldirect d'assurer pour elle les opérations de suivi et conseil :

– **gestion du service après-vente (SAV) et assistance technique :** les demandes qui ne présentent pas une technicité excessive (incident technique de base ou besoin de conseil pour installer le matériel) sont traitées par le SAV ; si la technicité est trop importante, elles sont transférées à des techniciens spécialisés ;

– **réponse aux demandes d'information et de conseil :** si un traitement prend du temps, on demande au client s'il accepte d'être mis en attente ou d'être rappelé plus tard ;

– **suivi et traitement des réclamations :** le traitement des réclamations impacte directement la satisfaction et la fidélité des clients.

Annexe 3 — Témoignage de Norédine, téléconseiller SAV et assistance

– Quelles sont vos principales activités ?

– Je dois guider les clients dans leur besoin de dépannage, par téléphone, par tchat et par mail. J'écoute leur demande avec attention, pose avec eux un diagnostic et leur propose des solutions rapides et efficaces. Je vérifie que tout fonctionne de manière optimale. Mon objectif est de résoudre le problème du client dès le premier appel !

– Avez-vous des objectifs de vente ?

– Oui ! Je suis régulièrement amené à vendre des solutions adaptées pour développer leurs usages : des extensions de mémoire, des protections pour les écrans... Je peux aussi proposer des montées en gamme de téléphone, etc.

– Qu'aimez-vous le plus dans votre activité ?

– J'apprécie d'être en relation directe avec le client. Des qualités d'écoute sont indispensables au quotidien. Il faut aussi être très pédagogue et faire preuve de dynamisme.

– Quelles sont les principales qualités que vous avez développées ?

– Il faut avant tout être ouvert d'esprit, communicant, empathique et à l'aise à l'oral.

Annexe 4 — Témoignage de Blandine, téléconseillère réclamations

– Quelles sont vos principales activités ?

– Accueillir le client, qualifier ses besoins et la portée de ses réclamations. On peut dire que je deviens souvent l'interlocutrice principale des clients. Je suis chargée de fidéliser la clientèle et d'assurer le suivi des réclamations. Il s'agit :

• d'étudier et analyser les réclamations ;
• de remonter les réclamations aux services concernés si je ne peux pas les traiter immédiatement ;
• de faire un retour rapide au client après la résolution du souci déclaré ;
• d'assurer le suivi administratif des dossiers clients et le reporting.

– Quelles sont les principales qualités que vous avez développées ?

– Je dirais des compétences techniques, comme la capacité d'expression écrite et orale, la maîtrise des outils informatiques, la très bonne connaissance des produits de l'entreprise. Mais aussi des qualités personnelles, l'adaptabilité, la résistance au stress, la réactivité, et aussi la disponibilité, l'autonomie et le sens des responsabilités.

Annexe 5 Logigramme pour une panne de téléphone

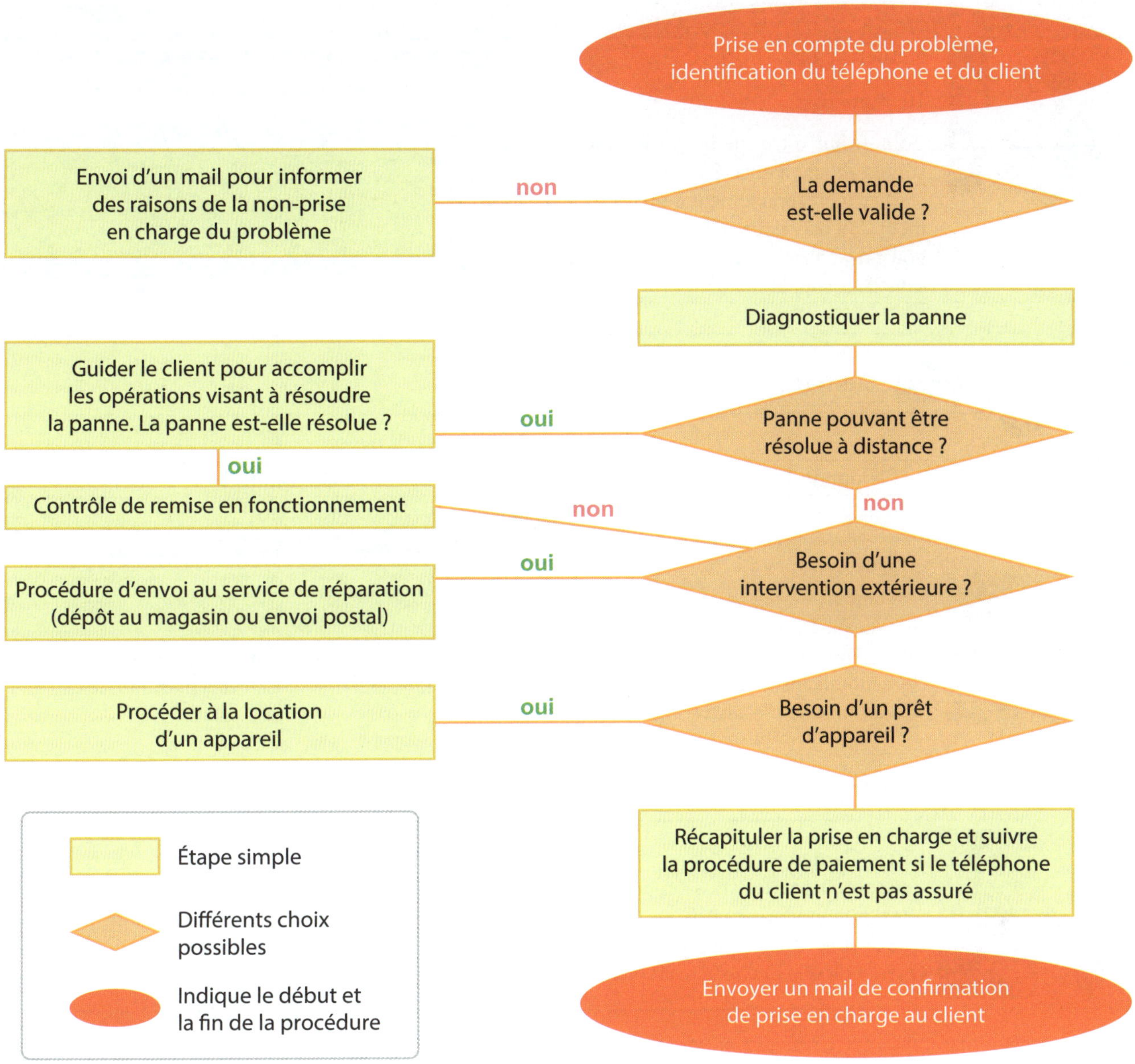

Annexe 6 Vidéo : L'assistance multimédia chez Darty

Des Pros à votre écoute
Durée : 2'44
liennathan.fr/4q55bp

Annexe 7 Demandes d'information

Demande 1	Demande 2
 **Catherine Lin – Forfait :** 19,99€/mois 4G « J'ai lu sur votre site les informations sur les abonnements. Puis-je vraiment résilier mon abonnement à tout moment ? Je pars deux mois en Espagne : pourrai-je quand même utiliser le forfait sans frais supplémentaires ? »	**Bienvenue sur le tchat** Bonjour, Vous proposez un forfait à 4,99€/mois. En quoi consiste la version bloquée ? Est-elle payante ? Que se passe-t-il si je dépasse mes deux heures de forfait ?

Annexe 8 Demandes de SAV

Demande 1	Demande 2
 **Maëlis Arty** « Bonjour, Je viens d'acheter un iPhone dans votre boutique Casaphone. Je voudrais installer l'application Gmail mais je n'y arrive pas. »	De : samia12@hotmail.com À : serviceclient@casaphone.fr Date : 11/03 Objet : Question facture Bonjour, J'ai souscrit un abonnement à 4,99 €/mois, mais sur ma dernière facture, le montant s'élève à plus de 17 € ! Pourquoi ? Merci ! Samia Hachim

Demande 3

Victor Cardon
« Je suis client chez vous depuis un an et je viens d'acheter un nouveau téléphone avec un forfait 19,99 €/mois chez vous. C'est un modèle Xiano FR67. J'ai inséré la carte Sim et chargé à fond le téléphone, mais impossible de passer des appels téléphoniques, ni chez moi, ni au bureau ! On m'a dit que ma ligne avait bien été activée mais toujours rien ! »

Annexe 9 Procédure d'installation d'applications sur iPhone

- Se rendre sur l'App Store.
- Dans la section « Rechercher », entrer l'application recherchée puis taper sur « Rechercher ».
- Cliquer sur « Obtenir ». L'application se télécharge et s'installe. Taper sur son icône pour la lancer.

Annexe 10 Suivi des factures

Suivi des factures – client n° 152365

Modifier <Rechercher> ROL Déplier tout Plier tout Vues Toutes (Système)

Toutes | Réglées | Non réglées | Soldées

Facture client n° 152365

Référence facture	Nom	Échéance de paiement	Abonnement	Consommation hors forfait	Total à payer	Payée
152365	S. Hachim	02/11	9,99 €	12,81 €	22,80 €	NON

Annexe 11 Procédure d'activation d'une ligne téléphonique

Pour traiter une demande concernant une activation de ligne, il faut vérifier que la ligne n'a pas été suspendue à l'initiative du client. Si c'est le cas, pour remettre la ligne en service, il faut envoyer une demande de réactivation de ligne à l'adresse mail communiquée lors de la signature du contrat.

Attention : pour les modèles Xiano FR67, un problème de fabrication provoque des pannes qui rendent impossible la lecture de la carte Sim. Demander le retour du téléphone car le problème ne vient pas de la ligne. Proposer en échange le modèle Xiano FR68, plus puissant et fiable. Échange gratuit.

Annexe 12 Réclamation client

Damien Léger

Appel reçu le 2 avril

« Ah, enfin quelqu'un décroche ! Cela fait dix minutes que je suis en attente d'un conseiller ! Je vous ai envoyé un mail le 11 mars au sujet de la réparation de mon téléphone ! Cela fait un mois que je n'ai plus de téléphone portable ! Je vais contacter une association de défense des consommateurs ! »

Annexe 13 SAV : suivi des réparations

Suivi des réparations

Fiche | En attente | Devis demandés | Devis effectués | Devis acceptés | Refusés | Liste complète
Répar. terminées | A prévenir | Répar. en cours | Prêt en cours | A faire

N° de FRM : 276 — Fiche client — Client : 419336 — DAMIEN LÉGER — Tph 02-98-25-04-75

Magasin : M MAGASIN — L'ISLE — Portable - - - - — Fax - - - -

Client donneur d'ordre — Client sous-traitant — 44000 NANTES — Commande pièces

Réf client : — Réservation pièces

Marque : Xiano

Désign. appareil : Smartphone

Type / modèle : FR67

N° de série : 5624587

État appareil : Éteint

Nature de la panne : Chute du téléphone, ne s'allume plus

Reçu le ....: 03.03

Récupération prévue le : 08.03

Lieu de stockage :

Devis demandé : ☑ - -

Plafond de réparation .. :

Montant prise en charge :

Acompte .... :

☐ Appareil en prêt — Suivi du prêt

Garantie Pièces ☐ M.-O. ☐

Réparation : ☐ en attente ☐ en cours ☒ terminée

Réparation réussie : ☐ oui ☒ non

Diagnostic technicien

L'écran est cassé, la vitre est endommagée, la dalle LCD est touchée : il est indispensable de changer le bloc écran dans son entier. La batterie est aussi endommagée et inchangeable.

Commentaires éventuels

Écran et dalle pris en compte par l'assurance.
Problème batterie liée à un contact avec de l'eau, non pris en compte par l'assurance.
Trouver accord avec le client pour nouveau Smartphone à conditions préférentielles : bon d'achat de 200 €.

Annexe 14 Historique des échanges

De : d.léger@gmail.com
À : serviceclient@casaphone.fr
Date : 11/03
Objet : Réparation portable

Bonjour,

Lors de l'achat de mon portable le 3 janvier dans une boutique Casaphone, on m'a proposé une assurance pour l'ensemble des portables du foyer familial. Suite à une chute de mon téléphone le 1er mars, j'ai envoyé mon portable en réparation par l'intermédiaire de l'assurance souscrite. Le téléphone a été envoyé le 3 mars et je n'ai pas eu de retour depuis ! Merci de me tenir informé !
Damien Léger

De : serviceclient@casaphone.fr
À : d.léger@gmail.com
Date : 14/03
Objet : Réponse

Bonjour Monsieur,

Merci pour votre message. Malheureusement, votre téléphone est encore en cours de réparation.

Bien cordialement,

Virginie Berthet
Chargée de clientèle, Société Casaphone
25 rue des Églantines 75010 Paris

Annexe 15 Formulaire de traitement des réclamations (fichier Word)

RÉCEPTION

Date : ☐ Référence réclamation : ☐

Nom du téléconseiller : ☐

Mode de réclamation : ☐ Téléphone ☐ Mail ☐ Tchat ☐ Boutique

Renseignements personnels et administratifs :

Société : ☐ Réf. client : ☐

Nom / Prénom du client ☐

Adresse : ☐

Tél. : ☐ Fax : ☐
Mail : ☐

Objet de la réclamation client :

Type de produit : ☐

Marque et modèle : ☐

Réf. produit : ☐ Date d'achat : ☐

Résumé de la réclamation client :

☐

RÉPONSE

Date : ☐ Référence réclamation : ☐

Nom du téléconseiller : ☐

Renseignements personnels et administratifs :

Société : ☐ Réf. client : ☐

Nom / Prénom du client ☐

Adresse : ☐

Tél. : ☐ Fax : ☐
Mail : ☐

Objet de la réclamation client :

Réponse donnée au client le : ☐

Action client : ☐ Explication ☐ Réparation ☐ Échange ☐ Avoir ☐ Geste commercial
Autre : ☐

Réponse : ☐

Réclamation client clôturée le : ☐

Annexe 16 DMT : les objectifs fixés

La durée moyenne de traitement (DMT) :
– moins de 40 secondes par téléphone du lundi au samedi de 8 h à 21 h ;
– moins de 24 h par mail du lundi au samedi de 8 h à 21 h ;
– moins de 3 h sur les réseaux sociaux tous les jours de 8 h à 22 h ;
– moins de 2 mn par tchat du lundi au vendredi de 8 h à 21 h et le samedi de 9 h à 17 h.

FICHE RESSOURCE

1

SE PRÉPARER À RÉPONDRE AUX APPELS ENTRANTS

I Identifier les types de demandes les plus courantes

Les téléconseillers doivent répondre à de nombreuses demandes de différente nature avant et après l'achat. Le type de demande dépendra du secteur d'activité de l'entreprise, de son positionnement (haut de gamme ou bas de gamme) et de sa culture.

<table>
<tr><th colspan="3">Types de demandes</th></tr>
<tr><td>Avant l'achat</td><td colspan="2">Demande de renseignement, de conseil sur un produit ou service, sur les tarifs, etc.</td></tr>
<tr><td rowspan="3">Après l'achat</td><td>Assistance technique</td><td>Le téléconseiller doit pouvoir fournir un complément de savoir-faire selon le type de produit et le secteur, pour aider le client à l'utilisation ou à la mise en œuvre du produit ou du service.</td></tr>
<tr><td>Suivi commande/ facture</td><td>Entre la commande et la facturation, le client peut contacter le CRC pour suivre sa commande, connaître la date de livraison, signaler une erreur de facturation ou un problème à la livraison.
Pour lui répondre, le téléconseiller a accès, à partir du logiciel de phoning à :
– l'identification de la commande (numéro de commande, détail de la commande, conditions commerciales…) ;
– la date de passation de la commande ;
– la facture correspondant à la commande ;
– le délai de livraison prévu ou la date de livraison prévue.</td></tr>
<tr><td>Réclamation</td><td>Le client contacte le service client pour exprimer son insatisfaction, son mécontentement ou sa déception. Le traitement de la réclamation peut permettre de satisfaire le client.</td></tr>
</table>

II Préparer un logigramme

Le logigramme permet de prévoir, sous forme de schéma, la majorité des scénarios d'appels possibles pour chaque type de demande et de décomposer le processus d'un appel :
– Qui appelle ?
– Pourquoi ?
– Quelle suite donner à l'appel ?
– À qui et comment puis-je transmettre l'information ?

Contrairement aux appels sortants, où le téléacteur est à l'origine de l'appel et maîtrise l'objet de l'appel, les appels entrants sont plus incertains : on ne peut pas savoir à l'avance qui appelle ni quelle sera la demande.

Le logigramme peut être créé directement dans le logiciel de phoning. Pour être efficace, il doit être allégé en explications et en textes.

EXEMPLE

Sur une ligne téléphonique dédiée au service après-vente, le script concerne tous les cas possibles de pannes et de demandes de support : en principe, cette ligne reçoit uniquement les appels liés au SAV.

FICHE RESSOURCE 2

CONSEILLER ET RÉPONDRE AUX DEMANDES CLIENTS PAR TÉLÉPHONE

I Maîtriser les étapes du déroulement d'un appel entrant

1. Accueillir le client

Se présenter	Savoir s'identifier : en indiquant son nom, le service. Cela permet d'assurer au client qu'il parle au bon interlocuteur. Sinon, il faut réorienter le client. *« Entreprise X, M. X, conseiller, que puis-je faire pour vous ? »*
Désamorcer l'impatience	L'attente peut sembler très longue et peut agacer le client. Il est indispensable de remercier l'appelant d'avoir patienté. *« Je vous remercie d'avoir patienté. »*
Identifier l'appelant	Il faut éviter de redemander au client des informations qu'il a déjà données. Repérer rapidement l'appelant et son dossier à partir du numéro de facture, du nom, de l'adresse. *« Vous êtes bien madame Sophie Z, habitant au … ? »*
Personnaliser l'appel	Utiliser le nom de l'interlocuteur pour lui montrer de l'intérêt dans la suite de l'échange. *« Madame Z, vous … »*

2. Prendre en compte la demande

Écouter	Savoir écouter et ne pas couper la parole à son interlocuteur pendant qu'il expose sa demande. Faire preuve d'empathie, comprendre le client.
Reformuler la demande	Permet de s'assurer de bien comprendre la requête pour éviter les malentendus et pour répondre de manière efficace à la demande du client. *« Donc, si j'ai bien compris, vous êtes… et vous souhaitez… C'est bien cela ? »*
Rester positif	Veiller à l'intonation de la voix : le client sentira si le téléconseiller sourit ou non et s'il est attentif à son besoin. Éviter les mots ou tournures négatives (« avoir des problèmes », « des soucis »...).
Faire préciser la demande si nécessaire	Laisser au client le temps d'exposer sa demande sans l'interrompre. Alterner questions ouvertes et questions fermées : – La question fermée valide : *« Vous souhaitez donc renouveler votre abonnement, c'est bien cela ? »* – La question ouverte permet de préciser : *« Pour quelle raison souhaitez-vous résilier votre contrat ? »*

3. Traiter la demande

Rechercher les informations nécessaires	Le téléconseiller doit rechercher les informations nécessaires pour répondre à la demande du client : informations du compte client ; facture ; suivi de commande ; procédure technique qui permettra d'assister le client…
Réorienter le client si nécessaire	Si le téléconseiller ne sait pas résoudre le problème ou traiter la demande, préciser au client qu'une réponse sera renvoyée dès que possible et transférer le message à un expert ou au service concerné. *« Madame Z, je vais vous passer nos techniciens : ils vont vous guider dans … »* *« Madame Z, je vais transférer votre demande à nos techniciens ; ils vous recontacteront demain matin … »*

Expliquer ce que vous faites durant tout le traitement de la demande	Le silence fait douter le client, qui peut même penser que la conversation est coupée ou que le téléconseiller s'occupe d'un autre cas. Il faut donc expliquer au client ce que vous êtes en train de faire. *« Madame Z, j'accède à présent à votre dossier… Je recherche les informations… »*
Expliquer de manière simple et claire	Utiliser un vocabulaire adapté à sa cible, qui ne soit pas trop technique. Choisir des phrases courtes. Cela évite les incompréhensions et permet au client de comprendre facilement ce que vous lui expliquez.
Ne pas faire de promesse qui ne peut pas être tenue	Le téléconseiller travaille dans le cadre de marges de négociation fixées par sa hiérarchie. Il ne peut pas prendre d'initiatives sans la validation de sa hiérarchie. *« Madame Z, je viens de valider avec ma hiérarchie et nous allons vous accorder 6 mois gratuits. »*
Envoyer une confirmation	*« Madame Z, je vous envoie un mail pour vous confirmer les nouvelles dates de livraison et l'avoir qui vous a été proposé … »*

4. Prendre congé

S'assurer de bien avoir répondu à la demande du client	En fin de communication, il faut valider que la demande est satisfaite. *« Ai-je bien répondu à votre demande ? » « Avez-vous d'autres questions ? »*
Terminer l'appel en remerciant le client	Rappeler au client que le service reste à sa disposition, prendre congé de façon cordiale. Ne pas réciter d'une traite, laisser le temps au client de répondre sans lui raccrocher au nez. *« Compagnie X vous remercie pour votre appel, nous restons à votre disposition au… de telle heure à telle heure pour toute autre question. Passez une bonne fin de journée, monsieur X, au revoir » ; « Merci, vous aussi. »*

II Profiter des appels entrants pour fidéliser et développer les ventes

Le traitement des appels entrants est l'occasion d'un contact direct avec le client, qui peut aussi être un moment propice pour le fidéliser (proposition d'adhérer au programme de fidélité…) ou lui proposer un service ou produit complémentaire.

Le téléconseiller peut ainsi tenter de réaliser :
- des ventes complémentaires ou additionnelles (*cross-selling* ou vente croisée) qui consistent à proposer d'autres produits complémentaires, permettant l'augmentation du chiffre d'affaires par le biais d'une hausse du panier moyen ;

  EXEMPLE
  Pour un vendeur de téléphones, un accessoire comme une carte mémoire ou une protection d'écran.
- des ventes avec montée en gamme (*up-selling*) qui consistent à proposer un produit ou service supérieur et souvent plus cher que celui auquel s'intéresse le prospect. En général, ce nouveau produit proposé permet de réaliser une marge supérieure.

  EXEMPLE
  Pour des cartes de crédit, une montée en gamme vers une carte Premier ou Infinite, mais toujours en tenant compte de la situation du client.

FICHE RESSOURCE

3

RÉPONDRE AUX DEMANDES CLIENTS PAR ÉCRIT

I Répondre par mail

Le mail a ses propres règles d'écriture :

Destinataire(s)	Bien réfléchir à qui l'on doit mettre en destinataire (« À »), en copie («Cc») ou en copie cachée (« Cci »), sachant que l'intérêt de la copie cachée est d'informer un destinataire sans que les autres en aient connaissance.
Objet	Il doit être court et précis.
Corps du mail	Bannir le langage SMS, les abréviations et les fautes d'orthographe. Ne pas écrire en majuscules (qui équivaut à crier) car cela est agressif pour celui qui lit. Limiter l'humour, rester sérieux et sobre. Indiquer la nature du document joint si nécessaire. Limiter au maximum toute couleur et police originale. Ne pas utiliser de *smileys*.
Pièces jointes	Veiller au poids des pièces jointes. Nommer les pièces jointes de manière précise et explicite.
Signature	Comme une lettre, un mail doit être signé. L'idéal est d'avoir une signature professionnelle préprogrammée. La signature doit indiquer le nom et le poste, de façon à ce que le client sache à qui il a affaire. Elle doit aussi indiquer d'autres moyens de contacter l'interlocuteur (adresse postale, téléphone, fax…), si l'e-mail ne lui convient pas.
Formule de politesse	« Cordialement » peut être adressée à une personne que l'on ne connaît pas nécessairement mais avec qui l'on a (ou aurait) le même niveau hiérarchique. « Bien cordialement » marque davantage de respect à la personne. Il faut bannir toute abréviation du type « CDT » ou « bien cdt ».

II Répondre dans un tchat

Le *click to chat* permet d'établir une relation instantanée avec l'entreprise. Il facilite le contact et permet d'apporter une réponse professionnelle aux clients. Cependant, pour bien tchater, il est nécessaire de respecter les règles de base :

Règles	Description
Se présenter	Il faut réussir le début de l'échange. Le message préenregistré peut être du type « Bonjour, je suis [Prénom], votre conseiller, en quoi puis-je vous renseigner ? »
Utiliser un langage correct	Proscrire le langage SMS et ses abréviations. Le client ne doit pas avoir à décoder les messages. Il attend davantage de proximité et de convivialité par tchat, mais il faut éviter les *smileys*, un peu trop familiers.
Être bref mais pas trop	Par exemple, éviter le « OK » dans les communications virtuelles comme le tchat : un client qui s'efforce d'écrire un tchat argumenté et poli doit recevoir en retour une réponse rédigée et argumentée.
Bannir les fautes d'orthographe	Dans un échange professionnel, les fautes renvoient une image très négative : le conseiller tchat est aussi l'ambassadeur de l'entreprise, il doit donc rédiger sans fautes.
Ne pas écrire en majuscules	Même si on est agacé ou énervé, ne pas écrire en majuscules par respect pour le client et pour rester professionnel (on ne montre pas sa colère en public).

SAVOIR GÉRER ET TRAITER LES RÉCLAMATIONS CLIENTS

La réclamation client est l'expression d'une insatisfaction (mécontentement, déception) qu'un client (consommateur, prospect…) attribue à un organisme (entreprise...) et dont il demande le traitement (et la non-récidive). Il peut s'agir de la demande de réparation d'un préjudice ressenti (remboursement, geste commercial, bon de réduction, etc.) ou d'une action correctrice liée à l'offre de produit ou service (modification produit…).

I Traiter les réclamations clients et gérer les situations conflictuelles

D'après la norme ISO 9001 concernant le traitement des réclamations, l'entreprise doit mettre en œuvre des dispositions efficaces pour communiquer avec les clients afin de restaurer de bonnes relations, comprendre les causes des réclamations, pour s'améliorer et fidéliser le client. L'entreprise doit donc mettre en place une procédure de traitement des réclamations. Cela permet de gérer la réclamation en toute transparence : le but est d'améliorer la satisfaction client.

Phases	Attitude à adopter
Faire preuve d'empathie	Adopter une attitude d'empathie. Soyez sincèrement désolé. Laissez le client s'exprimer, se libérer de sa colère, de sa peur, de son doute, de sa déception, de sa rancœur…
Cerner les causes	Comprendre les faits, identifier le problème. Il faut déterminer si le problème provient d'une erreur ou d'un dysfonctionnement de l'entreprise (réclamation fondée) ou s'il découle d'une mauvaise utilisation du produit par le client ou bien si ce dernier fait preuve de mauvaise foi (réclamation non fondée).
Expliquer/ s'excuser	**Réclamation non fondée :** expliquer que le dysfonctionnement n'est pas imputable à l'entreprise, en restant neutre et en donnant des conseils d'utilisation si nécessaire. Confirmer cette explication par un envoi daté et signé.
	Réclamation fondée : s'excuser et reconnaître le dysfonctionnement, l'erreur ou la non-conformité. Ne pas incriminer une autre personne (salarié, collègue, fournisseur…). Une explication doit être fournie, pour montrer au client que la société est capable de déterminer rapidement la cause d'une anomalie. Il faut indiquer au client le délai de traitement, et le rassurer en lui disant que l'entreprise reviendra vers lui une fois le problème résolu. Envoyer un mail de confirmation de la prise en compte de la réclamation.
Proposer des solutions	Ne plus parler de problème car il est résolu. Exposer la solution envisagée pour régler le problème. Proposer une réparation du préjudice (compensation, avoir…) et un courrier (formulaire de réponse) daté et signé par le responsable.
Réaliser un suivi	Tenir le client informé sur le suivi interne de la réclamation. Rester en contact avec lui et le prévenir en cas de traitement plus long que prévu.

II Enregistrer le traitement de la réclamation

La réception et l'enregistrement se font à l'aide du formulaire de réception d'une réclamation, qui comporte plusieurs rubriques : données personnelles et administratives (nom du client, référence de la réclamation…), objet de la réclamation et raisons de la réclamation. Une fois qu'une réponse est apportée à la réclamation, un formulaire de réponse doit être rempli, mentionnant la réponse apportée et le type d'action effectuée (échange, remboursement…). Ces informations, qui doivent être reportées sur la fiche client, permettent une action rapide pour répondre au mécontentement du réclamant, ainsi que le suivi et l'analyse des réclamations par produits, par origine géographique, ou par type de clients.

FICHE RESSOURCE

5

ÉVALUER LA QUALITÉ DE LA GESTION DES APPELS ENTRANTS

I Les indicateurs de réception des appels

Indicateurs	Objectif	Intérêt
Taux de décroché (ou taux de réponse)	Proportion d'appels pris en charge dans un temps donné. L'objectif peut être de 80 % des appels décrochés en moins de 20 secondes, ou 60 % en moins de 10 secondes.	La certification AFNOR NF-345 est accordée aux services clients capables de répondre à au moins 80 % des appels en moins de 1 minute 30.
Taux d'abandon d'appels	Nombre d'appelants ayant raccroché avant d'entrer en contact avec le téléconseiller.	Alerte sur un temps d'attente trop long, qui risque de mécontenter le client.
Temps d'attente	Durée moyenne pendant laquelle le client est invité à patienter avant d'être mis en relation.	La norme des centres d'appels est de décrocher avant la 3e sonnerie (par exemple dans 95 % des cas).
Net promoter score	Efforts du client pour que sa demande soit traitée : nombre d'appels, délai de réponse, délai de traitement.	Mesure le degré de satisfaction des clients par rapport au service et au traitement du technicien conseil.
Taux de transfert d'appels	Nombre de transferts au superviseur ou aux autres collègues (techniciens…)	Évalue la capacité de l'agent à mener l'appel ou le contact jusqu'à son terme. Permet de déceler les éventuels besoins en formation des agents.

II Les indicateurs de traitement des demandes

Indicateurs	Objectif	Intérêt
Durée moyenne de traitement (DMT)	Temps consacré à chaque client par le téléconseiller : – par média (téléphone, mail, tchat…) – par type d'appel (information, assistance technique…).	– Évaluer la performance des téléconseillers – Permet de prévoir l'affectation des ressources aux flux – À utiliser uniquement pour déceler les anomalies et les besoins en formation
Niveau de service (*Service Agreement Level*)	Mesure la capacité du CRC à fournir le service attendu en calculant le nombre d'appels traités dans un délai déterminé (nb appels traités / nb appels présentés en un temps donné).	Habituellement, la norme est autour de 85 à 90 %. Aller au-delà nécessite un fort investissement en ressources. Un taux moyen anormalement faible peut être le signe d'un manque de ressources.
Taux de résolution au premier contact (*First Call Resolution*)	Évalue le résultat des appels lorsque le conseiller a répondu à la demande du client dès son premier appel.	Chaque manager, selon le secteur et la typologie d'appels, fixe le taux souhaité de résolution au premier contact pour assurer la qualité du service, mais aussi sa productivité.
Temps de manipulation moyen	Temps moyen du téléconseiller pour gérer les appels et les tâches afférentes.	Montre l'importance de la charge de travail.

Applications

Maîtrise

1 Exercer le métier de téléconseiller

Vous postulez pour un poste de téléconseiller/-ère au centre de relation client Carglass de Reims. Pour préparer votre entretien d'embauche, vous recherchez des informations sur le CRC de Carglass.

1 Visionnez la vidéo et présentez les compétences et qualités que vous allez mettre en avant lors de votre entretien.

Document Vidéo : Le CRC de Carglass

Chez Carglass, une équipe de 110 téléconseillers disponibles 6 jours sur 7, répartie sur deux sites en France, à Paris et à Reims est à la disposition des clients. Grâce à ces équipes, Carglass est en mesure de traiter chaque mois plus de 60 000 appels et plus de 20 000 e-mails.

Les Métiers Carglass : Centre de relation client
Durée : 1'03
liennathan.fr/rq898u

Maîtrise

2 Répondre efficacement aux réclamations clients

Vous êtes chargé(e) de traiter les réclamations au CRC de la société Trotiroute, spécialisée dans les trottinettes électriques. Après analyse des enregistrements de vos appels de la dernière semaine, votre manager pense qu'il vous faudrait travailler certaines de vos qualités de communication.

1 Analysez les formulations recueillies pour chacune des phases. Indiquez si elles sont correctes ou non, en justifiant vos réponses.

2 Proposez pour chacune des phases une nouvelle formulation conforme aux consignes.

Document Extraits des enregistrements des appels

Client	Réponses du téléconseiller
« Je n'en peux plus ! Dix minutes pour vous avoir et vous n'avez pas l'air de comprendre mon problème ! »	« Je vous arrête tout de suite, je ne suis pas là pour subir votre colère, si vous voulez qu'on vous écoute, au moins soyez poli ! »
« C'est un cauchemar, il est dangereux votre produit ! »	« Je sais tout ça, on a beaucoup de clients dans la même situation, je ne suis pas responsable, c'est notre fournisseur qui a fait n'importe quoi ! »
« Le frein se bloque régulièrement ! »	« Je pense que vous n'avez pas su bien prendre en main le produit, mais je vais vous proposer un dédommagement. »
« Sincèrement, je suis vraiment déçu vu le prix que j'ai payé ! »	« Je vais aller droit au but : une réduction de 10 % en dédommagement vous conviendrait-elle ? »
« Vous vous rendez compte que je ne peux pas utiliser le moteur électrique : comment vais-je faire ? »	« Vous êtes furieux mais je vous comprends, nous avons beaucoup de remontées sur le défaut que vous évoquez. C'est pourquoi la seule chose que nous pouvons proposer, c'est un bon d'achat pour votre prochaine commande. »
« Donc, vous reprenez bien le produit à vos frais ? »	« Bon, on a enfin trouvé une solution, j'espère que vous n'aurez plus à m'appeler ! »

Applications

Maîtrise

3 Traiter les réclamations par mail

Vous travaillez dans un centre de relation client qui réalise des missions pour d'importants commanditaires dans les secteurs de la téléphonie et du transport.
L'analyse des différends avec les clients révèle que certains mails maladroits de la part des agents enveniment certaines situations. Votre manager, Bastien Chasson, souhaite former son équipe dans le but d'améliorer la qualité des réponses aux réclamations par mail.

1. Répondez au quizz proposé par Bastien Chasson, en justifiant votre réponse.
2. À partir des situations des documents 2 et 3, indiquez s'il s'agit d'une réclamation fondée ou non. Justifiez vos réponses.
3. Analysez les mails de réponse et montrez s'ils sont adaptés. Proposez si besoin de nouveaux mails corrigés par vos soins. Justifiez votre choix.

Document 1 Quizz pour sensibiliser à l'importance du client

Bastien Chasson organise régulièrement des séances de formation pour que ses équipes puissent améliorer leurs capacités relationnelles. Au cours de ces formations, il apprécie de commencer par un quizz : « Face à un client mécontent, qui expose une réclamation fondée, il faut d'abord : 1/ proposer un dédommagement 2/ présenter ses excuses 3/ proposer une solution. »

Document 2 Mail rédigé pour une compagnie aérienne

Vous recevez le mail d'une cliente mécontente suite à un retard sur le vol Paris-Madrid. Elle a raté un important rendez-vous et un contrat. Vous répondez par le mail suivant :

Envoyé à : f.malot@gmail.com

Bonjour Madame Malot,
Lors de votre voyage du 4 janvier dernier, votre vol a effectivement été retardé. Nous vous prions de bien vouloir accepter nos excuses pour les inconvénients qui ont pu en découler. Ce retard ne reflète pas le niveau de qualité que nous offrons toujours à nos clients. Nous pouvons vous assurer que nous travaillons toujours à l'amélioration de notre ponctualité.
En souhaitant que votre prochain voyage sur nos lignes vous donne entière satisfaction, veuillez agréer, Madame, nos meilleures salutations.
Le service client Air liberty.

Document 3 Mail rédigé pour une entreprise de téléphonie

Vous recevez le mail d'un responsable commercial mécontent suite à deux jours d'interruption de toute communication sur son téléphone portable professionnel. Il a raté d'importants rendez-vous. Vous répondez par le mail suivant :

Envoyé à : richard.marc@gmail.com

Bonjour Monsieur Richard,
Nous avons en effet subi une importante panne logicielle qui a affecté nos équipements de réseau mobile, les jeudi 5 et vendredi 6 mars.
Cependant, le trafic voix, SMS et Internet a été rétabli le plus rapidement possible. Il s'agit d'un incident rarissime et tout est mis en œuvre pour en connaître les raisons et améliorer la fiabilité de notre système.
Nous vous présentons nos excuses pour les conséquences de cette panne dans votre entreprise. Un dédommagement est prévu sous la forme de deux mois gratuits pour tous les forfaits. Chaque utilisateur sera informé personnellement par un SMS lui précisant la date à laquelle le dédommagement sera applicable.
Le service client

Expertise

4 Suivre et conseiller les clients par tchat

Becycle est une entreprise de location de vélo implantée dans plusieurs villes de la côte méditerranéenne. Ce service est proposé aux résidents mais aussi aux touristes qui viennent séjourner quelques jours dans la région. La souscription au service peut se faire *via* l'application, sur le site Internet ou directement sur la borne interactive, qui propose une aide par tchat. Ces échanges par tchat sont également possibles depuis un mobile durant tout le temps de la location. Par exemple, si un vélo ne se raccroche pas bien, le client peut dialoguer avec un téléconseiller qui va le guider, répondre à ses questions ou suivre sa réclamation.

1. Présentez l'activité de Becycle et précisez quel est le rôle des conseillers par tchat.
2. Quelle qualité pouvez-vous ajouter à celles énumérées par le téléconseiller interviewé (document 2) ?
3. Proposez quatre réponses types à des demandes classiques sur les tarifs des abonnements, que vous pourrez envoyer automatiquement.
4. Prenez en charge les deux demandes présentées dans le document 4.
5. Entraînez-vous à répondre à ces demandes dans un outil de tchat, en formant un trio comprenant un téléconseiller et deux clients.

Document 1 — L'activité des téléconseillers de Becycle

Chez Becycle, les téléconseillers par tchat doivent conseiller, suivre les demandes et réclamations clients (ils peuvent par exemple raccrocher un vélo à distance si la borne est défaillante), et proposer des abonnements qu'ils peuvent valider à distance. Ils peuvent aussi guider le client pour qu'il s'abonne à partir de la borne, qui accepte le paiement par carte bancaire ou sur Internet.

En cas de dysfonctionnement, le téléconseiller peut également connecter ou déconnecter à distance un vélo si la borne de raccrochage ne fonctionne pas. Il peut indiquer les disponibilités dans les différentes stations, mais aussi les modalités de contact pour obtenir des informations sur les disponibilités des vélos et leur état (appel téléphonique, tchat, Internet, application sur téléphone). Les principales sources de dysfonctionnement sont recensées dans les procédures, avec leurs modalités de résolution. Dans tous les cas, le téléconseiller terminera son tchat par une phrase qui devra toujours s'efforcer de rassurer l'usager.

Document 2 — Interview avec un téléconseiller Becycle spécialisé dans le tchat

– Quelles sont les qualités d'un bon tchatteur ?

– Un bon tchatteur doit être flexible, pour s'adapter aux besoins de chaque client ; expert des produits, services et règles du secteur d'activité de l'entreprise, afin de conseiller au mieux le client ; multitâche, pour gérer plusieurs discussions en même temps avec un haut niveau de qualité et d'écoute ; et expert en bureautique, pour maîtriser son clavier et taper rapidement le plus de mots possible.

Document 3 — Tarifs et modalités de souscription aux abonnements

L'utilisation des vélos Becycle est gratuite pendant 2 heures puis payante au-delà.

Tarifs des abonnements		
4,55 €/jour	10,00 €/semaine	20,00 €/mois
30,00 €/an (– 10 % si renouvellement)		

Pour renouveler son abonnement, l'usager peut accéder au service sur le site Internet, l'application mobile ou sur les bornes. Le renouvellement de l'abonnement permet d'obtenir une réduction de 10 % du prix annuel. Il est aussi possible de demander par tchat à un téléconseiller de procéder automatiquement au renouvellement de l'abonnement.

Document 4 — Deux demandes par tchat

Amandine a pris un abonnement pour une semaine mais elle n'arrive jamais à trouver un vélo en arrivant à la station, ou alors les vélos sont endommagés. Elle vient de poser son vélo n° 156 sur la borne 11, qui est libre mais qui ne le détecte pas. Elle pose la question ci-contre.

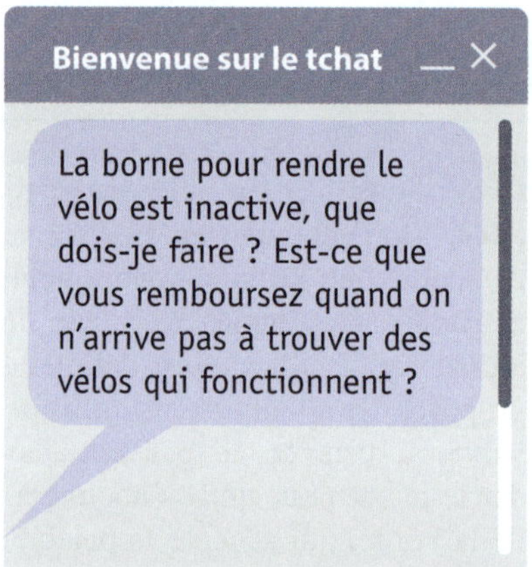

Max a souscrit un abonnement à l'année. Il se demande comment faire pour le renouveler car il va bientôt expirer. Il pose la question ci-contre.

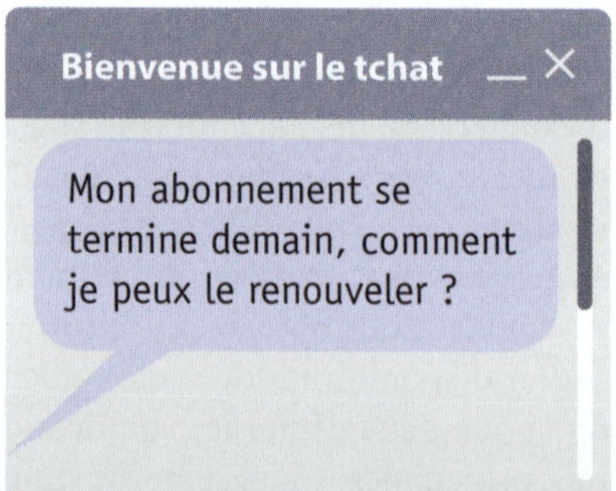

Expertise

5 Traiter les réclamations par mail et par téléphone

Vous êtes téléconseiller/-ère dans un CRC qui travaille pour l'entreprise de patronage Stylform. En raison d'une défaillance informatique, les modèles de patrons créés durant la journée du 2 septembre sont défaillants : les tailles ont été décalées (le 38 est devenu 40, et ainsi de suite). De plus, une offre promotionnelle lancée pour les 25 ans de l'entreprise proposait un patron gratuit aux clients de plus de 5 ans, mais la gestion logistique, également pilotée par ordinateur, n'a pas fait partir les colis du 6 octobre. Vous devez donc traiter un nombre important de réclamations arrivant par mail et par téléphone.

1. À partir du document 1, présentez l'offre de Stylform.
2. En quoi consiste la méthode LATTE présentée par Sarah Goni (document 2) ? Cette méthode est-elle efficace ? Justifiez votre réponse.
3. À l'aide de cette méthode, traitez la réclamation de Martine Stern (document 3), en constituant des triades comprenant un télévendeur, un client mécontent au téléphone, et un observateur.
4. Rédiger un mail de réponse pour traiter la réclamation de Mike Harris (document 3).
5. Effectuez le reporting des deux réclamations traitées par téléphone à l'aide des documents 4 et 5 et justifiez l'importance de ce travail de reporting pour Stylform.

Document 1 L'offre de Stylform

Stylform est un spécialiste du patronage, c'est-à-dire la création d'une représentation d'un vêtement permettant la fabrication de vêtements en série. À partir des attentes esthétiques et techniques telles que les mesures, longueurs, découpes, croquis, photos ou modèles envoyés par le client, les modélistes réalisent le patronage du vêtement. Ces patrons sont transmis en fichiers numériques par courriel, clé USB, CD, ou sont imprimés sur papier pour que le client puisse passer à l'étape du prototypage. Le logiciel de conception assistée par ordinateur (CAO) est le pivot de l'activité.

Document 2 Interview de Sarah Goni, téléconseillère confirmée

– Quelle est votre stratégie pour traiter les réclamations ?

– J'utilise le principe LATTE, pour : *Listen*, *Acknoledge*, *Thank*, *Treat* et *Explain*. En français : Écouter, Reconnaître, Remercier, Traiter, Expliquer.

– Pouvez-vous donner un exemple ?

– J'ai le souvenir d'un mail d'une personne très mécontente parce qu'elle n'avait pas reçu le patron gratuit qui était promis lors de l'inscription à la *newsletter*. Voici ce qui était écrit dans son mail : « Je n'ai jamais reçu le patron, c'est de la fausse publicité… » Sans un bonjour, ni merci, ni rien… Ce mail m'a beaucoup énervée ; quand on gère des réclamations, on apprécie quand même un minimum de politesse. Mais je n'ai pas répondu à chaud et j'ai appliqué la méthode LATTE.

– Ça a fonctionné ?

– Oui, non seulement elle m'a remerciée pour ma collaboration et pour l'attention que j'avais porté à sa demande, mais elle a également acheté plusieurs produits par la suite !

– Avez-vous des « marges de manœuvre » pour répondre aux clients ?

– Bien entendu : en cas de dysfonctionnement grave, nous avons la possibilité de prévoir un dédommagement de 20 % de réduction sur une prochaine commande. La rectification de patrons défectueux se fait aux frais de Stylform, avec livraison dans la journée par porteur si nécessaire. Si les demandes clients vont au-delà, il faut demander l'arbitrage du superviseur.

Document 3 — Deux réclamations clients

Martine Stern, directrice de Lola Rob, important client de Stylform depuis 15 ans, est en colère : sa chaîne de production de vêtements féminins haut de gamme est bloquée à cause de l'entreprise Stylform. Elle appelle le CRC le 15 octobre.

« Je n'ai toujours pas reçu le patron commandé le 5 octobre ! En plus, on a raté en septembre le prototype d'un manteau à cause des tailles totalement farfelues sur le patron. Des mètres de tissus de laine et cachemire de grande valeur ont été perdus, sans parler du temps de travail de toute l'équipe pendant plusieurs jours. Je ne comprends pas ! Même pas un appel pour prévenir et s'excuser !... Je veux pour demain à la première heure le patron d'octobre avec les bonnes tailles et une réparation pour toutes ces aberrations. Qu'est-ce qui vous arrive en ce moment ? »

Mike Harris, responsable de production chez Jarod, fabricant de chemises hommes et client de Stylform depuis 2 ans, est furieux. Il envoie un mail au CRC.

De : vrichard@hotmail.fr
À : contact@stylform.com
Date : 15/10
Objet : Réclamation patron gratuit

Bonjour,
Mon épouse qui travaille chez Lola Rob me dit qu'elle va avoir un patron gratuit ce mois-ci et vous ne m'avez même pas envoyé l'offre proposant un patron gratuit pour ma nouvelle collection ! Si nous ne sommes pas assez bien pour vous, dites-le moi tout de suite, que je puisse allez voir votre concurrent...
Cordialement,
Mike Harris

Document 4 — Fiches clients (extraits)

Société ☑ - Particulier ☐	Client ☑ - Prospect ☐	Dénomination/nom : Lola Rob	
Adresse : 11, allée de la Reine	**Code postal :** 92200	**Ville :** Neuilly-sur-Seine	
Téléphone : 06 11 33 XX XX	**Fax :** -	**E-mail :** LR@laposte.net	**Site Internet :** www.LR.com
Interlocuteur : Martine Stern	**Produits utilisés :** Patrons de manteaux		
Historique des commandes :			
Modèle	**Date commande**	**Date livraison**	**Commentaires**
Patron manteau Jachy	02/09	07/09	Problème de taille
Patron manteau Jennifer	06/10		Commande non livrée (pb logistique)

Société ☑ - Particulier ☐	Client ☑ - Prospect ☐	Dénomination/nom : Jarod	
Adresse : 84 rue Régnault	**Code postal :** 75013	**Ville :** Paris	
Téléphone : 06 56 88 XX XX	**Fax :** -	**E-mail :** prod@jarod.com	**Site Internet :** www.jarod.com
Interlocuteur : Mike Harris	**Produits utilisés :** Patrons de chemises pour homme		
Historique des commandes :			
Modèle	**Date commande**	**Date livraison**	**Commentaires**
Patron chemise slim fit	09/07	12/07	-
Patron manteau Jennifer	28/08	01/09	-

Document 5 Formulaire de traitement de réclamation (fichier Word)

RÉCEPTION

Date : ☐ Référence réclamation : ☐

Nom du téléconseiller : ☐

Mode de réclamation : ☐ Téléphone ☐ Mail ☐ Tchat ☐ Boutique

Renseignements personnels et administratifs :

Société : ☐ Réf. client : ☐

Nom / Prénom du client ☐

Adresse : ☐

Tél. : ☐ Fax : ☐

Mail : ☐

Objet de la réclamation client :

Type de produit : ☐

Marque et modèle : ☐

Réf. produit : ☐ Date d'achat : ☐

Résumé de la réclamation client :

☐

RÉPONSE

Date : ☐ Référence réclamation : ☐

Nom du téléconseiller : ☐

Renseignements personnels et administratifs :

Société : ☐ Réf. client : ☐

Nom / Prénom du client ☐

Adresse : ☐

Tél. : ☐ Fax : ☐

Mail : ☐

Objet de la réclamation client :

Réponse donnée au client le : ☐

Action client : ☐ Explication ☐ Réparation ☐ Échange ☐ Avoir ☐ Geste commercial

Autre : ☐

Réponse : ☐

Réclamation client clôturée le : ☐

Maîtrise

6 Gérer la relation client sur les réseaux sociaux

Vous managez une équipe de dix téléconseillers chez Comvoyage, un CRC spécialisé dans le secteur du voyage. De plus en plus de clients communiquent avec l'entreprise *via* les réseaux sociaux. Afin de faciliter le travail des téléconseillers, vous cherchez une solution leur permettant de traiter efficacement ces demandes.

1. Visionnez la vidéo et montrez comment la solution présentée permet d'améliorer la satisfaction client, le conseil et les propositions d'offres promotionnelles.
2. Quelles sont les avantages de cette solution en termes de communication avec le client ?

Document Vidéo : Interagir avec ses clients sur Facebook

3 raisons d'adopter Facebook Messenger dans votre stratégie e-commerce
Durée : 1'33
liennathan.fr/4wr62i

Synthèse

Accompagner, conseiller et traiter les demandes clients

Types d'appels entrants

- **Avant l'achat**
  - Renseignement / Conseil
- **Après l'achat**
  - Assistance technique
  - Suivi commande / Facture
  - Réclamation

Répondre aux demandes clients par téléphone

- Accueillir le client
- Prendre en compte la demande
- Traiter la demande
- Fidéliser le client et développer les ventes
- Prendre congé

Répondre aux demandes clients par écrit (mail et tchat)

- Rester sérieux et sobre
- Soigner son orthographe
- Ne pas utiliser d'abréviations
- Ne pas utiliser de *smileys*
- Ne pas écrire en majuscules

Traiter les réclamations clients

- Faire preuve d'empathie
- Cerner les causes
- Expliquer, s'excuser
- Proposer des solutions
- Assurer un suivi
- Enregistrer la réclamation

Les indicateurs de gestion des appels entrants

Les indicateurs de réception
- taux de décroché
- taux d'abandon d'appels
- temps d'attente
- *Net promoter score*
- taux de transfert d'appels

Les indicateurs de traitement
- durée moyenne de traitement (DMT)
- niveau de service
- taux de résolution au premier contact
- temps de manipulation moyen

TESTEZ-VOUS

Quiz sur le chapitre 4
liennathan.fr/62w9ft

MOTS CLÉS : Appels entrants · *Click to call / Click to tchat* · Réclamation · Tchat

Voir PRÉSENTATION DE L'ÉPREUVE page 329

EMBALOUPE

Embaloupe est une TPE spécialisée dans les emballages alimentaires réalisés à partir de produits biodégradables, située à Saint-Claude en Guadeloupe, qui souhaite trouver de nouveaux marchés en métropole. Vous êtes l'unique commercial(e) de l'entreprise. Le gérant, Keylian Roset, vous interroge sur l'intérêt d'externaliser la gestion de sa base de données et sa prospection vers un centre de relation client (CRC).
Pour pénétrer le marché, il veut mener une vaste campagne de prospection téléphonique destinée aux producteurs de pommes en Normandie, en proposant une offre promotionnelle de 30 % de remise sur les contrats des deux premières années en cas de commande supérieure à 5 000 € par an. Il a pris un premier contact avec Charles Rethy, manager du CRC Norcontact situé à Rouen, qui lui a assuré qu'il pouvait mener la campagne de prospection téléphonique sur tout le fichier pour obtenir des rendez-vous avec les responsables des achats.

1 Précisez si le centre d'appels Eurotel est adapté aux besoins d'Embaloupe, ou s'il est préférable d'avoir recours à Norcontact (documents 1, 2 et 3).

2 Trouvez des réfutations pour les objections et une réponse à la réclamation (document 4).

3 Identifiez les autres moyens que le téléphone qui pourraient être retenus pour toucher efficacement la cible lors de l'opération de prospection en Normandie.

4 Construisez un script en vous appuyant sur le schéma de négociation et adaptez-le au cas de Charles Plimel, 55 ans, producteur de pommes dans la ferme « Le Pressoir d'or » à Honfleur, qui a déjà un fournisseur, mais qu'il trouve trop cher et qui n'est pas bio du tout (document 5).

5 Proposez quatre indicateurs, parmi ceux du document 6, pour analyser la négociation à mettre en place. Justifiez votre choix sachant que le CRC Norcontact dispose d'un fichier de bonne qualité.

6 En vous inspirant du cas traité et en mobilisant vos connaissances, proposez, en une trentaine de lignes, une réflexion commerciale structurée qui répondra à la question suivante : quel est l'intérêt du choix de l'externalisation de la relation client pour une entreprise et ses conditions de réussite ?

Annexe 1 Une externalisation de la relation client réussie

Interview de Brice Péramin, gérant de Nettembal, spécialisée dans l'emballage alimentaire en Martinique.

« Que vous a apporté le partenariat avec le centre de relation client Omnika ? »

« À la différence d'autres concurrents qui ont une taille plus grande que la mienne, je suis une TPE qui ne dispose pas des moyens techniques, humains, ni financiers pour gérer ma relation client en interne. Quand mes commerciaux terrain terminent leur travail, il leur reste peu de temps pour s'occuper des tâches de qualification de fichiers clients, de prospection téléphonique, de fidélisation client. Omnika m'a donné les moyens de faire tout cela. J'ai pu me différencier des autres PME du secteur en personnalisant les services apportés à mes clients. »

« Comment avez-vous organisé ce partenariat ? »

« Pour réussir cette externalisation, mes commerciaux ont dû accepter d'être moins indépendants. Nous avons instauré de nouvelles relations collaboratives avec Omnika et promu le travail d'équipe. »

Annexe 2 Eurotel, centre d'appels à Pointe-à-Pitre

Eurotel est situé dans la zone industrielle de Jarry, poumon économique de la Guadeloupe.

Capacité : 50 téléopérateurs équipés d'un logiciel de *phoning* ; personnel jeune, spécialisé dans les techniques de savoir-être et savoir-faire téléphonique.

Horaires d'ouverture : 24 h/24, 7 j/7.

Points forts : spécialistes de la prospection téléphonique et des appels en masse.

Principaux secteurs d'activité : médical.

Aménagement : Eurotel a mis en place des outils performants et des infrastructures concurrentielles pour favoriser un suivi instantané des activités de *phoning* et remonter les résultats auprès des commanditaires.

Annexe 3 CRC Norcontact

Solution omnicanale de gestion des interactions clients

Appels entrants et sortants/ Emails/ SMS / Campagnes marketing/ Webchat / Chatbot / Visiochat / Réseaux sociaux/ visio/

NORCONTACT, la **solution de centre de contacts** omnicanal, vous permet de donner à vos clients et prospects la bonne réponse, au bon moment. En unifiant tous les canaux dans une seule et même application, on crée des synergies entre les canaux :

- l'information est partagée entre les équipes ;
- le client peut passer d'un canal à l'autre immédiatement.

Annexe 4 Se préparer à affronter des objections et des réclamations

	« C'est toujours trop cher ! »		« Je préfère attendre, j'ai peur de dire oui sur un coup de tête. »
	« Je ne veux pas de rendez-vous, pouvez-vous m'expliquer par téléphone ? »		« Sachez que je suis très déçu vu le prix que j'ai payé ! Même avec la réduction c'est vraiment cher ! Et l'on ne voit même pas que c'est écologique ! »
	« Envoyez-moi une documentation s'il-vous-plaît. »		« Ça ne m'intéresse pas. »

Annexe 5 Le schéma de négociation

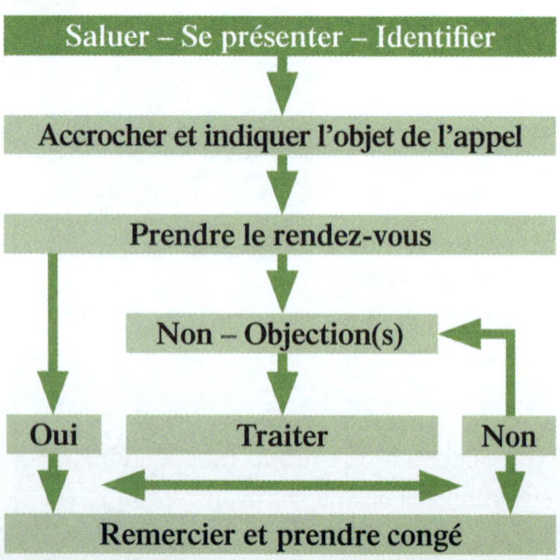

Annexe 6 Les indicateurs d'un centre de relation client

- Taux d'échec d'appels
- Volume d'appels
- Fréquence d'appels faible ou élevée
- Taux de relance
- Taux d'aboutissement
- Taux de refus d'entretien
- $\dfrac{\text{Nombre de rendez-vous ou de ventes}}{\text{Nombre d'appels}}$
- $\dfrac{\text{Nombre total de contacts}}{\text{Nombre de fiches de contacts complétées}}$
- $\dfrac{\text{Nombre de contacts non intéressés}}{\text{Nombre de contacts utilisables}}$
- $\dfrac{\text{Nombre d'interlocuteurs joints}}{\text{Nombre d'appels émis}}$

CHAPITRE 5

Encadrer et animer une équipe de téléacteurs

Contexte professionnel

Activité/Tâche
Supervision et animation d'équipes

Compétence
Encadrer et animer une équipe de téléacteurs

Vers PIX
1.3. Traiter des données
2.1. Interagir

La Chapelière est une entreprise créée en 1900 à Paris, reconnue pour ses chapeaux chics et tendance. La maison a su évoluer au cours du temps avec succès. Afin d'améliorer le contact client, elle a décidé de créer il y a six mois un service de relation client interne à l'entreprise et cherche à étoffer son équipe de téléacteurs.

Votre rôle

Vous managez l'équipe de sept téléopérateurs du CRC de l'entreprise. Le directeur commercial vous charge de recruter un(e) téléacteur/-trice confirmé(e) pour renforcer l'équipe, et de trouver des solutions pour gérer le stress de l'équipe, qui s'accentue depuis quelques mois.

Vos objectifs

I Recruter et former les téléacteurs

Vous devez définir le profil du téléacteur à recruter et mener le recrutement.

1. Identifiez le domaine d'activité et l'offre de La Chapelière et repérez le rôle du centre de relation client. — Annexes 1 et 2
2. Quelles sont vos missions en tant que manager et quelles qualités devez-vous posséder pour occuper ce poste ? — Annexes 3 et 4
3. Réalisez le profil de poste du téléacteur confirmé que vous devez recruter (compétences, qualités, formation, expérience requise). — Fiche ressource 1 ; Annexe 5
4. À partir de l'exemple de l'annexe, rédigez une annonce pour recruter le téléconseiller/télévendeur confirmé recherché et proposez des sites sur lesquels vous pourrez la diffuser. — Annexe 6
5. Organisez un jeu de rôle en binôme simulant l'entretien d'embauche avec les deux candidats Kevin et Laura (manager/Kevin et/ou manager/Laura). À l'aide du profil de poste et des notes prises pendant l'entretien (annexe 9), réalisez une grille d'évaluation des compétences des candidats en justifiant votre choix. — Annexes 7, 8 et 9
6. Parmi les formations proposées par le responsable des ressources humaines, choisissez une formation pour un télévendeur débutant et une formation pour le télévendeur/téléconseiller que vous venez de recruter. — Fiche ressource 2 ; Annexe 10

II Améliorer les conditions de travail et organiser l'activité

En parallèle du processus de recrutement, vous devez gérer une période difficile : les nombreux appels clients génèrent beaucoup de stress pour l'équipe. Vous avez lancé une enquête de satisfaction auprès de vos collaborateurs (annexe 8).

7. Le CRC de La chapelière respecte-t-il la règlementation en matière de durée légale du travail ? Justifiez votre réponse. — Fiche ressource 3 ; Annexe 11
8. Identifiez les risques engendrés par les conditions de travail décrites dans cette enquête et repérez les points sur lesquels il est nécessaire de trouver des solutions ou des améliorations. — Fiches ressources 3 et 4
9. Analysez les indicateurs de suivi de l'activité de l'équipe. Que constatez-vous ? Proposez un autre indicateur que vous pourriez suivre pour ajuster la charge de travail de l'équipe. Justifiez votre choix. — Fiche ressource 5 ; Annexe 12

III Motiver et animer l'équipe

10. Les objectifs fixés pour les deux actions d'octobre vous semblent-ils adaptés ? Ajustez-les si nécessaire et préparez un court texte d'annonce et de justification auprès de l'équipe. Pourquoi cette justification des objectifs est-elle importante ? — Fiche ressource 6 ; Annexe 12
11. Les actions mises en place pour motiver l'équipe vous semblent-elles pertinentes ? Justifiez votre réponse. Suite à l'enquête de satisfaction, proposez deux actions : pour répondre au mécontentement des téléacteurs et favoriser l'échange et la cohésion au sein de l'équipe. — Annexe 13

Votre dossier

Annexe 1 — L'entreprise La Chapelière

L'entreprise La Chapelière est spécialisée dans la confection et la vente de chapeaux haut de gamme. L'entreprise possède 9 magasins ainsi qu'un site marchand.

À partir du site marchand, les clients ont la possibilité de contacter directement le service client du lundi au samedi de 8 h à 19 h, grâce à un outil de *click to call*, un tchat et un numéro non surtaxé. Ils peuvent également laisser un message par mail ou sur les réseaux sociaux.

Annexe 2 — Le nouveau CRC La Chapelière

Le plateau et le matériel du nouveau centre de relation client crée en interne sont modernes. Un logiciel de *phoning* intégré au CRM facilite une communication unifiée. Ainsi, l'équipe peut assurer :

– **la prospection** pour développer la base des clients inscrits dans les bases de données actuelles ;

– **la vente**, pour proposer des offres promotionnelles en particulier à l'occasion des ventes privées ;

– **le conseil** et le SAV par tous les moyens de contact mis en œuvre par l'entreprise.

L'équipe est composée de : quatre commerciaux terrain de l'entreprise tentés par cette nouvelle expérience, et une ancienne stagiaire commerciale et deux de ses camarades de promotion qu'elle a cooptés. Le recrutement d'un téléacteur confirmé avec une expérience dans le secteur de la mode de luxe doit compléter l'équipe. La rémunération sera fixée en fonction de l'expérience.

Annexe 3 — Votre interview du directeur commercial

– Comment voyez-vous le management chez La Chapeliere ?

– La culture d'entreprise veut que le manager favorise la qualité, l'autonomie et la responsabilisation. Chez La Chapelière, on considère qu'il faut trouver une forme d'équilibre entre autorité et proximité : le manager doit donner l'exemple sans pour autant se mettre en avant, contrôler sans être tyrannique… Il doit s'intéresser aux différents moments vécus au quotidien par les téléconseillers avec ses collègues et avec les clients. Il doit faire preuve de considération personnelle et professionnelle.

– Quelle est la qualité la plus importante pour ce manageur ?

– Il est important que le manager écoute chacun des commerciaux, recueille leur avis, les accompagne du mieux possible, organise des réunions personnalisées régulières.

– Comment gérez-vous les situations difficiles ?

– Lorsqu'un salarié se trouve en difficulté, il ne faut pas le sanctionner mais lui montrer que ses échecs peuvent être source de réussites futures. Le manager doit rassurer et faire comprendre que réussir, c'est aussi être capable de modifier, de changer certains éléments et de réorienter les actions pour gagner en efficacité. Les responsables hiérarchiques doivent savoir communiquer, féliciter.

Annexe 4 — Fiche de poste : manager centre de relation client

	FICHE DE POSTE
Entreprise La Chapelière	**Intitulé du poste :** manager Centre de relation client – Secteur mode/luxe
Présentation du poste	**Date de prise de fonctions :** 08.05.N
	Statut / grade : manager
	Lieu de travail : La Chapelière, Paris 16ᵉ
Missions	**Mission principale :** Responsable du pilotage d'une équipe de 8 collaborateurs et garant de la satisfaction client et de la qualité de service
	Attributions : • Élaborer les indicateurs permettant de suivre les performances et recommander les actions et les moyens nécessaires à leur mise en œuvre pour optimiser l'organisation du centre. • Déterminer, implémenter et veiller au respect des procédures, supports de vente et normes qualité du centre en réalisant une veille régulière des meilleures pratiques de la profession, avec comme objectif constant la fidélisation et le développement des ventes additionnelles. • Coordonner les activités des collaborateurs en tenant compte des objectifs de qualité, coût, délai, et ce, dans une logique d'amélioration continue. En particulier, veiller à : – développer la motivation des équipes ; – écouter et échanger avec les collaborateurs ; – rendre les collaborateurs autonomes : déléguer les responsabilités pour que le collaborateur devienne acteur de sa mission et ne reste pas un simple exécutant ; – définir clairement les missions, annoncer à chaque collaborateur ce qu'on attend de lui en ce qui concerne les résultats, les compétences et les comportements ; – bâtir des relations motivantes, favoriser l'apprentissage à partir des échecs et encourager les progrès et l'implication des collaborateurs ; – enrichir les compétences, transmettre son savoir-faire, développer les compétences et accompagner dans la mise en application ; – définir les besoins en formation.
Profil	**Formations :** Bac + 3
	Expérience professionnelle : expérience de 5 ans en tant que manageur de la relation commerciale dans le secteur de la mode de luxe
	Compétences : esprit d'équipe, bon relationnel et aptitude commerciale, français et anglais courants, maîtrise du Pack Office, connaissance d'un logiciel de phoning et des fonctionnalités d'un CRM.

Annexe 5 — Compétences et qualités recherchées pour le poste

Sens du service	Esprit d'équipe	Rigueur et conscience professionnelle
Aisance avec un ordinateur	Aisance téléphonique	Réactivité
Excellent relationnel	Respect d'autrui	Expérience dans le domaine
Patience	Gestion du stress / Contrôle de soi	Disponibilité

Annexe 6 — Offres d'emploi : téléconseiller débutant Mode/Luxe (H/F)

La Chapelière

Poste : L'entreprise française La Chapelière recherche, dans le cadre de la création de son centre de relation client interne, un téléconseiller débutant pour l'univers mode/luxe afin de renforcer son équipe de télévente. Le poste est basé à Paris.

Missions : Votre rôle consistera, après une formation à nos méthodes et produits, à prendre en charge des missions autour de trois axes :

– la vente : vendre les produits auprès de la clientèle ; développer les ventes à distance par téléphone à des particuliers ciblés ;

– le suivi et le conseil par téléphone, mail et tchat ;

– la qualification de bases de données et la prospection de nouveaux clients dans le cadre d'actions promotionnelles.

Possibilité d'évolution vers des postes de formation et management.

Profil recherché : Débutant. Tenace, dynamique et montrant un réel sens relationnel, qualités de négociation et goût du challenge.

Contrat : Durée indéterminée (CDI temps plein)

Salaire : fixe 1 500,00 brut/mois + commissions et primes.

Prise de poste le 1er février.

Pour candidater : envoyer votre candidature (CV + lettre de motivation) par mail.

Annexe 7 — Candidature de Nathalie Gomelier

Nathalie Gomelier

Téléconseillère

Réactive avec beaucoup d'idées innovante.
Très bon relationnel et une grande capacité d'intégration à une équipe de travail.

54 rue des Bouleaux Blancs
75018 Paris

06 69 95 98 66

n.gom@gmail.com

EXPÉRIENCES Pro.

Depuis 2021
Téléconseillère chez MINUTEL centre d'appel spécialisé dans le domaine de l'horlogerie, bijouterie de luxe.

2020 – 2022
Café Richard - Commerciale stagiaire

2020 – 2022
Mac Donald's - Préparation de commande et contact clientèle

2020 – 2022
Animatrice en centre aéré pendant les vacances scolaires

FORMATION - DIPLÔMES

2022
BTS NDRC
Négociation Digitalisation de la Relation Client

2020
Baccalauréat professionnel Commerce
Mention Très bien

2019
Permis B

2019
BAFA

COMPÉTENCES CLES

- Suite Office (Word, Excel, Power point)
- PHOTOSHOP
- Logiciel de phoning
- Réseaux sociaux

PERSONNALITÉ

- Travail d'équipe
- Réactivité
- aisance orale
- Disponibilité
- Empathie

RÉUSSITES

- Passionnée de voyages : Grande Bretagne, Allemagne, Cuba, États-Unis
- Pratique du basket

LANGUES

Anglais : lu, écrit, parlé
Allemande : lu, écrit
Espagnol : lu, écrit, parlé

Nathalie Gomelier
54 rue des Bouleaux Blancs
75018 Paris
06 69 95 98 66
n.gom@gmail.com

La Chapelière,
15 rue Saint Didier
75016 Paris

Candidature pour un emploi de téléconseiller

Paris le 26 juillet N

Madame, Monsieur,

Votre centre de relation client est une référence dans le secteur du luxe car vous travailler avec de nombreux clients de très grande renomé.
Je suis très intéresé par votre offre pour un emploi de téléconseiller, car je sais que votre centre d'appels recrute régulièrement des téléconseillers pour rejoindre ses équipes et les forme très bien. Je souhaite donc vous proposé ma candidature à cet emploi.

Diplômé du BTS NDRC, j'ai fait tous mes stages comme commercial chez café Richard pendant mon BTS. Je travail maintenant dans un centre d'appel spécialisé dans le domaine de l'horlogerie, bijouterie de luxe. J'ai les compétences et qualités indispensables à ce poste, car j'aime le travaille en équipe, je suis réactive avec beaucoup d'idées innovante. J'ai un très bon relationnel et je suis très rapide pour manipulé les outils informatiques.
J'ai toujours eu de très bon rapports avec ma hiérarchie et mes collègues et je saurai m'intégrer très rapidement et efficacement à vos équipes.

Je reste à votre entière disposition pour vous rencontrer lors d'un entretien pour vous pouvez ma motivation et vous apporter toutes les informations complémentaires que vous pouvez désirer.

Vous remerciant par avance de l'intérêt que vous porterez à ma candidature, je vous prie de croire, Monsieur Cambon, en l'assurance de mes salutations distinguées.

Nathalie Gomelier

Annexe 8 — Candidature de Kévin Claros

Kevin Claros

Poste de téléconseiller

◆ **À PROPOS DE MOI**

12 rue d'Alsace
92600 Asnières

06 65 45 78 65

k.claros@laposte.net

Diplômé cette année du BTS NDRC, j'ai fait tous mes stages comme commercial chez Prada pendant mon BTS. J'ai de grandes qualités d'écoute et d'élocution.

◆ **COMPETENCES PRO.**

- Suite bureautique Office (Word, Excel, Power point)
- PHOTOSHOP
- Logiciel de phoning
- Réseaux sociaux

◆ **PERSONNALITE**

- Adaptable
- Souriant
- Rigoureux
- Ordonné
- Disponible

Diplômes - Formation

2022
BTS NDRC
Négociation Digitalisation de la Relation Client

2020
Baccalauréat STMG spécialité Gestion et finance

EXPERIENCES

2020 – 2022 Prada | Commercial stagiaire
Téléprospection, gestion de bases de données client…

2019 – 2022 – Garde d'enfants, jardinage
Travaux d'entretien pendant les vacances scolaires

AUTRES ACTIVITÉS

- **Passionné de lecture**
- **Pratique du tennis**

LANGUES

Anglais : lu, écrit, parlé
Allemande : lu, écrit, parlé
Espagnol : lu, écrit, parlé

Kevin Claros
12 rue d'Alsace
92600 Asnières
06 65457865
k.claros@laposte.net

La Chapelière,
À l'attention de Jacques Cambon directeur des ressources humaines
15 rue Saint Didier
75016 Paris

Objet : candidature pour un emploi de téléconseiller
P.J. : curriculum vitæ

Asnières le 28 juillet N

Monsieur,

C'est avec grand intérêt que j'ai pris connaissance de votre offre pour un emploi de téléconseiller, et je vous soumets en conséquence ma candidature à ce poste.

Votre centre d'appels recrute régulièrement des téléconseillers pour rejoindre ses équipes, et je souhaite par conséquent vous soumettre ma candidature à cet emploi.

Diplômé cette année du BTS NDRC, j'ai fait tous mes stages comme commercial chez Prada pendant mon BTS. Je possède ainsi les compétences et qualités indispensables à ce poste, que ce soit en termes d'écoute, d'élocution, de disponibilité ou encore de force de persuasion.

J'espère ainsi avoir l'opportunité de vous rencontrer prochainement afin de pouvoir vous démontrer ma détermination à rejoindre vos équipes. Vous trouverez mon curriculum vitæ ci-joint pour plus de détails sur mon parcours.

Vous remerciant par avance de l'intérêt que vous porterez à ma candidature, je vous prie de croire, *Monsieur le directeur des ressources humaines*, en l'assurance de mes salutations distinguées.

Signature :

Kevin Claros

Annexe 9 Notes prises pendant les entretiens

Kévin Claros

Sérieux, impliqué mais très indépendant. Très rigoureux, mais peu d'initiative.
Un peu réservé, très patient.
Très bonne aisance orale et sur ordinateur
Très disponible, bon contrôle de soi
Vient d'avoir son BTS NDRC, a fait tous ses stages chez Prada pendant son BTS. Sans emploi après son BTS.

Nathalie Gomelier

Grand sens de l'équipe.
Très réactive, beaucoup d'idées nouvelles. Excellent relationnel mais impatiente.
Très bonne aisance orale et sur ordinateur.
Très disponible, tend parfois à stresser.
Vient d'obtenir le BTS NDRC. Travaille dans un centre d'appels spécialisé dans l'horlogerie-bijouterie de luxe.

Annexe 10 Le programme des trois formations envisagées

1/ Adapter la communication pour vendre au téléphone	2/ Réussir les premiers instants au téléphone	3/ Argumenter pour vendre
– Maîtriser les trois outils de la vente par téléphone : voix, mots, écoute active – Diagnostiquer son attitude au téléphone : identifier ses points forts en appliquant la méthode CROC	– Réussir les premiers instants en appel entrant – Accrocher et passer les barrages en appel sortant – Adopter le bon questionnement – Repérer les attentes et motivations du client	– Adapter le script téléphonique – Traiter les objections – Défendre son prix – Conclure au téléphone – Prendre congé et laisser une bonne dernière impression même en cas de refus
– Exercices pratiques : s'adapter au téléphone – Mise en situation : mes premiers instants au téléphone	– Entraînement au questionnement – Mise en situation : mon accroche	– Entraînement progressif aux étapes de la vente – Mise en situation : entraînement sur cas complet de vente au téléphone avec mise en compétition

Annexe 11 Résultats de l'enquête de satisfaction auprès des téléconseillers

Réponses à la question ouverte :
« Proposez des suggestions pour améliorer vos conditions de travail »

« C'est stressant d'être tout le temps écouté ! Surtout qu'après, on se fait remonter les bretelles par le manager qui veut réussir tout de suite à rentabiliser le centre ! »

« L'activité est trop intense, on travaille parfois plus de 12 heures par jour et certaines semaines du lundi au samedi non-stop ! De plus, on travaille en flux tendu. Avec la distribution automatique d'appels, je n'ai même pas le temps de souffler, et puis il faut sans cesse effectuer plusieurs tâches en même temps (téléphone, consultation des produits...), sans vraiment avoir des primes intéressantes. Bof pour les motivations ! Nous, ce qu'on veut, c'est plus de primes ! »

« On a trop d'objectifs quantitatifs de rendement et c'est stressant. Il faut nous laisser plus de latitude, à part un ou deux d'entre nous, on a du mal à atteindre les objectifs. Du coup, on n'a pas les primes qui vont avec ! »

« Le mobilier est horrible, on est les uns sur les autres et c'est trop bruyant ! »

Annexe 12 – Objectifs des deux campagnes du mois d'octobre

	Action 1 Vente	Action 2 Prospection
Définition de l'action	Vente de l'offre promotionnelle « Pour faire face aux premiers froids » : pour l'achat d'un béret homme ou femme, une casquette ou un bonnet en laine offert.	Prise de RDV pour accéder aux ventes privées « Le premier week-end de l'automne » Les clients sont joignables tôt le matin (8 h), tard le soir (20 h) ou le week-end.
Objectifs globaux	Taux d'occupation des téléopérateurs : 80 % Taux de salariés en contact avec le public : 80 % Conformité à l'horaire : respect du nombre d'heures planifié, sinon rattrapage des heures non assurées.	
Résultats globaux	Taux d'occupation des téléopérateurs : 70 % Taux de téléacteurs en contact avec le public : 75 % Conformité à l'horaire : objectif atteint, très peu de retards ou d'absences.	
	Brian Noglotte	**Ania Roy**
Objectifs individuels	DMT* d'un appel : 4 minutes Nombre d'entretiens / heure : 8 (60 / jour) Ventes par jour : 12 (20 % des entretiens)	DMT d'un appel : 3 minutes Taux de décroché : 80 % des appels en moins d'une minute Taux de résolution au premier contact : 90 %
Résultats individuels	Nombre d'entretiens / heure : 8 (60 / jour) DMT d'un appel : 4 minutes Ventes / jour : 24 (40 % des entretiens)	DMT d'un appel : 3 minutes Taux de décroché, taux de réponse : 80 % des appels en moins d'une minute Taux de résolution au premier contact : 96 %

* Durée moyenne de traitement

Annexe 13 – Les opérations de stimulation des ventes

La rémunération des téléacteurs chez La Chapelière est composée d'une part fixe et d'une part variable, calculée en fonction de l'atteinte des objectifs.

Pour motiver les téléconseillers de l'équipe, des primes ont été mises en place :
- **une prime mensuelle** de 100 euros par téléacteur si les objectifs mensuels de l'équipe ont été atteints, 200 euros s'ils ont été ;
- **une prime annuelle** de 2 000 euros pour toute l'équipe si les objectifs globaux de l'année ont été atteints, 3 000 euros s'ils ont été dépassés.

La Chapelière félicite également tous les mois un de ses collaborateurs pour ses performances. Les félicitations prennent la forme d'une photo accompagnée d'un message de félicitations visible sur le logiciel de *phoning*.

À chaque action réalisée sur la plateforme pour améliorer les scripts, des points sont attribués. Ils peuvent être convertis en produits choisis dans le catalogue de l'entreprise.

FICHE RESSOURCE 1

RECRUTER DES TÉLÉACTEURS

I Rechercher un candidat

Trois types de besoins peuvent justifier le recrutement d'un collaborateur en interne :
– la création d'un nouveau poste ou la création d'un centre interne de relation client ;
– le remplacement d'un poste existant, après le départ d'un membre du personnel ;
– le besoin en nouvelles compétences pour un poste existant.

1. Définir une fiche et un profil de poste

Une fiche de poste doit être établie afin de définir les responsabilités, missions et spécificités du poste. À partir de cette fiche de poste, le recruteur doit définir les compétences requises. Pour les téléacteurs, les compétences essentielles sont :

Compétences professionnelles	Sens du service	Capacité d'adaptation
	Aisance à l'oral	Sens de l'organisation
	Culture numérique et maîtrise des outils informatiques	
Compétences relationnelles	Appétence pour le travail en équipe	Bon relationnel, sens de l'écoute
	Confiance en soi et résistance au stress	

2. Rédiger une annonce

La recherche du candidat se fait le plus souvent à travers une annonce, qui doit être claire et précise afin d'attirer les profils potentiels. Elle comportera :
– une présentation de l'entreprise,
– le descriptif du poste (intitulé, missions, évolution possible),
– le profil du candidat (compétences, formation et expérience requises),
– le descriptif des conditions de travail et des avantages (lieu de travail, salaire…),
– la procédure à suivre pour répondre.

L'entreprise peut publier l'annonce sur son site, sur des sites d'annonces d'emplois (Apec, Monster…) ou bien sur des réseaux spécialisés comme LinkedIn, Viadeo ou Wizbee.

D'autres moyens s'offrent au manager pour trouver de nouvelles recrues : les candidatures internes (mobilité au sein de l'entreprise), la consultation des CVthèques, la consultation des profils LinkedIn et Viadeo, les candidatures spontanées ou la cooptation (recommandation par des membres de l'équipe). L'entreprise peut également externaliser la procédure de recrutement à un cabinet spécialisé.

II Organiser l'entretien de recrutement et choisir les candidats

Le taux de renouvellement des employés (*turnover*) est très important (jusqu'à 40 ou 50 % en CRC) et coûte très cher en recrutement et en formation. Le manager doit analyser les candidatures (CV et lettres de motivation) reçues et effectuer une présélection des candidats en comparant le profil du candidat au profil de poste établi. Il faut ensuite convoquer les candidats intéressants pour un entretien de recrutement, qu'il faut organiser avec soin pour présenter l'entreprise, le poste et cerner le profil du candidat. Les tests d'évaluation permettent d'avoir une meilleure vision du profil du candidat.

III Intégrer le nouvel embauché

Une fois le candidat recruté, il faut lui faire signer son contrat de travail, lui transmettre sa fiche de poste et prévoir une phase d'intégration. Il s'agit de l'accueillir et de lui présenter l'entreprise, son fonctionnement, les personnes avec lesquelles il travaillera. Un livret d'accueil avec les informations indispensables (règlement intérieur, convention collective, etc.) permet de formaliser la procédure d'intégration. Ensuite, il faudra l'aider à s'intégrer dans son poste de travail, le former aux méthodes, aux pratiques, aux outils.

FICHE RESSOURCE

2

LA FORMATION DES TÉLÉACTEURS

I L'obligation de formation des salariés

L'employeur a une obligation de formation dans le but :
– de permettre aux salariés de s'adapter à leur poste de travail et veiller au maintien de leur capacité à occuper un emploi, notamment face à l'évolution des technologies ;
– d'assurer la sécurité au travail et protéger la santé des salariés.
Un manager ne peut pas laisser un salarié sans formation pendant des années, même si ce dernier ne demande rien ou même s'il n'est pas confronté à une difficulté d'adaptation de son poste de travail. L'entreprise doit mettre en place un plan de formation annuel et veiller à la qualité des formations proposées de façon à s'assurer que les salariés puissent suivre les évolutions de leurs postes, mais aussi à ce qu'ils puissent évoluer vers d'autres postes.

II Les droits des salariés en matière de formation

Comme tous les salariés, les commerciaux, qu'ils soient employés en CDI ou en CDD, bénéficient du droit à la formation sous forme d'heures de formation professionnelle financées par leur employeur. Cette formation professionnelle est encadrée depuis le 1er janvier 2015 par le CPF (compte professionnel de formation) qui permet de cumuler des droits à la formation au titre des activités professionnelles. Ces droits sont utilisables tout au long de la vie professionnelle de façon à financer une ou plusieurs formations.
Les droits à la formation sont crédités sur le compte du salarié au premier semestre de chaque année. De 2015 à 2018, ce compte était alimenté en heures, mais à partir de 2019, il l'est en euros. Les droits acquis avant 2019, sont convertis en euros sur la base de 15 € TTC par heure.
Pour un travail à mi-temps ou plus, sur l'ensemble de l'année, le compte professionnel de formation est alimenté à hauteur de 500 € maximum par an. Pour un travail en dessous d'un mi-temps sur l'ensemble de l'année, les droits sont calculés au prorata de l'activité. Le plafond total du compte est de 5000 €.

III Les besoins en formation dans les CRC

Dans un CRC, est indispensable de former les téléconseillers pour assurer la qualité du service, de l'accueil et du conseil apporté aux clients. Le manager pourra organiser des formations de plusieurs jours, ou de quelques heures selon l'objectif à atteindre. Elles peuvent être individuelles si un téléopérateur doit travailler certaines compétences, ou collectives pour préparer par exemple une équipe à une mission spécifique.

IV Modalités et objectifs des formations dans les CRC

Les formations peuvent être organisées en interne (les téléacteurs sont formés directement par des membres de l'entreprise), ou bien en externe par un organisme de formation spécialisé. Cet organisme de formation peut proposer des formations pour une seule ou plusieurs entreprises, avec un formateur ou bien à l'aide de modules e-learning (formation en ligne). Les objectifs diffèrent selon les missions des téléacteurs :

Communication par téléphone	Les appels sortants	La réception d'appels	La gestion de conflits	Les produits vendus
– Les principes de communication verbale – Les aspects psychologiques de la rencontre virtuelle – La prise de contact et l'attitude à adopter avec son interlocuteur	– La maîtrise des typologies de questions – La reformulation – Le traitement des objections	– L'accueil et l'identification de son interlocuteur – L'écoute et la reformulation des demandes – L'identification du service concerné – La formulation de réponses – Le traitement des réclamations	– La typologie des conflits – La maîtrise de soi – L'écoute et l'empathie	– La connaissance des produits de l'entreprise – La maîtrise des argumentaires produits

FICHE RESSOURCE 3

LE TEMPS DE TRAVAIL DES TÉLÉACTEURS

I Le temps de travail : réglementation

Bien que l'activité en CRC tende à un service continu 7 jours sur 7 et 24 heures sur 24, les CRC doivent respecter la réglementation sur le temps de travail des salariés.

1. La durée du travail et les heures supplémentaires

Les CRC doivent respecter la durée légale du travail de 35 heures par semaine (10 heures par jour maximum). Les heures travaillées au-delà de 35 heures sont des heures supplémentaires. Les salariés qui travaillent plus de 35 heures par semaine ont droit à une majoration de salaire ou à un repos compensateur (RTT). Le taux de majoration, ne peut être inférieur à 10 % du taux horaire de rémunération. Si aucun accord collectif n'a été conclu, la règle du Code du travail s'applique de la façon suivante : 25 % pour les huit premières heures supplémentaires (soit de la 36ᵉ à la 43ᵉ heure) et 50 % pour les suivantes (à partir de la 44ᵉ heure).Le nombre d'heures supplémentaires effectuées dans l'année ne peut pas dépasser un certain plafond, fixé par accord collectif ou, à défaut, fixé par la loi à 220 heures par an et par salarié. Si l'employeur oublie de payer les heures supplémentaires, le salarié est en droit de réclamer le paiement.

2. Le travail de nuit

Certains CRC, afin d'assurer un service client en continu, font travailler les téléacteurs de nuit ou le dimanche. Le travail de nuit (travail de nuit = période de 8 heures travaillée comprenant l'intervalle entre minuit et 5 heures du matin) ne peut pas dépasser 8 heures consécutives par jour et donne droit à une compensation salariale dont le montant est fixé par un accord collectif et/ou à un repos compensateur. Le travail de nuit doit toutefois rester exceptionnel et entre dans la liste des dix risques professionnels du compte personnel de prévention de la pénibilité (C3P). En effet, depuis le 1ᵉʳ janvier 2015, quand un salarié est exposé à des facteurs de pénibilité importants, l'employeur doit établir une déclaration et mettre en place un compte personnel de prévention de la pénibilité (CPPP ou C3P). Ce compte permet au salarié de cumuler sur son compte des points (1 point par trimestre d'exposition) de façon à pouvoir bénéficier d'un départ anticipé à la retraite ou d'une formation.

II Les jours de repos et les congés

Les salariés ne peuvent pas travailler plus de 6 jours consécutifs par semaine et ont droit à un repos quotidien de 11 heures consécutives et à une journée de repos par semaine, en principe le dimanche. Le CRC peut obtenir une dérogation au repos dominical et faire travailler certains salariés le dimanche (les salariés se relaient) de manière permanente ou temporaire, sous condition d'avoir obtenu une autorisation administrative. Le travail exécuté le dimanche ou un jour férié donne lieu à une compensation. Les salariés à temps plein dans un CRC ont droit à des congés payés de 2,5 jours ouvrables par mois de travail effectif, soit pour une année complète de travail à 30 jours ouvrables (5 semaines).

III Les pauses

Les salariés des centres de relation client bénéficient d'une pause de 10 minutes toutes les 2 heures ou de 15 minutes toutes les 3 heures (soit 30 minutes après 6 heures de travail). Les accords collectifs prévoient que ces pauses sont rémunérées.

IV L'aménagement du temps de travail pour diminuer les risques

Le travail en CRC est constamment en flux tendu, accentuée par la distribution automatique des appels et la nécessité d'effectuer plusieurs tâches en même temps (téléphone, saisie informatique, consultation de données…). Pour diminuer les risques de troubles psychosociaux (stress, anxiété…), les troubles musculo-squelettiques (douleurs musculaires, problèmes de dos…) et les pathologies sensorielles (pathologies oculaires, auditives ou de la voix), il est nécessaire de prévoir des aménagements, comme par exemple des pauses régulières (pause préconisée de 5 mn / heure) ou l'alternance des tâches de nature différente.

FICHE RESSOURCE 4

LES CONDITIONS DE TRAVAIL DES TÉLÉACTEURS

Les observations cliniques réalisées par les médecins du travail révèlent que les salariés des centres de relation client souffrent d'affections dues aux gestes répétitifs, au stress, à la fatigue, aux postures de travail. Il est donc nécessaire d'organiser le travail de manière à limiter ce nombre d'affections.

I L'aménagement du lieu de travail

L'activité des téléopérateurs s'exerce souvent dans un espace de travail collectif (*open space*). Or, les niveaux sonores sont jugés trop élevés dans un quart des centres (bruit ambiant, conversations des autres collègues, bruit des ordinateurs, conversations téléphoniques).
Pour limiter le niveau sonore, les postes de travail peuvent être séparés par des cloisons acoustiques. Il est également souhaitable de privilégier, dans la mesure du possible, la mise en place de plusieurs îlots isolés, avec un espacement suffisant entre les différents postes de travail.

II L'ergonomie des équipements

La position statique assise prolongée, au téléphone et sur ordinateur, peut également entraîner des pathologies (troubles musculo-squelettiques, problèmes de dos…). Les moyens de prévention mis en place par le management peuvent concerner l'ergonomie des sièges réglables, du clavier, du poste de travail, mais aussi de l'écran (écran orientable en hauteur et latéralement, lumière antireflet…) et des logiciels (taille de police, choix des couleurs).

III L'écoute et l'enregistrement des appels sur le lieu de travail

Les dispositifs d'écoute et d'enregistrement des conversations téléphoniques sur le lieu de travail peuvent être installés à partir des logiciels de *phoning* de façon à ce que le manager puisse suivre et conseiller les membres de son équipe.
Les documents d'analyse et les informations collectées doivent l'être dans un contexte bien précis (identification du salarié et de l'évaluateur, évaluation professionnelle de l'employé).
La mise en place de ces enregistrements doit respecter certaines règles :

Respect de la vie privée	L'employeur doit mettre à disposition des salariés des lignes téléphoniques non reliées au système d'enregistrement, ou un dispositif technique leur permettant de couper l'enregistrement pour les appels personnels. Il en va de même pour les appels passés par les représentants du personnel dans le cadre de l'exercice de leurs mandats.
Accès aux enregistrements exclusivement à des fins de formation	Seules les personnes habilitées pourront accéder aux données des enregistrements, uniquement pour des fins de formation.

IV Le niveau de satisfaction des salariés

Le niveau de satisfaction et de bien-être des salariés a un impact déterminant sur la qualité de service et sur les performances de l'équipe. On peut le déterminer par des enquêtes de satisfaction garantissant l'anonymat. Les résultats de ces enquêtes doivent être confrontés à des indicateurs comme le taux d'absentéisme ou de *turn-over* ou encore le taux d'arrêt maladie, qui reflètent aussi la satisfaction et la santé des téléacteurs. Des taux élevés d'absentéisme ou de *turn-over* sont des signes de démotivation des salariés.

FICHE RESSOURCE 5

ORGANISER ET SUIVRE L'ACTIVITÉ DES TÉLÉACTEURS

L'organisation du travail la plus fréquente au sein d'un centre de relation client est une répartition en équipes de 8 à 15 salariés, dirigées par un manager. Prévoir le nombre de téléacteurs pour chaque campagne et organiser le travail de l'équipe est une des principales missions du manager.

I Les indicateurs de charge et de suivi de l'activité

Pour organiser l'activité de l'équipe, le manager doit analyser divers indicateurs :

Indicateurs	Signification	Impact sur l'organisation de l'équipe
Adhésion à l'horaire	Ponctualité du téléacteur	Impact sur la couverture des besoins de la journée dans une activité où l'amplitude horaire est très grande
Conformité à l'horaire	Respect du nombre d'heures planifié	Permet d'assurer la bonne mise en application des horaires et des plages de couverture des besoins
Taux d'occupation des téléopérateurs	Proportion du temps de travail que l'opérateur passe en communication	Permet de savoir si les téléopérateurs sont sur- ou sous-sollicités et d'agir en conséquence
Taux de salariés en contact avec le public	Proportion de salariés du service client en contact direct avec les réclamations ou demandes de suivi ou de conseil aux clients	Un taux élevé est généralement le signe d'une organisation efficace. Un taux bas doit conduire à chercher des axes d'amélioration (limiter les tâches administratives par ex.).
Taux de transfert vers le *selfcare*	Proportion de demandes redirigées : client invité à résoudre lui-même son problème ou à aller chercher lui-même l'information	Montre la façon dont les téléopérateurs redirigent vers d'autres canaux de communication (site Web, FAQ, technicien-conseil virtuel, communauté virtuelle, chatbot...) de façon à alléger l'activité du CRC.

II Le paramétrage du logiciel de *phoning*

Le logiciel de *phoning* donne une vision globale des indicateurs et permet d'avoir une vision d'ensemble de l'activité d'une équipe de téléacteurs ou du centre de relation client sur une période donnée. Il facilite aussi le suivi de l'activité d'un téléacteur en temps réel (temps de post-traitement des appels, temps de pause, temps de communication moyen…).

Le bon paramétrage du logiciel de *phoning* par le manager est essentiel pour :

– gagner en efficacité ;

EXEMPLE

Distribution des appels limitant le temps d'attente, visualisation du nombre d'appels en attente dans chaque file d'attente.

– ajuster la charge de travail et la taille de l'équipe

EXEMPLE

Mesure de l'occupation des agents dans les groupes de travail…

– repérer les téléacteurs en difficulté.

LA MOTIVATION ET L'ANIMATION DES TÉLÉOPÉRATEURS

I Proposer une rémunération motivante

La rémunération des téléacteurs est basée sur un salaire fixe et une partie variable calculée sur ses résultats. Pour motiver son équipe, le manager peut prévoir des primes et des bonus en cas d'atteinte des objectifs fixés (nombre de rendez-vous, volume des ventes…). Les primes et bonus se basent généralement sur la performance individuelle mais sont parfois calculés collectivement. D'autres moyens peuvent aussi être des motivations financières :

Méthodes de stimulation	Récompenses
– Les concours pour introduire la compétition entre vendeurs ou entre équipes – Les jeux pour favoriser l'acquisition de connaissances – Les challenges…	– Les primes exceptionnelles en fonction des résultats – Les cadeaux (bon d'achat, chèque cadeau, coffret cadeau…) – Les voyages (qui augmentent la cohésion d'équipe s'ils sont collectifs) – Les récompenses honorifiques : tableau d'honneur, trophée reconnaissant les compétences, le professionnalisme…

II Fixer des objectifs adaptés

Pour comprendre et mener à bien son travail, le téléacteur doit connaître les objectifs à atteindre, qui doivent être :

Atteignables et réalisables	Les objectifs doivent être réalisables, avec si possible des paliers intermédiaires qui permettent d'atteindre des résultats immédiats. Des objectifs trop importants démotivent et provoquent de l'anxiété.
Clairs	Les objectifs doivent être énoncés de manière claire afin d'être compris par le salarié. Il est essentiel de les formaliser, de les expliquer.
Équitables	Les objectifs doivent tenir compte et être adaptés au niveau d'expérience.

Il est indispensable de veiller à fixer à la fois des indicateurs **quantitatifs** (nombre d'appels, taux de décroché…) et des indicateurs **qualitatifs** (qualité de l'échange…).
Ces objectifs peuvent être définis lors de l'entretien individuel annuel.

III Animer et piloter l'équipe

Le manager doit organiser des réunions avec les membres de l'équipe afin de les motiver, faire des points réguliers sur leur travail, et favoriser l'échange et l'écoute.

Type de réunion	Mode	Principe	Objectif
Entretien d'évaluation (ou individuel)	Individuel 1 fois par an	Entretien organisé entre le salarié et le manager afin de faire un bilan de l'année. Cet entretien est un droit pour le salarié mais n'est pas une obligation pour l'employeur.	– Évaluer les compétences du téléacteur et identifier les axes de progrès – Analyser l'atteinte des objectifs de l'année écoulée – Écouter les attentes du téléacteur
Réunion d'activité périodique ou ponctuelle	Collectif 1 fois par semaine ou par mois ou ponctuel	– Remontée d'informations – Partage expérience – Analyse des résultats	– Renforcer la cohésion et la collaboration au sein de l'équipe – Faire un bilan régulier des performances
Réunion d'information périodique	Collectif 1 fois par semaine ou par mois	Informer sur l'entreprise, ses objectifs de développement…	Impliquer les salariés dans la vie de l'entreprise
Réunion d'expression	Collectif Ponctuel	Permettre de s'exprimer sur un problème ou une situation donnée	Repérer les tensions et problèmes
Briefing	Collectif ou individuel Ponctuel	Faire le point sur une action, une activité	Prendre des décisions ponctuelles et directement opérationnelles
Entretien de recadrage	Individuel	Régler un conflit, un désaccord	– Éviter une situation de blocage – Repérer les dysfonctionnements et les solutions

Applications

Maîtrise

E5-A

1 Former et motiver les téléacteurs

Vous venez d'être embauché(e) en tant que manager au sein d'un CRC spécialisé dans le secteur du transport de marchandises. Les réclamations et demandes de conseil clients sont traitées par téléphone, par mail, par SMS ou par tchat. L'ancien manager avait pour habitude d'organiser des séances régulières de formation pour les 12 téléconseillers de l'équipe. Vous prenez connaissance des formations qui ont eu lieu et cherchez des solutions pour motiver votre équipe afin de lutter contre le *turn-over*.

1. Mettez en évidence les points positifs et négatifs de cette formation (document 1) et proposez une nouvelle organisation pour la prochaine formation.
2. Présentez les méthodes mises en œuvre par le précédent manager pour mobiliser les équipes. Vous semblent-elles pertinentes ? Quel impact ont-elles sur la rémunération ?
3. Après avoir analysé les attentes des salariés (document 3), proposez deux autres actions possibles pour motiver l'équipe et diminuer le *turnover*.

Document 1 Extrait de la formation prévue par le précédent manager

La formation débute par un quizz. Chaque mois, les résultats obtenus sont pris en compte, en plus des objectifs fixés (nombre d'appels passés, temps d'attente, qualité de la relation…) pour évaluer la performance de l'agent.

QCM : Les réclamations clients (une ou plusieurs réponses correctes possibles par question)

1. Quelles sont les trois phases à respecter pour gérer des réclamations ?
☐ Définir les réclamations
☐ Entendre les réclamations
☐ Répondre aux réclamations
☐ Suivre des réclamations
☐ Gérer les réclamations

2. Cochez les affirmations justes.
☐ Une réclamation est un problème ressenti par un client.
☐ Le problème ne peut pas être aggravé.
☐ Une procédure de gestion des réclamations est nécessaire pour suivre les réclamations.

3. Lors de la saisie des réclamations, quelles sont les informations à ne pas oublier ?
☐ Numéro de réclamation
☐ Date de la réclamation
☐ Nom et prénom du client
☐ Nature de la réclamation
☐ Cause de la réclamation

4. Pour recueillir les informations concernant une réclamation, quel document vous semble pertinent ?
☐ Fiche de réclamation
☐ Tableau de suivi des réclamations
☐ Gestion des réclamations

5. Les réponses aux réclamations doivent comporter dans les lettres ou les mails types :
☐ Le numéro de commande
☐ Le type de réponse ou compensation envisagé
☐ Les nom et prénom du client
☐ Les personnes compétentes pour régler les réclamations et les litiges
☐ Le délai de réponse prévu

6. Que peut-on envisager pour résoudre une réclamation ?
☐ Une réparation
☐ Un changement
☐ Une remise
☐ Un dédommagement
☐ Un remboursement

7. L'analyse des réclamations est utile pour :
☐ Trier les réclamations
☐ Hiérarchiser les dysfonctionnements
☐ Définir les actions types à mener pour résoudre les problèmes
☐ Chiffrer les coûts des traitements

8. Quels sont les coûts liés au départ de clients et à la mauvaise image perçue par de nouveaux clients ?
☐ Frais liés aux conflits
☐ Dépenses supplémentaires pour rechercher de nouveaux clients

• • •

Document 1 — Extrait de la formation prévue par le précédent manager (suite)

La formation se poursuit avec une mise en situation que les collaborateurs doivent analyser. Le résultat entre en compte dans l'évaluation de l'efficacité de l'agent.

Mise en situation	Questions
Vous avez reçu un mail d'un client très mécontent suite à un retard sur la livraison d'une importante cargaison d'oranges en provenance d'Espagne par votre commanditaire la société de transports Solifruit. Il n'a lui-même pas pu livrer les supérettes dont il est le fournisseur en fruits et légumes. Vous répondez par le mail suivant : « Les livraisons de la semaine dernière en provenance d'Espagne ont effectivement été retardées. Nous vous prions de bien vouloir accepter nos excuses pour les inconvénients qui ont pu en découler. Ce retard est exceptionnel chez nous, car nous mettons tout en œuvre pour toujours améliorer notre ponctualité. En souhaitant que votre prochaine livraison vous donne entière satisfaction, veuillez agréer, Monsieur, nos meilleures salutations. Le service client Solifruit. »	1. Quelles sont les questions du quiz qui peuvent vous aider à améliorer ce mail de traitement des réclamations ? 2. La réponse apportée au client est-elle adaptée ? Proposez une nouvelle rédaction du mail. 3. Faites-le relire par un autre membre de l'équipe et notez les recommandations que vous pourriez apporter à l'ensemble de l'équipe concernant le traitement de ce type de mail.

Document 2 — Primes et récompenses

Pour motiver l'équipe, le précédent manager avait instauré :
- une prime de 20 € par objectif atteint et par mois ;
- une prime de 20 € supplémentaires par objectif dépassé et par mois ;
- tableau avec affichage du meilleur téléconseiller du mois : prime de 100 € ;
- diplôme du meilleur téléconseiller de l'année : prime de 300 €.

Document 3 — Baromètre « les jeunes et l'entreprise »

Enquête auprès de 1 000 jeunes Français pour mieux comprendre leur rapport au travail et à l'entreprise. Quand on demande aux jeunes les mots qui leur viennent à l'esprit, quand on leur parle d'entreprise, ils sont 40 % à citer le travail, avant l'argent (14 %) et le salaire (12 %). Plus loin dans l'enquête, la rémunération apparaît en tête des attentes (43 %) devant le fait d'avoir une activité intéressante (32 %) et celui d'avoir un poste qui permette d'avoir du temps libre pour la vie personnelle (30 %). Selon cette génération, les rôles principaux d'une entreprise sont de créer de l'emploi (pour 57 % des sondés), d'être utile pour la société (37 %) et de donner les moyens à ses salariés de s'épanouir professionnellement (34 %).

L'épanouissement professionnel au cœur des préoccupations

Quel serait le manager idéal ? 33 % des 18-24 ans répondent : celui qui crée un environnement de travail épanouissant. Ils sont aussi 31 % à apprécier un manager qui reconnaît le travail accompli et 23 % un chef d'équipe qui fait progresser ses collaborateurs. Preuve que la génération Z résiste aux sirènes du *turnover* pour peu que son employeur parvienne à la fidéliser. Pour retenir ces talents, le baromètre avance quelques pistes : la possibilité de télétravailler quelques jours par semaine, le fait d'accompagner ses collaborateurs dans la connaissance de leurs droits (mutuelles, aides...) et dans l'accès au logement ou à la mobilité, la possibilité d'une participation au capital de l'entreprise...

Étude réalisée par Internet du 5 au 15 novembre 2021 auprès de 1 000 Français âgés de 18 à 24 ans.
https://www.helloworkplace.fr/jeunes-entreprise-lecons-recruteurs/, Maïté Hellio, 20 décembre 2021

Expertise

E5-A

2 Mettre en place des outils pour évaluer le potentiel d'une équipe

Florimiel est une entreprise spécialisée dans la vente de miels et produits à base de miel, comme les bonbons au miel ou le pain d'épices. Elle dispose d'un site de vente en ligne et de trois boutiques situées dans le Sud de la France.
En tant que manager de l'équipe de télévendeurs, vous organisez les entretiens mensuels individuels visant à analyser les résultats de chaque télévendeur en les comparant avec les objectifs fixés. Vous souhaitez identifier les télévendeurs qui auraient le potentiel pour évoluer.

1 Montrez l'importance d'évaluer la performance mais aussi le potentiel des membres de votre équipe.

2 Analysez les résultats des trois télévendeurs que vous allez recevoir en entretien individuel la semaine prochaine à l'aide de la grille à 9 cases (document 1).

3 Quel télévendeur choisissez-vous de faire évoluer ? Justifiez votre réponse.

Document 1 La grille à 9 cases d'évaluation du potentiel

Le potentiel n'est pas lié aux résultats passés mais aux capacités à venir. C'est donc une notion plus complexe à appréhender qui fait intervenir les aptitudes, la personnalité (besoin, envie de progresser…) et les motivations. Des outils permettent d'évaluer le potentiel des salariés et de mettre en place des plans de carrière. La grille des 9 cases permet de mettre en relation performance et potentiel des salariés :

Potentiel ↕ / Performance ↔ (– → +)			
+	**Talent gâché** (mauvaise performance, potentiel élevé)	**Employé prometteur** (bon/moyen rendement, potentiel élevé)	**Futur leader** (performance supérieure, prêt pour une promotion)
	Erreur de casting (pas de performance, potentiel moyen)	**Employé clé** (performance moyenne, potentiel moyen)	***Performer*** (haute performance, potentiel modéré)
–	**Sous-performance** (performance médiocre, possibilités limitées)	**Employé acceptable** (bon/moyen rendement, potentiel limité)	**Employé de confiance** (haute performance, faible potentiel)

– Performance +

Les employés clés, malgré leur performance moyenne et leur potentiel moyen, sont toutefois garants de la stabilité et de la continuité de l'entreprise car ils sont fiables et travailleurs.

Document 2 Performance et potentiel de trois télévendeurs

	Performance par rapport aux objectifs fixés			Potentiel		
	Nombre appels/jour	Durée moyenne d'appel	Nombre de ventes/jour	Professionnalisme*	Test QI et QE à l'embauche	Ambition / Volonté d'évoluer
Bérénice	90	4	10	**A**/B/C/D	**A**/B/C/D	**A**/B/**C**/D
Yannick	120	4	18	**A**/B/C/D	**A**/B/C/D	A/B/C/D
Gaël	102	5	15	A/**B**/C/D	A/B/**C**/D	A/B/**C**/D
Moyenne globale	100	4	15			

* Ponctualité, qualité de la prise de commande, respect du script, qualité de la communication à l'aide d'une analyse des enregistrements.

Synthèse

Encadrer et animer une équipe de téléacteurs

Recruter les téléacteurs

- Rechercher un candidat : rédiger et diffuser une annonce
- Choisir les candidats à retenir
- Organiser l'entretien de recrutement
- Intégrer le nouvel embauché

Former les téléacteurs

- Respecter les obligations légales
- Respecter le droit des salariés à se former
- Repérer les besoins spécifiques en formation adaptés aux CRC

Le temps et les conditions de travail en CRC

- Respecter la réglementation sur le temps de travail
- Aménager le lieu de travail
- Veiller à l'ergonomie des équipements
- Respecter les obligations pour enregistrer les appels
- Évaluer la satisfaction et la motivation des salariés

Suivre l'activité à l'aide d'indicateurs

- Adhésion à l'horaire
- Conformité à l'horaire
- Taux d'occupation des téléacteurs
- Taux de salariés en contact avec le public
- Taux de transfert vers le *selfcare*

Former les téléacteurs

- Proposer une rémunération motivante
- Fixer des objectifs clairs et atteignables
- Animer en organisant des réunions et des entretiens individuels ou collectifs

TESTEZ-VOUS

Quiz sur le chapitre 5
liennathan.fr/62q4vh

MOTS CLÉS

Procédure de recrutement · Rémunération · Objectifs · Pilotage d'équipe · Formation · Ergonomie

CHAPITRE

6 Apprécier la performance et la qualité du service client

Contexte professionnel

Activité/Tâche
Vente à distance
Accompagnement, conseil et traitement des demandes clients

Compétence
Apprécier la performance commerciale à partir d'indicateurs d'activité

Vers PIX
1.3. Traiter des données
2.3. Collaborer

Sogourmet est une entreprise fondée en 1963 par deux cuisiniers et située près de la gare du Nord à Paris. À partir de 1982, elle a développé son activité en proposant un service traiteur haut de gamme pour particuliers mais, surtout, pour les entreprises du secteur de La Défense. Depuis dix ans, son succès s'est consolidé grâce à un site qui complète son offre commerciale et permet de commander en ligne.

Depuis sa création, une équipe de téléopérateurs suit les commandes, assure le conseil aux clients et les actions de vente promotionnelles. Les clients sont satisfaits de l'offre mais sollicitent davantage de suivi et de conseil de la part des téléconseillers. Pour s'adjoindre les services d'un spécialiste, Sogourmet décide d'externaliser sa relation client auprès de Restacom, un centre de relation client spécialiste du secteur.

Votre rôle

Vous managez une équipe de téléconseillers chez Restacom. On vous charge de réfléchir à une nouvelle appréciation de la performance commerciale pour améliorer la qualité du service de relation client.

Vos objectifs

I Évaluer la performance et la qualité du service client

Vous devez dans un premier temps analyser les indicateurs actuels de Restacom.

1. Présentez l'offre Sogourmet et précisez le rôle de son service client. Pourquoi l'entreprise a-t-elle décidé de faire appel à un centre de relation client externe ? — Fiche ressource 1 ; Annexes 1 et 2
2. Analysez les résultats obtenus par le centre d'appels Restacom, six mois après avoir été sollicité par Sogourmet. A-t-il atteint les objectifs fixés par Sogourmet ? Justifiez votre réponse. — Annexe 3
3. Les indicateurs suivis sont-ils suffisants ? Justifiez votre réponse et proposez des indicateurs visant à améliorer l'évaluation de la performance et de la qualité du service client.

II Évaluer la satisfaction client

Vous cherchez des moyens d'évaluer la satisfaction client de Sogourmet.

4. Allez-vous proposer les enquêtes de satisfaction « à chaud » ou « à froid » ? Justifiez votre réponse. — Fiche ressource 2
5. Proposez un moyen d'augmenter le taux de réponse aux enquêtes de satisfaction.

Vous avez demandé à un téléconseiller de réfléchir à trois enquêtes de satisfaction.

6. Identifiez les objectifs, les cibles et les types de questions utilisées pour les enquêtes de satisfaction (annexes 4, 5 et 6) préparées par le téléconseiller. — Fiche ressource 3 ; Annexes 4, 5 et 6
7. Repérez les problèmes que posent ces questionnaires de satisfaction et proposez des améliorations.
8. Les canaux choisis pour diffuser ces enquêtes vous semblent-ils pertinents ? Justifiez votre réponse et proposez une périodicité pour diffuser ces enquêtes.
9. Calculez le *net promoter score* de l'annexe 6 et identifiez la part de clients détracteurs, passifs et promoteurs. Que constatez-vous ? — Fiche ressource 4 ; Annexe 6
10. Comparez les résultats de l'enquête (annexe 6) aux résultats des ratios quantitatifs (annexe 3). Quelles conclusions peut-on en tirer ? — Annexes 3 et 6

III Évaluer la performance à l'aide de tableaux de bord

Sogourmet a externalisé sa relation client à Restacom depuis maintenant un an. Afin d'analyser la performance du service client sur l'année écoulée, vous avez commencé à rassembler des indicateurs dans un tableau de bord sur le logiciel de *phoning* (annexe 7).

11. Complétez le tableau de bord en y ajoutant l'indicateur NPS. Représentez-le à l'aide du graphique de votre choix. — Fiche ressource 5 ; Annexe 7
12. Analysez le tableau bord, comparez les résultats à ceux de l'annexe 3 et concluez sur la performance annuelle du service client.

Votre dossier

Annexe 1 — L'offre de Sogourmet

Sogourmet propose un service traiteur (formules et prestations sur mesure) pour particuliers et professionnels, avec des plats et des pâtisseries artisanales de grande qualité, à prix accessibles.

L'entreprise propose :

– des plateaux-repas ou des buffets pour divers types de réceptions (réunion, séminaire, mariage…) ;

– une offre sur mesure ;

– des entremets spéciaux pour les célébrations (pièce montée, *wedding cake*…).

Le site, développé il y a dix ans, permet de commander mais aussi d'informer (FAQ…) et de conseiller (personnalisation des offres, possibilité de contacter un conseiller *via* un numéro non surtaxé…). Les professionnels en contrat avec Sogourmet doivent télécharger une application mobile permettant de faciliter les commandes et la communication avec le centre de relation client.

Annexe 2 — Votre interview du directeur des ventes de Sogourmet

Quel est le rôle de votre service client ?

– Notre équipe de relation client doit assurer un important travail de vente et conseil aux clients qui souhaitent avoir des produits personnalisés. L'équipe s'occupe de la vente, du suivi de commande, et de la livraison. Elle permet le suivi individuel de nos clients professionnels lors du passage des commandes récurrentes (plateaux-repas pour le déjeuner des salariés) et lors de l'organisation d'événements exceptionnels (séminaire, réception, accueil de client…). Le rythme est intense et les réclamations sont régulières, d'autant plus que l'anxiété des clients liée à la préparation d'un événement provoque de nombreux appels pour se rassurer, demander un conseil, suivre la commande…

Pourquoi est-il important d'évaluer la qualité de votre service client ?

– La qualité du service client est autant – sinon plus – importante que celle des produits eux-mêmes. Nos produits sont liés à des moments forts (séminaire d'entreprise, mariage, fête...) : nous ne pouvons pas décevoir nos clients. Sans un service client de qualité, nous ne pouvons pas garder nos clients à long terme ; les téléconseillers jouent donc un rôle crucial.

Comment évaluez-vous l'activité du CRC et quelle difficultés rencontrez-vous actuellement ?

– Nos indicateurs sont liés à l'évolution du nombre de ventes et à l'efficacité des téléacteurs. Depuis quelques mois, nous constatons une baisse de la qualité du service. Nos équipes se concentrent trop sur le rendement et oublient le côté humain de la relation client… Ils ont également tendance à bâcler les taches de *reporting*, ce qui a de graves conséquences sur la qualité des informations. De plus, nous commençons à connaître un *turn-over* et un absentéisme de plus en plus importants.

Comment avez-vous réagi à ces difficultés ?

– Nous avons externalisé notre activité vers un centre de relation client spécialisé dans la restauration. Avec leur aide, nous voulons revoir nos indicateurs afin de remédier à cette situation, qui n'est plus tenable. Le recours à Restacom doit nous permettre de monter en qualité de service.

Annexe 3 Résultats du centre d'appels Restacom pour Sogourmet

Actions de prospection vers les clients professionnels de La Défense avec la vente d'une offre promotionnelle (appels sortants) :

Indicateurs	Objectifs (fixés par Sogourmet)	Résultats après 6 mois
Nombre d'appels par heure et par jour	10 par heure / 75 par jour	8 par heure / 65 par jour
DMT (durée moyenne de l'appel)	4 minutes	5 minutes
Nombre de commandes	7 par jour (près de 10 % des appels)	8 par jour

Actions de vente aux clients récurrents (appels entrants) :

Indicateurs	Objectifs (fixés par Sogourmet)	Résultats après 6 mois
Nombre d'appels en réception traités en moyenne par jour et télévendeur	110 appels	100 appels
DMT (durée moyenne de l'appel)	3,5 minutes	4 minutes
Nombre de commandes	82 commandes (75 % des appels)	85 commandes (85 % des appels)
Temps d'attente (TA)*	1,30 minute maxi en moyenne	1,40 minute en moyenne

* Norme du référentiel NF-345 : répondre à 80 % des appels en moins de 1,30 minute ; TA moyen pour joindre les services de relation client des entreprises : 1,58 minute.

Annexe 4 Enquête de satisfaction (clients particuliers)

Restacom a lancé une première enquête par mail à l'ensemble des clients particuliers, qui représentent 35 % du chiffre d'affaires de Sogourmet.

1 **Quel est votre sexe ?** ☐ Femme ☐ Homme

2 **Quel est le revenu mensuel moyen de votre ménage ?**
☐ 0 € - 500 € ☐ 500 € - 1 000 € ☐ 1 000 € - 2 220 €
☐ 2 220 € - 5 950 € ☐ 5 950 € - 12 600 € ☐ Plus de 12 600 €

3 **Quel est votre âge ?**
☐ 18-24 ans ☐ 25-34 ans ☐ 35-44 ans ☐ 45-54 ans
☐ 55-64 ans ☐ 65-74 ans ☐ > 75 ans

4 **Dans quel pays habitez-vous actuellement ?**
☐ France ☐ Belgique ☐ Luxembourg
☐ Suisse ☐ Canada ☐ Autre (précisez)

5 **Quelle est la probabilité que vous recommandiez Sogourmet à un ami ou à un collègue ?**
0 : Pas du tout probable – 10 : Extrêmement probable
☐ 0 ☐ 1 ☐ 2 ☐ 3 ☐ 4 ☐ 5 ☐ 6 ☐ 7 ☐ 8 ☐ 9 ☐ 10

6 **Qu'est-ce que Sogourmet fait vraiment bien ?**

7 **Qu'est-ce que Sogourmet fait vraiment mal ?**

8 **Quelles améliorations vous inciteraient à attribuer une note encore meilleure à Sogourmet ?**

Annexe 5 — Enquête de satisfaction (clients professionnels)

Dans le cadre de sa mission de prospection des clients professionnels, Restacom souhaite leur faire parvenir par mail le questionnaire suivant :

Chers clients,
Dans le cadre de notre politique de qualité et d'amélioration continue, nous souhaiterions recueillir votre avis.
Accordez-nous quelques minutes pour répondre à ce questionnaire.
Merci d'avance !

Nom, Prénom :		Adresse :	
N° de téléphone :		E-mail :	
Âge :		Profession :	

Notre service de relation client	Très bien	Bien	Passable	Mauvais
1. Comment jugez-vous l'accueil ?	☐	☐	☐	☐
2. Comment jugez-vous le délai d'attente / la rapidité de service ?	☐	☐	☐	☐
3. Que pensez-vous de l'amabilité du personnel ?	☐	☐	☐	☐
Nos produits				
4. Que pensez-vous du choix proposé dans nos menus et notre carte ?	☐	☐	☐	☐
5. Que pensez-vous des qualités gustatives de nos plats ?	☐	☐	☐	☐
6. Que pensez-vous de la quantité servie ?	☐	☐	☐	☐
7. Que pensez-vous de notre rapport qualité-prix ?	☐	☐	☐	☐
8. Que pensez-vous de la présentation des plats ?	☐	☐	☐	☐

Vos remarques et suggestions :

Annexe 6 — Résultats de l'enquête NPS de Restacom

Enquête réalisée par SMS auprès de 100 clients (professionnels et particuliers) suite au transfert des activités à Restacom.

Question 1 : Recommanderiez-vous Sogourmet à votre entourage ?

Notation	0	1	2	3	4	5	6	7	8	9	10
Nbre voix	3	3	4	6	7	8	9	8	9	25	18

Question 2 : « Quels sont les éléments qui ont motivé votre évaluation ? »

	Le temps d'attente	L'accueil	L'écoute	La qualité des explications	La clarté des informations
Notation	Nombre de voix				
Très satisfait	10	20	15	5	4
Satisfait	20	10	15	10	6
Neutre	40	30	40	20	25
Plutôt pas satisfait	20	10	15	45	21
Pas du tout satisfait	10	20	15	20	44

Question 3 : le téléconseiller Sogourmet a-t-il répondu à toutes vos demandes ?

Notation	0	1	2	3	4	5	6	7	8	9	10
Nbre voix	2	3	10	20	10	20	20	5	4	4	2

Annexe 7 Tableau de bord des résultats moyens de Sogourmet sur l'année

Tableau de bord - Performance Service client Sogourmet géré par Restacom

Durée moyenne des appels en minutes (DTM)

Appels entrants

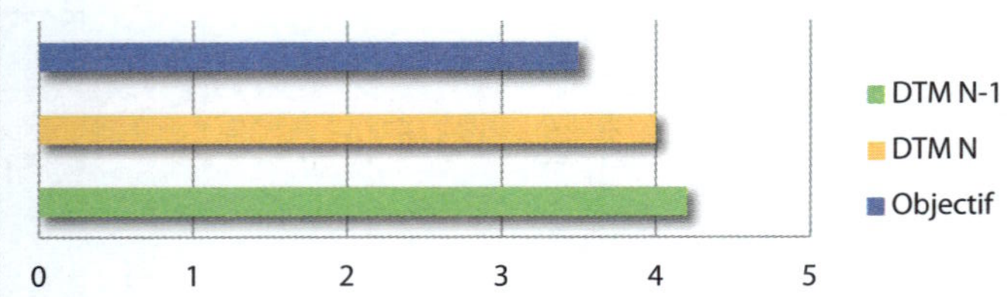

Appels sortants

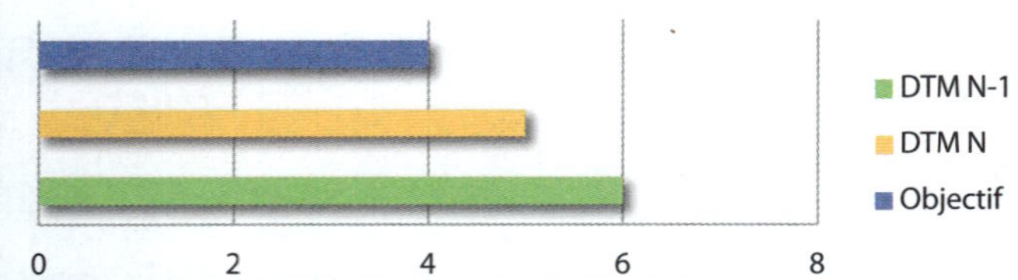

Nombre d'appels par jour et par téléopérateur

Appels entrants

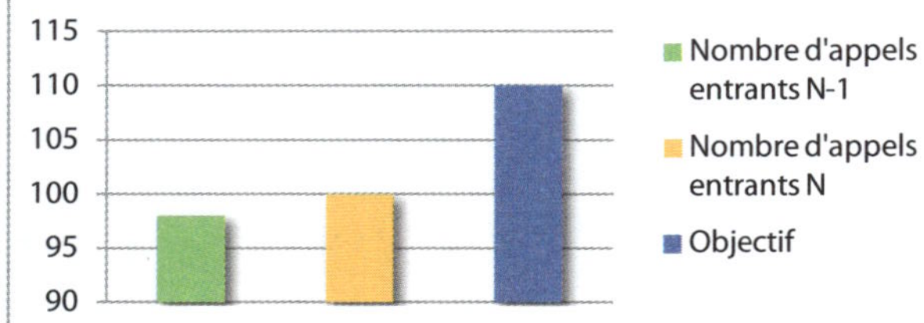

Appels sortants

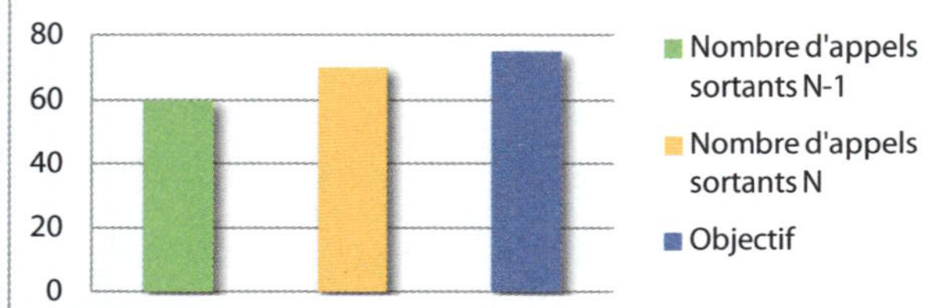

Commandes*

Appels entrants - année N

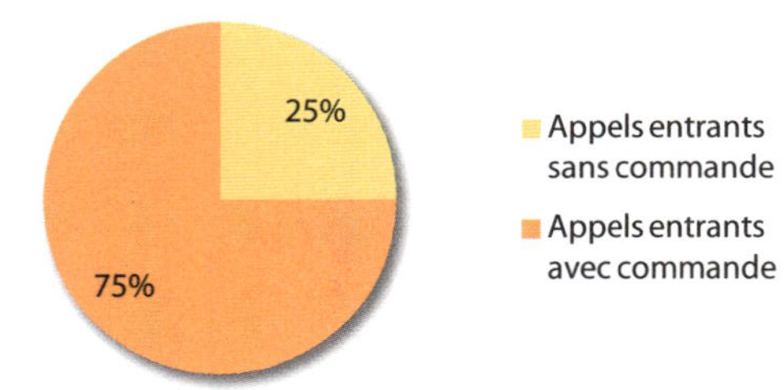

Appels sortants - année N

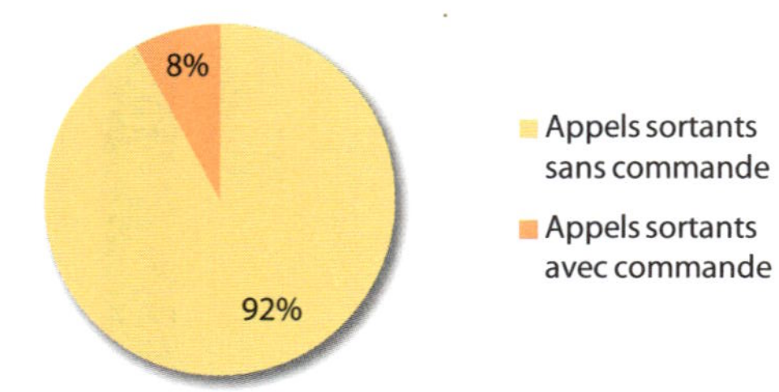

	N-1	Objectif N
Appels entrants avec commande	71%	75%
Appels sortants avec commande	8%	10%

*Proportion d'appels ayant abouti ou non à une commande

Temps d'attente moyen en minutes

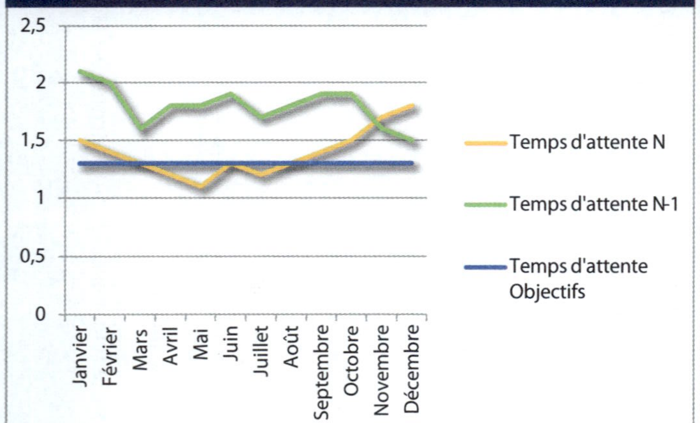

NPS

Graphique à insérer

NPS année N-1 : 2
Objectif année N : 5

FICHE RESSOURCE

1

ÉVALUER LA PERFORMANCE ET LA QUALITÉ DU SERVICE CLIENT

Plusieurs centaines d'indicateurs de performance sont disponibles pour mesurer l'activité des centres de relation client. Ils permettent de mesurer le progrès réalisé – ou à réaliser – pour atteindre un objectif.

I La mesure des indicateurs quantitatifs

Les indicateurs quantitatifs permettent d'évaluer la performance du service client. Ils doivent être associés à des objectifs précis et mesurables.

Mesurer la productivité	Nombre d'appels / heure	Montre l'efficacité de l'organisation de l'activité et des équipes Permet d'optimiser l'organisation de l'activité du CRC
	Nombre d'entretiens / heure	
	Durée moyenne de traitement d'un appel (DMT)	
Évaluer le traitement des demandes	Délai moyen avant décroché	Mesure la gestion des clients, le niveau de service Montre le niveau d'accessibilité au service
	Taux de résolution au premier contact	
	Taux d'abandon d'appel	
	Taux de transfert d'appels/contacts au superviseur	
Évaluer la performance commerciale	Nombre de ventes réalisées / Nombre de RDV décrochés	Évalue la performance commerciale
	Taux de transformation (nbre de ventes / nbre d'appels)	
	Nombre de ventes additionnelles	
Mesurer les coûts	Coût par appel (nombre d'appels / coûts de fonctionnement supportés par le service client : salaires, matériel, locaux…)	Détermine le coût unitaire lié au traitement d'une requête client Permet de maîtriser les coûts

II L'évaluation de la qualité

1. L'intérêt d'évaluer la qualité du service client

La durée moyenne de traitement (DMT), longtemps considérée comme prioritaire, peut devenir contreproductive. Diminuer le temps de traitement pour augmenter la productivité peut en effet réduire la qualité du service ; c'est pourquoi il est nécessaire de compléter les indicateurs quantitatifs par des indicateurs qualitatifs axés sur la satisfaction client. De plus, les demandes qui arrivent au CRC sont souvent des demandes complexes pour lesquelles le client n'a pas trouvé de réponse de façon autonome.

La **certification NF-345 Service centre de relation client de l'Afnor** favorise l'adoption d'une démarche mixant les indicateurs quantitatifs et qualitatifs, en passant en revue l'ensemble des éléments qui conduisent à un service client performant sur tous les canaux de contact (niveau de service, qualité des interactions, niveau de satisfaction…). Les CRC sont audités tous les ans par les experts de l'Afnor.

2. Les moyens pour évaluer la qualité du service client

Évaluer la qualité permet de mesurer si le téléacteur a apporté une réponse complète et satisfaisante à la demande du client. On peut déterminer la qualité par :
- l'analyse des enregistrements des appels ;
- les appels mystères ;
- les enquêtes de satisfaction ;
- l'analyse des réclamations clients.

FICHE RESSOURCE

2

LES MOYENS POUR ÉVALUER LA SATISFACTION CLIENT

I L'évaluation de la satisfaction client

1. Le principe

La **satisfaction client** évalue la capacité des téléacteurs à répondre aux attentes des clients. Elle se mesure à un niveau global, mais aussi **à toutes les étapes du parcours** (façon dont s'est déroulé le contact, temps d'attente, facilité à joindre le bon interlocuteur, pertinence et délai de la réponse, prise de congé, personnalisation de la réponse, etc.).

2. Les techniques d'évaluation de la satisfaction client

Il existe divers moyens pour mesurer la satisfaction client :

– en **multipliant les questionnaires de satisfaction**, par exemple déclenchés automatiquement par e-mail ou par SMS suite à une mise en relation avec le service client. En cas d'insatisfaction exprimée, un rappel automatique peut être déclenché pour identifier la source d'insatisfaction ;

– en **offrant une récompense ou une promotion** à ceux qui acceptent de remplir les questionnaires de satisfaction ;

EXEMPLE

Certains CRC proposent aux clients volontaires de télécharger une application sur leur téléphone portable et de recevoir des alertes pour répondre à une enquête moyennant rémunération (5 à 10 euros).

– en **demandant aux téléopérateurs de faire des enquêtes ponctuelles** sur les clients qu'ils ont en ligne, par exemple à la fin des appels.

La satisfaction client doit être mesurée sur tous les canaux de contact (téléphone, mail, tchat).

II Les types d'enquêtes de satisfaction

1. Les enquêtes « à chaud »

Il s'agit d'évaluer la satisfaction client concernant un service ou un produit juste après son exécution ou son achat (ex. : un SMS, un e-mail, une note *via* un standard vocal après un appel téléphonique…).

EXEMPLE

Un CRC spécialisé dans les services de transport de voyageurs enverra un questionnaire tout de suite après le trajet.

2. Les enquêtes « à froid »

Il s'agit d'évaluer la satisfaction client non pas tout de suite après l'achat ou l'exécution du service mais un certain temps après, ce qui permet de mesurer la satisfaction globale du client.

EXEMPLE

Un CRC travaillant avec des opticiens enverra un court questionnaire six mois après l'achat pour laisser aux clients le temps d'utiliser le produit.

FICHE RESSOURCE 3

METTRE EN PLACE DES ENQUÊTES DE SATISFACTION CLIENT

I Définir la cible et le but recherché

Dans un premier temps, il s'agit de définir la cible, c'est-à-dire la clientèle qui sera sondée (par exemple, les porteurs d'une carte de fidélité). Il faut également définir le but recherché, c'est-à-dire les éléments du service sur lesquels on souhaite évaluer la satisfaction du client (produit acheté, service après-vente…).

II Choisir le type de question

1. Les questions fermées

Les questions fermées attendent une réponse oui/non.

Les enquêtes par téléphone, *via* Internet ou sur mobile privilégient les questions fermées pour des raisons de praticité et de traitement des réponses. En effet, elles permettent d'automatiser l'analyse des données, alors que les réponses aux questions ouvertes nécessitent un travail de ressaisie et de traitement manuel.

2. Les questions alternatives

Les questions alternatives proposent plusieurs choix de réponses possibles préalablement définies. Tout comme les questions fermées, elles sont compatibles avec un traitement automatisé des données et sont donc à privilégier lors des enquêtes par téléphone, sur Internet ou sur mobile.

a) Les questions qualitatives avec liste de réponses

Dans ce type de question, une liste de réponses à choix unique ou multiple est proposée pour chaque question. Ce type de question exige d'avoir prévu à l'avance toutes les réponses possibles. Il est déconseillé de prévoir une réponse « autre ».

EXEMPLE

Quelle est votre satisfaction concernant :

	Très satisfait	Satisfait	Plutôt satisfait	Pas satisfait du tout
L'accueil	❑	❑	❑	❑
L'ambiance	❑	❑	❑	❑
Le choix des plats	❑	❑	❑	❑
La température des plats	❑	❑	❑	❑
Le goût	❑	❑	❑	❑
L'attente	❑	❑	❑	❑
Le service	❑	❑	❑	❑

b) Les questions numériques

Ces questions attendent une réponse chiffrée. Il peut s'agir d'une quantité, d'un âge, d'un prix, d'une note…

DONNEZ UNE NOTE :

Min 1 2 3 4 5 6 7 8 9 10 Max

3. Les questions ouvertes

Les questions ouvertes permettent de laisser l'interviewé répondre librement à la question.

Ces questions sont très utilisées dans les interviews en face-à-face mais peu utilisées lors d'enquêtes par mail, par SMS ou par téléphone. En effet, dans le cas des questions ouvertes, la saisie et/ou l'analyse des réponses est souvent longue et fastidieuse pour le sondé, et les risques d'erreurs sont démultipliés. De plus, le taux de réponse est faible (de l'ordre de 10 %) et les réponses sont souvent hors sujet, mal formulées ou sans contenu. Cependant, utilisées à bon escient, elles contiennent des informations utiles sur la qualité du service et les suggestions pour l'améliorer. Il est possible d'inclure des questions ouvertes dans les questionnaires de la manière suivante :

Positionner la question en fin de questionnaire	En général, on place le champ « Autre chose à partager » en fin de questionnaire pour ne pas décourager le sondé.
Prévoir un seul champ libre	L'écriture libre demande un effort ; si on sollicite plusieurs fois un client, cela peut lui faire abandonner le questionnaire ou le pousser à répondre succintement.
Prévoir la place pour la rédaction	Il faut laisser un maximum d'espace pour inviter la personne à s'exprimer.
Prévoir une question courte, précise, qui n'oriente pas les avis	Des questions comme « qu'est-ce qui vous a plu ? » ou « qu'est-ce qui vous a déplu ? » orientent la réponse. Il faut privilégier une formulation neutre, en créant toutefois un lien avec la question précédente. Par exemple : « Pourriez-vous nous expliquer pourquoi… ? » ou « Racontez-nous votre expérience » ou « Aidez-nous à comprendre votre ressenti ».
Mettre la réponse en option	Le client doit pouvoir envoyer le questionnaire même s'il n'a pas répondu à la question. Sinon, le taux de réponse au questionnaire risque de chuter ou bien on risque d'avoir des réponses du type : « rien à signaler », « c'est très bien »...

4. Respecter les grands principes pour formuler les questions

Dans tous les cas, il faut :
– **formuler les questions de manière claire et compréhensible ;**
– **se limiter à 15 questions au plus par enquête :** le client ne doit pas consacrer plus de cinq minutes pour répondre ;
– **réserver les questions personnelles** en fin de questionnaire : il ne faut pas donner l'impression au client qu'on lui demande de remplir l'enquête uniquement pour recueillir ses données personnelles. Les questions personnelles en début de questionnaire peuvent rebuter le client et l'inciter à abandonner.

III Définir la périodicité et le canal de diffusion de l'enquête

1. Fixer la périodicité

Il faut définir si l'enquête est envoyée à froid ou à chaud et si elle est envoyée de façon ponctuelle, une fois par an, plusieurs fois dans un intervalle donné, en continu…

2. Choisir le bon canal de diffusion

Canaux	Conseils
Téléphone	Il sera privilégié pour une évaluation de la qualité de la relation car il permet un véritable échange avec le téléconseiller et permet d'obtenir une réponse immédiate.
SMS	Il est souvent utilisé pour permettre une remontée d'informations le plus à chaud possible.
E-mail	Il permet des enquêtes plus longues que le SMS. Il peut être couplé avec un appel téléphonique et sera privilégié pour une évaluation de la qualité du produit ou du service (délai de livraison respecté...). C'est actuellement le canal le plus utilisé, bien qu'il rencontre un problème majeur : le spam.
Courrier papier	Remplacé par l'e-mail, il est désormais trop cher par rapport à son efficacité et n'est pas à recommander pour mener des enquêtes de satisfaction.

FICHE RESSOURCE

4

LES INDICATEURS DE SATISFACTION CLIENT

I Le *Customer Satisfaction Score* (CSAT)

Le CSAT permet d'évaluer le niveau de satisfaction d'un client par rapport à un critère précis : temps d'attente, accueil, écoute, qualité des explications, clarté des informations données...
Le score de satisfaction se calcule en additionnant les scores obtenus à une question simple comme : « Êtes-vous satisfait de X ? »
Les questions sont alternatives avec une liste de réponses. Le client est invité à choisir parmi 4 ou 5 réponses : Très satisfait / Satisfait / Neutre / Plutôt pas satisfait / Pas du tout satisfait.

II Le *Customer Effort Score* (CES)

Il permet d'évaluer le degré d'effort déployé par le client lors de sa mise en relation avec le service client. Le CES repose sur l'idée que moins un client aura à fournir d'efforts pour obtenir satisfaction, plus il sera fidèle. Il est obtenu à l'aide de questions numériques : « Quel niveau d'effort avez-vous déployé pour que votre demande soit traitée ? »

III Le *Net Promoter Score* (NPS)

Le NPS se développe de plus en plus dans les centres de relation client. Cet indicateur permet de mesurer le niveau global de satisfaction client et de repérer les principaux motifs de satisfaction ou d'insatisfaction. Une unique question est posée aux utilisateurs d'une marque : « Quelle est la probabilité que vous recommandiez la marque X à un ami ou un collègue ? » Les réponses se répartissent sur une **échelle de 0 à 10** (0 correspondant « pas du tout » et 10 à « absolument »). Une seconde question ouverte peut être ajoutée, par exemple : « Quels sont les éléments qui ont motivé votre évaluation ? » ou « Selon vous, que pourrions-nous faire pour nous améliorer ? »
Le NPS permet de classer les clients en trois catégories :

Note	Type de client	Caractéristiques
De 0 à 6	**Détracteur**	Déçus ou frustrés, ces clients risquent de partager leur insatisfaction grâce aux nombreux moyens de communication (réseau sociaux notamment). Cela peut avoir un impact très négatif pour l'entreprise en termes d'image. Ces clients, une fois identifiés, doivent faire l'objet de plans d'action et de suivi ciblés avant que leur pouvoir de nuisance ne soit trop important.
De 7 à 8	**Passif**	Clients satisfaits mais pas encore suffisamment pour vouer une confiance aveugle à la marque. Le risque d'échappement vers une offre concurrente reste important.
De 9 à 10	**Promoteur**	Clients les plus fidèles et enthousiastes, qui peuvent être de véritables ambassadeurs de la marque auprès de leur entourage. La note de 9/10, qui conditionne l'entrée dans cette catégorie, est volontairement élevée afin de s'assurer que les clients sont véritablement des fans des produits ou services de la marque. Cette population de clients constitue une valeur très forte pour la marque et doivent donc être bien soignés.

Le NPS n'est pas exprimé en pourcentage mais en nombre absolu, compris entre –100 et + 100.
Net Promoter Score* = *% promoteurs* – *% détracteurs

EXEMPLE

Sur 75 réponses, 30 personnes ont donné une note NPS de 0 à 6, 10 personnes ont donné une note NPS de 7 ou 8, et 35 personnes ont donné une note NPS de 9 ou 10.
Le pourcentage se calcule ainsi : 30 / 75 = 40 % de détracteurs ; 35 / 75 = 47 % de promoteurs.
Le *Net Promoter Score* est de : 47 – 40 = 7.

Un score NPS supérieur à 50 est considéré comme vraiment très bon, voire excellent. Un score NPS supérieur à 0 est considéré comme acceptable.

FICHE RESSOURCE 5

ÉVALUER LA PERFORMANCE À L'AIDE D'UN TABLEAU DE BORD

I Principe et intérêt des tableaux de bord

Le tableau de bord est un outil de gestion qui présente synthétiquement les objectifs et les résultats du centre de relation client et permet de les comparer afin de mesurer les écarts. C'est un outil d'aide à la décision. Il permet de suivre collectivement et individuellement et collectivement l'activité des téléacteurs et de voir si les objectifs fixés ont été atteints ou non.
Lorsque des écarts sont détectés entre les objectifs prévus et les résultats, le manager doit mettre en place des actions de remédiation.
Le tableau de bord aide donc à être réactif en cas de problème et à prendre des décisions en s'appuyant sur des éléments objectifs.

II L'apport du CRM et des logiciels de *phoning*

Les logiciels de CRM permettent de générer automatiquement des tableaux de bord détaillés, et le logiciel de *phoning* permet de définir les principaux traitements qui seront appliqués à chaque appel, par exemple les temps de post-traitement, les seuils d'alerte ou les indicateurs de suivi de qualité. De plus, les actions de *reporting* des téléacteurs dans le logiciel de *phoning* permettent d'alimenter les indicateurs, qui sont suivis souvent quotidiennement et compilés ensuite dans des tableaux de bord du CRM.

III Le choix des indicateurs

Le tableau de bord doit regrouper les indicateurs retenus par le CRC de façon à contrôler la réalisation des objectifs fixés, dans un délai défini. Pour le construire, il faut donc :
– identifier des objectifs ;
– en fonction de ces objectifs, choisir les indicateurs à inclure dans le tableau de bord. Il est conseillé de choisir les principaux indicateurs quantitatifs et d'ajouter des indicateurs basés sur la perception des clients (*Net Promoter Score*, *Customer Effort Score*, *Customer Satisfaction Score*) ;
– limiter le nombre d'indicateurs retenus afin de ne pas rendre le tableau de bord incompréhensible et difficile à exploiter.
Les indicateurs sont souvent interdépendants. Il faut donc accorder de l'attention à un ensemble d'indicateurs plutôt qu'à un seul. Il est important de croiser les données des indicateurs quantitatifs avec les réponses obtenues aux questionnaires de satisfaction. Cela permet de comparer la productivité et le professionnalisme du CRC avec ce que pensent les clients de la qualité du service.

IV La représentation graphique

Pour faciliter l'analyse des indicateurs, il est possible de les représenter graphiquement sous différentes formes suivant leurs usages :

Histogramme | Barres | Secteurs | Courbes | Jauge

EXEMPLE

La mesure d'une évolution peut être représentée à l'aide d'un histogramme ou de courbes.

Applications

Maîtrise

E5-A

1 Mesurer le *Net Promoter Score* d'une entreprise

Vous travaillez au sein du centre de relation client de l'entreprise Enzo&Lola spécialisée dans l'habillement. Les produits sont vendus en boutique à Paris et Bordeaux, mais aussi en ligne. Les avis laissés sur le site montrent que les clients sont de moins en moins satisfaits des performances du service client et des moyens de contact mis à leur disposition. Vous devez analyser les résultats de l'enquête de satisfaction envoyée par mail à 300 clients.

1. Identifiez l'offre proposée par Enzo&Lola et indiquez l'intérêt pour l'entreprise de mener des enquêtes pour mesurer la satisfaction client.
2. À l'aide du document 1, calculez le NPS et comparez-le à celui d'autres entreprises (document 2). Analysez vos résultats.
3. Justifiez l'intérêt de poser les questions complémentaires (document 3), puis analysez les résultats à ces questions complémentaires et proposez des solutions pour améliorer la satisfaction client.

Document 1 *Net Promoter Score* (NPS) sur 300 clients sondés

Question : « Sur une échelle de 1 à 10, recommanderiez-vous l'entreprise Enzo&Lola à votre entourage ? »			
Note	De 0 à 6	De 7 à 8	De 9 ou 10
Résultats	10 % : 30	30 % : 90	60 % : 180

Document 2 NPS de différentes entreprises

Entreprise	BMW	H&M	Disney	Gap
NPS	40	21	50	21

Document 3 Questions complémentaires

Questions	Résultats
La qualité de notre relation client influence-t-elle l'image que vous avez de nous ?	94 %
La qualité de la relation client influence-t-elle votre décision d'achat ou de réachat ?	91 %
Avez-vous une bonne image des entreprises qui proposent de nouveaux moyens de contact comme le *click & call* et le tchat ?	89 %
Avez-vous une bonne image des entreprises qui proposent de nouveaux moyens de contact comme les réseaux sociaux ?	88 %
En cas de bonne expérience avec notre service client, seriez-vous prêt à être plus fidèle à Enzo&Lola ?	85 %

Expertise

E5-A

2 Analyser la performance d'un centre de relation client

CafeStore est une entreprise de vente de café et machines à café pour professionnels. Les commandes peuvent se faire à partir du site Internet ou par téléphone auprès du service de relation client interne à l'entreprise. Ces dernières années, les ventes déclinent, de même que la satisfaction client. L'offre est de grande qualité mais les problèmes de livraison et de suivi de commande se multiplient, et les clients ont le sentiment de ne jamais pouvoir joindre le service client.
En tant que manager au sein du CRC Cafestore, vous devez analyser les indicateurs suivis et améliorer l'accès au service client.

1. Présentez l'offre et le problème auquel doit faire face CafeStore.
2. Analysez l'évolution des indicateurs du centre de relation client (document 1).
3. Présentez ces indicateurs sous forme de graphique dans un tableau de bord. Que montre leur évolution ?
4. Comparez le temps d'attente moyen du service client Cafestore avec celui de l'étude générale (document 2). Que constatez-vous ? Pourquoi est-il particulièrement important de réduire et d'aménager le temps d'attente ?

Document 1 Évolution des indicateurs CafeStore sur 3 ans

Chez CafeStore, la satisfaction client est la principale force de l'entreprise. Pour la cerner, CafeStore analyse des indicateurs et mène des enquêtes auprès des clients.

Évolution des indicateurs sur les 3 dernières années	N-2	N-1	N
Satisfaction client	84 %	80,1%	78,4 %
NPS	25	23	18
Taux de résolution au premier contact	85 %	80 %	78,5 %
Taux d'abandon des appels	6 %	8 %	8 %
Taux de réponse	88 %	87 %	82 %
Taux de résolution en moins de 10 minutes	72 %	70 %	71 %
Temps d'attente	1 mn 40	1 mn 30	2 mn

Document 2 Étude générale sur l'impact du temps d'attente

Il y a dix ans, 85 % des appels étaient pris en charge en moins de 20 secondes... À l'heure actuelle, on note une dégradation de la satisfaction client et de la fidélisation, ce qui provoque une baisse des NPS (Net Promoter Score) *des entreprises. L'enjeu est donc de répondre le plus rapidement possible aux clients et de les faire patienter le cas échéant. Plus le taux de satisfaction client recherché est élevé, plus ce temps d'attente doit être réduit.*

Selon différentes enquêtes, les résultats sont les suivants :
- Le temps d'attente moyen observé pour joindre les services de relation client des entreprises est de 1 minute 58.
- Le temps d'attente est perçu 2,5 fois supérieur par les clients. Alors que le temps d'attente moyen est de 1 minute 58, les personnes ont l'impression d'attendre... 4 minutes 56, soit 2,5 fois plus qu'en réalité.
- Dans 53 % des cas, il s'avère impossible de parler à un téléconseiller.
- Près de 3 personnes sur 4 trouvent le temps long au téléphone pour joindre un service client.
- Dans 9 cas sur 10, l'appelant raccroche avant de pouvoir parler à quelqu'un.
- 80 % des personnes s'énervent lorsqu'elles doivent attendre.

Expertise

E5-A

3 Choisir des indicateurs adaptés

Smartfit est un réseau de salles de sport situées dans plusieurs villes en France, en Belgique et en Espagne. Deux centres de relation client à Paris et à Marseille traitent les inscriptions et les demandes client.
Des actions de prospection téléphonique sont menées régulièrement pour augmenter le volume des inscriptions. Vous devez aider Smartfit à améliorer la qualité de sa relation client et obtenir à terme une certification Afnor.

1 Analysez les résultats de l'opération du mois de juin (document 1). Montrez les points forts et les faiblesses de chaque centre.

2 Le choix des indicateurs actuels permet-il de favoriser la qualité de la relation client ? Justifiez votre réponse.

3 Proposez trois nouveaux indicateurs qui pourraient permettre de développer une relation de qualité, qui favorise la satisfaction client et qui prépare le passage vers une certification Afnor.

4 Montrez l'importance de mixer indicateurs quantitatifs et indicateurs qualitatifs.

Document 1 Les indicateurs de suivi d'activité chez Smartfit

Résultats du mois de juin suite à l'opération de prospection « Opération bikini » :

Indicateurs de performance	Objectifs	Prime associée	Résultats centre Paris	Résultats centre Marseille
Nbre appels /h et /jour	12/h et 95/jour	Oui si dépassement	10/h et 75/jour en moyenne	14/h et 90/jour en moyenne
Durée moyenne d'appel	3 mn	Oui si inférieur	4 mn	5 mn
Nbre d'abonnements	25/mois	Oui si dépassement	15/mois	20/mois
Analyse remontées clients	2 fois/semaine	–	2 fois /semaine	2 fois/semaine
Appels mystères	Hebdomadaires	–	Hebdomadaires	Hebdomadaires
Taux de décroché	95 %	Oui si inférieur	97 %	90 %
Temps d'attente	1 mn 30	Oui si inférieur	1 mn 30	2 mn

Document 2 Les indicateurs imposés par la norme Afnor N345

Indicateurs sociaux / Processus
- IP – 1 *Turn-over* des conseillers clients
- IP – 2 Absentéisme des conseillers clients
- IP – 3 Satisfaction des conseillers
- IP – 4 Efficacité de la formation initiale
- IP – 5 Précision des prévisions
- IP – 6 Durée moyenne de traitement
- IP – 7 Disponibilité du service

Indicateurs de satisfaction client
- IS – 8 Traitement des réclamations
- IS – 9 Satisfaction du client

Indicateurs de niveau de service
- IS – 1 Niveau de service
- IS – 2 Qualité de service
- IS – 3 Accès au service
- IS – 4 Taux de résolution au premier contact

Indicateurs de qualité du contact
- IS – 5 Prise en charge et accompagnement du contact
- IS – 6 Pertinence de la réponse
- IS – 7 Expérience client

Synthèse

Apprécier la performance et la qualité du service client

L'apport des indicateurs quantitatifs

- Mesurer la productivité
- Évaluer l'efficacité du traitement des demandes
- Évaluer la performance commerciale
- Mesurer les coûts

Les moyens pour évaluer la qualité du service client

- Analyser les enregistrements des appels
- Réaliser des appels mystères
- Mener des enquêtes de satisfaction
- Analyser les réclamations client

Évaluer la satisfaction client à l'aide d'enquêtes

- Choisir le type d'enquête : à chaud ou à froid
- Définir l'objectif et la cible
- Choisir le type de question
  - Fermées
  - Alternatives
  - Ouvertes
- Définir la périodicité et le canal de diffusion

Les indicateurs de satisfaction client

- *Customer Satisfaction Score* (CSAT)
- *Customer Effort Score* (CES)
- *Net Promoter Score* (NPS) = % promoteurs – % détracteurs

L'apport des tableaux de bord pour évaluer la performance globale

- Définir l'objectif du tableau de bord
- Choisir les indicateurs quantitatifs et qualitatifs
- Limiter le nombre d'indicateurs retenus
- Choisir une représentation graphique pour chaque indicateur

TESTEZ-VOUS

Quiz sur le chapitre 6
liennathan.fr/n34vh4

MOTS CLÉS

Indicateur clé de performance (KPI) · Tableau de bord · Enquête de satisfaction · *Net Promoter Score*

En route vers l'épreuve E5A

Voir PRÉSENTATION DE L'ÉPREUVE page 329

KANGURI

L'entreprise Kanguri s'est lancée sur le marché du kigurumi, une mode vestimentaire venant du Japon. Elle propose des costumes dans ses boutiques et sur son site Internet, pour des clients qui souhaitent se déguiser en portant des habits représentant des personnages de dessins animés. Dans son offre, on trouve de nombreuses combinaisons pour l'extérieur et des pyjamas.
Dès le premier hiver, ce fut un vif succès et pour le consolider, Kanguri veut continuer à proposer une offre en lien avec les attentes de sa clientèle. Aussi, son centre de relation client prévoit de réfléchir à tout ce qui pourrait améliorer la satisfaction client.

Vous êtes manager au sein du centre de relation client interne de Kanguri. Le directeur commercial vous charge de superviser la mise en place d'un questionnaire auprès des clients et de séquences d'enregistrement des appels des commerciaux.
Vous devez aussi recruter trois nouveaux téléconseillers bilingues français/espagnol pour répondre au mieux à la clientèle sur le marché espagnol en pleine expansion.

1. Identifiez les objectifs de l'enquête présentée, analysez les questions et modifiez-les si nécessaire (document 2).
2. Proposez une périodicité et d'autres canaux pour faire parvenir cette enquête aux clients.
3. Adaptez le questionnaire selon le type d'interaction avec les clients : vente, demande de conseil, réclamation.
4. Indiquez votre rôle en tant que manager au sein du centre de relation client et rappelez la réglementation à respecter en matière d'écoute téléphonique (document 3 et 4). Ce mode de fonctionnement favorise-t-il la motivation et l'implication des agents ? Justifiez.
5. Montrez, pour chacune des phases de l'appel enregistré, si le télévendeur a bien respecté la procédure et identifiez ses points forts et ses points faibles (document 5).
6. Analysez l'annonce rédigée par le responsable des ressources humaines, proposez des corrections pour l'améliorer, deux canaux pour la diffuser et des moyens pour tester les candidats (document 7).
7. Proposez une grille d'évaluation dans le cadre d'une procédure de recrutement.
8. En vous inspirant du cas traité et en mobilisant vos connaissances, proposez en une trentaine de lignes une réflexion commerciale structurée qui répondra à la question suivante : comment peut-on améliorer la performance d'un CRC ?

Annexe 1 — Les propos d'Anne Li, directrice commerciale chez Kanguri

« Nous souhaitons mesurer le succès de notre nouveau service de relation clientèle. Nous demandons aux télévendeurs et téléconseillers d'envoyer une brève enquête par mail à l'issue de chaque interaction avec les clients. Cette enquête doit évaluer si les téléconseillers et télévendeurs du service clientèle sont faciles à joindre, s'ils ont pu leur apporter une réponse et résoudre leur problème, mais aussi s'ils sont serviables et conviviaux. L'objectif est de s'assurer que les téléconseillers et télévendeurs sont les ambassadeurs de l'entreprise et qu'ils font systématiquement bonne impression aux clients. »

Annexe 2 Le sondage envoyé par mail aux clients de Kanguri

1 **Dans l'ensemble, êtes-vous satisfait, insatisfait ou ni particulièrement satisfait ni particulièrement insatisfait de notre service clientèle ?**

☐ Extrêmement satisfait ☐ Très satisfait ☐ Assez satisfait
☐ Ni satisfait, ni insatisfait ☐ Assez insatisfait ☐ Très insatisfait
☐ Extrêmement insatisfait

2 **Notre représentant du service clientèle a-t-il répondu à vos questions ou a-t-il réglé votre problème ?**

☐ Extrêmement bien ☐ Assez bien ☐ Pas du tout bien
☐ Très bien ☐ Pas très bien

3 **Considérez-vous que notre représentant du service clientèle a résolu votre problème rapidement, lentement, ou ni l'un ni l'autre ?**

☐ Extrêmement rapidement ☐ Très rapidement ☐ Assez rapidement
☐ Pas très rapidement ☐ Pas du tout rapidement

4 **Comment qualifieriez-vous la durée de votre attente en ligne avant de pouvoir communiquer avec notre représentant du service clientèle ?**

☐ Extrêmement longue ☐ Assez longue ☐ Pas du tout longue
☐ Très longue ☐ Peu longue

5 **Considérez-vous que notre représentant du service clientèle a compris votre problème ?**

☐ Extrêmement bien ☐ Assez bien ☐ Pas du tout bien
☐ Très bien ☐ Pas très bien

6 **Combien de vos questions ont-elles été résolues par notre représentant du service clientèle ?**

☐ Toutes ☐ Environ la moitié ☐ Aucune
☐ La plupart d'entre elles ☐ Quelques-unes

7 **Notre représentant du service clientèle s'est-il montré poli ?**

☐ Extrêmement poli ☐ Assez poli ☐ Pas du tout poli
☐ Très poli ☐ Peu poli

8 **Notre représentant du service clientèle vous a-t-il semblé compétent ?**

☐ Extrêmement compétent ☐ Assez compétent ☐ Pas du tout compétent
☐ Très compétent ☐ Peu compétent

9 **Les informations fournies par notre représentant du service clientèle vous ont-elles semblé claires?**

☐ Extrêmement claires ☐ Assez claires ☐ Pas claires du tout
☐ Très claires ☐ Peu claires

10 **Comment qualifieriez-vous l'intervention de notre représentant du service clientèle ?**

☐ Extrêmement utile ☐ Assez utile ☐ Pas du tout utile
☐ Très utile ☐ Peu utile

11 **Votre expérience avec le service clientèle de notre entreprise a-t-elle été supérieure, inférieure ou plus ou moins conforme à vos attentes ?**

☐ Extrêmement supérieure ☐ Très supérieure ☐ Assez supérieure
☐ Ni supérieure, ni inférieure ☐ Assez inférieure ☐ Très inférieure
☐ Extrêmement inférieure

12 **Avez-vous d'autres commentaires, questions ou préoccupations ?**

Annexe 3 Fiche métier : superviseur en centre d'appels (SCA)

Le superviseur en centre d'appels est un manager. C'est lui qui fait remonter les informations auprès de son supérieur hiérarchique. Ainsi, il lui suggère les différentes primes salariales, les avancements de salaire, les bonus, etc. Pour cela, il doit prendre en compte les performances de chaque téléconseiller. Pour animer et superviser efficacement les opérateurs, le SCA doit s'appuyer sur une organisation de l'information qui inclut les scripts de communication, l'historique des interactions, etc.
Avec les dirigeants de l'entreprise, le manager de centre d'appels participe au recrutement de ses collaborateurs. Il est le plus enclin à détecter le meilleur élément. Bonne posture, élocution, voix et sourire dynamique, réactivité, disponibilité et talent relationnel à l'oral. C'est le SCA qui conçoit les tests techniques et de personnalité. Il effectue également les mises en situation. Il organise des formations : apprentissage d'un nouveau script, familiarisation avec un nouvel outil, la mise à jour d'un processus, etc.

https://www.cegos.fr

Annexe 4 Pourquoi l'utiliser en centre d'appels ?

Gérer un centre d'appels sans écouter d'appels, c'est comme diriger un orchestre avec un cache-oreilles. Vous devez être en mesure d'entendre quand quelqu'un joue les mauvaises notes.

Surveillance des performances

L'un de vos agents a-t-il régulièrement des mesures de performances médiocres, comme des scores de satisfaction client (CSAT) faibles ou des taux de résolution au premier appel insuffisants (FCR) ? Essayez d'écouter certaines de leurs conversations. Les appels révéleront probablement l'origine du problème, qu'il s'agisse de la connaissance du produit, de la rapidité du service ou du comportement. Par exemple, si le temps de mise en attente moyen (AHT) d'un agent est élevé, cela pourrait être une raison de se préoccuper. Mais la double écoute pourrait révéler que leurs appels sont longs parce que l'agent est minutieux et pose d'excellentes questions de suivi. Les agents performants valent également la peine d'être écoutés. Surveillez le représentant du service avec les scores de CSAT les plus élevés et vous découvrirez peut-être le secret de son succès, que vous pourrez ensuite partager avec le reste de l'équipe.

Formation des nouveaux agents ou des agents en difficulté

La double écoute est le meilleur moyen de guider les nouveaux agents d'assistance ou les agents en difficulté pour les appels compliqués. Donnez des conseils en temps réel, ou prenez des notes pendant l'appel. Ensuite, vous pouvez passer en revue ce qu'ils ont fait de bien et ce qu'ils doivent améliorer.

C'est également une bonne idée d'enregistrer les appels à des fins de formation. Conservez des exemples d'appels exceptionnels (et exceptionnellement mauvais) et utilisez-les pour illustrer les choses à faire et à ne pas faire en matière de service client. Plus vous avez d'enregistrements d'appels, plus vous pouvez donner aux stagiaires des exemples de ce à quoi ils doivent s'attendre lorsqu'ils mettent un casque.

Patrick Grieve, 22 juillet 2021, www.zendesk.fr

Annexe 5 Kanguri met en place la double écoute

En tant que manager au sein du centre de relation client de la société Kanguri, vous avez mis en place une écoute et un enregistrement des appels menés par les télévendeurs.

Procédure	Formulations recueillies à partir des appels
Accueillir avec empathie	« Je comprends que vous puissiez penser ceci et j'en suis désolé… »
Cerner les causes sans incriminer une autre personne	« Je sais tout ça, mais je tiens à vous dire que je ne suis pas responsable, c'est mon collègue qui a traité cela et il ne fait plus partie de notre personnel ! »
Établir un diagnostic pour comprendre les implications	« Je vais vous accorder le maximum que je peux faire : une réduction de 15 % en dédommagement vous conviendrait-elle ? »
Négocier la résolution du problème	« Je ne veux pas vous faire perdre davantage de temps. Je vous reprends la marchandise et vous propose un dédommagement… »
Proposer des solutions en valorisant votre produit	« Je vous comprends, tout le monde se plaint du même défaut. On vous offre, comme à tous les autres clients, une remise de 15 %. »
Envisager un suivi	« Je fais remonter ce dysfonctionnement et je vous rappellerai pour vous tenir informé(e) des modifications que nous allons apporter au service. »

Annexe 6 Entretien avec Paloma Gandio, responsable RH du CRC Kanguri

Avant de procéder au recrutement des trois nouveaux téléconseillers bilingues français-espagnol, la responsable RH s'entretient avec vous pour cadrer la procédure de recrutement.

– Quels sont vos enjeux lors du recrutement ?

– Comme dans tous les centres de relation client, nous voulons faire évoluer rapidement nos téléconseillers vers des responsabilités managériales et construire avec eux leur plan de carrière. Le personnel recruté doit donc avoir les capacités pour évoluer, posséder des qualités relationnelles et des compétences en matière de ventes. Il doit pouvoir s'adapter à la culture de l'entreprise.

– Comment peut-on concevoir l'annonce ?

– L'offre doit être attrayante et montrer les compétences fondamentales et les connaissances nécessaires pour occuper le poste. Il ne faut pas essayer d'être trop créatif dans l'annonce ni mettre l'accent sur des critères qui ne relèvent pas des compétences ou des connaissances du candidat. Par exemple, ce n'est pas la peine de mettre en avant combien l'entreprise est un endroit fantastique pour y travailler…

– Quel est le bon média pour diffuser son annonce ?

– L'heure est au multicanal et les réseaux sociaux sont de plus en plus souvent utilisés. Cependant, les réseaux du recruteur et la cooptation restent incontournables. Pour nous, les trois principaux canaux sont les réseaux sociaux, la recommandation et le site carrière de l'entreprise. 64 % des recruteurs estiment que les meilleures candidatures viennent souvent par le biais de recommandations. D'ailleurs, nous avons constaté que les candidats recommandés restent plus longtemps au sein de l'entreprise.

– Combien d'entretiens faut-il mener avec chaque candidat ?

– Deux : le premier est réservé à tester les aptitudes de communication du candidat ; en cas de succès, le second se concentre sur les compétences exigées par le poste (expérience, niveau d'études, projet professionnel…). J'organise parfois des tests comme des jeux de rôle au téléphone, des exercices de saisie informatique… La simulation de l'entretien téléphonique est une étape obligatoire du processus de recrutement.

– Comment départagez-vous les candidats ?

– J'ai un système de notation qui sert de grille d'évaluation de chaque téléconseiller, avec les mêmes critères pour tous

Annexe 7 Offre d'emploi : téléconseiller français-espagnol, H/F, Kanguri

Missions :

– Répondre de façon professionnelle à toute sollicitation exprimée par les commanditaires.

– Informer et conseiller sur les produits et services.

– Identifier les besoins des clients et proposer les solutions les mieux adaptées.

– Prendre en charge les appels des clients et apporter les réponses adaptées.

– Mener des campagnes d'appels sortants dans le cadre d'enquêtes de satisfaction client ou de promotion de nouvelles offres : proposer l'offre la mieux adaptée au besoin du client.

Les sollicitations client proviennent d'appels téléphoniques entrants, d'e-mails, du service de tchat et de *click & call*.

Le conseiller est amené à communiquer à l'écrit, ainsi qu'à l'oral par téléphone.

Toutes ces sollicitations doivent faire l'objet d'un enregistrement dans l'outil de traçabilité des demandes en respectant les règles de méthode et de qualité en place. Le téléconseiller doit être force de proposition afin de participer à l'amélioration continue du service.

Il sera tenu à des engagements de qualité de service et de performance (rapidité de décrochage, temps de traitement, qualité des communications, efficacité et adéquation de la solution apportée au client).

Salaire : 1 800 € mensuel brut + primes en supplément.

Localisation du poste : Saint-Jean-de-Luz – Cantine sur place, magnifique cadre avec vue sur la mer.

Langue(s) exigée(s) : espagnol courant.

CHAPITRE

7

Définir une stratégi communication dig

Contexte professionnel

Activités/Tâches
Animation de communautés, de forums et de réseaux sociaux
Animation de site et publication de contenus à caractère commercial

Compétence
Produire, publier et assurer la visibilité des contenus digitaux

Vers PIX
1.1. Mener une recherche et une veille d'information
2.1. Interagir

Petzl est une entreprise française produisant du matériel de montagne et de sécurité, ainsi que des lampes frontales, pour des activités sportives et professionnelles. Elle est basée à Crolles, près de Grenoble, en Isère.
L'aventure Petzl a commencé avec la passion de Fernand Petzl pour la spéléologie, passion au service de laquelle il a su mettre ses talents d'artisan. L'entreprise Petzl, créée en 1975, est devenue experte dans la conception et la réalisation de solutions pour monter, descendre, s'assurer et progresser dans l'obscurité. L'entreprise est devenue un groupe international mais a gardé sa dimension familiale et la passion qui animait Fernand Petzl. Cette dimension familiale n'a pas empêché l'entreprise de s'adapter aux nouvelles technologies : Petzl a su pleinement tirer profit des médias sociaux pour se faire connaître et devenir un acteur majeur du secteur.

Votre rôle

Vous travaillez au sein de l'équipe Web de l'entreprise Petzl en tant qu'assistant(e) du *community manager*, Xavier Dolin.

Vos objectifs

I Présenter la stratégie de communication digitale de Petzl

Xavier Dolin vous demande de préparer une présentation de la stratégie de communication digitale de Petlz en vue d'une formation destinée aux commerciaux.

1 Rédigez le texte de la présentation, qui devra expliquer les points suivants :
– l'évolution de la communication de l'entreprise Petzl et la révolution de la relation client ;
– les différents types de communication utilisés par Petzl ;
– les cibles et objectifs de la stratégie digitale de Petzl.
Vous pourrez vous aider de recherches Internet sur la marque et mettre en forme cette présentation à l'aide de PowerPoint.

➲ Fiches ressources 1 et 2
➲ Annexes 1, 2 et 3

2 Après avoir visionné la vidéo de l'annexe 4, complétez votre présentation en montrant l'intérêt pour Petzl d'être présent sur les réseaux sociaux.

➲ Annexe 4

II Proposer des contenus en accord avec la stratégie

Xavier Dolin vous demande de réfléchir à de nouveaux contenus à publier sur le site et les réseaux sociaux pour toucher les particuliers qui pratiquent l'escalade en salle pour le loisir.

3 Afin d'affiner votre cible, imaginez le « persona » du client type susceptible d'être intéressé par vos contenus.

➲ Annexe 5

4 Repérez au moins quatre contenus déjà créés sur le site et les réseaux sociaux Petzl, susceptibles d'intéresser cette cible. Indiquez pour chacun son objectif. Aidez-vous si besoin d'une recherche Internet.

➲ Fiche ressource 3
➲ Annexes 6, 7 et 8

5 À l'aide d'une recherche Internet, proposez un événement ou une actualité à relayer sur Facebook et un thème d'article à publier sur le site de Petzl qui pourront intéresser la cible définie. Indiquez les objectifs de ces contenus.

6 Choisissez des mots-clés à faire apparaître dans les titres de ces deux publications.

III Rédiger des contenus en respectant la ligne éditoriale

Vous devez à présent rédiger les deux nouveaux contenus, en respectant la ligne éditoriale de Petzl.

7 Pourquoi devez-vous respecter la ligne éditoriale mise en place par Petzl pour rédiger les nouveaux contenus ?

➲ Fiche ressource 4
➲ Annexe 9

8 Rédigez le post à publier sur Facebook qui présente l'événement ou l'actualité que vous avez proposé dans la question 5, en respectant la ligne éditoriale et les règles de rédaction du Web. Choisissez sur Internet une photo pour illustrer votre post.

9 Après avoir analysé le texte de l'annexe 10, rédigez et mettez en forme l'article que vous avez choisi à la question 5, en respectant la ligne éditoriale et les règles de rédaction du Web.

➲ Annexe 10

Votre dossier

Annexe 1 Les activités de Petzl*

Petzl vous aide à accéder à l'inaccessible

Petzl invente des produits et propose des solutions permettant aux sportifs et aux professionnels d'accéder aux lieux les plus inaccessibles, de jour comme de nuit. La mission de Petzl est de créer des solutions innovantes, outils ou services, qui permettent à l'homme de progresser, de se positionner et de se protéger dans les environnements verticaux ou de s'éclairer dans l'obscurité. Petzl conçoit et fabrique des équipements pour les domaines suivants :

Petzl - Access the Inaccessible
Durée : 3'21
liennathan.fr/i776ir

Les sports verticaux : équipement pour l'alpinisme, l'escalade, la spéléologie, etc.	Les métiers faisant appel à la verticalité : solutions pour l'élagage, les travaux de charpente et couverture, pour les secours, etc.	L'éclairage : Petzl est l'inventeur de la lampe frontale et développe des lampes frontales toujours plus puissantes et plus légères, pour le sport et pour les professionnels.

Annexe 2 La relation client au cœur de la transformation digitale

Interview de Christophe Cayot, directeur des systèmes d'information, et Boris Stephan, chef de projet Web de Petzl.

« Par quel axe Petzl a-t-il abordé sa transformation digitale ? »

« Historiquement, l'utilisateur a toujours été au cœur des préoccupations de Petzl. [...] Le digital nous a permis de renforcer cette relation client en nous permettant d'être plus proche de notre communauté partout dans le monde. Nous avons commencé par les réseaux sociaux, avec l'ouverture d'une page Facebook en 2006. À l'origine, nous avons abordé le sujet sous l'angle de la communication. Les réseaux sociaux représentaient un bon moyen de diffuser notre expertise. En 2009, un poste de *community manager* a été créé. Aujourd'hui, nous sommes présents sur Facebook, Instagram, Twitter, [YouTube]... Avec le temps, les utilisateurs ont transformé notre approche des réseaux sociaux. Ils les ont utilisés pour s'exprimer, donner leur avis, poser des questions. Nous sommes ainsi passés d'une démarche de communication à un service de relation client. Ce qui est caractéristique du digital : les clients prennent davantage le contrôle. C'est très positif. Cela nous permet de mieux connaître les besoins et les attentes de nos utilisateurs et de renforcer le dialogue et la confiance avec eux. [...] »

« Les réseaux sociaux bouleversent votre relation client. Quelles adaptations cela implique-t-il ? »

« La transparence et la réactivité sont au cœur d'une bonne relation client à l'heure du digital. Aujourd'hui, nous apportons une réponse dans les 48 heures, lorsque cela prenait sept jours il y a sept ou huit ans. Un comité d'experts se réunit chaque semaine pour traiter les demandes techniques, qui nécessitent souvent d'effectuer des tests. [...] En interne, les métiers ont été fortement impactés par le poids des réseaux sociaux. En effet, l'équipe Web, en charge de la communication, se retrouve à faire du SAV et joue le rôle de courroie de transmission entre les demandes des utilisateurs et les services qui peuvent y répondre. De leur côté, les équipes de SAV doivent faire preuve de plus de réactivité et ne peuvent plus se contenter de répondre par mail, mais doivent aussi utiliser Twitter ou Facebook. Ce qui représente un changement culturel fort. [...] »

https://grenoble-em.com

* *Le contexte de ce chapitre est inspiré de l'entreprise Petzl mais s'appuie, pour des raisons pédagogiques, sur des éléments en partie fictifs.*

Annexe 3 Le site Internet de Petzl

La marque souhaitait faire du site le canal principal pour parler des produits (gammes, données techniques) en créant un univers en adéquation avec l'identité visuelle de la marque, permettant d'asseoir son image de leader haut-de-gamme.
Le site doit donner une information claire au grand public (sportifs praticants et utilisateurs des lampes) ainsi qu'aux professionnels qui utilisent le matériel Petzl dans le cadre de leur métier.
Le site doit également :
- proposer une navigation produits évidente et facile,
- délivrer toute l'expertise technique Petzl,
- faire rêver à travers les athlètes, les expéditions et les images.

S'imprégner des valeurs de la marque
Chaque produit Petzl répond à un enjeu technique induit par la nature « engagée », voire extrême, des activités pratiquées : fiabilité, ergonomie et longévité sont les critères essentiels. Les clients apprécient ce sérieux et la relation proche qu'ils ont avec la marque.

www.lahautesociete.com

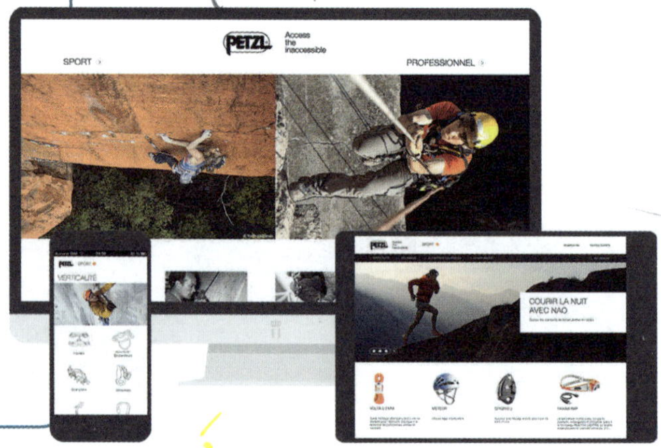

Annexe 4 Les médias sociaux

Les 7 secrets des médias sociaux (marketing digital)
Durée : 3'12
liennathan.fr/scv536

Annexe 5 Exemple de « persona » pour une agence de voyages

Lola

Conseillère financière
Célibataire | Locataire
Transports en commun

Âge : 28 ans
Occupation : Analyste financière
État civil : célibataire, pas d'enfant
Localisation : Saint-Denis, 93

Personnalité
Introvertie – Extravertie
Analytique – Créative
Conservatrice – Libérale
Passive – Active

Bio
Lola est une jeune femme active qui vit en région parisienne. Chaque matin, elle prend le RER pour se rendre à son travail. Elle a établi un plan de carrière qui devrait lui permettre de devenir propriétaire de son appartement d'ici un an. Célibataire endurcie, elle rêve de fonder une famille.

« Je voyage toujours avec ma meilleure amie. Nous aimons planifier nos vacances longtemps à l'avance. »

Motivations
Qu'est-ce qui l'amène sur le site ?
- Trouver des inspirations de destinations dans des zones sûres
- Trouver des bons plans et faire des économies

Contenus attendus
Quels sont les types de contenus qu'elle souhaite trouver ?
- Guides thématiques
- Promotions
- Descriptifs séjours
- Galeries photos
- Vidéos

Requêtes
Que recherche-t-elle sur les moteurs ?
- idées vacances
- séjour pas cher
- séjour tout-compris
- guide ballade Baléares
- club soirées Baléares

Touch points
Quels sont ses canaux favoris ?
- TV
- Radio
- Presse
- Internet
- Social
- Mobile
- E-mail
- Bouche à oreille

Brand awareness
Connaît-elle déjà la marque ?
Non – Oui

Empreinte sociale
Quels sont les réseaux sociaux qu'elle fréquente régulièrement ?
- Facebook
- Instagram
- LinkedIn

Annexe 6 Posts sur les réseaux sociaux Petzl

YouTube Petzl

Twitter Petzl

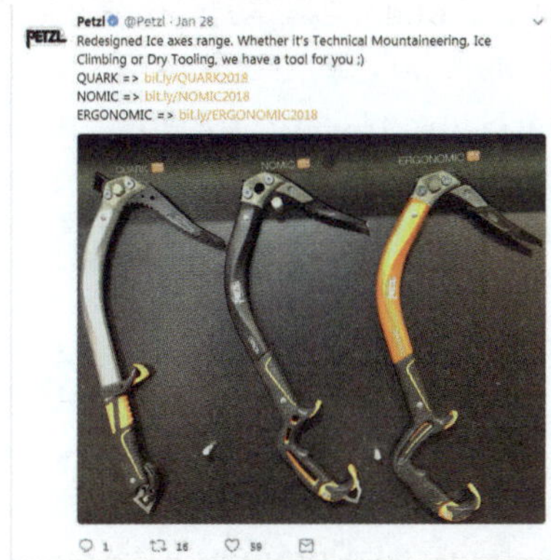

YouTube Petzl Professional

Facebook Petzl

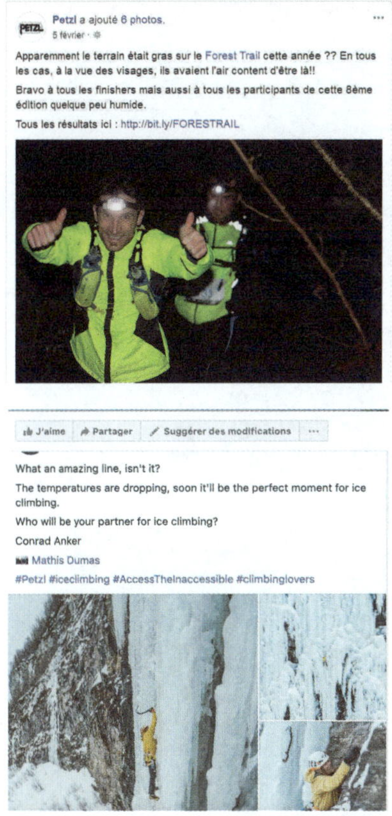

Annexe 7 Articles publiés sur le site internet Petzl

Contenu vidéo : https://youtu.be/yrw_XQQGtzo

Ce carnet est dédié à la grimpe en salle d'escalade pour apprendre et/ou réviser les basiques de l'escalade en moulinette ou en tête telle que l'encordement, le *partner check*, les gestuelles d'assurage ou le mousquetonnage.

Courir de nuit décuple les sensations et permet de vivre la ville autrement. Que vous couriez en *afterwork* ou tôt le matin, découvrez votre ville sous un autre jour avec la lampe frontale Bindi ! Mais en attendant, choisissez votre destination à la rencontre de Yoann, Sophie, Llorenç et Elaine.

Welcome to Berlin – This is #Petzlnightrunning
Beaucoup d'entre nous ont du mal à se motiver à aller courir après une journée de travail, surtout lorsque la nuit est déjà tombée. Les membres de la *team* Petzl sont allés à la rencontre d'une communauté de coureurs à Berlin pour vous proposer une solution.

Comment vérifier l'état de votre casque ?
Toutes les recommandations pour vous assurer que votre casque est en bonne condition d'usage. En plus des vérifications courantes à chaque utilisation, un EPI doit régulièrement subir une vérification approfondie, réalisée par une personne compétente. Petzl recommande une vérification tous les 12 mois et après tout événement exceptionnel dans la vie du produit.

Annexe 8 La communauté Petzl

Le soutien aux communautés :

Petzl soutient les événements emblématiques des activités *outdoor*, sportives ou professionnelles. [...] Grâce aux réseaux sociaux, ces actions de terrain sont complétées par un échange quotidien avec les communautés autour de l'actualité des milieux, du matériel...

La force de la *team* Petzl :

Ambassadeurs de la marque, les athlètes de la *team* Petzl portent les valeurs et sont directement au contact des utilisateurs. Ils peuvent échanger avec eux autour des solutions Petzl, produits et techniques. [...]

L'organisation d'événements :

Depuis 2002, Petzl organise le Petzl RocTrip, un rassemblement de grimpeurs sur des sites exceptionnels dans le monde entier. Chaque année, le Petzl RocTrip est l'occasion pour les grimpeurs de se rassembler autour d'une même passion dans une ambiance conviviale. En 2015, un nouveau concept d'événement est lancé, appelé J'irai Grimper Chez Vous®. Basé sur celui du RocTrip, cet événement est accessible aux grimpeurs les plus novices et permet de faire découvrir des régions de France propices à l'escalade.

www.petzl.com

Annexe 9 La ligne éditoriale de Petzl

Positionnement

Petzl veut vous aider à « atteindre l'inaccessible », de jour comme de nuit. L'enseigne s'entoure des meilleurs

experts et de technologies modernes performantes en vue de créer différentes catégories de produits fonctionnels, innovants, pratiques et sécuritaires. L'entreprise s'est engagée depuis ses débuts à fournir à sa clientèle des solutions lui permettant d'évoluer, de dépasser ses limites, d'avoir une parfaite maîtrise de ses mouvements dans les environnements verticaux, de jour comme de nuit : alpinisme, ski de randonnée, escalade en salle ou en extérieur. Ergonomie, fiabilité et performance sont des mots qui caractérisent les produits de la marque Petzl.

Style

- Vocabulaire grand public pour l'accroche et vocabulaire technique pour les produits.
- Construction grammaticale soutenue.

Ton

Le choix du ton rédactionnel participe à l'identité du site et à l'instauration d'une relation avec les internautes. Le site ayant pour vocation de proposer des services et de l'information, il sera plus efficace d'employer un ton chaleureux mais conventionnel et de concentrer les efforts sur la compréhension. Il faut également toujours garder en tête les besoins spécifiques des publics et adapter ses textes en fonction d'eux.

Formats éditoriaux

Seront utilisés : dossiers, articles, brèves, fil d'info, animations, vidéos, etc.

Annexe 10 Article publié sur le site Internet de Petzl

Vous faites quoi après le boulot ?

De nombreux *aficionados* des virages poudreux ont trouvé la solution, avec les fameux "*after taff*" ou "*before taff*". Des sorties express pour profiter de la neige fraîche, juste avant ou juste après le bureau, illuminées par des lampes frontales puissantes. L'ancienne méthode consistait à partir de nuit avec une frontale "normale", et descendre rapidement au lever du jour. Le problème, c'est que quand la neige est vraiment bonne, s'arrêter pour aller travailler est une sorte de supplice. Mais, grâce aux frontales puissantes, on peut maintenant skier en pleine nuit sans manquer de visibilité, ce qui permet de préférer les sorties du soir, qui permettent de ne s'arrêter que lorsqu'on est vraiment rassasié.

www.petzl.com

FICHE RESSOURCE 1

L'ÉVOLUTION DE LA COMMUNICATION ET L'IMPACT DU DIGITAL

À partir des années 2000, le développement d'Internet a modifié le schéma de communication traditionnelle entre les marques et leurs clients ou prospects.

I Une communication multicanale

Internet a permis de multiplier les canaux de communication entre les marques et les consommateurs et a permis aux marques de diffuser plus largement des informations sur leurs produits, leurs valeurs, etc. Contrairement aux médias traditionnels (journaux, affiches…), Internet représente une opportunité pour les marques de toucher gratuitement et facilement un plus grand nombre de clients potentiels.

Sur Internet, les marques possèdent leur propre espace de communication, grâce à leur site Internet ou leur blog (owned media) et peuvent partager des contenus sur les réseaux sociaux (shared media). Elles incitent également les influenceurs ou bloggeurs à publier du contenu sur elles, ce qui leur permet d'accroître leur visibilité (earned media).

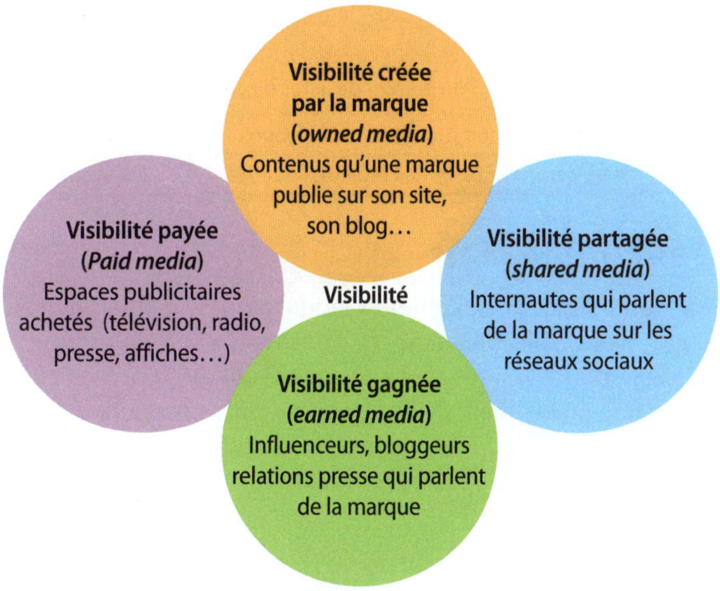

II Une communication multi-acteurs

Internet a offert la possibilité aux internautes de s'exprimer très facilement, de réagir en direct, 24 heures sur 24, notamment avec le développement des réseaux sociaux. De l'état passif, les consommateurs sont devenus actifs ce sont désormais des « consommacteurs » qui souhaitent interagir avec les marques. Via Internet, les consommateurs peuvent donner leur avis sur les marques, qu'il soit positif ou négatif.

Une entreprise est donc confrontée à un flux d'avis et de réactions continu et non plus à une communication séquencée de type campagne. Ces avis et commentaires des consommateurs peuvent représenter une publicité gratuite pour les marques lorsqu'ils sont positifs, mais peuvent également nuire à l'image d'une marque lorsqu'ils sont négatifs. Le contrôle de ce flux d'informations est complexe, et l'entreprise doit donc être sans cesse à l'écoute et savoir faire preuve de réactivité face aux commentaires ou avis.

III Une communication communautaire

Le développement d'Internet a également permis la constitution de nombreuses communautés virtuelles, notamment *via* les réseaux sociaux. Ces communautés sont composées d'individus regroupés autour de centres d'intérêts multiples et variés, autour d'une marque ou d'un produit. Dans leurs campagnes marketing, les marques peuvent cibler une communauté précise, au sein de laquelle l'information sera diffusée, par viralité, aux membres qui la composent.

FICHE RESSOURCE

2

METTRE EN PLACE UNE STRATÉGIE DE COMMUNICATION DIGITALE

La stratégie digitale doit être réfléchie en amont et doit être cohérente avec la stratégie marketing globale et avec les objectifs de l'entreprise.

I Réaliser un audit stratégique

Avant de mettre en place une stratégie de communication digitale, il est nécessaire de réaliser un diagnostic du développement digital et de l'identité numérique de l'entreprise. Ce diagnostic peut s'appuyer sur une analyse SWOT (Strengths : forces, Weakness : faiblesses, Opportunities : opportunités, Threats : menaces).

EXEMPLE

Analyse SWOT d'un éditeur de livres de cuisine :

Force : forte communauté sur Facebook	Faiblesse : pas d'application mobile
Opportunité : essor des tablettes	Menace : croissance des blogs de recettes

II Définir une cible

Pour toute stratégie de communication marketing (hors ligne ou en ligne), l'entreprise doit savoir à quel client cible elle s'adresse. L'entreprise doit déterminer un profil type d'acheteurs. Pour cela, elle peut avoir recours à une représentation fictive, appelée « persona », qui représente un groupe ou segment cible. Pour construire un « persona », il faut définir des caractéristiques sociales (prénom, âge, lieu de résidence, emploi, loisirs, revenus…) et psychologiques, ainsi que des comportements spécifiques (utilisation d'Internet).

EXEMPLE

Pour développer ses services digitaux, La Banque Postale a utilisé comme persona Cathy, cadre de 36 ans, mariée et mère de deux enfants, propriétaire à Cergy-Pontoise, qui est organisée, hyperactive, moderne, généreuse, qui aime la mode et sa maison, et qui possède un ordinateur, une tablette et un smartphone.

III Fixer les objectifs et définir un budget

Il est essentiel de fixer dès le début des objectifs précis. L'entreprise peut en effet chercher à développer ses ventes, à générer de nouveaux prospects, à fidéliser la clientèle existante, à augmenter sa visibilité… Selon cet objectif, les actions digitales ne seront pas les mêmes.

EXEMPLE

Si l'objectif de l'entreprise est d'augmenter les revenus en ligne de 30 %, le but en termes de marketing pourrait être de générer 60 % de prospects supplémentaires depuis le site Web par rapport à l'année précédente.

IV Choisir les canaux et établir un calendrier

Il s'agit de réfléchir aux canaux de communication que l'entreprise va utiliser pour répondre au mieux aux objectifs qu'elle s'est fixés et toucher la cible visée. L'entreprise va-t-elle développer sa présence sur les réseaux sociaux, créer un blog, une application ? Il est nécessaire que la communication sur ces différents canaux et l'articulation entre *paid*, *owned*, *shared* et *earned media* soit cohérente.

En fonction des objectifs fixés, il faut également établir un calendrier précis. Ce calendrier tiendra compte de différents éléments : périodes creuses/fortes de l'entreprise, contexte favorable ou non à la communication…

EXEMPLE

Lancer une campagne de valorisation des bienfaits du lait en poudre sur les réseaux communautaires au moment du scandale des laits Lactalis n'est pas judicieux.

FICHE RESSOURCE

3

MAÎTRISER LE MARKETING DE CONTENUS

I Maîtriser les principes d'*outbound* et d'*inbound marketing*

	Définition	Exemples
Outbound marketing (marketing externe ou sortant)	Forme traditionnelle du marketing (communication « *push* ») qui consiste à diffuser des messages publicitaires aux consommateurs afin de les convertir en acheteurs. L'entreprise contrôle les messages publicitaires qu'elle diffuse.	– Publicité sur les médias traditionnels : TV, radio, magazines, affiches, Internet (bannières Web…) – Prospection (phoning, e-mails publicitaires…)
Inbound marketing (marketing entrant)	Il s'agit de publier des contenus à caractère non commercial susceptibles d'intéresser les internautes afin d'attirer le consommateur (communication « *pull* ») et de le transformer en prospect puis en client, et enfin en ambassadeur de la marque. Ces contenus sont l'occasion de récupérer des informations sur les potentiels prospects (inscription à la *newsletter*…).	– Sites Internet (articles, vidéos explicatives…) – Médias sociaux (blogs, réseaux sociaux…)

Associer *inbound* et *outbound marketing* permet de mieux atteindre les cibles. Il est par exemple possible d'utiliser les annonces publicitaires en ligne pour générer du trafic vers un site Web.

II Mettre en place une stratégie de marketing de contenus

Le marketing de contenus (*content marketing*), qui se situe dans la logique de l'*inbound marketing*, consiste à créer des contenus susceptibles d'intéresser des prospects ou clients cibles afin de convertir les internautes en prospects, en clients et enfin en ambassadeurs.
Afin de mettre en place une stratégie de contenus, il faut :

Définir un objectif	Attirer de nouveaux clients ou prospects, fidéliser les clients, développer la visibilité et le référencement de la marque en ligne, renforcer la notoriété…
Définir une cible	Âge, sexe, CSP, localisation, intérêts…
Choisir les contenus en fonction de l'objectif visé et de la cible	– Contenu à visée pédagogique (par ex. : tutoriel pour poser du papier peint), – explications techniques sur des produits (par ex. : comment choisir ses radiateurs), trucs et astuces (les outils et matériaux pour refaire sa salle de bain), – témoignages (paroles de plombiers), – sujets d'actualité (les nouvelles normes électriques)…
Choisir les mots-clés	Identifier les mots-clés qui pourront être utilisés par la cible pour rechercher les contenus
Choisir le format	Article, vidéo, illustration (photo, dessin, image animée), vidéo, infographie (graphique présentant un ensemble de données), livre blanc (document d'une dizaine de pages sur une thématique précise à télécharger), *newsletter* (mail non commercial annonçant les prochains événements, les actualités…)…
Choisir le canal	Réseaux sociaux, blog, site Internet…
Déterminer la fréquence	Publication tous les jours, toutes les semaines, tous les mois…

FICHE RESSOURCE

4

RÉDIGER SUR LE WEB EN RESPECTANT LES RÈGLES

I Maîtriser les règles de rédaction générales sur le Web

L'écriture Web s'adapte également au comportement de l'internaute, et surtout du mobinaute (internaute utilisant son smartphone), qui est pressé et a tendance à lire « en diagonale ». L'internaute ou le mobinaute doit pouvoir trouver rapidement l'information qu'il recherche. Les contenus publiés sur Internet doivent donc être particulièrement :

- clairs et concis, avec un vocabulaire simple et compréhensible ;
- bien structurés avec des titres courts et percutants pour retenir l'attention des internautes, une hiérarchisation de l'information et une mise en valeur des mots-clés afin d'améliorer la visibilité sur les moteurs de recherche (référencement) ;
- personnalisés à la cible visée.

II Respecter le cadre légal et la nétiquette

Tout contenu publié sur Internet doit impérativement respecter :

Le droit à la vie privée	Les contenus publiés ne doivent pas divulguer de données personnelles (nom, prénom, adresse…) sans l'accord des personnes concernées.
L'intégrité des personnes et des entreprises	Les contenus publiés ne doivent pas porter atteinte à l'honneur ou à la considération d'une personne ou d'une entreprise.
Les bonnes mœurs et l'ordre public	Les contenus ne doivent pas comporter de messages à caractère violent, pornographique, ou portant atteinte à la dignité humaine.
Les règles de confidentialité	Une entreprise ne doit pas diffuser d'informations confidentielles concernant ses clients, ses fournisseurs ou ses salariés.
La nétiquette	Les contenus doivent respecter les règles internationales d'usage et de bonne conduite du Net élaborées à la fin des années 1990 : utiliser des mots complets et non le langage SMS, ne pas écrire en majuscules (qui équivaut à crier)…

III Respecter une ligne éditoriale

Une ligne éditoriale a pour vocation de conduire et d'orienter la production de l'ensemble des contenus au sein d'une organisation. Elle permet d'affirmer l'identité de l'entreprise, ses valeurs et ses critères, en assurant une cohérence et une uniformité de la communication.

La cible et l'objectif	Profil de l'audience ciblée et objectif du média
Les thématiques	Choix des thèmes et sujets à privilégier dans les publications
Le ton	Proche/distant, chaleureux/froid, décontracté/sérieux... Le ton choisi diffère selon que l'entreprise évolue sur un marché *B to B* ou *B to C*.
Le style	Niveau du vocabulaire et des constructions grammaticales (grand public, technique, soutenu, relâché…)
L'angle	Point de vue choisi par l'entreprise pour traiter les sujets : neutre, critique…

IV Respecter la charte éditoriale

La ligne éditoriale doit être respectée par tous les rédacteurs de l'entreprise afin d'assurer une harmonie.
La charte éditoriale formalise : les objectifs, la cible visée et la ligne éditoriale du site, la stratégie de référencement (mots-clés…), le rubriquage (structure du site), les règles de mise en forme des contenus (titres, intertitres, chapô, paragraphes...), les règles de rédaction des contenus (règles typographiques, etc.), le processus de production (qui rédige, valide, et/ou met en ligne ?) et le calendrier éditorial (à quel moment publier).
La charte éditoriale peut être complétée par une charte graphique qui définit les éléments graphiques comme les couleurs, le logo, etc.

Applications

Maîtrise

1 Choisir une stratégie d'*inbound marketing*

L'agence de communication Websansoucis accompagne les entreprises dans la construction de leur stratégie de communication digitale et déploie des stratégies digitales innovantes et efficaces, de la conception graphique et technique au web-marketing. Le directeur de l'agence vous demande de démarcher les clients afin de proposer les services de l'agence. Vous rencontrez M. Dachez, directeur de l'entreprise Filaine, spécialisée dans la vente de laine et matériel de couture.

1. Expliquez à M. Dachez l'intérêt pour son entreprise de construire une stratégie digitale.
2. Vous proposez à M. Dachez de combiner sa communication traditionnelle, basée sur des annonces promotionnelles et publicitaires, à une stratégie d'*inbound marketing*. Afin de le convaincre, répondez à ses objections en complétant le dialogue (document 1).

Document Objections de M. Dachez

Vous : « Quels supports utilisez-vous pour communiquer avec vos clients ? Disposez-vous d'un site Internet, de comptes sur les réseaux sociaux ? »

M. Dachez : « Ma fille a construit un site Internet rapidement avec les coordonnées de la boutique, mais Facebook et compagnie, on n'a pas... On diffuse principalement des affiches, et on achète des encadrés publicitaires dans certains magazines de couture, de tricot ou de mode. »

Vous : « Nous pouvons vous accompagner afin de développer votre visibilité digitale et vous permettre d'être présent sur Facebook, Instagram, etc., en mettant en place une stratégie d'*inbound marketing*. »

M. Dachez : « Vous me proposez donc de mettre le destin de ma communication et de mon marketing dans les mains de Google et de quelques réseaux sociaux ? »

Vous : *[à compléter]*

M. Dachez : « Votre proposition doit être efficace si on vise un public jeune. Mais ce n'est pas notre cas, notre cible n'est clairement pas connectée à Internet, et encore moins sur les réseaux sociaux. »

Vous : *[à compléter]*

M. Dachez : « Nos compétences sont la valeur ajoutée de notre entreprise. Pourquoi les partager avec tout le monde (dont nos concurrents) ? »

Vous : *[à compléter]*

M. Dachez : « En effet, dans ce cas, la stratégie d'*inbound marketing* dont vous parlez peut être intéressante. Malheureusement, je n'ai pas le budget pour me lancer là-dedans. De plus, nous ne pouvons pas nous permettre d'écrire des articles toutes les semaines. Nous sommes une petite entreprise et nous devons produire ! »

Vous : *[à compléter]*

Applications

Maîtrise

2 Mettre en place une stratégie digitale

L'entreprise Billards & Cie fabrique et commercialise des billards en bois selon des procédés de fabrication et outils à l'ancienne. Son image de marque est basée sur son savoir-faire transmis de génération en génération. L'entreprise dispose d'un espace d'exposition attenant à l'atelier de fabrication à Castres et un site Internet très simple avec deux ou trois photos montrant ses réalisations. Il y a un an, le dirigeant de l'entreprise, M. Paulet, avait ouvert un compte Facebook qu'il n'a jamais eu le temps d'alimenter mais qui contient de nombreux commentaires positifs de clients.
Le succès récent de ses produits auprès des entreprises mais aussi le développement d'un nouveau service de personnalisation du billard en ligne, poussent M. Paulet à exploiter de nouvelles pistes pour développer sa notoriété et entretenir la relation avec ses clients.

1. Identifiez l'activité de l'entreprise et faites un point sur son développement digital.
2. Définissez les objectifs et la cible de la stratégie digitale que vous pourriez proposer à Billard & Cie.
3. Effectuez une recherche sur Billards Toulet, puis indiquez les canaux de communication digitaux utilisés par ce concurrent et les types de contenus publiés.
4. Proposez à Billards & Cie trois types de contenus à publier sur sa page Facebook et sur son site, et suggérez à M. Paulet un autre média social à investir pour développer sa notoriété et fidéliser ses clients. Justifiez vos choix.

Document Billards Toulet

Extraits du site Internet de Billards Toulet

www.billard-toulet.com

Posts sur le compte Facebook de Billards Toulet

Billards Toulet, fier.
14 mars, 16:15

CIRCUIT NATIONAL BLACKBALL JOURNÉE #6 : LES RÉSULTATS

Avec une immense fierté que l'équipe Billards Toulet vous annonce une nouvelle victoire de Lambert Christophe le week-end dernier !
UN GRAND BRAVO à notre champion !
#billards #billard #toulet #lambert #champion #blackball

Billards Toulet a ajouté 3 photos — merveilleusement bien.
20 mars, 17:27

C'EST LE PRINTEMPS !

Le printemps, c'est l'occasion de préparer le jardin pour l'été et surtout de commencer à en profiter !
Un billard dans le jardin, vous y avez pensé ?
Billards Toulet vous propose une gamme de BILLARDS OUTDOOR spécialement pensée pour l'extérieur !... Afficher la suite

Maîtrise

3 Le métier de *content manager*

Vous avez postulé pour un poste d'assistant(e) chargé(e) de contenus digitaux dans un grand groupe industriel. Pour préparer votre entretien, vous effectuez des recherches sur le métier.

1. Identifiez le rôle du content manager (document 1).
2. À l'aide de la vidéo (document 2) et d'une recherche Internet, identifiez les différents types de contenu publiés par la marque Asphalte sur son site et ses réseaux sociaux. Quel est l'objectif principal de ces contenus ?
3. Quelles sont les compétences et qualités que vous allez mettre en avant pour rejoindre une équipe digitale ?

Document 1 — Vidéo : Qu'est-ce qu'un *content manager* ?

Qu'est-ce qu'un content manager ?
Durée : 3'47
liennathan.fr/955gpw

Document 2 — Vidéo : Découvrez Asphalte avec Clémence, Content Manager

Découvrez Asphalte avec Clémence, Content Manager
Durée : 1'17
liennathan.fr/285csm

Applications

Maîtrise

4 Faire respecter la ligne éditoriale

L'office de tourisme de Gisors fait la promotion des points d'intérêt locaux afin d'attirer le maximum de touristes. Il publie régulièrement des annonces pour les entreprises qui le sollicitent. Les propositions envoyées par les entreprises locales ne sont pas toujours pertinentes et il faut souvent reprendre les formulations. L'office de tourisme veille à créer une bonne image de marque de la zone et à valoriser les entreprises locales. Pour cela, il publie régulièrement des articles de promotion et des annonces pour les entreprises qui la sollicitent. Suite à des articles peu élogieux parus dans des journaux locaux sur les activités d'aquaponie en développement à Gisors. Vous venez d'être recruté(e) comme rédacteur/-trice web par cet office de tourisme. On vous confie de veiller au respect de la charte éditoriale (mission principale du poste occupé). Vous devez veiller à la cohérence des contenus et au respect des règles d'écriture du Web.

1. Présentez le domaine d'activité et caractérisez l'offre d'OTG.
2. Mettez en évidence l'intérêt pour l'OTG de tenir compte de l'e-réputation dans sa stratégie digitale.
3. Proposez une correction des textes 1 et 2 déjà publiés sur le site à l'aide de l'extrait de la charte éditoriale (annexes 1 et 3).
4. Expliquez l'importance de la maîtrise des contenus publiés sur le web et les réseaux sociaux en matière d'e-réputation.
5. Gisors développe sur son territoire l'aquaponie. On vous soumet un projet d'article à publier sur le site (annexe 4) et vous demande de vérifier la conformité et le respect de la charte éditoriale. Relevez les différentes erreurs et complétez les éléments manquants.
6. Après avoir relevé les informations les plus importantes et les mots clés, vérifiez s'ils se situent bien en zone chaude. Proposez une correction le cas échéant (annexe 2).

Document 1 Publications à corriger

Publication 1 :

« Un hôtel-restaurant, Michel Ange[...] Sous cette appellation pleine de poésie se cache un hôtel de charme, une adresse coquette que l'on aimerait garder seulement pour soi. »

Publication 2 :

Un producteur de produits du terroir bio « Biyouna chez vous », petite exploitation familiale de 10 ha avec Fatima, François, Michel et Inès qui vous réservent un accueil simple et chaleureux sur leur ferme et qui vous proposent des séjours en gîtes ainsi que d'excellents produits du terroir... Votre séjour à la campagne à quelques kilomètres de Paris, en plein air, au milieu d'une nature luxuriante, vous sera des plus agréable...

Document 2 Zones de chaleur définies par Jakob Nielsen

Les zones chaudes se trouvent généralement au niveau de la ligne de flottaison. (Pensez donc à inclure les informations importantes et les *call-to-action* à ce niveau et la pertinence de votre contenu donnera envie au lecteur de scroller pour découvrir la suite.)

– La zone de couleur la plus opaque est celle qui sera la plus visible.

– Limite virtuelle entre ce que l'internaute voit à l'écran dès le chargement de la page de ce qu'il ne voit pas s'il n'utilise pas la barre de défilement, c'est ce qui est couramment appelé la ligne de flottaison.

www.redacteur.com

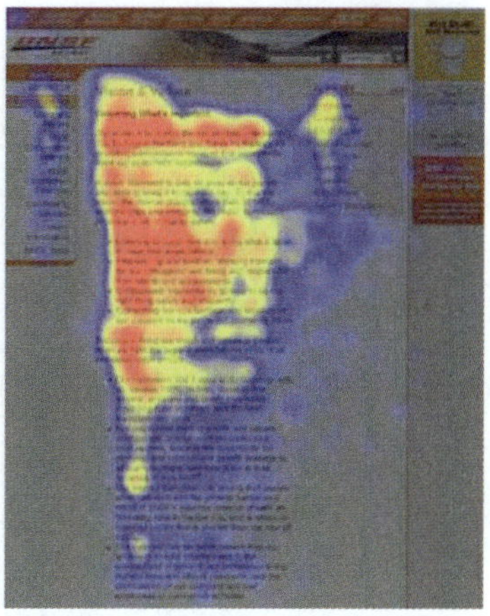

Document 3 Extrait de la charte éditoriale de l'office de tourisme

Soumission d'articles

• Les propositions d'articles incluent un titre, une présentation de la thèse de l'article et sont accompagnées d'une présentation de l'auteur comportant le nom, éventuellement la discipline, les coordonnées de contact.

• Les propositions d'articles et les articles sont envoyés de manière électronique, en pièce jointe, au format.DOC, à l'adresse électronique Office@Tourisme.com

Mise en page

• Ils sont rédigés de préférence en français. Ils sont préparés pour une évaluation anonyme.

• L'article comprend un titre, un résumé d'une quinzaine de lignes, 5 à 8 mots clés.

• Les documents illustratifs doivent être libres de droits et joints dans un fichier à part au format PNG, JPG ou TIFF, accompagnés d'un document « Légendes » dans lequel sont indiquées les mentions à faire figurer sous l'image ainsi que les crédits iconographiques (*cf.* normes bibliographiques).

• Les articles comportent 2 niveaux maximum de titre, en plus du titre de l'article. Il faut donc se limiter aux niveaux suivants, clairement indiqués dans le texte :

– Titre de l'article (Titre 1) : Times, taille 16, gras, centré ;

– Titre de niveau 2 (Titre 2) : Times, taille 14, gras, justifié.

NB Il n'y a pas de points après les titres, à l'exception des points de suspension, d'interrogation ou d'exclamation.

Typographie

• Police de caractère Times, taille 12, justifié, interligne 1,5.

• Les citations de plus de trois lignes doivent être séparées du corps du texte par un retour à la ligne et former un paragraphe avec guillemets, non en italique, avec un retrait de 1 cm des marges des deux côtés.

• Guillemets : « » quand les citations sont intégrées dans le corps du texte et " " quand il s'agit de citations dans une citation.

• Les signes de ponctuation (; : ! ? ») doivent être précédés d'une espace insécable et suivis d'une espace.

• Les termes et expressions en langue étrangère doivent être en italique.

Document 4 La mise en place d'un système aquaponique à domicile

À Gisors, le développement de l'aquaponie est le nouveau défi pour valoriser les richesses et la créativité de la région. La mise en place d'un système aquaponique au domicile permet d'autoproduire une nourriture saine chez soi. La culture aquaponique comporte de nombreux avantages comparés à la culture traditionnelle, en voici les principaux :

1) Économise de l'espace/culture urbaine : un système aquaponique permet de placer des plantes plus près les unes des autres par rapport à un système classique
2) Pas d'arrosage et économies d'eau : la culture aquaponique recycle constamment l'eau du système, ce qui dispense d'arroser ses plantes.
3) Alimentation saine : l'aquaponie est certainement l'un des meilleurs, sinon le meilleur moyen de produire sa propre nourriture à domicile, et ce, même en ville ! L'aquaponie permet de manger légumes et poissons bio toute l'année. *It's so funny*.

En résumé, la culture aquaponique est un système de jardinage beaucoup plus productif et économique que le traditionnel. Toute personne intéressée par un jardinage sain et productif devrait envisager d'avoir un système aquaponique à la maison.

Synthèse

Définir une stratégie de communication digitale

Spécificités de la communication digitale

- Multicanale
- Multi-acteurs
- Communautaire

Les différents types de communication

- Visibilité créée par la marque (*owned media*)
- Visibilité payée (*paid media*)
- Visibilité gagnée (*earned media*)
- Visibilité partagée (*shared media*)

Les types de marketing

- *Outbound marketing* (marketing sortant) : messages publicitaires
- *Inbound marketing* (marketing entrant) : contenus à caractère non commercial

La mise en place d'une stratégie éditoriale

- Réaliser un audit stratégique : utilisez l'analyse SWOT
- Définir une cible et construire un « persona »
- Fixer les objectifs et définir un budget
- Choisir les canaux et établir un calendrier

La mise en place d'une stratégie de contenus

- Définir la cible et l'objectif
- Choisir les contenus et les mots-clés
- Choisir le format
- Choisir le canal et la fréquence de publication

Les règles de rédaction sur le Web

- Respecter les règles générales de l'écriture Web
- Respecter le cadre légal et la nétiquette
- Respecter la ligne et la charte éditoriales

TESTEZ-VOUS

Quiz sur le chapitre 7
liennathan.fr/65z8zi

MOTS CLÉS : *Inbound marketing* · *Outbound marketing* · Nétiquette · Ligne éditoriale · Charte éditoriale · Persona

CHAPITRE

8

Optimiser la str d'un site vitrine

Contexte professionnel

Activité/Tâche
Animation de site et publication de contenus à caractère commercial

Compétence
Produire, publier et assurer la visibilité des contenus digitaux

Vers PIX
3.3. Adapter les documents à leur finalité
4.1. Sécuriser l'environnement numérique

Situé à côté d'Aix-en-Provence, le Moulin Victor, construit en 1760, est exploité par la famille Saint-Maur depuis 1932. Le Moulin Victor est spécialisé dans la culture des oliviers, la fabrication et la vente d'huile d'olive ainsi que ses produits dérivés. Sur les collines surplombant Vinon-sur-Verdon, le domaine s'étend entre 150 et 450 mètres d'altitude et les 1 200 oliviers profitent d'un ensoleillement exceptionnel.

L'entreprise a mis en place un site Internet en 2015 afin de promouvoir son activité.
Laura Saint-Maur, en charge du développement commercial, travaille depuis trois ans dans l'entreprise. Pour élargir la clientèle et la gamme de produits, elle souhaite optimiser la visibilité de Moulin Victor sur Internet.

Votre rôle

Laura Saint-Maur vous recrute comme commercial(e) junior pour travailler sur le site Internet du Moulin Victor ; elle attend que vous proposiez des solutions pour optimiser son ergonomie et sa structure en intégrant la nouvelle offre que Moulin Victor souhaite développer.

Vos objectifs

I Apprécier les choix technologiques d'un site Internet

Laura Saint-Maur se demande si ses choix technologiques au moment de la création du site sont toujours pertinents. Elle vous demande d'y réfléchir et de faire des propositions pour l'évolution du site.

1 Après avoir identifié le domaine d'activité, l'offre, les canaux de vente et la cible de Moulin Victor, expliquez à Laura Saint-Maur en quoi le type de site développé est adapté aux objectifs de l'entreprise. — Fiche ressource 1 ; Annexes 1, 2 et 3

2 Justifiez le choix de Moulin Victor d'avoir externalisé la création de son site et d'avoir opté pour un hébergement mutualisé.

3 Identifiez le nom de domaine de Moulin Victor. Comparez-le à celui des concurrents et modifiez-le de manière à ce que les internautes le trouvent plus facilement. — Annexes 3 et 4

4 Identifiez l'extension du nom de domaine. Ce choix est-il cohérent par rapport à la clientèle ? Proposez une autre extension qui pourrait être intéressante pour l'entreprise.

II Optimiser l'ergonomie et la structure d'un site Internet

Laura Saint-Maur vous demande de faire des propositions pour améliorer l'ergonomie et la structure du site et intégrer la nouvelle offre de coffrets (annexe 6).

5 Représentez l'arborescence de Moulin Victor. Le site est-il bien structuré ? — Fiche ressource 2 ; Annexes 3 et 5

6 Proposez une nouvelle arborescence intégrant l'offre de coffrets cadeaux.

7 Proposez des types de contenus à publier sur le site et indiquez les formats de fichiers que vous allez utiliser pour ne pas ralentir le chargement des pages.

8 Effectuez une recherche Internet sur les sites des concurrents de Moulin Victor et identifiez leurs fonctionnalités. En vous appuyant sur vos observations, proposez des fonctionnalités complémentaires qui pourraient être ajoutées afin d'améliorer la navigation sur le site de Moulin Victor. — Fiche ressource 3 ; Annexes 3 et 4

9 La page des produits « huile d'olive » de Moulin Victor est-elle structurée correctement ? Justifiez votre réponse et proposez une nouvelle structure afin de l'améliorer. — Fiche ressource 4 ; Annexe 5

10 Réalisez le WireFrame de la nouvelle offre à mettre en ligne sur le site. — Annexe 6

III Maîtriser les mentions légales d'un site Internet

Laura Saint-Maur, après avoir rencontré un ami juriste, s'interroge sur la qualité des mentions légales. Elles vous demande de les revoir.

11 Identifiez les informations légales figurant sur le site et complétez-les ou corrigez-les si besoin. — Fiche ressource 5 ; Annexe 7

12 Quelle sanction risque le Moulin Victor en n'affichant pas ces mentions légales ? — Fiche ressource 5

Votre dossier

Annexe 1 — L'activité de Moulin Victor

Le Moulin Victor produit et fabrique l'huile d'olive dans le souci d'une agriculture raisonnée tout en sauvegardant les techniques traditionnelles. Le Moulin Victor propose les produits suivants :

Huile d'olive	Savon	Produits dérivés
Près de 50 oléiculteurs apportent leurs olives au moulin pour permettre d'avoir une plus grande variété d'olives et d'huiles. ♦ Huile d'olive fruité vert ♦ Huile d'olive du pays ♦ Huile d'olive d'Italie ♦ Huile d'olive d'Ombrie ♦ Huile d'olive au basilic Les huiles sont proposées en conditionnement de 0,25 L, 1 L, 2 L ou 5 L	Le Moulin Victor fabrique 3 à 4 tonnes de savons à base d'huile d'olive, spécialement doux pour la peau, sans colorant, ni produits de synthèse. ♦ Savon de Marseille ♦ Savon neutre à l'huile d'olive ♦ Savon huile d'olive et lavande ♦ Savon huile d'olive et amande douce	Ces produits sont fabriqués artisanalement à base d'olives ou d'huile d'olive. **Produits pour la peau :** ♦ Crème pour les mains ♦ Shampoing à l'huile d'olive ♦ Crème de douche **Produits à déguster :** ♦ Terrine aux olives vertes et noires ♦ Tapenade d'olives confites ♦ Miel aux fleurs d'oliviers

Ces produits sont vendus principalement dans la boutique attenante au vieux Moulin Victor, qu'il est possible de visiter. Laura Saint-Maur participe également aux marchés locaux, surtout l'été, pour faire connaître les produits du Moulin Victor et leurs bienfaits. Elle aime faire valoir le côté local du produit et le savoir-faire artisanal.

Annexe 2 — Entretien avec Laura Saint-Maur sur le choix du site Internet

– Dans quel contexte a été créé le site Internet ?

– Quand je suis arrivée, j'ai tout de suite conseillé à mon grand-père d'avoir un site pour faire connaître le Moulin Victor et augmenter le trafic en magasin. Le chiffre d'affaires de l'entreprise ralentissait et il était essentiel d'être plus visible.

– Comment avez-vous procédé pour le créer ?

– Nous n'avions aucune compétence en création de site, et surtout pas beaucoup de temps car je ne pouvais pas laisser le magasin. Je savais juste que je voulais communiquer pour nous faire connaître. Je voulais faire vite et avec un petit budget.

– Vous avez donc décidé de sous-traiter ?

– J'ai contacté une entreprise spécialisée dans la réalisation de sites professionnels, la SARL Conseil Web. Le commercial a commencé à me parler hébergement, nom de domaine, *design*, conception graphique… Je me suis dit que ce n'était pas pour moi : trop long et trop technique. Je ne regrette pas d'avoir fait appel à eux !

– Quelle prestation cette entreprise a-t-elle réalisée ?

– Elle a géré toute la création du site : dépôt du nom de domaine, choix d'un hébergement mutualisé chez OVH et réalisation du site avec un CMS. Nous lui avons fourni tous les textes et quelques photos du Moulin Victor. Pour le reste, elle a tout fait : *design*, développement de la structure, intégration des textes et photos.

– Pourquoi souhaitez-vous faire évoluer votre site ?

– La structure de notre site actuel ne permet pas une navigation fluide et ne propose pas assez de fonctionnalités. Nous allons développer une gamme de coffrets cadeaux à destination de notre clientèle grand public mais aussi à destination des professionnels de l'hôtellerie et de la restauration et je souhaiterais mettre en valeur ces offres sur le site. De plus, il n'est pas *responsive* alors que nos clients utilisent de plus en plus leur téléphone ou tablette pour consulter Internet. Passer au *responsive design* me paraît donc indispensable.

– Pourquoi n'envisagez-vous pas un site de e-commerce ?

– C'est prématuré pour le moment. Nous restons une entreprise artisanale et familiale. L'entreprise n'a que cinq salariés pour le moment, et notre infrastructure tant organisationnelle que logistique ne nous permet pas d'envisager cette évolution. Mais j'espère que nous parviendrons un jour à développer une clientèle nationale, voire internationale !

Annexe 3 La page d'accueil du site de Moulin Victor

http://www.moulinvictor.fr/

Annexe 4 Les principaux concurrents de Moulin Victor

www.castelas.com	Le Moulin Castelas exploite 45 hectares de vieux oliviers plantés versant sud-Alpilles et commercialise des huiles d'olive et des olives pour apéritif.

Annexe 4 — Les principaux concurrents de Moulin Victor (suite)

www.moulinducalanquet.fr	Situé à Saint-Rémy-de-Provence, le Moulin du Calanquet est une oliveraie de plus de 20 000 pieds, qui produit des huiles, des préparations et biscuits apéritifs à base d'olive.
www.moulinolivette.fr	Moulin situé à Manosque, qui propose des huiles d'olive vierge extra, produites avec des olives issues de vergers situés dans le terroir si réputé de Haute-Provence.
www.moulin-huile-jullien.com	Installé au cœur du Luberon depuis 1919, ce moulin à huile est reconnu pour sa production familiale de qualité labellisée bio : huile d'olive tradition, huile d'olive verte, miels…

Annexe 5 — La page « Nos produits » du site de Moulin Victor

Le Moulin Victor

Fabricant et vendeur d'huile d'olive et savon depuis 1932

Accueil | Notre histoire | Le moulin | Huile d'olive | Nos produits | Contact

Huile d'olive | Savonnerie | Produits régionaux

Huile d'olive

Une production à l'ancienne

Le Moulin Victor produit et fabrique, depuis 1932, des huiles de grande qualité produites dans le souci d'une agriculture raisonnée suivant les techniques traditionnelles.

La cueillette des olives est faite manuellement afin de préserver la qualité des olives, grâce à des peignes manuels et pneumatiques. Le broyage des olives est réalisé à l'aide d'une technique mécanique simple sans utilisation de produits chimiques. Cette technique permet d'obtenir une huile d'olive extra vierge.

Nos huiles

Le moulin Victor produit une huile d'olive vierge extra.
Les 1 200 oliviers profitent d'un ensoleillement exceptionnel, ce qui permet de donner un goût fruité et rond à l'huile d'olive.

- Huile d'olive fruité vert
- Huile d'olive du pays
- Huile d'olive d'Italie
- Huile d'olive d'Ombrie
- Huile d'olive au basilic

Les huiles sont proposées en conditionnement de 0,25, 1,2 ou 5 litres.

Moulin Victor - Chemin de l'Espéron - 83 560 Vinon sur Verdon   Mail : contact.victot@wanadoo.fr   Tél : 04 27 28 00 00   Mentions légales

Copyright © 2017 Moulin Victor - Tous droits réservés | Création site : Conseil Web

Annexe 6 Les coffrets cadeaux

Coffret « Apéro »	Coffret « Provençal »
1 tapenade noire provençale 85g 2 tapenades vertes tradition 85g 1 tapenade verte au basilic 85g 1 tapenade noire à la figue 85g 1 tomates séchées basilic 85g	1 tapenade verte tradition 85g 1 tapenade noire provençale 85g 1 tomates séchées basilic 85g 1 huile d'olive fruitée vert extra cuvée Marcel goût subtil 25 cl 1 huile d'olive fruitée vert extra cuvée Paul goût intense 25 cl
Coffret « Découverte »	**Coffret « Soins à l'huile d'olive »**
1 huile d'olive fruitée vert extra cuvée Marcel goût subtil 25 cl 1 huile d'olive fruitée vert extra cuvée Paul goût intense 25 cl 1 huile d'olive au basilic cuvée André extra 25 cl	1 crème de douche 200 ml 1 shampoing 200 ml 1 crème mains 75 ml

Annexe 7 Mentions légales

Raison sociale : SARL Victor Saint-Maur
Siège social : Chemin de l'Espéron
83 560 Vinon-sur-Verdon
E-mail : contact.victor@wanadoo.fr
Tél. : 04 27 28 29 30
Directeurs de la publication : Paul et Catherine Saint-Maur
Hébergeur : Owentis
Siège social : 140 quai du Sartel
59100 Roubaix
Tél. : 03 27 28 29 30
Crédits photographiques :
©Thea Photography - stock.adobe.com
© isaac74 - stock.adobe.com
© Angel Simon - stock.adobe.com
Graphisme et création du site Internet :
SARL Conseil Web, 1 avenue des Alpilles
13210 Saint-Rémy-de-Provence
Tél. : 04 90 45 46 47

1 - Propriété intellectuelle
En accord avec les lois régissant la propriété intellectuelle, la reproduction ou l'utilisation des éléments se trouvant dans ce site Internet, en totalité ou en partie est strictement interdite. Seules sont maintenues les exceptions légales dont notamment la représentation dans le cadre du cercle de famille, la copie privée ou le droit de courte citation. Ainsi, tous les textes, photos, logos, marques et autres éléments reproduits sur ce site sont réservés et protégés par le droit de la propriété intellectuelle (droit auteur, droit voisin, droit des marques...).
Toute représentation totale ou partielle de ce site par quelque procédé que ce soit, sans l'autorisation expresse de l'exploitant du site Internet est interdite et constituerait une contrefaçon sanctionnée par les articles L. 335-2 et suivants du Code de la propriété intellectuelle.

2 - Données personnelles
SARL Victor Saint-Maur s'engage à maintenir confidentielles les données personnelles fournies par l'utilisateur du site et à ne pas les transférer à d'autres sociétés ou organismes. SARL Victor Saint-Maur s'engage à assurer à toute personne qui en fera la demande un droit d'accès, de rectification et de suppression des données la concernant.

4 - Responsabilité
SARL Victor Saint-Maur décline toute responsabilité pour les difficultés rencontrées lors de l'accès à son site ou pour toute défaillance de communication. SARL Victor Saint-Maur se réserve la possibilité de modifier, d'interrompre temporairement ou de façon permanente, toute ou une partie du site, sans préavis. SARL Victor Saint-Maur ne pourra en aucun cas être tenu pour responsable à votre encontre ou à l'encontre d'un tiers de toute modification, interruption ou suspension du site.

5 - Liens hypertextes
La création de liens hypertextes vers le site "www.moulinvictor.fr" est soumis à l'accord préalable du directeur de la publication. Les liens hypertextes établis en direction d'autres sites à partir de "www.moulinvictor.fr" ne sauraient, en aucun cas, engager la responsabilité de la SARL Victor Saint-Maur.

Bonne visite.

FICHE RESSOURCE

1

COMPRENDRE LES CHOIX TECHNOLOGIQUES POUR LA CRÉATION D'UN SITE

Un site Internet est composé d'un ensemble structuré de pages Web, dont l'objectif est d'être visible sur Internet.

I Connaître les différents types de sites Internet

Type de site	Caractéristiques
Le site vitrine	L'objectif est de promouvoir l'activité commerciale et d'assurer une présence sur le Web. Il présente l'entreprise, son offre et les contacts. Le graphisme choisi représente au mieux l'identité de l'entreprise.
Le site carte de visite	Page unique comportant uniquement les informations nécessaires pour entrer en contact avec l'entreprise. La page se termine par .tel
Le site de e-commerce	Permet de vendre les produits et services en ligne hors des points de vente et à l'international. Les internautes peuvent commander et payer *via* le site. La création d'un site e-commerce est plus complexe que celle d'un site vitrine.
Le site événementiel	Créé pour un événement, il permet de communiquer sur l'événement en temps réel (implique une mise à jour régulière).
Le site institutionnel	Présente l'organisation (association, institution, entreprise…) et ses valeurs, sans objectif commercial. Vise à renforcer l'image de l'organisation et à faciliter la mise en relation avec différents acteurs (presse, actionnaires…).

II Choisir un hébergement Web

L'hébergement est le service consistant à stocker 24 heures sur 24 et 7 jours sur 7 l'ensemble des composants (pages, contenus) du site Internet. Il est réalisé sur un serveur connecté à Internet. Il existe deux principaux types d'offres d'hébergement :

Serveur mutualisé	Serveur partagé entre plusieurs clients. Peu cher voire gratuit.
Serveur dédié	Serveur réservé à un seul client. Plus cher mais autonomie totale du client quant aux paramètres d'utilisation du serveur.

Le choix du type d'hébergement dépendra du langage utilisé, de la taille totale des fichiers composant le site et des ressources nécessaires au traitement des données.

III Choisir une adresse Internet (URL)

L'adresse Internet est l'équivalent de l'adresse postale. Chaque page Web est accessible par une URL (*Uniform Resource Locator*), qui se trouve dans la barre d'adresse du navigateur. Elle se compose d'un préfixe « www » (*World Wide Web*) et d'un nom de domaine composé d'une chaîne de caractères et d'une extension.

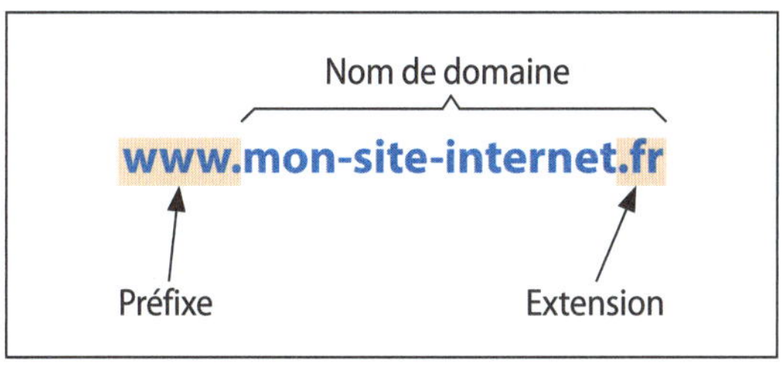

1. Choisir et enregistrer le nom de domaine

Le nom de domaine est le moyen technique de localisation et d'accès aux pages Web. C'est le premier contact avec les visiteurs : sa saisie dans un navigateur Web (Google ou Firefox, par exemple) permet à l'internaute d'accéder à la page Web. Pour le choisir, il faut respecter certaines règles :

- choisir un mot-clé représentant l'entreprise ;
- éviter la marque si elle n'est pas connue et privilégier l'activité de l'entreprise et sa situation géographique ;
- privilégier un mot court, rapide à saisir et facile à mémoriser ;
- proscrire les tirets ;
- ne pas utiliser d'accents ni de caractères spéciaux.

Après avoir vérifié que le nom de domaine choisi n'est pas déjà utilisé, il faut l'enregistrer auprès des organismes officiels (AFNIC, ICANN…). Un nom de domaine est unique et est attribué au premier qui en fait la demande et qui satisfait aux conditions d'attribution. Le nom de domaine n'étant pas protégé au titre de propriété industrielle, il est également recommandé de l'enregistrer sous la forme d'une marque auprès de l'INPI.

2. Choisir une extension

L'extension est choisie en fonction de la clientèle visée :

Clientèle d'un pays	
.fr pour la France, .it pour l'Italie, .de pour l'Allemagne, .eu pour l'Union européenne…	
Clientèle internationale	
.com	Adaptée pour une activité commerciale à dimension internationale.
.net	Souvent choisie par défaut lorsqu'on ne peut pas récupérer l'extension « .com », déjà prise par ceux qui ont créé un second site.
. org	Choisie par les associations ou par les ONG (organisations non gouvernementales).
personnalisée	Extensions descriptives ou sectorielles : « .bike », « .maison », « .bio » ; extensions géographiques : « .Paris », « .Berlin », « .NewYork » ; extensions propres à la marque...

IV Définir la réalisation technique du site

1. Réaliser le site en interne

On pourra recourir à des outils de gestion de contenu (CMS : *Content Management System*), permettant de créer un site ou un blog en transposant automatiquement les textes en langage Web (langage HTML) et proposant des structures et graphismes déjà prédéfinis (*templates*). Il est possible de personnaliser un site créé avec un outil de CMS, à condition de maîtriser les langages informatiques.

Les CMS peuvent être gratuits (Wordpress) ou payants (Joomla), ou encore spécialisés dans le e-commerce (Prestashop). Il existe également des CMS simplifiés, appelés « éditeurs de site », qui permettent de créer rapidement un site en ligne (Weebly, Wix, Jimdo…).

2. Externaliser la réalisation du site

L'entreprise peut choisir de sous-traiter la création du site (par exemple si elle ne dispose pas de ressources humaines compétentes ou si le site qu'elle souhaite est très complexe).

Le prestataire pourra gérer la réservation du nom de domaine, l'hébergement et la création du site lui-même.

FICHE RESSOURCE 2

DÉFINIR LA STRUCTURE ET LES CONTENUS D'UN SITE INTERNET

I Définir l'arborescence

Définir l'arborescence – ou l'architecture – d'un site consiste à représenter graphiquement la structure du site et organiser les différentes pages en hiérarchisant les données et les informations de façon logique. Le schéma part de la page d'accueil, puis identifie les rubriques et sous-rubriques du site, puis les pages correspondantes. La structure doit être simple et logique.

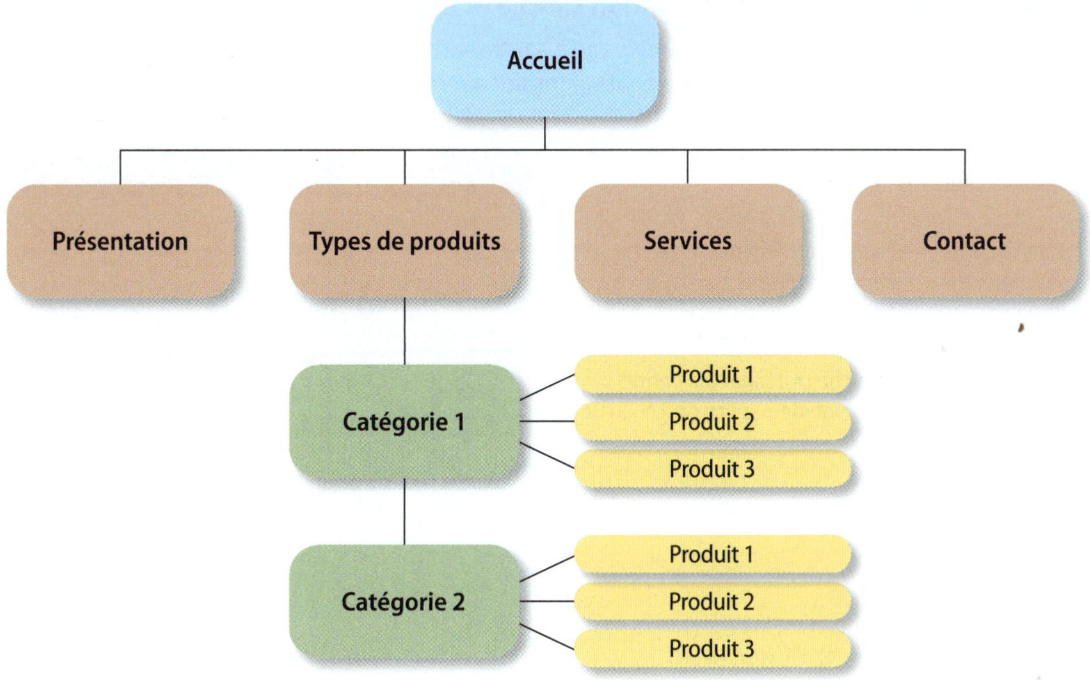

La schématisation de l'arborescence doit permettre :
- une vision d'ensemble du site ;
- de faciliter le parcours de l'internaute : le visiteur doit accéder à l'information de façon simple, intuitive et rapide.

II Définir les contenus

Le contenu d'une page Web est constitué de textes, vidéos, images, graphiques, schémas, dessins ou contenus audio. Avec les contenus publiés sur son site, l'entreprise doit mettre en valeur son savoir-faire et ses produits et/ou services. Elle peut à cet effet publier différents types de contenus : fiches produits, présentation de l'entreprise, *newsletter*, livre blanc…

Les types de contenus sont choisis suivant la stratégie éditoriale du site Internet, c'est-à-dire en fonction des objectifs fixés. Les images et vidéos étant les contenus les plus lourds, il faut veiller à choisir un format qui ne ralentisse pas le chargement des pages :

Image	JPEG (*Joint Photographic Experts Group*). Haute qualité. Format idéal pour les photographies. PNG (*Portable Network Graphics*). Bonne qualité sans perte d'informations à la compression. Idéal pour apporter de la transparence dans les images, indispensable pour intégrer du texte aux images sans trop alourdir le fichier.
Vidéo	AVI (*Audio Video Interleave* – extension : .avi), MP4 (*Moving Picture* – extension .mp4) ou FLV (*Flash Video* – extension .flv). Format de fichier contenant des flux audio et vidéo (ex. : vidéo numérique contenant des images, du son et du texte).

FICHE RESSOURCE 3

DÉFINIR L'ERGONOMIE ET LE GRAPHISME DU SITE

Il est indispensable de réfléchir à l'ergonomie du site, c'est-à-dire au confort de navigation pour les internautes, quel que soit le support d'utilisation.
L'ergonomie englobe, d'une part, la mise à disposition de certaines fonctionnalités facilitant la navigation, et d'autre part, le *design*.

I Optimiser la navigation

1. Favoriser un système de navigation simple et intuitif

L'internaute doit passer facilement d'une page à l'autre sans se demander où il doit cliquer. Le site doit donc permettre un système de navigation intuitif avec :

– un **menu de navigation principal**, clair et bien visible en haut de chaque page	
– un **fil d'Ariane** qui permet à l'internaute de se repérer dans le site à tout moment grâce au chemin de navigation	
– un **moteur de recherche principal** qui permet à l'internaute de trouver rapidement ce qu'il cherche	
– un **formulaire de contact** sur la page d'accueil (*via* une *newsletter* ou non) afin de collecter les coordonnées du visiteur.	

2. Opter pour le *responsive design*

Le site doit être accessible depuis tout support utilisé par les internautes (tablette, PC, smartphone), quels que soient le système d'exploitation (iOS, android, Windows) ou le moteur de recherche (Chrome, Firefox, Safari, Bing…).
Le *responsive design* désigne une conception qui vise à offrir une consultation confortable sur tout support grâce à différents principes et techniques.

II Définir le graphisme du site

Un site doit respecter les règles de *design* afin de rester lisible. Il faut privilégier :
- **la sobriété :** le graphisme doit être simple, épuré et peu chargé (*flat design*) ;
- **la clarté :** se limiter à quelques couleurs, structurer les textes (placer les éléments importants en haut de page), choisir une police de caractères lisible et ne pas les multiplier.

Le graphisme doit également être cohérent avec les valeurs de l'entreprise.

Une **charte graphique,** qui liste les règles d'utilisation des éléments graphiques (logos, couleurs, polices…), sera établie pour conserver une harmonie et une cohérence graphique entre les différentes pages du site.

CONSTRUIRE LES PAGES D'UN SITE

Une page Web est le plus souvent un fichier HTML (*Hypertext Markup Language*) qui peut lui-même contenir d'autres fichiers (images, vidéos, sons, animations). La création d'une page Web est réalisée par le *Webmaster* ou le *Webdesigner*.

Une maquette fonctionnelle (ou *wireframe*) est réalisée pour chaque page Web qui doit contenir de l'information et attirer l'attention de l'internaute.

❶ En-tête (*header*)

Le *header* est un élément fixe qui reste le même quelle que soit la page où l'on se trouve. Il contient :
- le logo de l'entreprise : en haut à gauche, bien visible ;
- la *baseline*, qui renseigne sur l'activité ;
- le menu (7 rubriques maximum) ;
- les liens « transversaux » (que l'on retrouve sur toutes les pages) : plan du site, langues, blog, contact…

❷ Corps de page (*body*)

Divers contenus des pages (textes, vidéos, images, graphiques, schémas, dessins, contenus audio).
Donner un titre et un sous-titre (si nécessaire) pour introduire ces contenus ; privilégier un style et une structure de contenu homogènes sur toutes les pages.

❸ Pied de page (*footer*)

Partie en bas de la page qui reste fixe sur toutes les pages du site. On y trouve principalement les mentions légales, le contact et le plan du site.

Chaque maquette est ensuite traduite et codée dans un langage Web.

FICHE RESSOURCE 5

LES MENTIONS SUR UN SITE INTERNET

I Les mentions légales obligatoires

Tous les sites Internet édités à titre professionnel, qu'ils proposent de la vente en ligne ou non, doivent obligatoirement indiquer les mentions légales suivantes :

Informations sur l'entreprise	– **La dénomination légale :** ♦ entrepreneur individuel : nom, prénom, domicile ♦ société : raison sociale, forme juridique, adresse de l'établissement ou du siège social (et non pas simple boîte postale), montant du capital social – **Les coordonnées de l'entreprise :** adresse postale, mail et numéro de téléphone – **L'identification de l'entreprise** ♦ activité commerciale : n° d'inscription au Registre du commerce et des sociétés (RCS) ; ♦ activité artisanale : n° d'immatriculation au Répertoire des métiers (RM) ; ♦ activité commerciale : n° individuel d'identification fiscale, n° de TVA intracommunautaire ♦ profession réglementée : référence aux règles professionnelles applicables et au titre professionnel ; – **Les noms des directeurs de la publication**
Hébergeur	Nom et coordonnées de l'hébergeur du site (nom, dénomination ou raison sociale, adresse et numéro de téléphone)
Créateur du site	Nom et coordonnées du créateur du site ou du graphisme du site

Le manquement à l'une de ces obligations expose à une sanction pouvant aller jusqu'à un an d'emprisonnement, 75 000 € d'amende pour les personnes physiques et 375 000 € pour les personnes morales.

II Les mentions obligatoires spécifiques aux *cookies*

Un *cookie* est un fichier déposé sur le disque dur lors de la consultation de certains sites Web, qui conserve des informations sur le comportement de l'internaute. Même si le *cookie* ne permet l'identification nominative que si l'internaute s'est déjà enregistré sur le site, les éditeurs de sites ou d'applications doivent obligatoirement informer les internautes de la finalité des *cookies*, obtenir leur consentement, et leur fournir un moyen de les refuser. La durée de validité du consentement est de 13 mois au maximum. Seuls certains *cookies* destinés à mesurer l'audience d'un site sont dispensés du recueil de consentement.

III Les conditions générales d'utilisation (CGU)

Les conditions générales d'utilisation – ou « politique d'utilisation » – ne sont pas obligatoires mais sont fortement recommandées. Elles définissent les règles d'utilisation du site et déterminent la responsabilité de l'éditeur et des visiteurs du site et les sanctions encourues en cas de non-respect. Pour que les CGU soient considérées comme un contrat, elles doivent être acceptées par l'internaute (case à cocher). Il est recommandé d'adapter les CGU à l'activité du site et d'indiquer la date de leur dernière mise à jour. Les CGU regroupent généralement les rubriques suivantes :

Conditions d'accès au site et modalités relatives à la création d'un compte client
Différents services et produits proposés
Propriété intellectuelle : les contenus publiés appartiennent à l'éditeur du site. Cette création est protégée par le Code de la propriété intellectuelle. Cet élément peut être ajouté aux CGU.
Protection des données personnelles
Responsabilité de l'éditeur et ses limites : l'éditeur du site est juridiquement responsable de tout ce qu'il publie directement sur son site (articles, images, vidéos, liens hypertextes, etc.). Dans les CGU, il peut préciser les limites de sa responsabilité.
Responsabilité du visiteur : ce que le visiteur a le droit ou non de faire sur le site
Durée de validité et modalités d'évolution des CGU
Juridiction compétente et droit applicable en cas de litige

Applications

Maîtrise

1 Prendre en compte les choix technologiques d'un site

Capucine Lefevre est une passionnée de cactus : mini-cactus, cactus cierge, cactus boule, avec ou sans épines, avec ou sans fleurs, cactus d'extérieur ou d'intérieur... Il y a trois ans, elle a ouvert au cœur de Paris son magasin, Cacteria, et a créé elle-même son site Internet : http://www.capucine.Lefevre.fr. Grâce à son succès, Capucine Lefevre envisage d'exporter son concept en Grande-Bretagne et d'ouvrir un magasin à Londres. Peu disponible, elle fait appel à l'agence Web où vous travaillez. Votre responsable vous confie la mission d'analyser la situation actuelle de cette entreprise et de la conseiller pour préparer au mieux son arrivée sur le marché britannique.

1 Expliquez à Capucine Lefevre les inconvénients du nom de domaine de son site et les contraintes liées au choix de l'extension « .fr ».

2 Proposez-lui un nouveau nom de domaine adapté au développement de son activité.

3 Vérifiez la disponibilité de ce nouveau nom de domaine à l'aide d'un outil Whois et indiquez quel organisme vous allez contacter pour l'enregistrer.

Document 1 Conseils de votre responsable

« Pour choisir un nom de domaine international, il faut privilégier un nom de domaine original et des sonorités percutantes. Il faut absolument s'assurer que le nom de domaine est facile à prononcer, notamment pour des anglophones, et vérifier que la traduction est possible dans les différentes langues. Enfin, il est indispensable de choisir une extension avec une dimension internationale ! »

Americans try to pronounce french names
Durée : 2'34
liennathan.fr/9u5ee8

Document 2 Allocation du nom de domaine : les rôles de l'ICANN et de l'AFNIC

Afin de réaliser une inscription d'un nom de domaine, les utilisateurs contactent en général un fournisseur d'hébergement Web. En plus de fournir un nom de domaine, ces prestataires offrent aussi d'autres services comme l'adresse e-mail correspondant à l'espace Web pour la création de votre site Internet. Afin de pouvoir enregistrer le nom de domaine, ces fournisseurs doivent au préalable recevoir de la part d'autorité de régulation un agrément. L'AFNIC (Association française pour le nommage Internet en coopération) a notamment pour mission de gérer les domaines Internet nationaux de premier niveau pour la France : *.fr*. Cette association coopère bien évidemment avec l'ICANN (Internet Corportation for Assigned Names and Numbers) qui coordonne l'attribution de domaines dans le monde entier. [...] Le service Whois fournit des informations sur une adresse IP ou sur un nom de domaine. Notamment par exemple la disponibilité d'un nom de domaine [...].

www.1and1.fr, 3 février 2017.

Maîtrise

2 Analyser un site : structure, contenus, ergonomie

Vous travaillez dans une agence Web et vous devez aider une ville à améliorer son site Web. Pour aider votre réflexion, votre supérieur vous demande d'analyser le nouveau site de la ville de Courseulles-sur-Mer. Il met à votre disposition une vidéo réalisée par le service communication de l'entreprise pour vous aider à comprendre l'évolution du site.

1. Indiquez le type du site www.courseulles-sur-mer.com et identifiez les contenus qu'il propose (document 1).
2. Justifiez l'intérêt des atouts mis en évidence dans la vidéo et identifiez les nouvelles fonctionnalités mises en place pour faciliter la navigation sur le site.
3. À l'aide d'une recherche Internet sur le site, représentez graphiquement l'arborescence du site. Le site permet-il une navigation fluide ?

Document Vidéo : Site de Courseulles-sur-Mer

Teaser site internet ville Courseulles-sur-Mer
Durée : 2'23
liennathan.fr/bn82d4

Maîtrise

3 Optimiser l'ergonomie et le graphisme

Hervé Lampion a repris l'entreprise familiale Cycles Lampion, située à Dinard en Bretagne. Spécialisée dans la vente et la réparation de vélos, elle propose également une large gamme d'accessoires pour cyclistes. Pour attirer une clientèle plus jeune, Hervé Lampion souhaite commercialiser une nouvelle gamme d'éclairages qui permet d'éclairer les roues de vélo.
Conscient de la nécessité de faire évoluer son site Internet, déjà ancien, il sollicite votre avis et vous demande de l'améliorer en vous appuyant sur les conseils d'un *Web-designer* indépendant auquel il a fait appel.

1. Pourquoi Hervé Lampion fait-il appel à un *Web-designer* ? quel est son rôle ?
2. Analysez l'ergonomie du site tel qu'il existe aujourd'hui.
3. Proposez une nouvelle page d'accueil pour le site de l'entreprise en tenant compte de la nouvelle offre qu'elle propose. Réalisez la page sur Wordpress ou sur le logiciel de votre choix et argumentez les évolutions que apportez (fonctionnalités, *design*).

Document 1 Vidéo : Qu'est-ce qu'un *Webdesigner* ?

C'est quoi un Webdesigner ?
Durée : 1'59
liennathan.fr/yy2x68

Document 2 La page d'accueil de Cycles Lampion

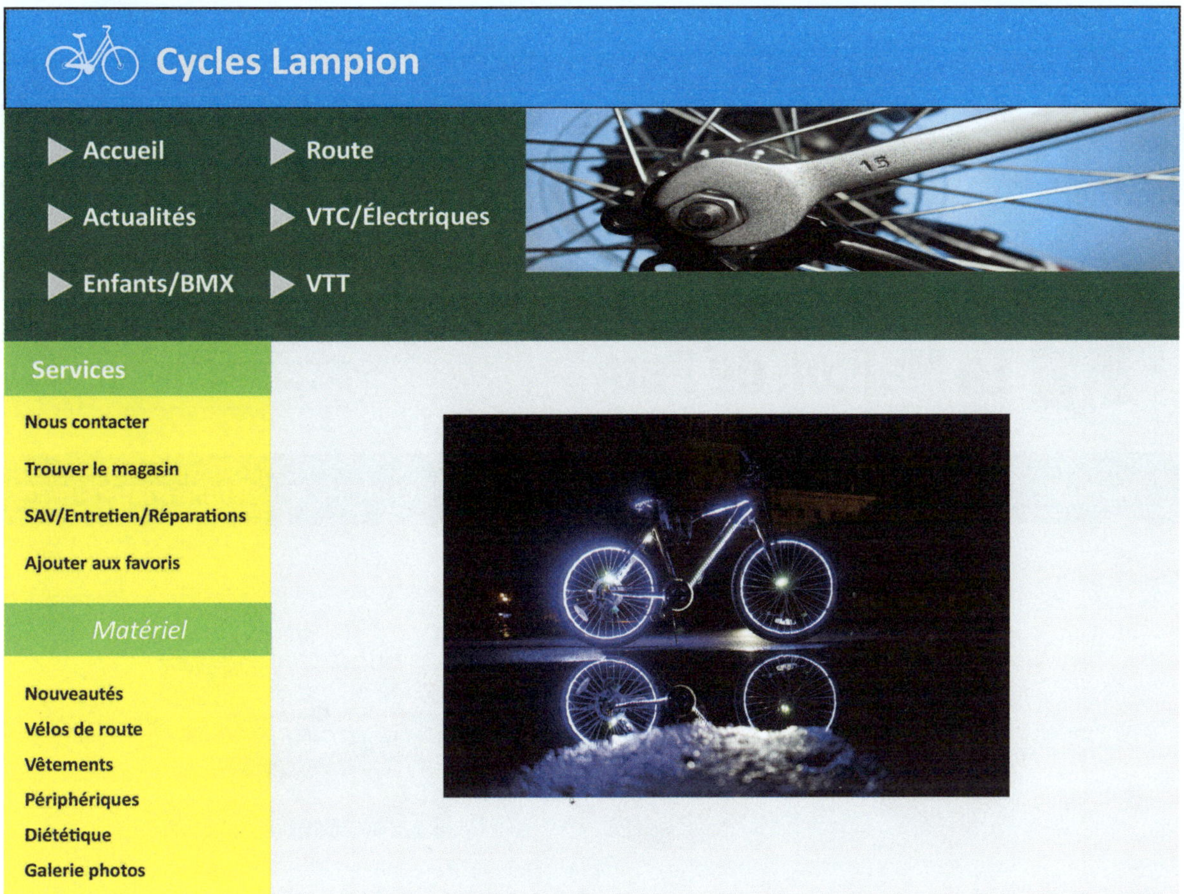

Document 3 Une nouvelle gamme de produits

Cycles Lampion souhaite proposer une gamme d'éclairages pour customiser les roues de vélo. Ce système est réalisé avec des leds (intensité totale de 80 lumens) permettant d'être repéré de loin. Il existe 25 styles différents : à chacun son style !

Fini les phares tout simples et ennuyeux ! Autonomie de 40 heures qui s'active à partir de 15 km/h. Le système est livré avec un antivol et fonctionne aussi bien sur vélo traditionnel que sur un vélo à assistance électrique.

Applications

Expertise

E5-B

4 Optimiser la structure d'un site Internet

La Maison du Pouf, située au centre de Lyon, spécialisée initialement dans les poufs en tout genre, s'est diversifiée progressivement dans le mobilier et accessoires divers permettant d'agrémenter les chambres d'enfants ou d'adolescents.

Son fondateur, Axel Duseat, a créé un premier site Internet en 2015 afin de faire connaître son magasin. Il s'interroge aujourd'hui sur l'évolution de son site, tant pour optimiser son accès que sa présentation générale. Le site n'est plus le reflet de l'élargissement de la gamme proposé à sa clientèle.

Vous êtes stagiaire dans une entreprise de *webdesign* ; votre tuteur vous demande de préparer l'audit du site actuel afin de faire des propositions à Axel Duseat.

1. Définissez une arborescence mieux appropriée à l'évolution de l'entreprise.
2. Proposez 4 alias pertinents par rapport à l'activité de l'entreprise.
3. Proposez un nom de domaine plus approprié.
4. Complétez la page relative aux mentions légales. Quel est le risque pour Axel Duseat ?

Document 1 Page d'accueil du site Internet de La Maison du Pouf

Document 2 — Une diversification indispensable

La Maison du Pouf propose une gamme très étendue de poufs en tous genres : des formes variées (cube, poire, coffre…), une matière adaptée à chacun et un choix de couleurs très important (15 couleurs possibles).
L'entreprise a fait le choix de se diversifier progressivement dans le mobilier et les accessoires divers et variés permettant d'agrémenter la chambre des enfants ou des ados suivant la personnalité de chacun.
Le magasin propose enfin un service de personnalisation et de conseil sur mesure en décoration, et d'aides au financement. Un service de livraison et d'installation complète l'offre.

Document 3 — Le menu du site

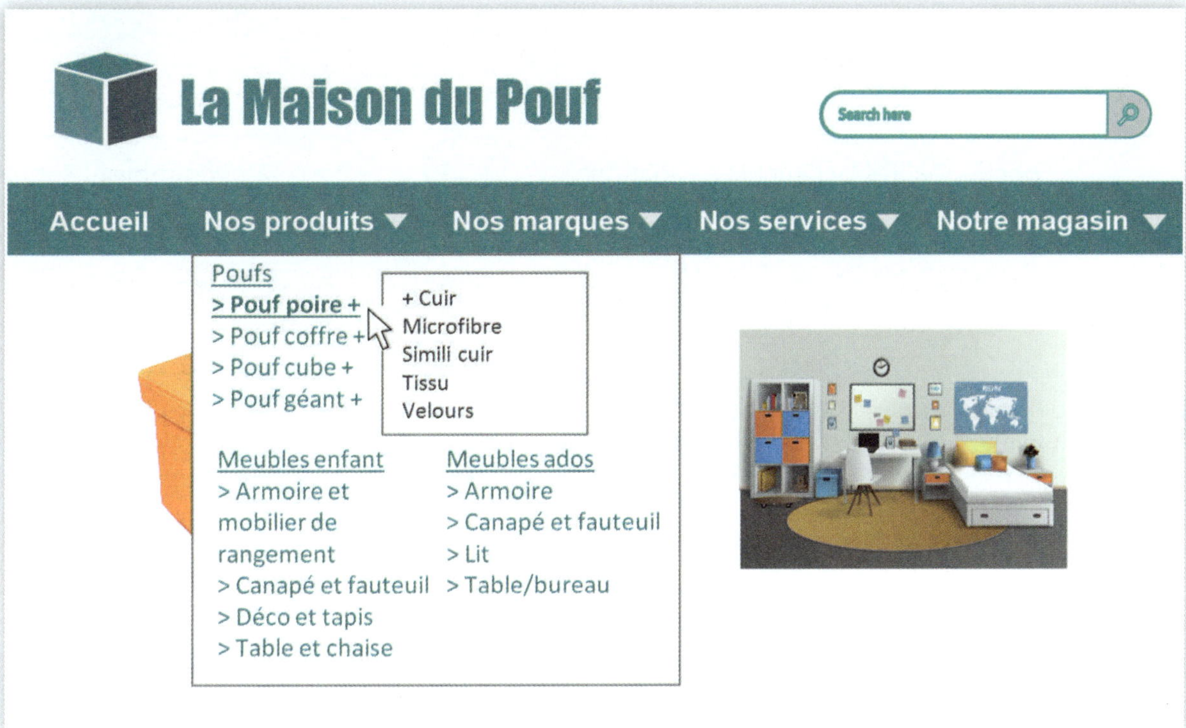

Document 4 — Extrait des mentions légales du site

Maison du Pouf
41 quai de Pierre-Scize
69009 Lyon

Publication et hébergement du site :
Ce site est édité par :
La Maison du Pouf
22 rue du Chemin Vert
69003 Lyon

Le site est hébergé chez OVH
140 quai du Sartel - 59100 Roubaix
(Tél : 0899 701 761).

Réalisation du site :
Paul Michelet
(contact : paul.michelet@yahoo.fr)

Synthèse

Optimiser la structure d'un site vitrine

Comprendre les choix technologiques pour la création d'un site

- Choisir le type de site (site vitrine, carte de visite, site marchand, événementiel ou institutionnel)
- Choisir le type d'hébergement (mutualisé, dédié)
- Choisir un nom de domaine
- Choisir les modalités de réalisation (en interne, en externe)

Définir la structure et les contenus du site Internet

- Définir l'arborescence
- Définir les contenus (choix des textes, vidéos, images…)

Optimiser l'ergonomie du site

- Fonctionnalités facilitant la navigation
- *Design* simple et sobre

Construire la maquette fonctionnelle d'une page Web

- L'en-tête ou *header* (élément fixe)
- Le corps de page ou *body* (variable d'une page à une autre)
- Le pied-de-page ou *footer* (élément fixe)

Mentions du site Internet

- Mentions légales obligatoires :
  - dénomination de l'entreprise
  - nom et coordonnées de l'hébergeur
  - créateur du site
- Mentions obligatoires pour les *cookies*
- Conditions générales d'utilisation (CGU)

TESTEZ-VOUS

Quiz sur le chapitre 8
liennathan.fr/e7z5b8

MOTS CLÉS
Hébergement · Nom de domaine · Extension · Arborescence · Maquette fonctionnelle

CHAPITRE 9

Suivre et optimis[er] le référencemen[t] d'un site

Contexte professionnel

Activité/Tâche
Maintien de la visibilité digitale

Compétence
Produire, publier et assurer la visibilité des contenus digitaux

Vers PIX
1.1. Mener une recherche et une veille d'informations
2.4. S'insérer dans le monde numérique

L'agence « Mariage Insolite », gérée par Justine et Amir, propose l'organisation de mariages « clé en main » haut de gamme, dans des lieux insolites. L'agence se situe à Nîmes et la clientèle se situe principalement dans le Gard.

Justine et Amir ont utilisé le CMS (système de gestion de contenu) Wix pour la conception de leur site vitrine Mariage-Insolite.fr et réfléchissent à une stratégie de référencement à moyen/long terme.

Votre rôle

Vous êtes chargé(e) de référencement Web au sein d'une agence. Vous conseillez Justine et Amir quant à l'optimisation de la position de leur site sur les moteurs de recherche.

Vos objectifs

I Suivre et comprendre l'évolution du référencement d'un site

Vous avez collecté quelques indicateurs afin d'analyser l'origine du trafic sur le site.

1 Expliquez à Justine et Amir ce que signifie « optimiser le référencement naturel » de leur site. — Fiche ressource 1, Annexe 1

2 Comparez les sources de trafic des deux sites Mariage-insolite.fr et de son concurrent MonMariage.fr. Concluez en proposant trois solutions pour améliorer le SEO du site. — Fiche ressource 2, Annexes 2 et 3

3 Quelles informations importantes les indicateurs sur le trafic du site de Mariage insolite vous apportent-ils pour optimiser le référencement du site ? — Annexe 4

II Définir des mots-clés et optimiser leur emplacement

Vous réfléchissez à présent aux mots-clés que saisissent les internautes pour rechercher votre offre.

4 Identifiez les mots-clés fréquemment saisis par les visiteurs du site puis vérifiez qu'ils apparaissent bien sur la page « Prestations » du site (annexe 6). Ces mots-clés correspondent-ils au positionnement de l'entreprise ? Justifiez votre réponse. — Annexes 5 et 6

5 Proposez des mots-clés « longue traîne » que le site de Mariage-insolite.fr pourrait mettre en avant. Vous vous appuierez sur une « recherche associée » sur les mots-clés « organisation mariage original » et sur les témoignages des clients. — Fiche ressource 3, Annexe 7

Vous cherchez désormais à optimiser l'emplacement des mots-clés sur le site.

6 Calculez le taux de clics (clics / impressions × 100) de la page « Prestations » sur les mois de novembre, décembre, janvier et février. Qu'en déduisez-vous ? — Fiche ressource 3, Annexe 8

7 Appréciez la pertinence des balises « *title* » et « méta-description » du site, puis proposez une nouvelle rédaction de ces balises. — Fiche ressource 4, Annexe 9

III Améliorer l'expérience utilisateur et le *netlinking*

Justine et Amir vous demandent de réfléchir à une stratégie pour améliorer l'expérience utilisateur et développer les liens entrants pointant vers leur site.

8 Proposez des solutions afin d'améliorer l'expérience utilisateur sur le site, puis justifiez l'intérêt de ces améliorations pour le référencement du site. — Fiche ressource 5, Annexe 10

9 Appréciez l'idée de Justine et Amir qui souhaiteraient mettre en place un lien entrant (*backlink*) en provenance du blog de Christina Cordula. Proposez d'autres idées de backlink. — Fiche ressource 6

IV Optimiser le référencement payant

Vos conseils ont aidé Justine et Amir à améliorer la position de leur site dans les résultats de recherche. Ils se posent à présent la question de liens publicitaires payants en passant par Google Ads.

10 À quoi correspond « le CPC max » pour l'analyse d'enchère « Organisation d'un mariage en montgolfière » ? Selon vous, pourquoi ce CPC max est-il relativement faible ? — Fiche ressource 7, Annexes 11 et 12

11 Vous choisissez de maximiser les impressions du site et misez sur un CPC maximal à 0,84 €. Comparez le taux de clics et le taux de conversion pour le mois de mars, pour la campagne Ads et pour les résultats naturels. Qu'en déduisez-vous ? — Annexe 13

Votre dossier

Annexe 1 — L'agence « Mariage Insolite »

L'agence « Mariage Insolite » se différencie de la concurrence par une offre originale et éclectique : organisation de mariage dans les airs (en hélicoptère, en montgolfière, en saut en parachute ou suspendus dans les airs par des câbles), organisation de mariage sous l'eau au milieu des poissons, et, plus récemment, mariage dans des lieux insolites comme une grotte, un cirque ou encore un château fort.

Justine et Amir souhaitent développer leur notoriété et donc la visibilité de leur site afin de générer des demandes de contact, de devis ou encore d'inscription à leur *newsletter*. L'objectif est d'assurer la pérennité de leur jeune entreprise.

Justine suit le référencement du site et notamment la position du site dans les résultats de recherche de Google. Le site apparaît en milieu, voire en fin de deuxième page sur les requêtes des internautes liées à l'organisation de mariage. Les statistiques fournies par Google Analytics montrent également que de nombreux internautes partent après avoir consulté une seule page. Justine et Amir sont déçus de ces résultats et souhaitent faire remonter leur site en première page des résultats de recherche.

Annexe 2 — Sources du trafic sur le site Mariage-Insolite.fr

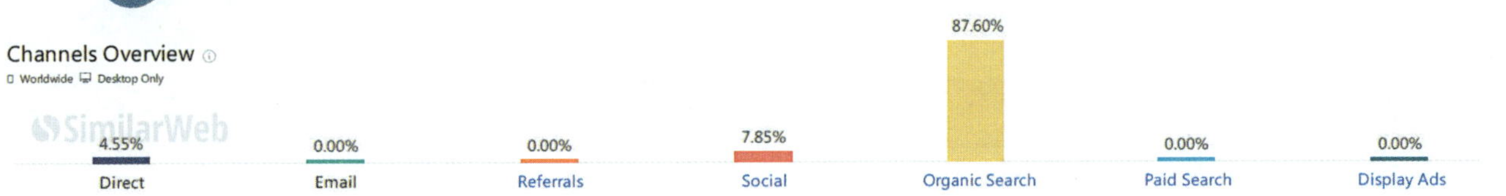

Période de référence : novembre N-1 à janvier N

Source : Similar Web

Direct : l'internaute saisit directement l'URL du site dans la barre du navigateur (ex. : l'internaute saisit : www.Mariage-Insolite.fr).

E-mail : trafic en provenance de liens sur les e-mails envoyés par l'entreprise (*newsletter* par exemple).

***Referrals* :** sites référents qui fournissent un lien vers le site Mariage-Insolite.fr.

***Social* :** trafic généré par les médias sociaux. L'entreprise Mariage-Insolite est présente sur Pinterest, Facebook et Instagram.

***Organic Search* :** trafic correspondant à la recherche naturelle par mots-clés sur les moteurs.

***Paid Search* :** référencement payant, c'est-à-dire les liens commerciaux (annonces) payés par les entreprises. Ces liens apparaissent en général en haut des résultats de recherche.

***Display Ads* :** publicité sur Internet (*display advertising*).

Annexe 3 — Sources du trafic du site concurrent MonMariage.fr

Période de référence : novembre N-1 à janvier N

Source	%	Source	%
Direct	12 %	**Recherche naturelle**	62 %
Sites référents	15 %	**Autres (publicités payantes)**	4 %
Médias sociaux (Facebook, LinkedIn, Twitter)	7 %		

Annexe 4 — Analyse du trafic du site : principaux indicateurs

Période de référence : novembre N-1 à janvier N

Nombre de pages par session*	Taux de rebond**	Supports utilisés***		Durée moyenne des sessions
		Deskstop	Mobile	
1,1	61,6 %	96 %	4 %	00:00:51

* Nombre moyen de pages consultées par visite. ** Correspond au nombre de visiteurs ayant quité le site après avoir consulté une seule page.
*** Le site Mariage-Insolite.fr n'est pas encore responsive.

Annexe 5 — Mots-clés saisis par les internautes arrivant sur le site

Période de référence : novembre N-1 à janvier N

Mot-clé	%
Organisation mariage	39 %
Organisation mariage A à Z	29 %
Autres	16 %
Organisation mariage agence	12 %
Mariage insolite	4 %

Janvier, France, recherches depuis un ordinateur.

Annexe 6 — La page « Prestations » du site

La page « prestation » a été définie comme page d'accueil du site. Elle est organisée en cinq sections.

Mariage Insolite

Prestations | Dans les airs | Sous l'eau | Dans un lieu insolite | Galeries | Blog | Just Married | Contact

VOUS RÊVEZ D'UN **MARIAGE INSOLITE** ET **CLÉ EN MAIN** ?

Nous sommes à vos côtés pour vous accompagner avant, pendant et après cette journée unique !
Notre agence vous propose des prestations qui comprennent la prise en charge de votre mariage de A à Z. Grâce aux compétences de Justine et Amir, vous profiterez pleinement de cette journée !

Avant le mariage, nous réfléchissons avec vous :
- au thème, aux couleurs, à l'ambiance, à la décoration, aux lumières
- au lieu : nous vous proposons des *lieux insolites*
- au traiteur, à l'animation
- à votre coiffure, à votre tenue
- aux invitations, au plan de table, aux cadeaux pour les invités...

Le jour-même, nous gérons également de A à Z :
- la vérification de la décoration sur le lieu de réception le jour J
- le respect du planning le jour J
- l'accueil et le placement des invités
- les animations pour les enfants (maquillage, magicien)

Après le mariage, nous prévoyons le brunch pour les invités le lendemain ainsi que les remerciements. Nous sommes à votre écoute pour vous proposer des prestations clé en main.
Contactez notre agence pour avoir de plus amples informations.

Ancre avec un lien vers la page « Contact » du site

Annexe 7 Témoignages de clients : rubrique « *Just married* » du site

Marion et Samy

Nous avons apprécié le professionnalisme de Justine et Amir ! Nous étions ravis de cette organisation parfaitement maîtrisée de A à Z. Nous voulions un mariage original, unique et nous l'avons eu ! Se marier dans une montgolfière à plus de 100 mètres d'altitude avec une vue exceptionnelle sur la garrigue nîmoise restera un souvenir inoubliable ! Sensation et bonheur !

Manu et Zoé

Le mariage de nos rêves car il n'était pas comme les autres ! Comme personne à vrai dire, l'échange des alliances dans un ULM est un souvenir inoubliable pour nous et notre famille. Cette journée était exceptionnelle. Merci Mariage-Insolite !

Myriam et Rudy

Mon mari est un passionné de plongée depuis des années. J'avoue avoir été réticente au départ, mais la prestation de Mariage-Insolite a été tout simplement époustouflante ! Nous nous sommes dit oui au milieu des poissons et de nos invités avec leurs bouteilles d'oxygène. Inoubliable.

Annexe 8 Trafic de la page « Prestations » du site

	Impressions*	Clics	Position dans les résultats
Novembre N–1	4 800	280	18
Décembre N–1	5 050	295	16
Janvier N	5 200	300	12
Février N	5 900	310	12

Données issues de Search Console

* Affichage dans les résultats de recherche.

Annexe 9 Affichage du site dans les résultats de Google

Organisation de mariage
https://www.mariageinsolite.fr
Vivez un moment extraordinaire et unique avec vos invités ! Nous sommes à votre écoute pour un rendez-vous personnalisé.

‹ Gooooooooooogle ›
Précédent 1 2 3 4 5 6 7 8 9 10 Suivant

Annexe 10 L'arborescence du site Mariage-insolite.fr

Prestations | Dans les airs | Sous l'eau | Dans un lieu insolite | Galeries | Blog ▾ | Just Married | Contact

lien interne

Les pages « Prestations », « Dans les airs », « Sous l'eau », « Dans un lieu insolite », « Galeries », « Blog », « *Just married* » et « Contact » sont des pages d'atterrissage. Seule la page « Prestations », la plus visitée du site, propose un lien interne vers la page « Contact ».

Pages « Dans les airs », « Sous l'eau » et « Dans un lieu insolite » : les prestations sont décrites (lieu, taille du groupe, conditions requises dont certificat médical pour certaines activités).

Page « Galeries » : Justine et Amir postent des photos drôles, émouvantes, originales prises lors des mariages.

Page « *Just married* » : ajoutée récemment par Justine, elle propose des témoignages de jeunes mariés qui ont fait confiance à l'agence.

Rubrique « Blog » : Amir livre ses astuces et conseils et explore les dernières tendances du moment en matière de mariage, même les plus improbables. Récemment, il a publié un article sur la nouvelle tendance : se marier dans un musée. Il fait d'ailleurs référence, grâce à des liens sortants, à des rubriques du site marieclaire.fr, qui explore les blogs tendance en matière de mariage.

Rubrique « Contact » : un formulaire de contact (prénom, nom, e-mail, projet décrit en deux lignes) permet de demander un rendez-vous personnalisé.

Annexe 11 « Découvrez Google Ads »

Comment choisir les bons mots clés ?
Durée : 0'00 à 5'00
liennathan.fr/84s6dj

Annexe 12 Analyse d'enchères : Google Ads

Pour le mot-clé « Organisation d'un mariage en montgolfière » :

CPC max	Clics	Impressions*	Position moyenne**
0,84 €	374	6 200	0,8
0,68 €	356	6 100	1
0,56 €	316	5 420	1,27
0,51 €	306	5 320	1,3
0,47 €	284	5 120	9

* Affichage dans les résultats de recherche. ** Niveau de classement des annonces par rapport à celles qui participent aux mêmes mises en concurrence ; une annonce qui obtient la position 3 indique qu'elle a été diffusée en moyenne en 3e position dans les pages de résultats (la position 0 est la position la plus haute).

Annexe 13 Statistiques Google Ads et Google Analytics

Période : mars N
Mots-clés : **Organisation d'un mariage en montgolfière**
Diffusion tous les jours entre 17 et 22 heures

	Statistiques sur les annonces – Campagne Ads				
	Clics	Impressions	CPC moyen	Position moyenne	RDV obtenus
Diffusion de l'annonce	365	6 100	0,84 €	0,8	18
Résultats naturels	0	0	0	0	0

	Statistiques sur les résultats de recherche naturelle			
	Clics	Impressions	Position moyenne	RDV obtenus
Diffusion de l'annonce	0	0	0	0
Résultats naturels	304	5 555	7,2	12

FICHE RESSOURCE

1

RÉFÉRENCEMENT NATUREL ET MOTEUR DE RECHERCHE

I Le référencement naturel

Le référencement naturel (en anglais *Search Engine Optimization* – SEO – : optimisation du référencement naturel) a pour but d'améliorer le classement d'un site Internet dans les résultats de recherche sur Google, Bing, Yahoo… Cette optimisation du référencement peut être le travail d'un Webmaster, d'un *SEO manager* au sein d'une entreprise ou d'une agence de référencement dans le cadre d'une stratégie d'externalisation.
75 % des internautes commencent leur processus d'achat sur un moteur de recherche, et la majorité d'entre eux se concentre sur les premiers sites listés. Optimiser le référencement d'un site permet donc de générer du trafic, d'entretenir et de maîtriser sa réputation sur Internet.

II Le fonctionnement d'un moteur de recherche

Pour optimiser sa visibilité sur le Web, il faut comprendre comment fonctionne un moteur de recherche.

Phase 1

Lorsqu'un moteur (son robot, plus précisément) explore le Web, il visite puis analyse le contenu des pages web (les mots-clés, actualisation des sites, liens vers d'autres pages). Le moteur indexe ensuite ces pages, c'est-à-dire qu'il les copie et les enregistre dans sa base de données, appelée « index ». L'index de recherche Google recense alors chaque mot de chaque page web. La taille de l'index est aujourd'hui estimée à plus de 130 000 milliards d'URL !

Phase 2

Lorsque les internautes tapent une requête sur Google, Google compare les mots-clés de l'internaute avec ceux développés sur les pages du site de l'entreprise. Le site devra donc avoir développé les bons mots-clés et être clair afin d'être sélectionné par le moteur de recherche et ce, de préférence, dans les tous premiers résultats.
La concurrence est rude puisque Google parcourt environ 20 milliards de pages chaque jour afin de pouvoir répondre de la manière la plus pertinente aux requêtes des internautes.

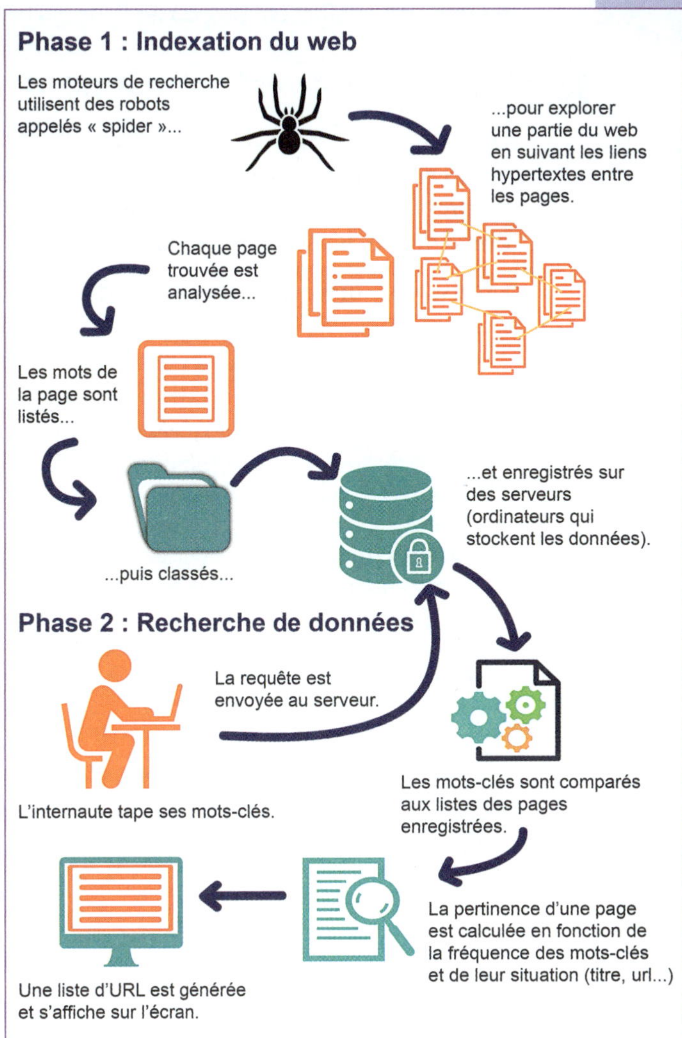

FICHE RESSOURCE

2

SUIVRE ET OPTIMISER LE RÉFÉRENCEMENT

I Suivre le référencement

Lorsque l'internaute tape une requête sur un moteur de recherche, celui-ci classe les sites ou pages susceptibles d'y répondre de manière pertinente et leur donne une position dans les pages de résultats, appelées SERP (*Search Engine Result Page*). Toute entreprise doit suivre régulièrement son référencement à travers quelques grands axes :

– **le site est-il toujours visible ?** Il est important que le site ressorte dans les premiers résultats de recherche ;
– **le site est-il positionné sur les bons termes ?** L'objectif est de savoir si les pages sur lesquelles arrivent les internautes (pages d'atterrissage) sont celles qui correspondent le mieux à leur requête. Une réflexion sur les mots-clés amène un trafic plus ciblé ;

EXEMPLE

Un garage met en avant les mots-clés « changer un pneu ». Ces mots peuvent paraître pertinents, mais l'internaute qui recherche un tutoriel pour savoir comment changer un pneu quittera rapidement la page du garage.

– **quelle est la performance technique du site ?** Il s'agit d'apprécier le temps de chargement, les pages qui ne s'affichent pas, ou les liens qui ne fonctionnent pas.

II Optimiser le référencement

Les moteurs de recherche comme Google fonctionnent avec des algorithmes ou « ensemble de règles » qu'il faut connaître afin d'optimiser le référencement de son site. Chaque moteur aura ses propres critères de classement. Celui de Google évolue constamment (plus de 500 fois par an) et prend même des surnoms (Panda, Pigeon, Colibri…).

On distingue deux grands types de critères permettant d'optimiser le référencement :

Les critères reposant sur le site lui-même	Les critères reposant sur la création de liens
– Le travail sur les mots-clés est primordial. Les mots-clés doivent être en lien avec l'offre de l'organisation et son positionnement. – L'amélioration de l'expérience utilisateur permet également d'optimiser le référencement d'un site : arborescence claire, liens internes entre les pages, site *responsive*, rapidité de chargement des pages… – L'indexation des contenus par le moteur doit être facilité : choix des mots-clés, des balises, liens URL à jour…	Les moteurs comptabilisent les liens qui mènent vers le site ; ces liens leur permettent de mieux comprendre la thématique du site et de déterminer sa popularité. On parle de « *netlinking* » pour désigner ce maillage, cette création de liens avec différents sites, blogs, ou annuaires. L'enjeu pour un site est donc d'obtenir des liens entrants (*backlinks*) de sites réputés, dans des thématiques liées. Google valorise ce critère dans le classement de ses pages.

L'attractivité du site (nombre de clics, nombre de pages vues, temps passé, taux de rebond...) est également un critère valorisé par Google dans son classement. Il est donc important d'animer le site régulièrement pour maintenir son attractivité.

FICHE RESSOURCE

3

IDENTIFIER LES MOTS-CLÉS

Les internautes peuvent rechercher un site spécifique (recherche directe) ou saisir des mots-clés pour une recherche « naturelle » ou « organique », sur un bien ou un service par exemple. Un site qui souhaite améliorer sa visibilité doit donc mettre en avant les « bons » mots-clés, c'est-à-dire ceux saisis par l'internaute qui recherche une information, un produit ou un service. L'entreprise devra utiliser ces mots sur ses pages Web.

I Définition d'un « bon » mot-clé

1 Un bon mot-clé est celui que saisira le prospect dans son moteur de recherche.	Une séance de *brainstorming* permettra de lister tous les mots-clés que les internautes pourront saisir en fonction de leurs attentes. Quels sont les besoins de la cible ? Quels mots utilisera-t-elle pour exprimer ses besoins ? Quel contenu attend-elle ? **EXEMPLE** *Un internaute cherchera davantage une « crème antirides » plutôt qu'une « crème anti-âge ». Il attendra un « contenu » précisant les effets de la crème sur la texture de la peau…*
2 Un bon mot-clé couvre l'ensemble de l'offre de l'entreprise.	Il s'agit de multiplier les mots-clés en conséquence. **EXEMPLE** *Une entreprise qui loue des salles dans la ville de Lyon pourra être présente sur : location salle Lyon, location salle séminaire, location salle de mariage…*
3 Un bon mot-clé est décliné autour d'une thématique, d'un univers lexical permettant d'enrichir le contenu de la page.	Si le site est présent dans plusieurs thèmes, il sera préférable d'avoir une page par thème. Chaque thème sera décliné autour d'une liste de mots-clés. L'utilisation de synonymes et d'un champ lexical varié permettra au moteur de mieux comprendre la thématique de la page (www.synonymes.com). Il faut tenir compte de la densité de mots-clés sur une page (nombre d'apparitions du mot-clé par rapport à l'ensemble des mots présents dans la page) mais il faudra éviter le *spamming* (ne pas surcharger le texte de mots-clés). **EXEMPLE** *« Vacances en famille », « réserver vacances en famille », « séjour en famille »*
4 Un bon mot-clé suit les tendances des requêtes des internautes.	Google Trends peut aider à apprécier la popularité de certaines expressions. Il existe des outils générateurs de mots-clés. **EXEMPLE** *Keyword Tool est un générateur de mots-clés.*
5 Un bon mot-clé ne donne pas de fausse information.	Certains mots-clés sont à exclure car ils ne correspondent pas à l'offre de l'entreprise **EXEMPLE** *« Mariage pas cher » pour l'agence Mariage-Insolite.*
6 Un bon mot-clé peut être rare.	On peut choisir de se positionner sur des mots-clés moins utilisés, moins populaires. On parle de « longue traîne » pour désigner ces mots-clés qui génèrent moins de trafic, et qui sont donc moins concurrentiels. Ces mots-clés peuvent représenter une part non négligeable du trafic total d'un site. L'intérêt sera de se différencier des concurrents et de générer un trafic qualifié. **EXEMPLE** *Une entreprise commercialisant des chaussures de sport peut choisir des mots-clés populaires comme « chaussures » ou « chaussures de sport » ou préférer une longue traîne plus ciblée comme « chaussures de sport Nike en solde pour femmes ».*

II Faire de la veille

1. Les outils de suggestion de mots-clés

L'outil de suggestion de mots-clés de Google (Google Suggest) propose une liste des requêtes les plus demandées et le nombre de résultats à la requête.

2. Les recherches associées

Les recherches Google associées en bas de page peuvent permettent d'élargir le lexique de mots-clés.

3. L'analyse de la concurrence

L'analyse de la concurrence peut aider à la composition de listes de mots-clés. Le vocabulaire utilisé par exemple dans la description des produits peut permettre d'explorer de nouvelles pistes.

4. Les statistiques

La consultation des statistiques du site permet de connaître les mots-clés par lesquels l'internaute arrive sur le site et d'évaluer le trafic lié à chaque mot-clé.
Google Search Console fournit par exemple des statistiques sur la « couverture de l'index » : il cite notamment les problèmes d'indexation rencontrés par Google. Il affiche par exemple les URL affichant une erreur ou encore les pages non indexées car détectées « en doublon ». Google Search Console fournit également des statistiques sur la performance d'une page.

EXEMPLE

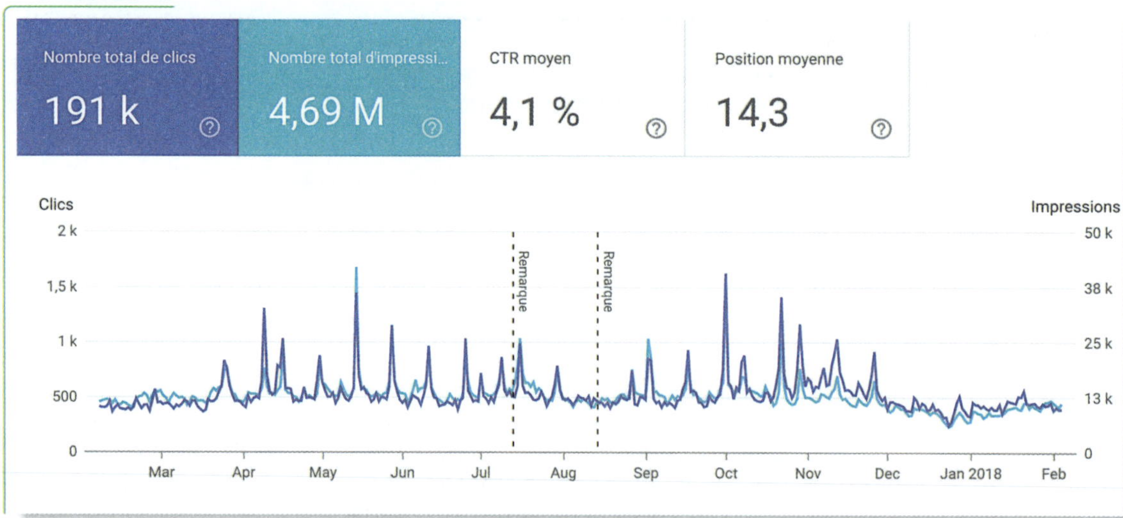

La page est remontée dans les résultats de recherche 4 690 000 fois et a été cliquée 191 000 fois, ce qui fait un CTR (taux de clic) de 191 000 / 4 690 000 × 100 = 4,07 % (taux de clic = nombre de clics / nombre d'impressions × 100).
Cette page génère un trafic important (4 690 000 impressions) mais le taux de clic reste faible (4,1%). Les éléments d'affichage peuvent souvent être améliorés grâce au choix de mots-clés mieux ciblés, notamment le titre de la balise ou encore la description qui s'affichent sous le titre dans les résultats de recherche (balise « Méta description »).

FICHE RESSOURCE

4

L'EMPLACEMENT DES MOTS-CLÉS

L'emplacement des mots-clés dans une page impacte fortement le référencement.

I L'emplacement dans les résultats des moteurs de recherche

1. La balise « *Title* » ou « Titre »

La balise *Title* est utilisée pour décrire le sujet d'une page Web. Elle apparaît dans les résultats des moteurs de recherche (les SERP). Le texte doit être court (environ 70 caractères) pour ne pas être coupé par le moteur et rester lisible par l'internaute. Le titre doit offrir aux internautes un résumé attractif de la page et doit intégrer des mots-clés représentatifs du site.

2. La balise « Méta description »

La balise « Méta description » apparaît sous le titre et l'adresse URL dans les résultats de recherche. Elle décrit le contenu du site et/ou de la page, dans la prolongation du titre. Google affichera entièrement ou partiellement cette description (appelée « Snippet ») selon la longueur du texte. Le moteur tient peu compte de cette balise pour le référencement du site mais accorde une grande importance au nombre de clics sur le lien, qui améliore la position du site dans les résultats.

EXEMPLE :

Résultats de recherche

Oxybul, magasin de jouets, jeux, décoration et puériculture ← Balise *Title*

https://www.oxybul.com/

Découvrez en ce moment notre marque Sensibul pour l'éveil de bébé et la marque Artibul pour les loisirs créatifs de vos enfants. Il y a du talent dans chaque enfant chez Oxybul éveil et jeux ! ← Balise Méta description

II L'emplacement sur les pages Web du site

L'URL	L'adresse du site doit être explicite car elle est la carte de visite de l'entreprise sur tous ses supports de communication. Si l'entreprise est connue, le nom de domaine fera référence à la marque et/ou à l'entreprise (ex. : « www.oxybul.com » sera plus attractif que « www.jouets.com »). Remarquons que chaque page du site aura une URL spécifique qui correspondra au chemin parcouru pour y accéder. Il faut alors choisir des mots-clés spécifiques (ex. : « https://www.oxybul.com/mobilier-et-deco » pour accéder à la page « Décoration et mobilier » du site).
Les titres des pages	Le titre est le texte qui apparaît en premier dans le contenu d'une page. Les intertitres de premier niveau sont aussi très visibles. Un mot-clé placé dans le titre ou dans le haut d'une page sera davantage valorisé que s'il est placé en fin de page.
Le contenu des pages	Il est conseillé d'intégrer des expressions clés dans les premiers paragraphes du texte de la page (sous le titre), puis d'enrichir le reste du contenu avec des synonymes. Les mots-clés déclinés autour d'un thème doivent être présents dans les pages d'atterrissage (page d'accueil, page produit) car les internautes doivent comprendre rapidement que la page répond à leur requête.
La balise « alt » et le texte de l'ancre	**L'attribut « alt »** d'une image indique à Google ce que contient l'image. EXEMPLE Sur Wordpress, le titre de l'image, sa légende et sa description peuvent intégrer des mots-clés pour optimiser le référencement SEO, notamment sur Google Images. Un texte alternatif peut être renseigné si l'image ne s'affiche pas. **Une ancre** est un lien qui permet de se rendre directement sur une position précise de la page d'un site web. L'ancre peut intégrer des mots-clés pour le SEO. EXEMPLE Une ancre « haut de page » qui permettrait de remonter en haut d'un long texte ou encore une ancre permettant de se rendre sur une partie du contenu sans avoir à utiliser la barre de défilement.

FICHE RESSOURCE 5

AMÉLIORER L'EXPÉRIENCE UTILISATEUR

Le site doit être compris par l'internaute et par les robots des moteurs pour deux raisons :
– une expérience utilisateur positive favorise les clics et augmente le temps passé sur le site (et a un impact positif sur le SEO) ;
– le respect de certaines règles de codage informatique améliore la compréhension de la page par les robots et donc l'indexation des pages.

Améliorer la navigation sur le site

– Un fil d'Ariane montre le chemin parcouru par l'internaute et permet de revenir à la page précédente.

EXEMPLE

Sur ce site, le fil d'Ariane permet au visiteur de savoir à quel endroit il se situe dans l'arborescence du site. Les liens intègrent des mots-clés représentatifs de l'offre.

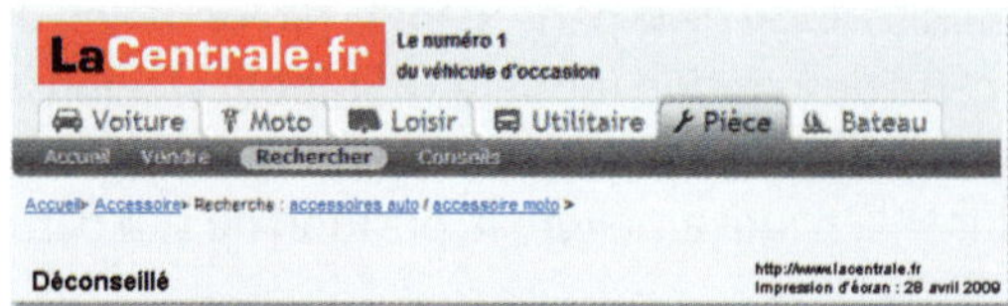

– Le maillage interne du site : il s'agit de créer des liens logiques entre les pages du site. Il est donc préférable que ces pages traitent d'un même sujet, à travers des liens intégrant des mots-clés pertinents. Un maillage cohérent augmente le temps passé sur le site et est valorisé par Google.

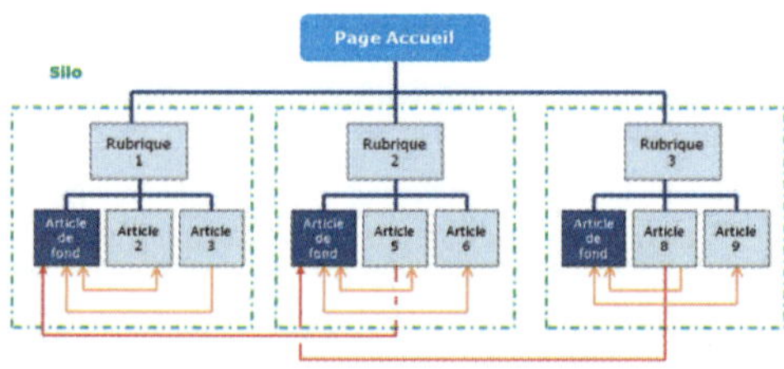

Optimiser la version mobile du site

Le site doit être *responsive* : les pages du site doivent s'adapter aux écrans de smartphones/tablettes pour plus de visibilité. Google intègre ce critère dans son classement et sanctionne les sites non « *mobile friendly* » (texte trop petit, image non adaptée, temps de chargement trop long, menu horizontal…). Les sites doivent désormais être pensés « *mobile first* », en priorité pour la version mobile.

Optimiser le temps de chargement

Le temps de chargement des pages est un critère pris en compte par l'algorithme de Google (3 secondes sur un desktop ou ordinateur, 5 secondes sur un portable en moyenne). Le choix du format des images (JPG, PNG), leur compression pour réduire le poids, le choix de l'hébergeur (dédié ou mutualisé) auront un impact sur le chargement du site.

Proposer des contenus attractifs et originaux

Le contenu doit être attractif et lisible pour l'internaute (contenu structuré, titres descriptifs avec mots-clés) en lien avec la charte éditoriale (couleurs, logo). Google valorise les contenus mis à jour régulièrement ainsi que les contenus uniques et originaux avec un champ lexical riche. Par contre, le moteur sanctionne les sites qui font de la reprise de contenus « le *duplicate content* » (il faut éviter de copier des contenus existants).

Faciliter l'accès au site

– L'inscription à Google Maps permet d'offrir à l'internaute un plan pour situer l'entreprise. C'est d'autant plus important que l'internaute reçoit des résultats également en fonction de sa zone géographique, identifiée à partir de son adresse IP, des réseaux sociaux ou de ses recherches précédentes. Ainsi, les résultats d'une requête « agence immobilière » seront différents selon que l'internaute se situe à Nice ou Lille.
– L'inscription sur Google My Business permet de faire ressortir une fiche présentant l'entreprise (adresse, horaires d'ouverture, modes de contact, lien maps, etc.) dans les résultats de Google. Elle améliore la visibilité et la notoriété de l'entreprise et suscite l'engagement (avis clients).

FICHE RESSOURCE

6

DÉVELOPPER LE *NETLINKING*

Le *netlinking* consiste à développer des liens hypertexte externes avec d'autres pages web.

I Favoriser les liens entrants (*backlink*)

Une entreprise a tout intérêt à obtenir des liens entrants sur son site, c'est-à-dire des liens situés sur un autre site (une entreprise, un blog, une association, un site public…) qui va recommander l'entreprise en proposant un lien vers celle-ci. Ces liens sont appelés « *backlink* ». Ils permettent d'obtenir un trafic qualifié en provenance de ces liens et d'améliorer le référencement naturel du site grâce au développement de sa popularité.
Le principal risque est d'obtenir des liens de mauvaise qualité, risquant de décrédibiliser le site et de nuire à sa e-reputation (son image, sa réputation sur le Web).

II Comprendre la valeur des liens pour Google

Pour Google, tous les liens n'ont pas la même valeur. Google affecte une note à une page Web en fonction de la qualité des liens pointant vers cette page. Cette note s'appelle le *PageRank* (PR).

Un lien de qualité est un lien en provenance d'un site ayant une certaine notoriété, mais Google s'appuie également sur d'autres critères, notamment :
- la thématique du site (cohérente avec le site recommandé) ;
- le propriétaire du site (Google n'apprécie pas qu'un gérant de plusieurs sites fasse des liens entre ses propres sites) ;
- la qualité du *backlink* (le contenu qui contient le lien, le texte de l'ancre lui-même, le texte cliquable), etc.
- l'historique du nom de domaine (de quand date le site/le blog ?) ;

EXEMPLE

Le site La Fourchette insère un lien vers le site d'un nouveau restaurant lillois. Google valorise ce lien entrant vers le site du restaurant car il estime que c'est un lien de qualité. Ce lien entrant permet à ce restaurant d'être mieux placé dans les résultats de recherche des internautes.

III Utiliser les outils pour développer des liens

Le *netlinking* peut se construire dans le temps grâce à une stratégie de contenus et par des échanges de liens avec des partenaires.

Un entreprise peut utiliser les outils du Web 2.0 pour favoriser les liens entrants vers son site :
- créer un profil d'entreprise sur les réseaux sociaux (Viadeo, LinkedIn, Twitter) : ils optimisent la visibilité de l'entreprise en générant du trafic et en augmentant les chances d'obtenir un *backlink* d'un abonné ;
- publier régulièrement sur un blog ou rechercher des blogueurs influents en lien avec l'activité ;
- poster des messages sur des forums liés à l'activité et, avec le temps, proposer des *backlinks* à la communauté ;
- s'inscrire dans des annuaires généralistes (MeilleurDuWeb) ou spécialisés (annuaire.web-automobile). Un annuaire est semblable aux Pages Jaunes, il fournit une liste de liens vers des sites selon des catégories (immobilier, loisirs..) ;
- demander des liens (en ciblant les partenaires) et, par exemple, rédiger un court article présentant l'offre, avec un lien actif vers le site. L'entreprise peut également payer les liens amenant vers son site mais Google valorise davantage les liens naturels.

FICHE RESSOURCE

7

LE RÉFÉRENCEMENT PAYANT

I La notion de référencement payant

Le référencement payant est très souvent utilisé pour les pratiques d'achats d'annonces diffusées dans les résultats des moteurs de recherche. Les termes « *Search Engine Advertising* » (SEA – publicité sur les moteurs de recherche) ou « liens commerciaux » sont également utilisés.
En France, 90 % des investissements des annonceurs (entreprises qui investissent en communication publicitaire pour se faire connaître) dans le domaine du SEA se fait sur Google à travers sa plateforme de liens commerciaux Ads.

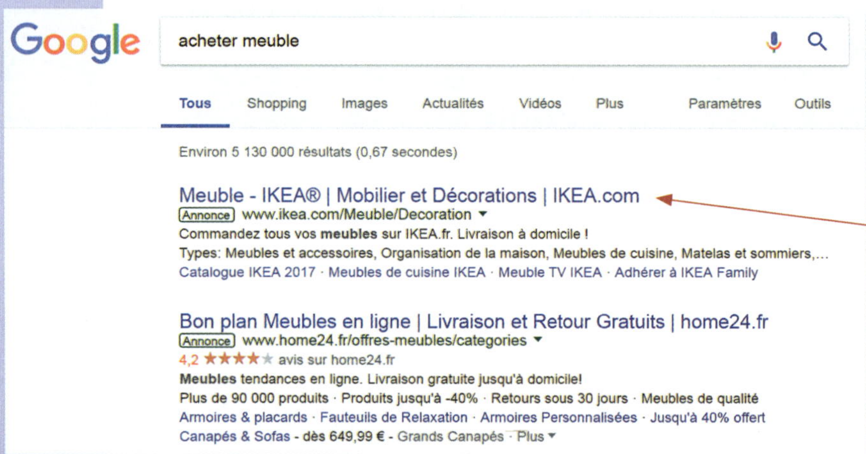

Les liens commerciaux s'affichent généralement au-dessus des résultats naturels des moteurs et parfois également en bas de page. Pour assurer la transparence publicitaire, les liens commerciaux sont normalement clairement identifiés en tant que tels.

II Le fonctionnement de Google Ads

Google Ads est la plateforme de publicité de Google. Elle permet d'afficher des annonces publicitaires en première page de résultats. Le principe de base est que l'annonceur ne paie que lorsque l'internaute clique. Ainsi, contrairement à la publicité traditionnelle, l'annonceur ne paie que pour des internautes a priori intéressés.

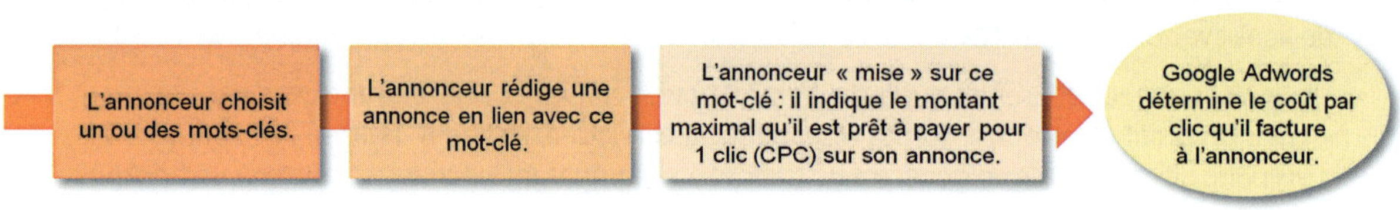

Le **CPC** (coût par clic) choisi par l'annonceur est essentiel, car si l'entreprise établit un CPC à 2 € alors que ses concurrents ont misé au minimum 2,50 € sur le même mot-clé, son annonce n'apparaîtra probablement pas en première page. Google Ads propose donc en pratique un système d'enchères en ligne mettant en concurrence les entreprises sur les mots-clés.
Pour déterminer le coût par clic qu'il facturera à l'annonceur, Google Ads prend en compte le montant de l'enchère de l'entreprise et de la concurrence, mais pas seulement. Il intègre également : la qualité des mots-clés choisis sur l'annonce, le taux de clics attendu en fonction des performances actuelles du site de l'annonceur et le taux de clics attendus de l'annonce.
Au final, le CPC évoluera donc en fonction des concurrents et des critères qualitatifs de l'annonce.

III La mesure de la rentabilité d'un investissement publicitaire

L'entreprise peut mesurer la rentabilité d'un investissement publicitaire en calculant le coût par acquisition (CPA = investissements publicitaires / nombre de clients ou de conversion [inscription à une *newsletter*]).

Applications

Maîtrise

ESA-ESB

1 Identifier les mots-clés et optimiser leur emplacement

Dyena et Lyna ont lancé un site de e-commerce, www.fruitsetlegumesbio.com, qui propose la livraison de paniers de fruits et légumes bio à constituer selon ses envies. Le site est mal placé dans les résultats des moteurs de recherche (fin de 2e voire 3e page). D'après les statistiques de Search Console de Google, les trois quarts du trafic du site proviennent de la recherche naturelle sur les moteurs, principalement *via* les mots-clés « fruits et légumes bio ». Lyna vous a demandé, en tant qu'expert(e) SEO au sein d'une agence de communication digitale, de l'aider à améliorer la position du site. Vous l'interviewez afin de mieux comprendre le concept (document 1).

1. Recherchez sur Google le nombre de résultats sur les mots-clés « fruits et légumes bio ». Que constatez-vous ? Quels sont les résultats des recherches associées ?
2. Indiquez des mots-clés « longue traîne » que le site de Dieyna et Lyna pourrait mettre en avant (document 1).
3. Proposez une optimisation de l'URL du site compte tenu des recherches précédentes.
4. Proposez une balise Titre puis une balise Méta description (maximum 160 mots) pour le site de Lyna et Dieyna.
5. Proposez une nouvelle rédaction de la page d'accueil du site (document 2), prenant en compte les attentes des internautes. Veillez à optimiser son référencement.

Document 1 Votre interview de Lyna

Vous livrez des fruits et légumes bio toutes les semaines. Avec qui travaillez-vous ?
Nous travaillons exclusivement avec des producteurs bio et locaux dans les environs d'Amiens dans la Somme.

Qui sont vos clients et que recherchent-ils ?
Nos clients sont des particuliers, familles, célibataires, urbains ou non. Tous veulent consommer des produits sains, bio, de saison. Ils sont attachés à une consommation locale en circuit court. Ils veulent ainsi favoriser leurs producteurs de la Somme et limiter le transport, dans une optique de développement durable. Leur deuxième motivation est notre service de livraison à domicile, une fois par semaine qui plus est ! La livraison se fait en voiture électrique ou en vélo selon la distance.

Comment votre site est-il structuré ?
Notre arborescence est simple. Nous avons une page dédiée aux fiches produits, avec les indications des producteurs (variété, calibre), notre blog avec des recettes de cuisine et les avis de nos clients, une page dédiée aux conditions de livraison et de paiement.

Document 2 Extrait de la page d'accueil du site (haut de page)

Fruits et légumes bio

Nous avons repéré pour vous des **producteurs de fruits et légumes bio**. Nos partenaires vous garantissent des **produits frais, respectant les critères de l'agriculture biologique**. Nous vous proposons de vous livrer ces fruits et légumes.
Pour cela, il vous suffit de composer votre panier avec les fruits et légumes proposés !

Batavia : 1,50 €
Producteur : Ferme du Levant
Ajouter au panier

Concombre : 1 € pièce
Producteur : Ferme du Marais
Ajouter au panier

Maîtrise

E5-A

2 Évaluer et optimiser le référencement d'un site

Norlinda est architecte d'intérieur à Toulouse. Elle propose aux particuliers le suivi de chantiers, mais surtout des conseils, s'inspirant des dernières tendances en matière d'architecture, de déco et d'aménagement intérieur (cuisine, combles, rénovation de maison ancienne...). Norlinda est réputée pour son style décalé. Ses clients apprécient sa créativité, sa qualité d'écoute et sa maîtrise technique au travers de ses réalisations 3D. Norlinda vise également les professionnels en réaménageant des stands événementiels, des locaux commerciaux ou encore des *showrooms*. Elle cherche à accroître rapidement la visibilité de son site www.archicrea.fr.
Vous êtes consultant(e) en référencement payant ; vous devez conseiller Norlinda par rapport à la mise en place d'une campagne de communication *via* Google Ads.

1. Norlinda vous demande d'analyser l'évolution du référencement naturel de son site. Calculez le taux de clic (clics / impressions × 100) entre novembre et février (document 1). Qu'en déduisez-vous ?
2. Un contrat a été signé grâce au référencement naturel du site durant le mois de février. Calculez le taux de conversion sur ce mois (document 1).
3. Montrez à Norlinda l'intérêt d'un lien commercial *via* Google Ads et expliquez-lui les différentes étapes nécessaires à la mise en place d'une campagne Ads.
4. Expliquez comment trouver les mots-clés sur lesquels Norlinda pourra investir et proposez deux-trois mots-clés.
5. Rédigez l'annonce présentant l'entreprise de Norlinda pour Google Ads : titre de l'annonce, courte description (2 lignes) des services, lien vers le site.
6. Calculez le taux de clic et le taux de conversion (RDV / clics × 100) pour le mois de février suite à la campagne Ads (document 2). Calculez le coût par acquisition (CPA) pour un contrat, puis comparez les résultats obtenus sur Ads par rapport aux résultats naturels (questions 1 et 2).

Document 1 Résultats sur 4 mois : données Google Search Console

	Impressions	Clics	Position dans les résultats
Novembre N-1	900	70	16
Décembre N-1	850	66	15
Janvier N	542	29	18
Février N	544	23	20

Document 2 Statistiques Google Ads / Statistiques Internes – Février N

	Clics	Impressions	CPC moyen	Position moyenne	Contrats obtenus
Diffusion de l'annonce	82	1 230	3,78 €	0,9	6

Expertise

E5-B

3 Optimiser l'expérience utilisateur et développer le *netlinking*

Vous venez d'être recruté(e) chez Cap Sport, une agence de voyages spécialisée dans le tourisme des juniors âgés de 6 à 17 ans. L'agence a été créée il y a quelques mois par William, ancien animateur et ancien directeur de colonies de vacances. Les offres proposées sont réalisées par des producteurs spécialisés dans l'organisation de séjours. L'agence les référence et les propose en ligne *via* son site www.capsport.fr. William vous demande de réfléchir à l'arborescence du site de l'agence réalisée sur le CMS Wordpress et à la mise en place d'une stratégie de *netlinking*.

1. Créez l'arborescence du site en vous appuyant sur la présentation de l'agence en annexe 1 et sur les contenus souhaités en annexe 2.
2. Rédigez un article qui présentera le stage sportif « Moto cross ». Vous insérerez deux liens pertinents qui mènent vers la page « 14-17 ans » et la page « Contact ». Vous veillerez à améliorer son référencement et autoriserez les commentaires.
3. Insérez une carte dynamique Google Maps dans la page « Contact ». Pour les besoins du cas, vous choisirez l'adresse d'une agence de voyage de votre choix.
4. Répondez au commentaire de Manon Bashung publié dans le blog du site.

Document 1 — L'offre de Cap Sport

L'agence propose différents stages sportifs (optimist, catamaran, équitation, canoë-kayak, kitesurf, motocross) en Bretagne (à Trébeurden) et en Auvergne (à Super-Besse). Trois cibles sont visées : les 6-9 ans, les 10-13 ans, les 14-17 ans. Seuls les 6-9 ans ont accès aux stages en optimist. Compte tenu de leur âge, ils peuvent aussi pratiquer l'équitation.
Les stages de kitesurf et de motocross sont réservés aux 14-17 ans. Cette tranche d'âge a accès aux autres stages sauf l'optimist. William souhaite une arborescence structurée en fonction de l'âge des participants.

Document 2 — Stratégie éditoriale prévue pour le site et le référencement

Contenus	Une présentation de l'agence, une présentation des offres, une galerie photo, un blog pour les articles, une page contact avec un formulaire à remplir pour toute demande (rappel d'un conseiller, devis, envoi du catalogue)
Charte graphique	Dominante vert, bleu, blanc, visuels en lien avec les activités

Document 3 — Le stage moto cross

- Stage réservé aux 14-17 ans, lieu : Super-Besse (Auvergne) ;
- Moniteurs diplômés ;
- Moto adaptée selon la taille, le niveau et la force physique ;
- Déroulement : formation à la sécurité, premier tour de piste, debriefing, conduite 2 à 4 heures par jour sur les différents parcours ;
- Autorisation parentale obligatoire pour les mineurs.

Document 4 — Commentaire de Manon Bashung

« Bonjour, j'aimerais savoir si mon fils âgé de 12 ans peut participer à un stage de motocross.

En vous remerciant pour votre réponse,
Cordialement,
Manon Bashung »

Synthèse

Suivre et optimiser le référencement d'un site

L'intérêt d'optimiser le référencement naturel d'un site

- Améliorer la position du site dans les résultats des moteurs de recherche
- Optimiser sa visibilité sur le Web

Prérequis pour optimiser le référencement naturel (SEO)

- Suivre le trafic et analyser les statistiques grâce à différents outils (Google Analytics, Search Console...)
- Comprendre les critères de classement des pages Web par Google

Définir des mots-clés pertinents et leur emplacement

- Définir les bons mots-clés et optimiser leur emplacement (balises titre et métadescription, titres, contenus…)
- Améliorer l'expérience utilisateur (fil d'Ariane, liens internes, site *responsive*...)
- Améliorer le *netlinking* : développer des liens entrants de qualité (*backlinks*)

Choisir le référencement payant ou SEA

- Définir les mots-clés pour l'annonce
- Déterminer un coût par clic (CPC) maximal
- Mesurer la rentabilité de l'investissement publicitaire (clients acquis, trafic généré)

TESTEZ-VOUS

Quiz sur le chapitre 9
liennathan.fr/h2zn28

MOTS CLÉS : Référencement naturel (SEO) · Mot-clé · *Backlink* · Référencement payant · Balise titre · Balise métadescription

CHAPITRE 10

Animer un site vitrine et évaluer son e-trafic

Contexte professionnel

Activité/Tâche
Animation de site et publication de contenus à caractère commercial

Compétence
Produire, publier et assurer la visibilité des contenus digitaux

Vers PIX
2.2. Partager et publier
3.1. Développer des documents textuels

La société de conciergerie d'entreprise « Ongèretout » a été créée par deux amies, Camille et Amal. Camille explique la naissance du concept : « Nous sommes tous à courir après le temps, à faire plusieurs tâches à la fois, d'ailleurs souvent en étant moins efficace ! Notre idée était simple : aider les entreprises à faciliter la vie de leurs salariés, en aidant ces derniers à concilier vie professionnelle et vie personnelle… » Concrètement, c'est l'employeur qui propose et finance pour ses salariés une solution leur permettant de déléguer toutes ces tâches du quotidien à une société spécialisée : ongeretout.com. Ces services sont variés : récupérer des affaires au pressing, laver la voiture, prendre un rendez-vous chez le médecin ou réparer le talon de la chaussure qui s'est cassé le matin même…
Malgré ses débuts prometteurs, la jeune entreprise peine depuis quelques mois à toucher de nouveaux clients. Camille s'est d'ailleurs aperçue que le trafic sur le site avait sensiblement baissé.

Votre rôle

Camille vient de vous recruter en tant que *webmaster* au sein de l'entreprise Ongèretout afin de proposer des solutions pour augmenter le trafic sur le site et générer de nouveaux *leads*.

Vos objectifs

I Analyser le trafic d'un site

Dans un premier temps, vous analysez les statistiques du site Ongeretout.com, qui génère moins de trafic depuis quelques semaines.

1 Après avoir identifié le domaine d'activité de l'entreprise Ongèretout, analysez les KPIs du site puis exposez vos conclusions à Camille. **Fiche ressource 1 / Annexes 1, 2 et 3**

2 Expliquez à Camille comment les *cookies* permettront d'optimiser la navigation sur le site. **Annexe 4**

3 Repérez les différentes sources d'origine du trafic sur le site et proposez des solutions qui permettraient d'augmenter le nombre de visiteurs connus. **Annexe 5**

II Optimiser la page d'accueil et créer une page d'atterrissage

Vous réfléchissez à présent à l'optimisation de la page d'accueil du site et à la création d'une page d'atterrissage pour obtenir des devis en ligne.

4 Appréciez la pertinence du slogan présenté sur la page d'accueil du site puis proposez trois idées d'animations sur des formats différents. **Fiche ressource 2 / Annexes 6 et 7**

5 Appréciez la page d'atterrissage présentée en annexe 8 en vous appuyant sur la méthode AIDA. **Fiche ressource 2 / Annexe 8**

6 Vous souhaitez créer une page d'atterrissage destinée à développer les demandes de devis en ligne. Proposez une maquette de cette page à partir du logiciel de votre choix.

III Animer le site

Vous souhaitez envoyer une *newsletter* à un fichier de prospects entreprises afin de présenter votre nouvelle offre (service de relecture et correction de contenus).

7 Définissez les objectifs de la *newsletter* et listez les bénéfices de cette nouvelle offre (annexe 9). Vous rédigerez son contenu en vous appuyant sur le *template* de l'annexe 10. **Fiche ressource 3 / Annexes 9 et 10**

8 Indiquez si les mentions légales proposées respectent bien la réglementation. Justifiez votre réponse. **Fiche ressource 4 / Annexe 9**

9 Calculez les taux de délivrabilité, d'ouverture, de réactivité, de clic et de désabonnement pour la campagne de *newsletter*. Comparez-les à la moyenne du secteur et analysez ces résultats. **Fiche ressource 5 / Annexes 11 et 12**

10 Réfléchissez aux centres d'intérêt possibles de la persona « directeur/-trice des ressources humaines » et choisissez un thème pour la création d'un livre blanc que vous proposerez en téléchargement gratuit sur le site. **Fiche ressource 6 / Annexe 13**

Votre dossier

Annexe 1 — L'offre de « www.ongeretout.com »

Camille et Amal proposent les services de plus de 3 000 prestataires sur toute la France à tout type d'entreprise soucieuse d'améliorer le bien-être de ses salariés.

Les services de conciergerie proposés aux entreprises pour leurs salariés sont divers :

- recherche d'artisan : un plombier en urgence, un meuble à monter… ;
- urgence parentale : rechercher une nounou, un cours particulier pour un enfant ;
- services divers : réparation de téléphone, service de pressing… ;
- services liés à la maison : ménage, entretien du jardin, déménagement, garde d'animaux, lavage de voiture… ;
- événement : suggestion de sortie pour un client important, recherche d'une salle pour un anniversaire… ;
- services informatiques : organiser une *dropbox*, installer un antivirus…

Ces services sont livrés gratuitement et à la demande directement au bureau du salarié.

Annexe 2 — La conciergerie d'entreprise, comment ça marche ?

L'employeur offre cet abonnement à ses salariés et signe une convention avec Ongeretout.com précisant les règles d'utilisation des services. Les salariés peuvent accéder aux prestations *via* une application mobile dédiée (Apple et Android) qui fonctionne 7 jours sur 7, 24 h sur 24. Des comptes sont activés pour les salariés qui bénéficient d'un « assistant personnel digital » qui peut répondre à **leurs demandes** et rechercher les prestataires compétents.

Ongeretout.com est partenaire de 4 000 prestataires qualifiés sur toute la France. Tous les prestataires (pressing, nounou, prestataire informatique...) répondent aux exigences d'une charte qualité. Ongeretout.com propose trois types d'abonnements :

Abonnements	Prestations	Tarif
Pack Confort mensuel	Toutes les prestations 24 h sur 24 toute l'année	465 € par salarié
Pack Sérénité mensuel	Trois prestations au choix, 24 h sur 24 toute l'année	335 € par salarié
Pack Liberté mensuel	Une prestation au choix 24 h sur 24 toute l'année	215 € par salarié

Les devis se basent sur le nombre de salariés : les tarifs sont dégressifs en fonction des effectifs. Ils intègrent également le nombre de prestations souhaitées (pour les packs Sérénité ou Liberté).

Annexe 3 — Principaux KPI

	Janvier N	Mars N
Nombre de visiteurs uniques*	21 525	24 000
Nombre de pages vues par visiteur	1,65	1,10
Durée moyenne par visite	03:50	02:58
Taux de rebond de la page d'accueil	48 %	59 %
Taux de rebond moyen du site	38 %	42 %
Part des visiteurs connus	40 %	35 %

* *Les visiteurs du site sont des entreprises.*

Annexe 4 — Vidéo : Les *cookies*

J'ai attrapé des cookies
Durée : 2'32
liennathan.fr/84htk3

Annexe 5 — Statistiques sur l'origine du trafic du site (janvier N à mars N)

* Social : Facebook, Twitter

Source : Similar Web.

** Organic search : l'origine du trafic naturel provient des mots-clés « service entreprise », « service conciergerie ».

Selon le type de support, 78 % du trafic provient des mobiles et 22 % des ordinateurs (Desktop).

Annexe 6 — Les motivations des entreprises

Les motivations des entreprises sont diverses :

- réduire la charge mentale des salariés au travail, améliorer leur bien-être et leur moral, réduire leur stress ;
- déléguer des tâches qui peuvent être bien faites par la conciergerie ;
- attirer des talents (salariés convoités), en leur proposant des services différenciants, porteurs d'une vraie valeur ajoutée dans leur quotidien ;
- réduire les désorganisations des équipes de travail, avec des salariés qui doivent parfois gérer des urgences domestiques (ralentissement de la concentration, fatigue, stress, réunions décalées..) ;
- augmenter la productivité des équipes, concentrées sur les objectifs à réaliser (avec davantage de temps disponible) ;
- développer la marque employeur, répondre à une responsabilité sociétale en améliorant le bien-être au travail.

Annexe 7 — La page d'accueil de « ongeretout.com »

Annexe 8 Exemple de page d'atterrissage

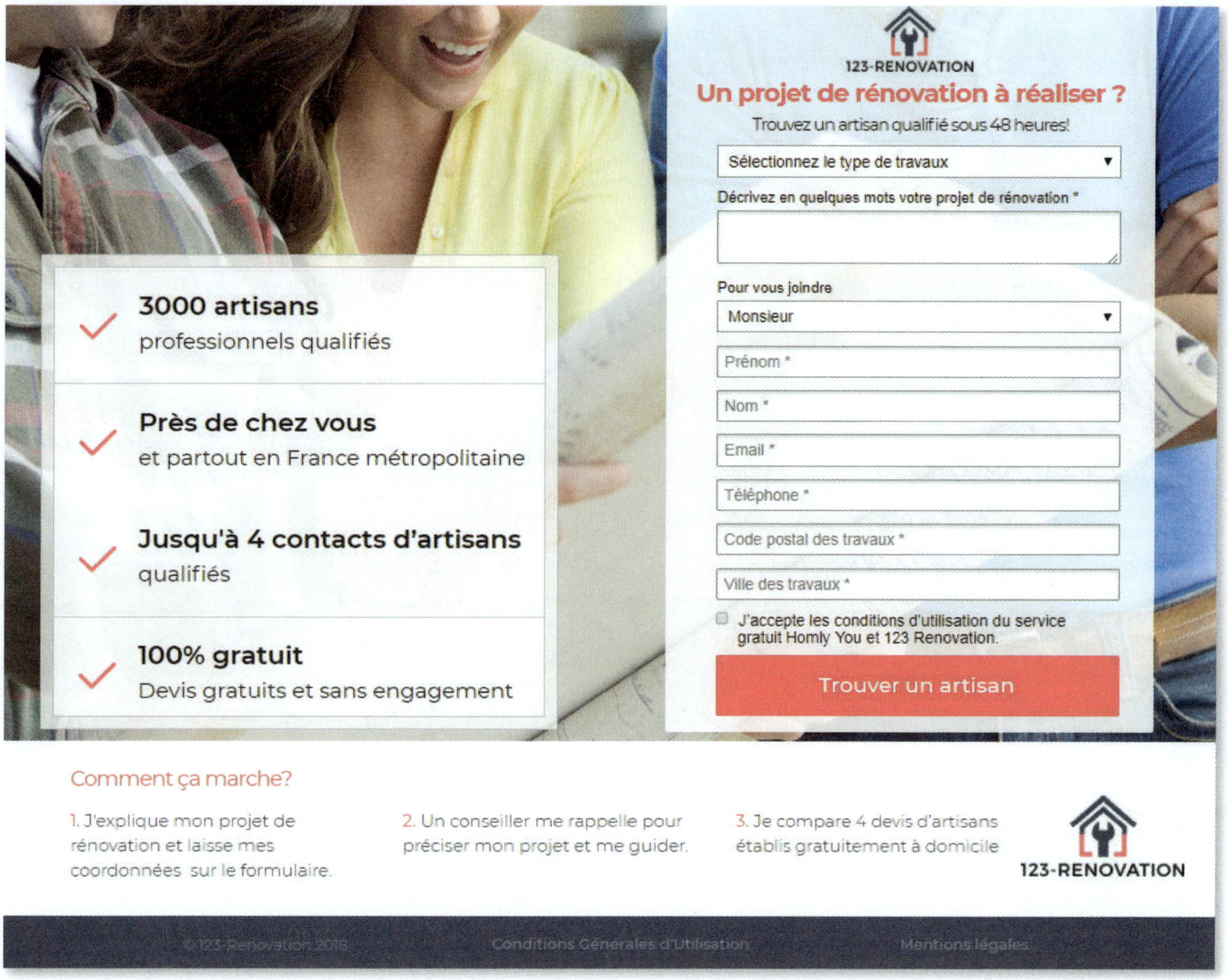

www.123-renovation.fr

Annexe 9 Création de la *newsletter*

Ligne éditoriale	La charte éditoriale doit reprendre le logo de l'entreprise et les couleurs (vert, noir, blanc). Le ton pourra être humoristique, ponctuellement.
Service d'envoi	L'utilisation d'un CMS au choix ou d'un logiciel spécifique (phpList, Mailjet, Mailchimp…) sont conseillés. Le *template* reprendra les éléments de la charte graphique. Si la *newsletter* est créée au format texte, elle devra respecter le *template* (présenté en annexe 10).
Cible	La *newsletter* sera envoyée aux entreprises.
Contenu	« Ongeretout.com » lance un nouveau service à destination des entreprises: la relecture et la correction des documents d'entreprise (fautes d'orthographe, grammaire, syntaxe, suggestion d'idées, mise en page). Les bénéfices client doivent être mis en avant. La *newsletter* redirige vers le site www.ongeretout.com et vers les réseaux (Facebook, Twitter). Un bouton d'appel à l'action dirige vers un formulaire pour une demande de devis. Des visuels adaptés illustrent le contenu.
Mentions légales proposées	« Si vous ne souhaitez pas recevoir notre *newsletter*, merci de cocher cette case ☐ »

Annexe 10 – Exemple de *template* pour la *newsletter*

Annexe 11 – Résultats de la campagne de *newsletter*

Cible : prospects
Contenu de la *newsletter* : présentation de la nouvelle offre / Relecture-correction de documents d'entreprise

Nombre d'e-mails envoyés	560
Nombre d'e-mails délivrés	530
Nombre d'e-mails ouverts	98
Nombre de clics uniques = nombre de cliqueurs	20
Nombre de désinscriptions	1

Annexe 12 – Indicateurs de performance : moyenne du secteur (services aux entreprises)

Taux de délivrabilité	96 %
Taux d'ouverture	19,5 %
Taux de réactivité	10,5 %
Taux de clic	3,7 %
Taux de désabonnement	0,2 %

Annexe 13 – Un exemple de « persona » visée

– Amal et Camille ont ciblé deux types de décideurs : les responsables des CSE et les DRH.
– 80 % de la cible est composée de TPE, PME, ETI et entrepreneurs, artisans.
– 20 % sont des grands comptes (Darty, Orange…) et des professionnels libéraux.
– Amal et Camille ont défini quatre « personas » (ou *buyer personas*), représentatives fictives de leurs clients, dont le/la DRH d'une entreprise de plus de 250 salariés : Isabelle.

ISABELLE - DRH

« Je veux améliorer le bien-être au travail et diminuer les situations de crise »

A besoin d'être rassurée sur la qualité des prestataires, et sur les bénéfices de l'offre pour les salariés

Profil

30 ans
Directrice des ressources humaines
Entreprise de 500 salariés
Cliente récente (4 mois)

Processus d'achat

- Information sur le site puis comparaison avec les concurrents (Jobbers notamment)
- Plusieurs visites du site avant contact téléphonique (inscription à la *newsletter*, téléchargement du livre blanc)
- Appel téléphonique pour s'assurer de la qualité des prestataires
- Devis en ligne
- Bon de commande envoyé par mail après RDV téléphonique

Achats

40 packs Confort proposés aux salariés ayant des responsabilités au sein de l'entreprise

Attitudes

- Connaît peu l'entreprise
- Utilise massivement le digital pour commander et s'informer mais communication orale pour les réclamations
- Très sensible au facteur humain et à l'empathie dans les échanges

Attentes

- Un service de qualité compte tenu du prix par salarié, prix à justifier auprès de sa direction
- Une plateforme interactive et efficace permettant aux salariés d'accéder facilement aux services

Freins / Irritants

- Des prestataires peu qualifiés
- Des problèmes techniques sur la plateforme

FICHE RESSOURCE

1

ANALYSER LE TRAFIC D'UN SITE

I Mettre en place des outils de *tracking*

1. Définition

Le *tracking* (en anglais « *to track* » : chercher, traquer) permet d'observer et d'analyser le comportement d'un internaute : ses déplacements sur le web (visite d'un site, ouverture d'un email, clic sur un lien) sont alors suivis, enregistrés puis analysés.
Le *tracking* permet ainsi de collecter différentes données : adresse IP de l'internaute, pages consultées, durée de visite, position géographique du visiteur, liens ouverts, thèmes recherchés, etc.
Ce « pistage » permet alors de dresser un profil du consommateur, de lui proposer des publicités ciblées ou de revendre ces données à des sites tiers.

2. Les cookies : mémoire des sites web

Le *tracking* s'appuie en grande partie sur les cookies. Il s'agit de fichiers textes envoyés par le serveur du site web que vous visitez. À l'origine, les cookies ont été développés en tant que service pour doter les sites web d'une mémoire, afin d'améliorer l'expérience utilisateur (cookies liés à la session : mémorisation de l'identifiant et du mot de passe pour un site, conservation du panier etc…).
Il existe également des cookies qui vont retenir vos préférences sur le site (articles lus, pages consultées, publicité cliquée) ou des cookies envoyés par des sites tiers comme le bouton « J'aime » de Facebook qui renvoie vos informations de navigation au réseau social.

3. Le cadre juridique des cookies

Chaque cookie a un nom et une date d'expiration. En France, la CNIL recommande que les cookies aient une durée de vie de maximum 13 mois. L'internaute doit donner son consentement préalable avant le dépôt de cookies. Depuis le 1er avril 2021, les sites internet sont obligés d'informer plus clairement les visiteurs sur le rôle de ces « fichiers espions ».

EXEMPLE

Sur le site *Le Monde* : dès l'arrivée sur le site, une fenêtre pop-up s'ouvre : elle donne des informations à l'internaute sur l'utilisation des données collectées grâce aux cookies. L'internaute a le choix d'accepter, de refuser ou de paramétrer les cookies envoyés par ce site.

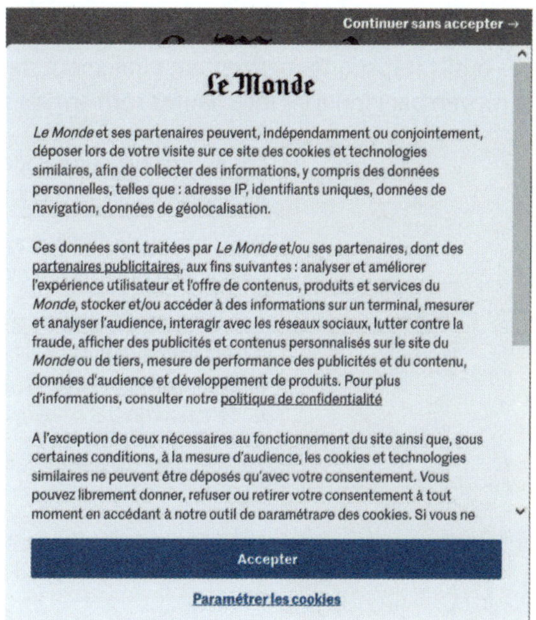

II Connaître les indicateurs de performance ou KPIs

Le calcul des indicateurs de performance (KPI en anglais : *Key Performance Indicators*) permet à l'entreprise d'apprécier l'attractivité de son site et de réfléchir aux moyens de générer davantage de trafic.

Nombre de visites	Google Analytics parle également de « nombre de sessions ». Il s'agit du nombre de visites sur une période donnée (30 minutes au sens de Google Analytics).
Nombre de visiteurs uniques ou utilisateurs	Nombre de personnes qui ont accedé au site durant une période déterminée. Un utilisateur qui se connecte *via* différents terminaux (tablette, smartphone…) sera comptabilisé plusieurs fois même s'il s'agit d'une seule et même personne.
Taux de rebond	Le taux de rebond correspond au nombre de visiteurs ayant quitté le site après avoir consulté une seule page (nombre de rebonds / nombre total de visites × 100). Un taux de rebond de 50 % signifie qu'une visite sur deux ne comprend qu'une seule page vue (souvent la page d'accueil). Le taux de rebond peut être mesuré au niveau d'une page ou au niveau du site.
Nombre de pages vues par visiteur ou par session	Nombre moyen de pages consultées par chaque visiteur (c'est l'indicateur inverse du taux de rebond)
Temps passé par page par visiteur	Temps moyen que passe un visiteur sur une page du site (temps passé sur les pages du site / nombre de pages visitées).
Durée moyenne par visite	Temps moyen de chaque visite sur l'ensemble du site (temps passé sur toutes les pages du site / nombre de visites) : il est en moyenne de 2-3 minutes par site.
Part des visiteurs connus	Permet de mesurer la fidélité des visiteurs connus, c'est-à-dire qui sont déjà venus visiter le site et qui reviennent (nombre de visiteurs connus / nombre total de visiteurs × 100). Permet également de mesurer la part de nouveaux visiteurs sur le site. Un taux de 70 % de visiteurs connus signifie également que 30 % des visiteurs du site sont nouveaux.

III Identifier l'origine du trafic du site

Les outils statistiques permettent également de connaître l'origine du trafic sur le site, c'est-à-dire le moyen par lequel les internautes sont arrivés sur le site :

La recherche naturelle ou « *organic search* »	Correspond au pourcentage de visiteurs qui arrivent sur le site *via* une recherche sur un moteur de recherche comme Google (ex. : l'internaute saisit « cours de danse »)
L'accès direct	Pourcentage de visiteurs ayant saisi directement l'URL du site sur la barre du navigateur (ex. : l'internaute saisit : « ww.ongeretout.com »)
Les sites référents ou « *refferal* »	Pourcentage de visiteurs arrivés sur le site *via* un lien présent sur un autre site : lien d'un partenaire qui choisit de mettre en avant l'offre de l'entreprise ou le lien d'un affilié qui prescrit également les produits ou services de l'entreprise. Il est rémunéré en fonction du trafic envoyé sur le site et en fonction des ventes réalisées.
Les médias sociaux ou « *social* »	Pourcentage de visiteurs arrivés sur le site *via* les médias sociaux (blogs, Facebook, Twitter…)
Le lien sponsorisé ou « *paid search* »	Référencement payant, c'est-à-dire liens commerciaux (annonces) payés par les entreprises. Ces liens apparaissent en général en haut des résultats de recherche.
La publicité payante ou « *display* »	Pourcentage de visiteurs arrivés sur le site en cliquant sur une bannière publicitaire (publicité sur Internet ou *display advertising*).

FICHE RESSOURCE

2

OPTIMISER LA PAGE D'ACCUEIL ET LES PAGES D'ATTERRISSAGE

I Optimiser la page d'accueil

La page d'accueil (*homepage*) doit répondre en quelques secondes au besoin ou au problème de l'internaute. Avant sa conception, il faut :

Présenter l'organisation	Le *header* propose un logo et un slogan attractif et rappelle l'identité de l'organisation.
Définir la proposition de valeur de l'organisation	Elle met en évidence les avantages ou les bénéfices attendus par l'internaute. Elle doit être claire, compréhensible en quelques secondes et pourra être illustrée par des photos ou vidéos. Elle doit refléter l'image de l'entreprise, son positionnement par rapport à la concurrence et retenir l'attention du visiteur par la charte graphique du site (logo, couleurs, *design* global).
Réfléchir au scénario de navigation	La navigation doit être pensée à partir de la page d'accueil. Il est donc nécessaire de définir un menu d'accueil qui renvoie aux pages répondant aux besoins de la cible. Un fil d'ariane facilitera le repérage de l'internaute dans l'arborescence du site.

II Animer la page d'accueil

Sans changement visible de la *homepage*, les visiteurs penseront qu'il n'y a aucune nouveauté sur l'ensemble du site, ce qui accroît le taux de rebond sur la page d'accueil.

Une page d'accueil doit être animée régulièrement	Le site peut proposer des photos, des vidéos, des actualités, etc. **EXEMPLE** Le site peut proposer une vidéo de présentation de produit, des témoignages clients, une inscription à un webinaire (séminaires Web) permettant de collecter des e-mails. Des bandeaux publicitaires peuvent aussi promouvoir des produits phares. Des liens vers les réseaux sociaux peuvent être insérés.
La page d'accueil doit optimiser l'expérience utilisateur	Le temps de chargement doit être rapide (moins de 3 secondes), la page et le site doivent être *responsives*. Des *widgets* (moteur de recherche, panier ou compte client) facilitent la navigation de l'internaute. Enfin, des CTA (« *call To Action* », bouton incitant le visiteur à entreprendre une action) permettent de rediriger du trafic vers d'autres pages du site ou de collecter des données.
La page d'accueil doit être visible	Son référencement SEO doit être optimisé : balise titre, métadescription, mots-clés.

III Optimiser les pages d'atterrissage

1. Définition

Les visiteurs n'arrivent pas forcément en premier sur la page d'accueil. Une page d'atterrissage ou *landing page* désigne la page sur laquelle arrive l'internaute, soit en cliquant sur un lien commercial ou un bandeau publicitaire, soit à l'issue d'une recherche naturelle sur un moteur de recherche. Une page d'accueil ainsi que toute autre page du site peuvent donc être des pages d'atterrissage.

EXEMPLE

Un internaute qui recherche un séjour en Islande peut arriver sur la page d'accueil du site de l'agence de voyages ou bien sur la page dédiée à l'Islande.

2. Les types de pages d'atterrissage

Il existe différents types de pages d'atterrissage :

Types de pages	Description
Page de clic	Cette page d'atterrissage comporte un CTA (*call to action*, formulation incitant le contact à entreprendre une action : « cliquez ici »...) visant à inciter l'internaute à cliquer pour arriver sur une autre page d'action. EXEMPLE Une entreprise de téléphonie mobile insère un bouton d'appel à l'action « Choisir une formule d'abonnement » qui amène les internautes vers les différentes offres d'abonnement.
Splash page ou écran d'accueil	De courte durée, elle apparaît avant que l'internaute accède au site et peut être fermée par lui. Souvent composée uniquement d'une animation ou d'une vidéo, son rôle est généralement publicitaire. Son utilisation est plutôt déconseillée car elle provoque des abandons de visites. EXEMPLE Lorsque l'internaute arrive sur le site Allociné, une *splash page* apparaît pour présenter la dernière nouveauté cinéma. L'internaute doit fermer la fenêtre pour arriver sur le site.
Page de génération de *leads*	Cette page comprend en général un formulaire avec plusieurs champs, que ce soit pour la réalisation d'un devis, le téléchargement d'un livre blanc, d'une vidéo ou d'une plaquette ou l'inscription à une *newsletter*. Elle peut être précédée d'un bouton CTA. EXEMPLE Un artisan pourra créer une page d'atterrissage spécifique destiné à inciter le visiteur à demander un devis en remplissant un formulaire.

3. L'optimisation de la page d'atterrissage

Une page d'atterrissage peut être optimisée grâce à la méthode AIDA :

A (accroche) : Il s'agit d'attirer l'attention de l'internaute grâce à un slogan accrocheur, aux visuels (logo, image), et à la charte graphique.

I (intérêt) : La page met en avant l'intérêt de l'offre : sa promesse ou son bénéfice principal.

D (désir) : Les bénéfices clients sont développés de manière claire et structurée afin de susciter le désir de l'internaute.

La page doit inciter à l'action (inscription à un webinaire, téléchargement d'un livre blanc, demande de devis..) grâce à des boutons d'appels à l'action (CTA) composés de textes courts (« téléchargez », « inscrivez-vous ») et repérables grâce à un encadré ou à une couleur.

Des éléments de réassurance apparaissent en pied de page et visent à rassurer les visiteurs (coordonnées, numéro de téléphone, mail, témoignages clients, certifications, liens vers les réseaux sociaux, recueil du consentement pour l'envoi de mails etc.).

FICHE RESSOURCE

3

METTRE EN PLACE UNE *NEWSLETTER*

I Comprendre le principe de la *newsletter*

Une *newsletter* désigne un e-mail envoyé à des abonnés, qui ont accepté de le recevoir (souvent des clients abonnés ou des personnes déjà en contact avec l'émetteur de la *newsletter*). Contrairement à l'e-mail commercial, la *newsletter* vise avant tout à fidéliser et à informer les abonnés.

EXEMPLE

Sélection de nouveaux produits, lettre d'information, *storytelling* sur la marque...

Une *newsletter* reste ponctuelle mais régulière, contrairement à l'e-mail commercial qui peut être envoyé massivement lors d'un événement particulier (premier jour de soldes par exemple).

II Rédiger une *newsletter*

Avant de créer une *newsletter*, il faut :

Déterminer les objectifs et la cible	L'objectif classique est d'informer les abonnés d'un événement (salon, vente privée, promotion…).
Sélectionner le service d'envoi	La *newsletter* peut être créée et envoyée à partir d'une application de gestion de contenus (CMS) ou de logiciels spécifiques (MailChimp, Sarbacane, phpList...).
Définir la ligne éditoriale	Il faut choisir un ton (informatif, humoristique...) et une charte éditoriale (logo, couleurs, choix du format (ou *template*).

Une fois ces éléments définis, il faut rédiger le contenu de la *newsletter* en intégrant les rubriques suivantes :

Un expéditeur et un destinataire	Le destinataire peut être personnalisé (prénom, nom…) afin que le prospect/client se sente privilégié. L'expéditeur est l'entreprise (ou un prénom/nom d'une personne de l'entreprise suivie de la raison sociale pour éviter de tomber dans les courriers indésirables).
Une accroche	L'objet doit être attractif et annoncer le contenu de la lettre (ex. : « invitation au salon Bio »). La métadescription (sous l'objet du mail) met en avant les mots-clés représentatifs du contenu (ex. : 200 producteurs vous proposent leurs produits locaux et bio à prix salon).
Un en-tête	Il comprend le logo et le titre de la *newsletter*.
Un corps de page	– Il est structuré en blocs ou rubriques permettant une lecture rapide. – Le contenu est varié (textes courts, vidéos, liens vers le blog du site…). Le format choisi devra être *responsive*. – Des boutons d'appels à l'action repérables permettent d'orienter le lecteur (« cliquez ici »). – La lettre ne comportera aucune faute (grammaire, orthographe, syntaxe).
Un pied de page	Il contient les obligations légales : un lien permettant de se désabonner ainsi que le respect du RGPD (droit d'accès, de rectification des données par le destinataire, ainsi qu'un droit d'opposition au traitement de ces données et un droit d'effacement).

FICHE RESSOURCE

4

RESPECTER LES OBLIGATIONS LÉGALES LIÉES À L'ENVOI D'E-MAILS

I Les obligations pour les particuliers : l'*opt-in*

Pour envoyer un e-mail commercial (ou SMS, MMS, ou fax), il est obligatoire d'obtenir l'accord préalable du destinataire. Cet accord est appelé « *opt-in* ». La réglementation définit quelques principes et recommandations :

Principe de l'*opt-in*	Il est interdit d'inscrire automatiquement, sans son consentement, l'internaute à des campagnes d'e-mailing ou de lui proposer une case déjà précochée pour recueillir son consentement. L'internaute doit donner librement son accord, par une mention explicite. **EXEMPLE** ☐ Je souhaite recevoir les offres de telle entreprise ☐ Je souhaite m'abonner à la *newsletter*… L'entreprise doit pouvoir prouver que toutes les personnes inscrites à sa *newsletter* ont donné leur consentement.
Recommandation du double *opt-in*	Dans le cadre du RGPD (Règlement général sur la protection des données), il est recommandé aux entreprises en *B to C* de mettre en place un système de double *opt-in* qui consiste à vérifier deux fois le consentement du destinataire : une première fois lorsqu'il coche une case autorisant l'envoi de *newsletters* et une seconde fois lorsqu'il clique sur un lien présent dans un e-mail de vérification.
Droit de se désabonner	L'e-mail envoyé doit proposer un moyen simple de se désabonner (lien par exemple).
Droit d'être informé et de s'opposer	Les utilisateurs sont informés de l'utilisation de leur adresse électronique à des fins de prospection. Ils bénéficient d'une procédure simple (lien par exemple) pour modifier ou supprimer leurs données personnelles. Ils peuvent également s'opposer au traitement de leurs données pour un profilage (ex. : case à cocher). Le profilage consiste à collecter progressivement et automatiquement des données personnelles sur les visiteurs d'un site afin de réaliser leur profil. **EXEMPLE** L'internaute donne son prénom et une adresse e-mail en échange d'un *e-book*, puis, lors d'une autre action marketing, il communique sa date de naissance, son téléphone ou son adresse…
Exceptions à l'*opt-in*	Cette obligation ne s'applique pas aux clients de l'entreprise ou aux prospects ayant déjà reçu une offre analogue à celle proposée par la *newsletter*. L'*opt-in* n'est pas obligatoire si le contenu du mail n'est pas de nature commerciale (ex. : mail d'action caritative).

II Les obligations pour les professionnels : l'*opt-out*

En *B to B*, il est possible d'envoyer des e-mails à une entreprise sans le consentement explicite du destinataire (principe de l'*opt-out*), sous réserve que l'offre soit en lien avec l'activité de l'entreprise et à condition de :
– l'informer, au moment du recueil des données, que son adresse électronique est utilisée à des fins de prospection ;
– lui donner un moyen simple et gratuit de s'opposer à la réception de nouveaux e-mails (par exemple en cochant une case).

FICHE RESSOURCE

5

PROGRAMMER ET ÉVALUER L'ENVOI D'UNE *NEWSLETTER*

I Programmer les envois

Il est nécessaire d'adapter la fréquence d'envoi des *newsletters* pour que la marque reste présente dans l'esprit des abonnés, en les incitant à visiter régulièrement le site sans toutefois devenir du spam (contenu indésirable). Des logiciels gratuits ou payants (Sarbacane, phpList, MailChimp...) permettent la gestion d'une base de destinataires qualifiés, l'envoi d'e-mailing ainsi que la gestion automatique des abonnés (les abonnés peuvent se désinscrire et/ou modifier leur adresse e-mail eux-mêmes).

II Connaître les principaux indicateurs de performance

Les statistiques des campagnes de e-mailing sont généralement fournies par les éditeurs de logiciels de e-mailing.

Indicateur	Formule	Commentaire
Taux de délivrabilité	$\frac{\text{E-mails délivrés}}{\text{e-mails envoyés}} \times 100$	*Un taux de délivrabilité de 60 % signifie que 40 % des envois n'ont pas été délivrés (mails non valides ou mis dans les spams).*
Taux d'ouverture	$\frac{\text{E-mails ouverts}}{\text{e-mails délivrés}} \times 100$	*Un taux d'ouverture de 35 % signifie que seul un e-mail délivré sur trois a été ouvert par le destinataire (pertinence de l'objet de l'e-mail, de la réputation de l'expéditeur...).*
Taux de réactivité	$\frac{\text{Nombre de cliqueurs}}{\text{e-mails ouverts}} \times 100$	*Un taux de réactivité de 50 % signifie que la moitié des destinataires ayant ouvert l'e-mail a au moins cliqué une fois sur un contenu (pertinence des contenus proposés).*
Taux de clics	$\frac{\text{Nombre de cliqueurs}}{\text{e-mails délivrés}} \times 100$	*Un taux de clics de 30 % signifie que 30 % des destinataires ont cliqué sur le message de l'e-mail, sans toutefois l'ouvrir (pertinence des liens et textes proposés en haut du message).*
Taux de désinscription	$\frac{\text{Nombre de désinscriptions}}{\text{e-mails délivrés}} \times 100$	*Les abonnés conservent le droit de se désabonner à tout moment (respect du RGPD).*

III L'analyse des indicateurs

Les statistiques varient fortement en fonction de paramètres divers :
- secteur d'activité ;
- cible : *B2B, B2C, B2G* ;
- pertinence des contenus proposés ;
- campagne d'e-mailing : les campagnes de fidélisation dans le cadre de l'envoi d'une *newsletter* génèrent un taux d'ouverture trois plus élevé en moyenne que les campagnes d'acquisition ;
- réputation de l'expéditeur (respect de l'*opt-in* notamment) ;
- support de lecture : tablette, ordinateur, smartphone. Les e-mails *responsive* obtiennent de meilleurs résultats que les e-mails non *responsive* ;
- type d'e-mail envoyé : par exemple, les e-mails transactionnels (envoyés suite à une transaction ou suite à une inscription à la *newsletter*) ont en général un fort taux d'ouverture car ils sont attendus par les destinataires.

FICHE RESSOURCE

6

ANIMER UN SITE AVEC UN QUIZZ, UN CONCOURS OU UN LIVRE BLANC

I Animer avec un quizz

Le quizz est apprécié des visiteurs car il fournit un contenu personnalisé.

Choisir le sujet	Il est primordial de se poser la question des attentes de la cible et d'observer les tendances du moment en matière de quizz. Par exemple, une agence de voyages peut proposer un quizz : « Quel pays du monde vous correspond le plus ? »
Choisir le type de quizz	Il existe deux grands types de quizz : – le quizz avec un score chiffré (ex. : « Quel est votre niveau d'expertise en matière de *community management* ? » : l'internaute obtiendra un score en pourcentage de bonnes réponses) ; – le quizz qui fournit des résultats sous forme de portrait de l'utilisateur (ex. : « Quel type de leader êtes-vous ? »)
Réfléchir au contenu du quizz puis le tester	Le nombre de questions doit être adapté (on peut envisager plus de 10 questions pour des internautes passionnés sur un thème précis). Les questions peuvent permettre d'obtenir des informations sur les centres d'intérêt des internautes afin d'adapter les propositions commerciales (ex. : « Quelle est la forme de votre visage ? » permettra à un opticien de suggérer des montures adaptées).
Choisir le moyen de création	Des outils permettent de créer des quizz, de même que certaines applications de gestion de contenus (CMS).
Garantir le partage du quizz	L'utilisateur satisfait de son expérience aura envie de partager le quizz. Il faut donc prévoir des boutons de partage, notamment sur les réseaux sociaux.

II Animer avec un livre blanc

Un livre blanc traite de sujets maîtrisés par l'entreprise. Pour créer un livre blanc, il faut :

Définir des objectifs	Le but principal est de susciter l'intérêt des prospects et clients pour l'offre de l'entreprise en démontrant son expertise. Les objectifs associés peuvent être d'améliorer la notoriété, de prospecter dans une démarche de *social selling* en *B to B* ou de fidéliser les clients actuels.
Identifier sa cible et ses centres d'intérêt	Un travail de veille sur le marché, sur les concurrents, sur les besoins de la cible, des séances de *brainstorming* sont déterminants dans le choix du thème.
Définir son plan de rédaction	Le livre blanc doit suivre une construction logique avec une page de garde présentant le titre et une vision globale du contenu, une introduction, des idées structurées en titres et sous-titres, une conclusion et des références. Les infographies, témoignages, chiffres sont nombreux et viennent appuyer le discours. Un livre blanc comporte en moyenne une dizaine de pages.
Soigner sa rédaction	Le style doit être neutre (éviter une autopromotion trop visible). Le livre blanc doit mettre en valeur l'expertise de l'entreprise, de manière simple et synthétique.
Soigner le titre	Il faut choisir un titre en réfléchissant aux mots-clés recherchés par la cible ainsi que la page d'atterrissage permettant de télécharger le livre blanc.
Communiquer sur le contenu	La communication doit se faire notamment *via* le site Internet et les réseaux sociaux (boutons de partage).

III Animer avec un concours

L'entreprise peut organiser un concours pour générer du trafic sur son site, faire connaître un produit ou un service lors de la phase de lancement, collecter les e-mails des internautes pour des campagnes marketing, développer sa notoriété…

L'entreprise doit se fixer des objectifs liés au concours : taux de participation au concours, nombre de pages vues, nombre d'e-mails collectés, retour sur investissement, nombre d'*opt-in* obtenus, nombre de clients acquis à terme…

Applications

Maîtrise

E5-B

1 Créer une page d'atterrissage et animer un site

Vous travaillez depuis quelques mois au sein d'une agence de communication digitale, www.Safari.com, en tant que *Webmaster* junior. L'agence, spécialisée jusque-là dans le référencement des sites et blogs, souhaite lancer une nouvelle offre : la refonte ou rénovation des sites vitrines. Votre notoriété est forte dans le domaine du référencement et votre agence travaille pour des grands comptes comme Orange ou L'Oréal. L'agence a obtenu récemment le prix de l'innovation digitale, décerné par une communauté d'experts. L'équipe est réactive aux demandes des clients, notamment *via* le compte Twitter de l'agence. Votre responsable vous demande de réfléchir à la mise en place d'une page d'atterrissage pour la nouvelle offre (document 2). Cette page intègrera un formulaire et reprendra la charte graphique du site (jaune et blanc).

1. Après avoir visionné la vidéo (document 1), réfléchissez aux objectifs de votre page d'atterrissage, à la cible, aux données à collecter sur le formulaire et, enfin, au bouton d'appel à l'action.
2. Rédigez et mettez en forme la page d'atterrissage en réfléchissant à l'accroche, aux visuels, aux bénéfices client, au formulaire et aux éléments de réassurance (document 3).
3. Concevez votre page sur le CMS de votre choix.
4. Réfléchissez à un thème de livre blanc susceptible d'intéresser votre cible. Proposez un titre, une introduction rédigée de 5-6 lignes, un plan et 4-5 sources d'information pertinentes à exploiter.

Document 1 Vidéo : La *landing page*

Comment créer une Landing Page qui convertit ?
Durée : 7'52
liennathan.fr/x88m7w

Document 2 L'offre de refonte

Une refonte de site Web consiste à modifier l'apparence du site : arborescence, *design*, fonctionnalités, navigation. L'agence vise différentes cibles : entreprises, associations, organisations publiques. Elle apporte ses compétences en matière d'ergonomie, de *Webdesign*, de développement, d'hébergement et de référencement.

La refonte du site se fait en étroite collaboration avec le client : audit du site actuel, étude des objectifs du client, de ses cibles, choix de la charte graphique, création d'un prototypage et de maquettes, optimisation des contenus.

Les sites vitrines mis en ligne par l'agence sont bien sûr 100 % *responsive* et *design*, et s'adaptent à tout type de terminal.

Document 3 Exemple de structure

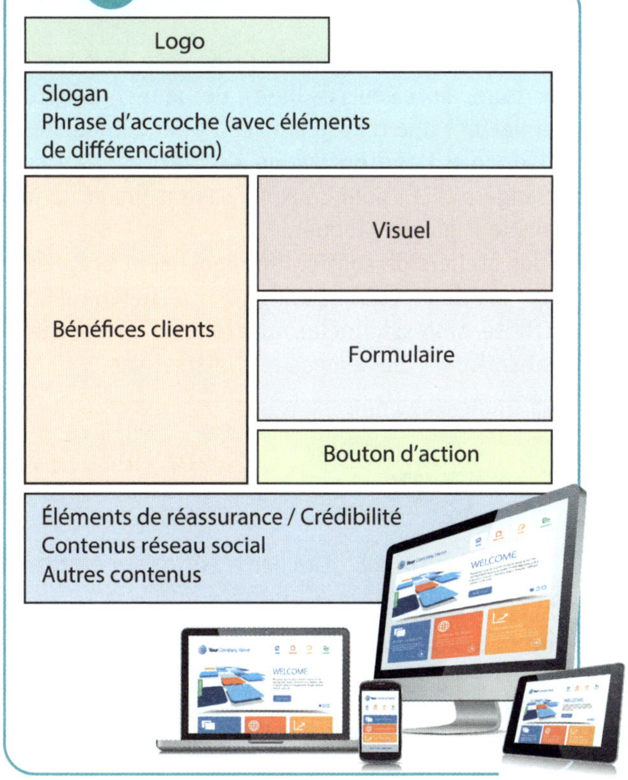

Applications

Expertise

E5-A

2 Créer une *newsletter* et animer un site

Vous êtes *Webmaster* du site des Enfoirés (www.enfoires.fr). Les concerts des Enfoirés et la vente des CD et DVD constituent une part importante des ressources de l'association Les Restos du Cœur. Vous souhaitez communiquer sur l'utilisation de cette ressource financière auprès de vos abonnés et des visiteurs du site. Vous rédigez ce mois-ci une *newsletter* présentant les ateliers de français, le soutien scolaire et l'accès à Internet accompagné, services des Restos moins connus du grand public (document 1).

1. Repérez sur le site les Enfoirés sept techniques d'animations mises en place. Indiquez à chaque fois l'objectif poursuivi.
2. Indiquez les objectifs de la *newsletter* et rédigez celle du mois en présentant les services rendus par les Restos du Cœur en matière de soutien scolaire et d'accès à Internet (documents 1 et 2).
3. Entraînez-vous à concevoir la maquette de la *newsletter* sur l'outil de votre choix.
4. Expliquez si la règle de l'*opt-in* s'applique dans le cas présent. Justifiez votre réponse. Quelles autres réglementations s'appliquent ?

Document 1 Le soutien scolaire et l'accès à Internet accompagné

Objectifs : lutter contre toute forme d'exclusion et favoriser l'égalité des chances

Services proposés :

– les ateliers d'accompagnement scolaire (enfants du CP à la terminale) avec accompagnement individualisé ;

– les ateliers de français (aide à la lecture, à l'écriture, aux calculs de base). Des ateliers adaptés permettent une remise à niveau pour les illettrés, ou encore l'apprentissage du français langue étrangère (FLE) pour ceux qui savent lire et écrire dans leur propre langue ;

– des ateliers de soutien ont également été créés pour les démarches spécifiques : recherche d'une activité professionnelle, rédaction d'un courrier, réalisation de démarches administratives... ;

– l'accès à Internet accompagné pour une réinsertion sociale réussie (rechercher un emploi, rédiger son CV...) ou pour garder contact avec sa famille (communication *via* Skype, envoi de photos...).

Document 2 Création de la *newsletter*

Charte éditoriale	La charte éditoriale doit reprendre le logo et les couleurs du site.
Service d'envoi de la *newsletter*	L'utilisation d'un CMS au choix ou d'un logiciel spécifique (phpList, Mailjet, Mailchimp...) est conseillé. Le *template* reprendra les éléments de la charte graphique.
Contenu	La *newsletter* redirige vers le site de l'association et vers les réseaux (Facebook, Twitter, Instagram, Linkedln, Youtube). Des boutons d'appel à l'action devront être insérés.

Maîtrise

E5-B

3 Animer un site vitrine

Danse Saleya est un centre de danse en plein cœur de Paris créé par Florian Martin, qui a été formé au dessin et à la peinture, et Fanny Martin, sa sœur, ancienne danseuse à l'Opéra de Paris. Ils ont restauré un vieil hôtel particulier parisien pour en faire un centre de danse qui propose des cours variés, renouvelés en fonction des tendances (« Danse comme Beyoncé », hip-hop ou encore la danse « Bolywood »). Les professeurs sont tous indépendants et reconnus dans leur domaine. Une page spécifique retraçant leur parcours leur est dédiée sur le site. Les clients apprécient le service de réservation en ligne, la flexibilité (choix des cours, des horaires et des professeurs). Ils paient ensuite directement sur place.
Le trafic du site est en forte baisse depuis quelques mois : de 4 800 visiteurs en janvier à 2 900 visiteurs fin mai, avec un taux de rebond moyen en forte hausse : de 51 % en janvier à 70 % fin mai. Florian a peu de temps à consacrer à l'animation du site. Il vous demande de l'aider à dynamiser son site en le rendant plus attractif.

1. Créez votre compte : vous pourrez modifier tous les contenus du site. Vous ne pourrez pas modifier l'arborescence du site. Vous indiquerez votre adresse mail.
2. Modifiez la page d'accueil en présentant « Danse Saleya ». Vous rédigerez un texte de 150 mots structuré et illustré. Vous autoriserez les commentaires sur cette page (document 1).
3. Réalisez les actions d'animation demandées par Florian Martin (document 2).
4. Insérez un formulaire de réservation sur la page réservations.

Document 1 Le site « Danse Saleya »

L'inscription peut se faire grâce à différentes pages d'atterrissage : celle des cours proposés, les pages réservées à chaque professeur(e) ou la page réservation présentant le planning de la semaine (www.dansesaleya/réservations.com).

Document 2 Idées d'animation prévues par Florian Martin

– Une vidéo présentant une danse au choix ;
– Une galerie photos représentant les nouvelles tendances : « Danse comme Beyoncé », le hip-hop et la danse « Bolywood » ;
– Un lien vers le site partenaire (la Fédération française de danse : https://ffdanse.fr/) *via* un bouton au choix.

Synthèse

Animer un site vitrine et évaluer son e-trafic

Analyser le trafic du site

- Mettre en place des outils de *tracking*
- Analyser les indicateurs

Optimiser les pages du site pour améliorer le trafic

- Valoriser et animer la page d'accueil (photos, vidéos, webinaires, *storytelling*...)
- Optimiser les pages d'atterrissage pour qualifier les *leads*

Animer le site

- Créer une *newsletter*
  - Respecter la règle de l'opt-in en B to C
  - Mesurer la campagne d'e-mailing grâce à des indicateurs
- Animer avec un concours, un livre blanc, un quizz
  - Réfléchir aux objectifs, aux cibles (persona), aux contenus, aux outils
    Mesurer les résultats

TESTEZ-VOUS

Quiz sur le chapitre 10
liennathan.fr/5gvn47

MOTS CLÉS *Tracking* · *Cookies* · Page d'accueil · Page d'atterrissage · *Newsletter* · *Opt-in*

En route vers l'épreuve E5A

Voir PRÉSENTATION DE L'ÉPREUVE page 329

LA CARAVELLE

Malik B, ingénieur de formation et niçois d'origine, s'est lancé il a y 5 ans dans une toute nouvelle vie : celle d'artiste, et plus exactement celle d'humoriste. Après quelques apparitions sur la scène du « Jamel Comedy Club » et au « Montreux Comedy Festival », il décide de lancer sa propre scène du *stand up* niçois. Il se rapproche alors de Juliette, propriétaire d'un restaurant antillais, « La Caravelle ». Ce restaurant situé à Antibes dispose d'une vaste salle et permet l'installation d'une grande scène : un nouveau lieu du *stand up* va naître. Malik et Juliette vont pouvoir créer leur nouvelle pépinière de talents et mettre en avant une nouvelle génération d'humoristes. Ils se penchent désormais sur la mise en œuvre d'une stratégie digitale afin de créer leur propre média et développer leur notoriété (création d'un site vitrine, publication sur Instagram, Tik Tok et LinkedIn). Leur manque d'expérience dans l'environnement numérique reste malgré tout un frein à la mise en place d'une stratégie de contenus sur les médias sociaux. Malik hésite à externaliser la création du site auprès d'une agence spécialisée et réfléchit au nom de domaine du futur site.

1 Proposez quatre arguments favorables à l'externalisation du site puis indiquez les intérêts et les limites du nom de domaine choisi. Proposez un nom de domaine cohérent (document 1).

Compte tenu de leurs ressources financières limitées, Juliette et Malik ont finalement créé leur site grâce au CMS Wordpress. Ils souhaitent proposer une *newsletter* à leurs visiteurs, particuliers et entreprises (et notamment les CSE).

2 Calculez les indicateurs de performance permettant d'évaluer la campagne test effectuée par Juliette et Malik. Concluez sur les améliorations à apporter à leur newsletter (documents 2 et 3).

3 Indiquez si leur projet de *newsletter* est conforme au RGPD (document 2).

Juliette et Malik souhaitent développer leur notoriété auprès des CSE en investissant sur LinkedIn Ads.

4 Mesurez la rentabilité de la publication sponsorisée sur LinkedIn Ads puis proposez des solutions pour optimiser cette campagne (document 4).

5 Réflexion commerciale structurée : en vous inspirant du cas traité et en mobilisant vos connaissances, vous traiterez la question suivante en une trentaine de lignes : « Comment mettre en place une stratégie de contenus efficace permettant de développer la notoriété d'une organisation ? »

Annexe 1 Extrait du cahier des charges du futur site

Type de site : site vitrine *mobile friendly*, « www.lacaravelle.com »

Objectifs : faire connaître cette nouvelle scène du *stand-up* et les événements « restauration-spectacle », collecter des *leads* (formulaire dans la page « Nous contacter »), réserver ses places en ligne, rediriger du trafic vers les réseaux sociaux.

Offre : l'offre « restauration spectacle ».

Identité visuelle : charte graphique (rouge, bleu, noir), logo souhaité : image d'une scène avec un micro.

Type de contenus et volume : texte, photos, vidéos (pour mettre en avant les événements), volume de contenus important.

Possibilité de faire évoluer le site vers un site de e-commerce.

Sitemap (arborescence) : structure souhaitée pour le premier niveau du « Menu supérieur ».

Le concept | Les dates à venir | La Troupe | Offre CSE | Nous contacter | Infos pratiques | Je réserve !

Annexe 2 Version « test » de la *newsletter*

Cible visée à terme : les particuliers et les entreprises, notamment les CSE

LE *STAND-UP* LA CARAVELLE

En manque de fou rire ? Venez découvrir de nouveaux talents !

Métadescription ou *preheader* apparaissant dans la boîte mail

Expéditeur : Juliette&Malik@standuplacaravelle.com

Objet : Notre offre « restauration spectacle »

Après quelques mois de rénovation, notre restaurant La Caravelle a fait peau neuve et vous accueille dans une ambiance animée et chaleureuse !

Notre nouvelle scène vous propose de rencontrer une nouvelle génération d'humoristes : le drôlissime Thomas N., l'incontournable Nawell M. ou la talentueuse Blanche B.

- Réservez votre dîner-spectacle en ligne et profitez d'un moment gustatif et amusant.
- Découvrirez de jeunes talents au sein de notre pépinière niçoise.
- Privatisez la salle pour vos séminaires d'entreprise ou vos soirées d'anniversaire.

Lien vers la page « Offre CSE »

Consultez l'ensemble des événements prévus et réservez en ligne en quelques minutes. Hâte de vous revoir !

VOIR TOUS LES ÉVÉNEMENTS DANS L'AGENDA ET RÉSERVER → CTA

À très bientôt,

Juliette et Malik,
Découvreurs de talents

Pour ne plus recevoir notre newsletter, cliquer ici.

Rejoignez-nous sur nos réseaux sociaux

Annexe 3 Les résultats de la campagne « test » d'envois de la *newsletter*

Cible « test » : envoi de la *newsletter* pour un « test » sur une base de 133 clients du restaurant « La Caravelle ». La première *newsletter* envoyée sera celle du modèle du document 2, qui sera par la suite envoyée aux particuliers et aux CSE.

Nombre d'e-mails envoyés	133
Nombre d'e-mails délivrés	127
Nombre d'e-mails ouverts	52
Nombre de clics uniques	11
Nombre de désabonnements	5

Annexe 4 Les résultats de la campagne sur LinkedIn Ads

Type de contenus : « *Sponsored Content* » (image + texte) avec un formulaire de réservation
Cible : région PACA
Type d'enchère : CPC
Enchère maximum proposée : 1,72 €
Date de début de la campagne : 1er décembre N
Date de fin de la campagne : 20 décembre N
Clics : 575
Conversions : réservations en ligne, 56
Nombre de repas-spectacles vendus : 47
Prix d'une place TTC : 55 €
Taux de marque moyen : 35 %

CHAPITRE 11

Maîtriser la communication sur les médias sociaux

Contexte professionnel

Activité/Tâche	Compétence	Vers PIX
Animation de communautés, de forums et de réseaux sociaux	Produire, publier et assurer la visibilité des contenus digitaux	**3.1.** Développer des documents textuels **3.2.** Développer des documents multimédias

L'agence immobilière VSG – Villeneuve Service et Gestion, située à Villeneuve-la-Garenne en région parisienne, est en fort développement. L'agence propose des biens à acheter et à louer, assure la gestion locative ainsi qu'un service de syndic d'immeuble. Le nouveau directeur, Jamel Kadiri, souhaite renforcer sa visibilité en ligne sur différents canaux digitaux.

Fini l'agence locale : place à l'agence digitale et reconnue dans le milieu. Pour développer sa notoriété, VSG souhaite ainsi profiter pleinement de l'essor du digital pour devenir un acteur majeur de l'immobilier sur sa ville. Sites Internet, blog, réseaux sociaux : l'année s'annonce très « connectée ».

Votre rôle

Jamel Kadiri vient de vous recruter comme rédacteur/-trice Web. Il souhaite que vous participiez au choix des médias sociaux et à la rédaction des contenus qui viendront les alimenter.

Vos objectifs

I Choisir les médias et réseaux sociaux à investir

M. Kadiri vous demande de faire des propositions pour développer la présence de l'agence immobilière VSG sur les médias sociaux.

1 Après avoir identifié le domaine d'activité de VSG présentez à M. Kadiri les activités commerciales de l'entreprise qui nécessitent une communication digitale spécifique. Fiche ressource 1 – Annexe 1

2 Proposez des médias sociaux que VSG pourrait développer pour :
- publier des articles sur la gestion d'un syndic de copropriété ;
- favoriser l'échange entre vendeurs et acheteurs pour la recherche de biens.

3 M. Kadiri souhaite savoir si le fait de diffuser les annonces immobilières sur LinkedIn serait pertinent. Formulez une réponse en rappelant l'objectif principal de LinkedIn. Fiche ressource 2 – Annexe 1

4 Proposez à M. Kadiri deux réseaux sociaux à investir pour développer la visibilité de l'agence. Définissez leurs objectifs et proposez des contenus à publier. Annexe 2

5 VSG propose des visites vidéo virtuelles des appartements à acheter, que M. Kadiri souhaite publier sur Dailymotion. Proposez et justifiez une autre possibilité.

II Rédiger des contenus pour le blog VSG

En s'appuyant sur vos recommandations, M. Kadiri souhaite développer un blog pour améliorer la visibilité de l'agence VSG. Il vous demande de rédiger les contenus à publier.

6 Choisissez les thèmes à retenir pour publier des articles sur le blog de VSG : supression de la taxe d'habitation, augmentation du prix du tabac, évolution des taux d'intérêt des prêts immobiliers, cuisine marocaine, évolution des loyers et du prix au mètre carré en région parisienne. Justifiez vos choix.

7 À l'aide de l'annexe 5 et de vos recherches sur Internet, rédigez un court article de blog de 300 mots pour présenter l'activité de syndic de copropriété. Fiche ressource 3 – Annexe 3

8 Choisissez un passage de l'annexe 5 à intégrer dans votre article. À quelle condition avez-vous le droit de reprendre cet extrait dans l'article de blog pour VSG ? Quelles sanctions en cas de non respect de ces conditions ? Fiche ressource 4

III Rédiger des contenus pour les réseaux sociaux

M. Kadiri vous demande également de créer et d'administrer un compte Facebook et un compte Twitter pour l'agence VSG.

9 M. Kadiri vous demande si l'agence VSG reste propriétaire des photos qui seront publiées sur son compte Facebook. Formulez une réponse. Fiche ressource 4 – Annexe 4

10 Rédigez le message de présentation de l'entreprise pour les comptes Twitter et Facebook de l'agence immobilière VSG. Fiche ressource 5

11 Pour les fêtes de fin d'année, proposez deux *hashtags* et cherchez sur Internet un *gif* que pourrait utiliser VSG sur l'ensemble de ses réseaux sociaux. Annexe 5

12 Identifiez sur Internet un article que vous pourriez relayer sur le compte de VSG et rédigez le *tweet*. Annexe 6

Votre dossier

Annexe 1 Entretien avec M. Kadiri

– Comment a évolué l'activité immobilière ces dernières années ?

Le Web a redonné le pouvoir aux consommateurs : grâce à la multitude d'informations mises à disposition sur la Toile, ils sont en position de force. Aujourd'hui, les gens viennent de moins en moins pousser notre porte d'agence. Nous devons les attirer, leur démontrer notre expertise locale, nos compétences métiers. Nous devons nous-mêmes aller chercher des vendeurs, pour prospecter et avoir des biens en catalogue.

– Qu'est-ce qui vous a décidé à développer une stratégie digitale ?

– Les outils digitaux ont pris une grande importance ces dernières années : 90 % des projets immobiliers démarrent sur Internet.

– Quels médias et réseaux sociaux vous utilisez ?

– Nous avons déjà initié un premier compte LinkedIn pour recruter l'actuel comptable et un compte pro SeLoger pour publier nos annonces, mais je ne suis pas totalement satisfait de leurs utilisations.

Annexe 2 Facebook, vitrine de l'agence immobilière

Facebook est de plus en plus utilisé par les professionnels de l'immobilier. Voici les quatre conseils de Jean-Philippe Le Gleuher, responsable Web-marketing de La Boîte Immo.

Diffuser ses annonces

« Cela permet de toucher une cible de futurs acheteurs potentiels, peut-être plus [habitués] à utiliser Facebook [...]. »

Partager la vie de son agence

Et cela passe par la mise en ligne de photos de son équipe en activité, le partage de vidéos, d'anecdotes... [...]

Partager des informations locales

Il s'agit d'alimenter régulièrement sa page d'informations ciblées et pertinentes qui toucheront les internautes et potentiels acquéreurs.

Multiplier sa présence sur le Web

Plus vous serez actifs sur Facebook et les autres réseaux, plus vous pourrez renvoyer de liens et votre agence sera mieux référencée et apparaîtra dans les premières pages des moteurs de recherche. [...]

« Facebook et les agents immobiliers », www.la-boite-immo.com

Annexe 3 Le syndic, un organisateur et un médiateur

Son rôle consiste à faire appliquer le règlement de copropriété et à mettre en œuvre les décisions votées par l'assemblée générale des copropriétaires.

Ses missions sont nombreuses :

– il prend en charge l'administration et la conservation de l'immeuble ;
– il contracte les assurances de l'immeuble, négocie et signe les contrats d'entretien ;
– il établit le budget prévisionnel, les comptes du syndicat des copropriétaires et les décomptes individuels de charges de chaque propriétaire ;
– il procède au recouvrement des charges auprès de chaque copropriétaire.

Le syndic est le représentant légal du syndicat de copropriétaires, il le représente notamment devant la justice. Chaque année, il doit convoquer une assemblée générale : les décisions sont prises lors de ce rendez-vous.

https://fnaim.fr

Annexe 4 Les autorisations que vous nous accordez

Nous avons besoin de certaines autorisations de votre part pour pouvoir fournir nos services :

Autorisation d'utiliser le contenu que vous créez et partagez : Le contenu que vous partagez ou importez, tel que les photos ou les vidéos, peut être protégé par des droits de propriété intellectuelle.

Vous possédez les droits de propriété intellectuelle (tels que les droits d'auteur et les marques déposées) de tout le contenu que vous créez et partagez sur Facebook et les autres Produits des entités Meta que vous utilisez. Aucune disposition des présentes Conditions ne vous prive des droits que vous possédez sur votre propre contenu. Vous êtes libre de partager votre contenu avec quiconque, où vous le souhaitez. Cependant, afin que nous puissions fournir nos services, vous devez nous accorder certaines autorisations légales (appelées « licences »). Cela signifie, par exemple, que si vous partagez une photo sur Facebook, vous nous autorisez à la stocker, à la copier et à la partager avec d'autres personnes (une nouvelle fois, conformément à vos paramètres), telles que des fournisseurs de services qui prennent en charge notre service ou les autres Produits Meta que vous utilisez. Cette licence prend fin lorsque votre contenu est supprimé de nos systèmes.

https://fr-fr.facebook.com/legal/terms

Annexe 5 Le pouvoir du *hashtag*

Comment utiliser les HASHTAGS en 2021 ? 6 étapes simples
Durée : 11'58
liennathan.fr/r3ec68

Annexe 6 Guide de l'agent immobilier débutant sur Twitter

Quels seront vos premiers *tweets* ?

– **Se présenter brièvement, sans se répéter** : cela semble simpliste, mais présentez-vous ! Présentez-vous dans votre biographie Twitter, mais également dans vos premiers *tweets*. […]

– **Le *tweet* de présentation de votre zone d'activité** : pour vous présenter et rappeler vos attributions, il est de bon ton de poster quelque chose sur votre zone d'activité. Il peut s'agir d'une *news* sur l'urbanisation, l'ouverture d'un nouveau commerce, du contenu d'un tiers… Le tout est qu'il faut que cela concerne la vie dans votre zone d'activité.

– **Le *tweet* qui relaye le contenu d'un média** : pour vos seconds *tweets* (et les suivants), vous pouvez manquer d'inspiration et de contenu. Penchez-vous du côté des médias influents localement et trouvez quelques articles que vous pourrez diffuser à votre communauté. N'oubliez pas de mentionner le compte Twitter associé à ce média lorsque vous diffuserez ce contenu. Cela a pour effet d'asseoir votre expertise, mais surtout de vous faire remarquer par la personne gérant le compte en question.

Communication immobilier : guide de l'agent immobilier sur Twitter, https://immo2.pro

FICHE RESSOURCE 1

LA CLASSIFICATION DES MÉDIAS SOCIAUX

I Définition d'un média social

Les médias sociaux regroupent l'ensemble des plateformes digitales sur Internet (réseaux sociaux, sites participatifs, blogs, forums…) qui permettent à leurs membres d'interagir, de publier des contenus, des commentaires, etc.

II Les principales catégories de médias sociaux

1. Les réseaux sociaux

Les réseaux sociaux désignent des plateformes d'échange entre internautes sous forme de réseau (Facebook, Twitter, Instagram, LinkedIn…). Les internautes peuvent créer une page personnelle sur ces réseaux afin de partager des contenus et communiquer avec leur réseau d'amis, de connaissances ou leur réseau professionnel.

2. Les blogs

Un blog est une plateforme d'expression sous forme de site créé par un internaute ou une entreprise qui publie des articles appelés *posts*, billets ou messages. Le blogueur a la possibilité d'organiser les billets en catégories et de les afficher dans un ordre chronologique, du plus récent au plus ancien.

EXEMPLE : blog Nathan Jeunesse

blog-nathan.fr/jeunesse/

3. Les forums

Un forum désigne une discussion publique en ligne (ou privée dans certains cas) sur laquelle les internautes peuvent poser des questions, partager des expériences et discuter de sujets d'intérêt mutuel.

Un forum se présente sous forme de files de messages, organisés par thèmes (*topics* ou *threads* en anglais). Le premier message (*post*) d'une file de discussion est publié par un internaute qui définit la discussion, puis les internautes répondent à la suite. Les réponses se font en différé et sont archivées, à la différence d'une messagerie instantanée. Il est nécessaire de définir des règles de bonne conduite et de rédiger une charte d'utilisation du forum et de prévoir des modérateurs et/ou administrateurs qui gèrent et régulent les propos diffusés.

EXEMPLE : forum Livraddict

www.livraddict.com

4. Les wikis

Un wiki est un système participatif d'édition de site, dont le plus célèbre est l'encyclopédie Wikipédia. Un wiki permet de rassembler les connaissances sur un support commun à tous, corrigeable et réorganisable par tous. Il est ouvert à tous les internautes désirant y collaborer.

FICHE RESSOURCE 2

TYPOLOGIE DES RÉSEAUX SOCIAUX

I Les réseaux sociaux généralistes

Nom	Caractéristiques	Limites
Facebook	Plus important réseau social au monde (2,91 milliards d'utilisateurs actifs mensuels en janvier 2022), il permet de publier des photos, vidéos, etc. Une entreprise peut créer une page dédiée à sa marque, un produit, une communauté… Facebook propose également un service de diffusion de publicités payant, et l'application Facebook Messenger, qui permet de discuter en instantané.	De moins en moins populaire auprès de la cible jeune.
Instagram	Instagram, propriété de Facebook, est un réseau social incontournable, très apprécié des jeunes. Il permet de modifier (avec des filtres) et de partager des photos et des courtes vidéos.	Impossible de publier des articles.
Twitter	Twitter est un outil de microblogging permettant de diffuser des messages courts, appelés *tweets*, de 280 caractères maximum. Il est possible de s'abonner (*follower*) aux fils d'actualité de n'importe quel utilisateur et de republier (*retweeter*) un contenu.	Tweet limité à 280 caractères. Pas très grand public.
Tik Tok	L'application permet de créer des clips vidéos assez humoristiques, agrémentés d'effets visuels et audio en laissant la possibilité de commenter et partager.	Public assez jeune voire adolescent.
Snapchat	Snapchat est un réseau social très appréciée des plus jeunes, qui permet d'envoyer des « *snaps* » (photos, *stories*…) éphémères (temps de visionnage définit par l'émetteur) et de passer des appels vidéo. Les Snap Ads permettent de publier des publicités sous forme de courtes vidéos.	Pas de filtres ni de modération des contenus.

II Le réseaux social professionnel

Nom	Caractéristiques
LinkedIn	Un des réseaux sociaux professionnels les plus utilisés dans le monde. Une entreprise peut créer une page sur LinkedIn afin de diffuser ses annonces de recrutement, des actualités, repérer des profils intéressants…

III Les réseaux sociaux de partage de photos/vidéos

Noms et caractéristiquess		Limites
Photos	**Flickr** et **Pinterest** permettent de publier des photos et visuels graphiques.	Certaines entreprises ne peuvent pas avoir des visuels esthétiques et percutants.
Vidéos	**YouTube**, **Dailymotion** ou **Vimeo** permettent de partager des vidéos. YouTube devance ses concurrents en étant le réseau de partage de vidéos le plus utilisé dans le monde. Il permet de créer ses propres chaînes de diffusion vidéo. Periscope permet le partage de vidéos en direct (*live*).	Format contraignant et long à produire. Ne génère pas forcément de trafic sur le site de l'entreprise.

IV Autres réseaux sociaux

Il existe de nombreux autres réseaux sociaux, comme les réseaux de messagerie et d'appels qui permettent de tchatter et d'appeler gratuitement (WhatsApp, Skype…) ou les réseaux sociaux de questions/réponses qui permettent aux utilisateurs d'échanger sur des sujets variés et de s'entraider (Askfm, Yahoo questions/réponses…).

FICHE RESSOURCE 3

CRÉER ET RÉDIGER SUR UN BLOG

I Maîtriser les étapes de création d'un blog

1. Définir la cible et l'objectif	Il est nécessaire de définir la cible (clients *B to C*, *B to B*, jeunes…) et l'objectif principal : développer sa visibilité, diffuser son expertise (en *B to B*), créer ou consolider un réseau, donner une image plus proche aux clients et communiquer autrement…
2. Choisir le format	Il s'agit de choisir si le blog sera intégré au site Internet (page dédiée) ou s'il sera indépendant, et de choisir l'application de gestion de contenu avec lequel le créer (Wordpress…).
3. Choisir un nom et un nom de domaine	Le nom du blog doit être un nom qui n'est pas déjà utilisé ; il doit être évocateur de l'objectif et des contenus du blog. On pourra choisir un nom de sous-domaine du site de l'entreprise ou bien un nouveau nom de domaine.
4. Définir les contenus	Sujets d'actualité, informations sur des produits, articles d'expertise… Il s'agit de choisir des contenus susceptibles d'intéresser la cible ainsi qu'une ligne éditoriale.
5. Définir la structure et la forme	Sur les applications de gestion de contenu type Wordpress, il est possible de choisir un thème graphique prédéfini (appelé *template*, gratuit ou payant) et de le personnaliser. Sous Wordpress, on peut personnaliser : – l'image d'en-tête – l'identité du blog : nom, logo, slogan – la police et la couleur d'arrière-plan – Créer des liens vers les réseaux sociaux et le site de l'entreprise – le menu : définir des rubriques pour permettre la navigation sur le site. Il est possible de créer des sous-rubriques. – les options de contenu et leur affichage : sélection des nouveaux d'articles (en entier ou résumés) ou bien une page fixe. Il est également possible d'ajouter des « Widgets » : barre de recherche, colonne de texte verticale… 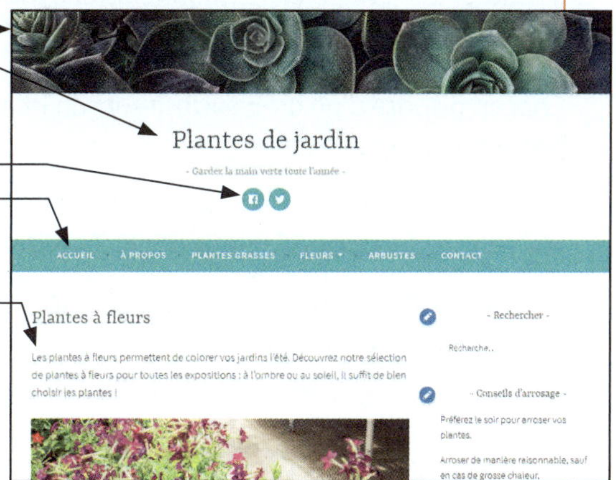
6. Définir un calendrier	Il s'agit de déterminer le rythme de publication : nouvel article tous les mois, toutes les semaines, tous les jours…

II Rédiger un article de blog

Pour écrire un article de blog, il convient de :

1. Définir la cible et l'objectif	L'article de blog doit être rédigé dans un objectif précis et à une cible définie. Il s'agit de s'adresser aux *buyer personas*, c'est-à-dire aux clients types.
2. Choisir un titre percutant	Le titre doit rester clair, concis et facile à comprendre (6 à 10 mots) avec les principaux mots-clés (pour le référencement).
3. Veiller à la forme	Il s'agit de structurer le texte avec des titres et sous-titres mais aussi de mettre certains passages du texte en relief avec le gras et l'italique. Il faut privilégier les phrases et paragraphes courts. Les titres et sous-titres permettent également de hiérarchiser l'information.
4. Se concentrer sur le fond	Il est nécessaire de fournir un contenu suffisamment riche, dense et approfondi pour les cibles visées, sans quoi il n'aura aucun intérêt pour eux.
5. Illustrer les écrits avec des images	Choisir une ou plusieurs images permet d'aérer l'article pour le rendre plus agréable à lire. L'image permet de clarifier le contenu ou apporte des précisions complémentaires.
6. Placer un appel à l'action	Il s'agit de faire appel au lecteur et de placer un appel à l'action dans la conclusion : commenter, lire un autre article, s'abonner à la *newsletter*, partager sur les réseaux sociaux, contacter l'entreprise…

FICHE RESSOURCE

4

RESPECTER LES RÈGLES JURIDIQUES

I Les droits à respecter

1. Le droit d'auteur

Le droit d'auteur protège les œuvres des auteurs : textes, illustrations, photos, vidéos… À cette fin, la loi leur accorde un monopole d'exploitation sur leur œuvre. Les œuvres protégées par le droit d'auteur ne peuvent être reproduites, adaptées, modifiées, diffusées sans l'autorisation de leur auteur, sauf exceptions prévues par le Code de la propriété intellectuelle.

Pour reprendre un article ou un texte écrit par un autre blogueur ou par une entreprise sur un site, il faut demander l'autorisation à son auteur, ne pas transformer le texte, matérialiser les éventuelles coupes dans le texte par des crochets ([…]), indiquer le nom de l'auteur, la source et, si possible, la date de publication.

Pour l'utilisation d'une vidéo, d'une image ou d'une photo, il faut également demander l'autorisation à l'auteur de la vidéo et mentionner le copyright (©) de l'image.

2. Le droit à l'image

Chacun dispose d'un droit exclusif sur son image. Il n'est donc pas possible d'utiliser l'image d'une personne sans son accord.

Pour toute publication d'une photo ou d'une vidéo sur Internet, il faut donc s'assurer de l'accord des personnes apparaissant dans l'image et qui sont reconnaissables.

3. Sanctions encourues en cas de non-respect

L'utilisation d'un contenu protégé sans autorisation est sanctionnée. Selon la nature du droit protégé, la sanction sera civile ou pénale. Par exemple, une atteinte au droit d'auteur pourra constituer une contrefaçon. La contrefaçon est punissable de 3 ans de prison et de 300 000 euros d'amende et est susceptible de donner lieu au versement de dommages et intérêts à la personne qui a subi le préjudice (l'auteur victime de la violation de son droit d'auteur).

Il en est ainsi quelle que soit la source du contenu et quel que soit l'usage qui est fait du contenu : reproduction totale ou partielle, exploitation commerciale, hébergement sur les serveurs Internet, modification, etc.

II La particularité des réseaux sociaux

Au moment de son inscription sur un réseau social, l'internaute adhère aux conditions générales d'utilisation (CGU). Par ce simple clic, il vient de signer un contrat. Les règles contenues dans ce contrat s'imposent pendant toute la durée d'utilisation de la plateforme. Les CGU sont rarement lues alors que les conséquences juridiques qu'elles impliquent pour les utilisateurs du réseau social peuvent être considérables, notamment en ce qui concerne la propriété des contenus (photos, texte) qu'ils mettent en ligne.

Lorsque vous acceptez les CGU, vous accordez automatiquement au réseau social et à ses partenaires le droit de modifier et d'utiliser gratuitement et dans le monde entier chaque texte et chaque image que vous publiez.

FICHE RESSOURCE

5

MAÎTRISER LES CODES DE RÉDACTION SUR LES RÉSEAUX SOCIAUX

I Savoir se présenter

Pour créer un compte sur un réseau social (page Facebook, chaîne YouTube, Twitter…), une entreprise doit définir :

Éléments	Description	Exemple
Un texte de présentation, résumé ou description	Il doit être court et expliquer le cœur de l'activité, son objectif ou l'utilisation que l'entreprise fait du réseau social. Un lien vers le site de l'entreprise pourra être inséré. Certains réseaux sociaux proposent des rubriques détaillant l'activité de l'entreprise, son histoire, etc. Il faut éviter de se répéter entre les différentes rubriques.	**Mission :** fournir au voyageur indépendant la meilleure info sur le monde entier ! **Histoire :** Lonely Planet est le premier éditeur de guides de voyage au monde avec un catalogue qui comprend plus de 600 titres en anglais et plus de 200 titres en français.
Une photo de profil (avatar)	Logo de l'entreprise, photo représentative de l'activité de l'entreprise…	lonely planet
Une photo ou vidéo de couverture	Photo/vidéo représentative de l'activité de l'entreprise, nouveau produit, promotion…	

Il est important de conserver une cohérence et d'harmoniser ces éléments sur les différents réseaux sociaux.

II Maîtriser les signes spécifiques dans les publications

	Le *hashtag* #	L'arobase @
Description	Placé devant un mot-clé, le signe # permet aux internautes qui effectuent une recherche sur ce mot-clé d'accéder à tous les contenus postés en lien avec ce mot-clé. Une entreprise peut choisir des *hashtags* en rapport avec son secteur d'activité, sa marque. Pour créer un *hashtag* efficace, il faut : – choisir un ou deux mots-clés courts (en français ou en anglais), simples, faciles à retenir, sans espace et sans caractères spéciaux (sauf le signe « _ ») ; – ne mettre aucun espace entre le mot-clé et le # ; – s'il y a plusieurs mots-clés, utiliser des majuscules pour séparer les mots.	L'arobase « @ », placé devant le nom de profil d'un autre membre du réseau social, permet de mentionner un internaute dans une publication. L'internaute cité reçoit automatiquement une notification. Aucun espace ne doit séparer le nom et le @ et aucun caractère spécial ne doit être utilisé.
Utilisation	Très utilisé sur Twitter et Instagram mais aussi sur Facebook et Tumblr. Il est conseillé de se limiter à un ou deux *hashtags* par publication sur Twitter et Facebook. Sur Instagram, il est possible d'en mettre jusqu'à une dizaine en légende de photo. Le *hashtag* #LT dans un *tweet* (LiveTweet) peut être utilisé lorsqu'on commente l'actualité en direct.	Le signe @ est principalement utilisé sur Twitter et Instagram.
Exemple	– Nutella a créé un *hashtag* dédié pour la journée mondiale du Nutella : #WordNutellaDay – Décathlon a placé les *hashtags* suivants, pour une photo de randonnée postée sur Instagram : #rando #randonnée #paysage #mountain #nature #decathlon #hiking	*Tweet* publié par la Fnac : Séance de dédicaces de @jdoreofficiel à la @Fnac Saint-Lazare

III Connaître les types de contenus à intégrer aux publications

Les liens	Il est conseillé d'insérer des liens URL dans les publications, notamment vers le site de l'entreprise. Il est possible de créer des URL raccourcies avec des outils comme Bit.ly.
Les émoticônes 	Les émoticônes ou émoji sont des *smileys* qui permettent d'exprimer des émotions. Certaine entreprises comme Ikea ou Burger King ont personnalisé des émoticônes pour représenter leur marque.
Les photos et images 	Publier une photo ou une image permet de capter l'attention des internautes. Une image ou photo est également facilement partagée. Il est conseillé d'utiliser le format jpeg pour les photos et png pour les images et d'optimiser le poids des images. Il est également nécessaire d'adapter la taille des photos ou images aux dimensions recommandées par chaque réseau social.
Les *gifs*	Un *gif* est une image animée (.gif) qui donne un caractère vivant et sympathique à une publication. Les réseaux sociaux comme Twitter ou Facebook proposent des *gif* classés par thème, mais il est également possible de créer facilement ses propres *gif* à l'aide d'applications dédiées comme Gifpal ou Gifrun.
Les infographies	L'infographie permet de représenter une notion sous forme de graphique ou de schéma.
Les fichiers audio et les *podcasts*	L'audio se développe sur les réseaux sociaux. Il est possible de créer des fichiers audio (morceau de musique, enregistrement…) avec des applications comme Soundcloud. Un podcast permet de diffuser une émission audio, par exemple de radio.
Les vidéos	Les vidéos publiées sur les réseaux sociaux doivent être courtes (entre 1 mn 30 à 2 mn) et doivent être percutantes et intéressantes afin de capter l'attention des internautes : Il est possible de publier des vidéos d'animation (explications sous forme de dessins animés), des vidéos 360° (permettent d'orienter l'objectif de la caméra et d'avoir une vue à 360°) ou des vidéos *live* (vidéo filmée et diffusée en direct).

IV Maîtriser les spécificités de certains réseaux sociaux

Il est nécessaire de tenir compte des spécificités de certains formats de publication des réseaux sociaux. Les deux formats texte les plus utilisés par les entreprises sont :

Format	Description	Exemple
Le *post* Facebook	On distingue le *post* organique, qui est une publication réalisée par une marque et destinée à s'afficher sur le fil d'actualité des fans, et le *post* sponsorisé, qui est un format d'annonce publicitaire. Un *post* doit être court, accompagné d'un visuel et éventuellement d'un lien. L'insertion d'une vidéo et d'un appel à l'action (cliquer sur un lien, participer à un jeu concours…) permettront un engagement supplémentaire.	
Le *tweet*	Un *tweet* est un message de 280 caractères maximum (200 signes pour le corps du message, 40 signes pour le lien, 40 signes non utilisés pour les *retweets* avec mentions). Il est conseillé de mentionner des interlocuteurs (@) et d'ajouter des *hashtags* (#). Il est aussi possible d'ajouter un *gif* ou une image. Le but est de donner de la visibilité, de la légitimité et de la crédibilité à l'entreprise.	

Applications

Maîtrise

1 Choisir le bon média social

L'agence de communication digitale Best Choice, spécialiste des médias sociaux, accompagne les annonceurs dans le développement de leur stratégie digitale. Régulièrement sollicitée pour aider les entreprises à faire les bons choix en matière de médias et réseaux sociaux, elle organise chaque matin des briefings avec ses animateurs commerciaux. Vous assistez à votre premier brief depuis votre embauche.

1 En vous appuyant sur le brief du directeur commercial (document 2), proposez à chaque entreprise un ou plusieurs médias sociaux à investir en particulier, en justifiant vos choix.

Document 1 Entreprises concernées

Entreprise	Objectifs	Cible visée
En bas de chez vous : magasin d'alimentation générale situé rue Molitor, Paris 16ᵉ.	Inciter à venir faire ses courses d'appoint	Habitants du quartier
Surf & Cie : boutique spécialisée en matériel de ski	Vendre du matériel hautement technique et spécialisé	Communauté des surfeurs et skieurs hors pistes
Assu Assurance : compagnie d'assurances leader sur le marché	Prévenir et sensibiliser les clients aux intempéries avec des tutoriel et vidéos	Clients
Ingénio : entreprise spécialisée dans les nanotechnologies	Favoriser les échanges techniques entre ingénieurs	Salariés ingénieurs de l'entreprise
Districash : entreprise spécialisée dans la vente en lots	Mettre en avant les tendances à venir et les prochains lots	Clients actuels
Pâtisserie des rêves	Faire découvrir des créations originales	Clientèle de la région lyonnaise
Transnational : entreprise de vente de pièces détachées, implantée sur plusieurs continents	Faciliter les échanges entre commerciaux et acheteurs	Fournisseurs
Fini les rats : entreprise de dératisation	Convaincre les bailleurs privés de l'importance des campagnes de dératisation	Bailleurs HLM

Document 2 Brief du directeur commercial

« Tout d'abord, bienvenue à notre nouvelle recrue ! Avant d'étudier et de répondre aux sollicitations des clients, j'en profite pour rappeler quelques principes de base. Vous devez gardez en tête les objectifs des principaux réseaux sociaux :

- Facebook, pour transmettre des émotions et partager des contenus variés à une cible très large ;
- Twitter, pour toucher les influenceurs et relayer les actualités aux clients ;
- YouTube, pour transmettre du savoir et raconter une histoire ;
- Instagram, pour transmettre des émotions par l'image ;
- Snapchat, pour communiquer en direct avec les clients et toucher une cible très jeune ;
- Pinterest, pour publier des contenus visuels de qualité et cibler les femmes ;
- LinkedIn, pour toucher les entreprises ;
- Tumblr, pour communiquer hors des codes habituels. »

Applications

Maîtrise

2 Choisir les types de contenus

Le journal *Le Paris Info* souhaite rajeunir sa cible et envisage de produire des contenus pour les moins de 25 ans. Votre responsable vous demande de l'aider à proposer et produire des contenus attractifs sur le thème de la célébrité.

1. Proposez trois types de contenus pertinents pour atteindre la cible visée. Justifiez vos choix.
2. Choisissez deux réseaux sociaux pour diffuser ces contenus, en justifiant vos choix.
3. Formez des binômes, puis simulez une interview filmée sur le thème « Comment devenir célèbre sur le Web : vos trucs et astuces ».

Document 1 De la radio au *podcast*

Le mot « *podcast* » est donc désormais utilisé dès qu'il s'agit d'écouter un programme de radio en dehors de son écoute en temps réel. C'est donc l'équivalent du *replay* en télévision, une façon très simple d'écouter en différé une émission de radio lorsqu'on le souhaite, sur le récepteur que l'on choisit : téléphone, tablette, baladeur audio, ordinateur, etc., et à l'endroit de son choix : chez soi, en voiture, dans les transports en commun, etc.
Le *podcasting*, ça marche ! [...] Il existe de nombreux sites qui proposent des *podcasts* thématiques qui intéressent toujours plus d'auditeurs. Citons par exemple un site suisse qui publie chaque semaine un *podcast* audio autour de thèmes scientifiques.
Créé en septembre 2010 par des mordus de science qui veulent partager simplement leur passion avec les autres, *www.podcastScience.fm* est très suivi et illustre bien la pertinence du format audio et des techniques radio.

F. Courtine, www.cultureradio.fr.

Document 2 Les vidéos et la réalité virtuelle

La vidéo représente 22 milliards de vues chaque jour sur les réseaux sociaux. La vidéo, qui est un format très facilement partageable sur les réseaux sociaux, continue de s'imposer en tant que format privilégié sur les réseaux sociaux. Elle est très utilisée par les entreprises souhaitant accroître leur visibilité et le taux d'engagement des internautes.
Le format vidéo peut permettre de présenter des offres promotionnelles, de montrer le déballage d'un produit (*unboxing*), de proposer des tutoriels ou des formations, de montrer l'utilisation d'un produit, etc.
Certains types de vidéos se développent également, comme la vidéo 360°, qui permet aux internautes de découvrir des scènes à 360° en se déplaçant avec le curseur de la souris, la vidéo *live*, qui permet de diffuser en direct, ou encore la vidéo pédagogique en dessin animé, qui permet de fournir des explications de manière ludique.
Enfin, le développement de la réalité virtuelle risque de donner une nouvelle dimension à ce format, en simulant un univers en trois dimensions.

Document 3 Produire une vidéo pour les réseaux sociaux

Créer des meilleures vidéos [Explications en 30 secondes]
Durée : 0'30
liennathan.fr/b462jt

Expertise

3 Développer la communication *via* les médias sociaux

Vous venez d'être recruté(e) en tant que *community manager* dans une grande enseigne de bricolage, Bricoplus. L'entreprise communique sur différents canaux digitaux (site Web, Twitter, Facebook, Flickr), mais les rédacteurs publient chacun de leur côté. Le directeur général vous demande d'assurer la cohérence de la communication lors de l'opération « *Black Friday* » qui aura lieu fin novembre. Il souhaite également que vous meniez une étude des blogs de bricolage qui existent, et que vous fassiez une proposition de blog qui se démarque de celui de son concurrent principal, Leroy Merlin.

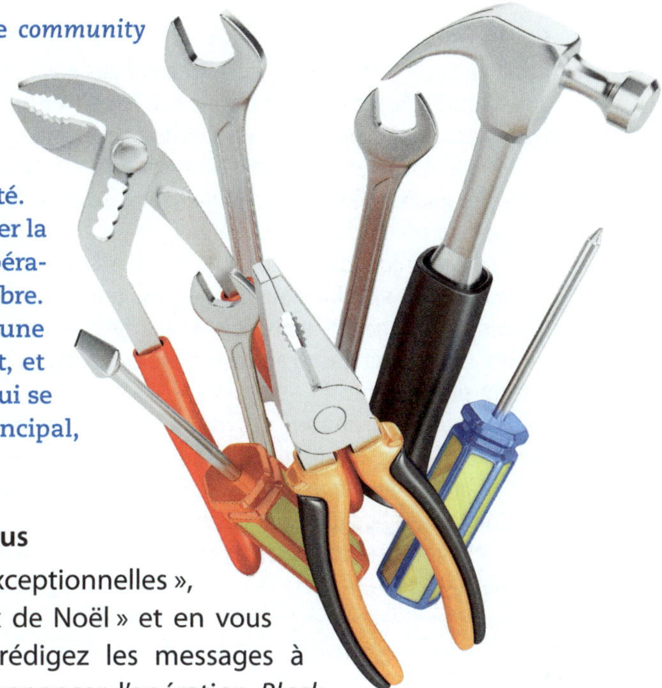

Rédiger sur les réseaux sociaux Bricoplus

1. À partir des mots-clés « Remises exceptionnelles », « Offres à prix imbattables », « Cadeaux de Noël » et en vous aidant des conseils du document 1, rédigez les messages à publier sur Facebook et Twitter pour annoncer l'opération *Black Friday* du mois de novembre.
2. Proposez des contenus à publier sur Flickr.

Créer un blog Bricoplus

3. Présentez au directeur général l'objectif et les types de contenus du blog Leroy Merlin (document 2) et ceux d'un autre blog que vous aurez trouvé sur Internet, puis définissez un objectif et une cible pour le blog de Bricoplus.
4. Proposez un nom de domaine et des thématiques pour le blog Bricoplus.
5. En vous inspirant de différents blogs, définissez les principales rubriques à créer sur le menu et choisissez une image d'en-tête sur Internet.
6. Vous avez identifié différents commentaires sur les réseaux sociaux (document 3) concernant la thématique du recyclage des cagettes. En vous aidant d'une recherche Internet, rédigez un article de blog qui propose des conseils sur ce thème.
7. Entraînez-vous à créer ce blog et à rédiger cet article à l'aide d'un outil de gestion de contenu comme Wordpress.

Créer un Forum

8. Votre enseigne est l'une des rares à ne pas proposer de forum de discussion. En tant que *community manager*, vous êtes convaincu(e) de la nécessité d'en créer un. Proposez trois arguments afin de convaincre votre directeur général d'investir dans les forums.
9. En vous aidant d'une recherche Internet et du document 4, identifiez le fonctionnement et la méthode de classement des discussions du blog Leroy Merlin.
10. Quel est l'intérêt de donner des statuts aux membres du forum ? Jouent-ils tous le même rôle ?
11. Vous souhaitez vous démarquer avec un forum qui va à l'essentiel. Proposez cinq thématiques.
12. Proposez quatre noms de statuts pour les membres du forum Bricoplus et définissez leurs caractéristiques.

Document 1 — Ne ratez pas la porte d'entrée de Noël !

Novembre est toujours un mois important pour les marchands car il correspond au lancement des premiers achats pour les fêtes de fin d'année. Il le sera encore plus cette année avec deux vendredis très spéciaux : le vendredi 13, et le *Black Friday* du 27. Ce sont deux occasions idéales pour animer son site avec des opérations promotionnelles d'envergure et, surtout, pour se démarquer de ses concurrents. Il est conseillé de les mettre en place sur 24 heures, pour mettre l'accent sur l'urgence, mais ne pas se priver non plus de les faire durer jusqu'au dimanche pour marquer encore plus le coup !

Vous pouvez préparer ces deux échéances en proposant à vos clients un message impactant avec une chance réelle de gagner gros, tout en respectant vos contraintes budgétaires (maximum 35 % du prix de vente) : choisissez très simplement le *timing* de votre opération, le nombre de clients éligibles et le gain mis en avant (réduction, remboursement de commande, produit supplémentaire offert ou gain cash).

Le *Black Friday* : un évènement devenuincontournable

Le phénomène du *Black Friday* nous vient des États-Unis et du Canada. Il marque le lancement « officiel » des achats de Noël au lendemain de *Thanksgiving*, date à laquelle les commerçants offrent des soldes exceptionnels. En France, des marchands importants comme Cdiscount, Fnac, La Redoute ou encore Casino ont déjà lancé des campagnes d'envergure ces dernières années, et la couverture médiatique de l'événement est aujourd'hui importante. L'avantage concurrentiel potentiel est fort, et les acheteurs en ligne en sont chaque année un peu plus friands.

www.luckycart.com/fr

Document 2 — Le blog de Leroy Merlin

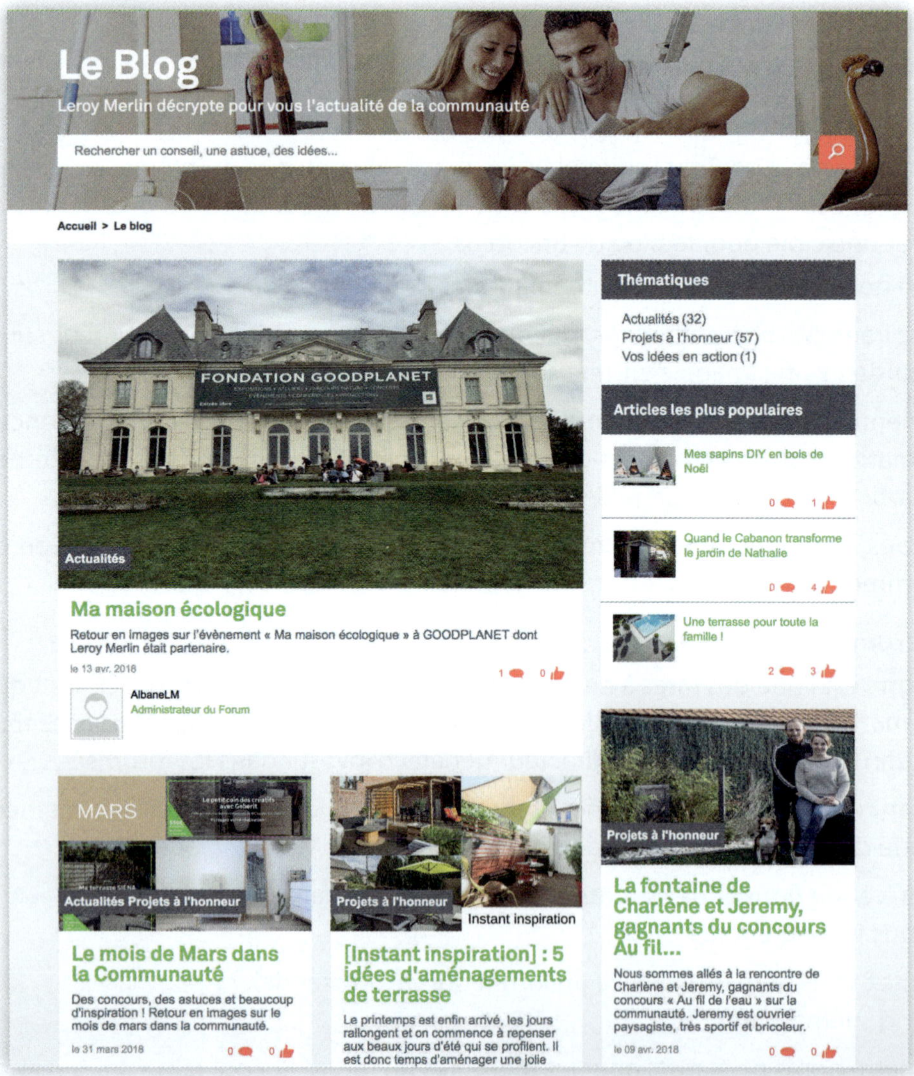

https://communaute.leroymerlin.fr

Document 3 — Éléments pour rédiger l'article

Commentaire 1 : « À la folie des recyclages de palettes en bois s'ajoute celle des caisses en bois ! Plus petites, elles restent souvent dans un coin à prendre la poussière dans l'atelier de bricolage. Alors qu'elles peuvent être à l'origine de meubles et autres reconversions réussies, à ajouter à votre déco ! »

Commentaire 2 : « Meubles de rangement, jardinière, porte-vélo, table basse… : les idées ne manquent pas sur le Net pour transformer des palettes ou cagettes abandonnées en jolis accessoires déco. Mon conseil : vous pouvez facilement les récupérer à la fin des marchés, dans des brocantes, pour ensuite les customiser et les détourner selon vos envies. »

Commentaire 3 : « J'ai utilisé des bombes de peinture pour aller plus vite en veillant à les utiliser en extérieur ou dans un endroit assez bien ventilé. J'ai vissé ensuite deux gros crochets au dos des cagettes et tendu un fil de fer en l'enroulant entre les deux. »

Commentaire 4 : « Dans une chambre d'enfant, au salon, dans le couloir ou en cuisine, ces étagères customisées feront leur effet pour un prix tout riquiqui ! »

Document 4 — Le forum de Leroy Merlin

Les Forums de la Maison (14 forums)

	Messages	Dernier message
Forum Bricolage Vos questions et vos solutions sur le bricolage.	45942	12-04-2018 02:19 par STUDIOZ
Forum Construction Les gros travaux : vos choix, vos techniques, vos astuces.	29946	11-04-2018 16:07 par phitel
Forum Salle De Bains Choix, techniques, étanchéité, ...mais aussi du bien-être !	20835	11-04-2018 22:52 par Minimax
Forum Cuisine Du sol au plafond...des meubles aux appareils...échangez vos conseils et vos expériences sur votre Cuisine.	6262	12-04-2018 09:30 par Piquionito
Forum Électricité L'électricité est une fée ... dont vous avez la baguette magique.	57330	12-04-2018 05:19 par les3c19

Forum Bricolage

Sujet	Réponses	Auteur
INTEMPÉRIES, INONDATIONS : SOYONS SOLIDAIRES !	0	pitchdobrasil
Film adhésif permanent vitrage	1	nicabelle
carrelage gris anthracite 33x33	4	milos78

Film adhésif permanent vitrage

nicabelle
Débutant
Messages : 1
Inscrit le 11-04-2018
0
Message privé

Options

le 11-04-2018 15:55

Bonjour!

J'ai besoin d'idées! L'ancien propriétaire de ma maison avait posé que la porte d'entrée un film adhésif permanent effet stores vénitiens.

Souhaitant retirer ce film pour en poser un occultant, j'ai suivi le mode d'emploi et j'ai tenté de le retirer en tirant sur un coin.

Or, le plastique de revêtement vient bien mais ce qui est collé reste! Il n'y a que le revêtement intérieur qui se décolle et le reste demeure encore!

J'ai donc tenté d'éliminer le tout au vinaigre blanc en grattant. Ça part mais je risque d'y passer l'année et la suivante vu la surface... !!

Quelqu'un aurait-il une solution???

Je vous remercie par avance pour votre aide!

https://communaute.leroymerlin.fr

Document 5 — Le statut des participants au forum Leroy Merlin

Participant	Statut	Publication(s)	Solution(s)	Compliment(s)
STUDIOZ	Super Contributeur Vétéran	488	16	101
nicolas32	Petit Nouveau	4	0	0
tertov	Modérateur - Grand Passionné Vétéran	11547	200	2109

Contacter · Voir le profil

https://communaute.leroymerlin.fr

Synthèse

Maîtriser la communication sur les médias sociaux

Classification des médias sociaux

- Les réseaux sociaux
- Les blogs
- Les forums
- Les wikis

Typologie des réseaux sociaux

- Généralistes
- Professionnels
- Partage de photos/vidéos
- Autres types : messagerie ou forum de questions/réponses

Les étapes de la création d'un blog

- Définir la cible et l'objectif
- Décider du format
- Choisir un nom et un domaine
- Définir des contenus
- Définir la structure et la forme
- Définir un calendrier

Rédiger un article de blog

- Définir la cible et l'objectif
- Choisir un titre percutant
- Soigner la forme
- Se concentrer sur le fond
- Illustrer avec des images
- Placer un appel à l'action

Rédiger sur les réseaux sociaux

- Savoir se présenter
- Maîtriser les signes spécifiques : # ; @
- Connaître les types de contenus : liens, émoticônes, photos…
- Maîtriser les spécificités de chaque réseau social

Les règles juridiques à respecter

- Le droit d'auteur
- Le droit à l'image
- Les conditions générales d'utilisation des réseaux sociaux

TESTEZ-VOUS

Quiz sur le chapitre 11
liennathan.fr/3q3i2z

MOTS CLÉS : Médias sociaux · Réseau social · Blog · Forum · *Hashtag* · *Podcast* · *Gif*

CHAPITRE

12

Animer des communautés sur les réseaux sociaux

Contexte professionnel

Activité/Tâche	Compétences	Vers PIX
Animation de communautés, de forums et de réseaux sociaux	Produire, publier et assurer la visibilité des contenus digitaux Impulser, entretenir et réguler une dynamique e-relationnelle	**2.1.** Interagir **2.4.** S'insérer dans le monde numérique

La société Up'Form est une jeune entreprise de quatre salariés qui propose, *via* son site Internet, un service de coaching sportif personnalisé pour les particuliers. Les cours peuvent se faire à domicile ou dans un lieu choisi avec le client (parc, gymnase…).

Son dirigeant et fondateur, Kevin Spirito, lui-même ancien athlète de haut niveau, développe depuis peu une nouvelle offre : l'organisation d'événements sportifs à destination de tout public. Le magasin Sport Pro a choisi d'être partenaire de ces événements.

Votre rôle

Vous êtes rédacteur Web au sein de la société Up'Form. Kevin Spirito souhaite que vous développiez la visibilité de l'entreprise et des événements sur les réseaux sociaux.

Vos objectifs

I Développer une stratégie de communication communautaire

Kevin Spirito compte sur vous pour mettre en place une stratégie de communication communautaire pour les événements sportifs afin de développer l'engagement des internautes.

1 Repérez les objectifs poursuivis par Kévin Spirito à travers sa stratégie de communication communautaire et formulez deux propositions pour rassembler et engager la communauté Up'Form. Fiche ressource 1 · Annexes 1 et 2

2 Appréciez l'intérêt pour l'entreprise d'avoir recours à des influenceurs, puis expliquez comment séléctionner ces influenceurs sur Instagram. Fiche ressource 1

3 Kevin Spirito est présent sur trois réseaux sociaux : Facebook, Instagram et Twitter. Appréciez ce choix. Annexe 3

II Mettre en place une stratégie de contenus sur les réseaux sociaux

4 Proposez des contenus à publier pour la promotion des événements sportifs sur les trois réseaux. Vos propositions utiliseront différents formats (vidéo, photo, article, citation ou proverbe). Fiche ressource 2

Kevin Spirito vous demande de rédiger les contenus à diffuser sur Instagram (pour le lancement du prochain événement sportif).

5 Réfléchissez à quelques *hashtags* pertinents puis rédigez un contenu pour cet événement en vous appuyant sur l'événement déjà publié. Annexes 4, 5 et 6

Kevin Spirito vous demande d'organiser un concours sur Facebook pour animer la page.

6 Après avoir réfléchi aux objectifs du jeu-concours (annexe 7), redigez le texte qui sera diffusé sur Facebook. Fiche ressource 3 · Annexe 7

III Programmer des publications et mesurer l'engagement

Kevin Spirito souhaite développer la cible des CSE et leur proposer son offre de coaching pour les salariés. Il décide de créer une page entreprise LinkedIn.

7 Proposez le nom, le slogan, le texte figurant dans la section « infos » ainsi que les specialisations pour cette nouvelle pages entreprise. Annexe 8

8 Proposez des idées de contenus à publier dans le cadre d'une démarche de *social selling*. Fiches ressources 2 et 3

9 Identifiez les éléments à prendre en compte pour déterminer le rythme de publication. Fiche ressource 4

10 Proposez votre calendrier éditorial sur les 25-26 juin. Vous intégrerez les deux publications précédentes sur Facebook et Instagram. Annexes 5, 7, 9 et 10

11 Mesurez l'engagement de vos communautés compte tenu des objectifs fixés. Comment pourriez-vous améliorer ces résultats ? Fiche ressource 5 · Annexes 9, 11, 12 et 13

Votre dossier

Annexe 1 — Les séances avec un coach personnel

Up'Form propose des séances d'entraînement sportif avec un coach personnel : séances « bien-être » (stretching, sophrologie, yoga), « forme et minceur » (fitness, endurance), « seniors + » (marche nordique, gymnastique douce) et « pro » (programmes d'entraînement intensif pour sportifs engagés dans la compétition à haut niveau). Le site permet l'inscription à un planning en ligne et un coach unique assure le suivi du client, mesure les progrès et ses performances.

L'entreprise a également lancé depuis quelques mois un nouveau concept : les événements sportifs.

De plus, Up'Form envisage à terme de lancer une offre de coaching pour les salariés préparant de grands événements sportifs comme le Marathon de Paris ou la Oldo Crystal Run, (course de 10 km organisée en plein hiver en plein cœur de la capitale). Ces challenges « entreprise » ont le vent en poupe car ils renforcent la dynamique de groupe et améliorent le bien-être des salariés.

Annexe 2 — L'organisation d'événements sportifs : Interview de K. Spirito

– En quoi consiste les événements que vous organisez ?

– Les événements sportifs que nous organisons se déroulent au cœur de la capitale, dans des lieux souvent atypiques. Ces séances collectives de running et de renforcement musculaire permettent d'allier sport et plaisir. L'offre s'adresse à des groupes de 20 à 200 participants. Un ou plusieurs coachs peuvent être mobilisés sur un événement. L'inscription s'élève à 10 € par participant et par événement.

– Comment avez-vous procédé pour faire connaître ces événements ? Ont-ils du succès ?

– Pour annoncer ces événements, j'ai créé une page Facebook pro, un compte Instagram et un compte Twitter. Pour le moment, les événements ont attiré quelques dizaines de personnes à chaque fois mais ont suscité une forte adhésion sur les réseaux sociaux. Les premiers participants ont apprécié le fait de pratiquer des étirements devant la pyramide du Louvre ou de courir sur le Champ-de-Mars. Certains ont posté des photos amusantes sur la page Facebook de l'entreprise et ont laissé des commentaires qui insistent sur le côté sympathique mais sportif de l'événement.

– Quel est l'intérêt de votre partenariat avec le magasin Sport Pro ?

– J'ai négocié ce partenariat afin de mettre un vestiaire et des équipements (tapis, gourdes, chronomètres.) à disposition des participants lors des événements. En contrepartie, Up'Form communique sur Sport Pro sur sa page Facebook professionnelle, avec un lien sortant vers leur site. Mais je dois absolument investir davantage les réseaux sociaux, car notre partenaire exige une communauté plus importante et, surtout, plus engagée, pour pérenniser le partenariat.

Annexe 3 La cible de la communication Up'Form

Résultats Up'Form	
Répartition du CA	
Coaching individuel et groupe	95 % du CA
Événements sportifs	5 % du CA
Répartition de la clientèle	
Par âge :	
15-25 ans	35 %
25-35 ans	25 %
35-45 ans	25 %
45-55 ans	8 %
+55 ans	7 %
Par sexe :	
Hommes :	33 %
Femmes :	67 %

Source : We are Social, Hootsuite, Blog du Modérateur, Digimind, statista, 2021.

Les réseaux sociaux en France	
Réseau	**Profil et comportement utilisateur**
	Femmes : 51,5 % ; **moyenne** : 40 ans **22 %** en Île-de-France Un utilisateur aime en moyenne **9 publications par mois**
YouTube	**Femmes :** 46 % ; **18-49 ans** : 92 % de cette tranche d'âge utilise le réseau 62 % des entreprises postent des vidéos
	Hommes : 60 % ; **18-34 ans** : 47 % 79 % des interactions en France sont des *Like*
LinkedIn	**Hommes** : 52 % ; **25-34 ans** : 58 % 800 000 entreprises sont inscrites sur la plateforme
	Femmes : 54 % ; réseau le plus visité par les 11-24 ans 12 millions d'utilisateurs mensuels sur Discover
	Femmes : 63 % ; **15-35 ans** : 77 % 89 % de la Gen Z l'utilisent quotidiennement 1/5e d'utilisateurs en région parisienne
	Femmes : 77 % ; **+ de 55 ans** : 26 % 1/3 des mères de famille françaises est présent sur la plateforme
	Femmes : 56 % ; **moins de 24 ans** : 67 % 10 millions de vidéos partagées en France 11 milliards de cœurs reçus par les vidéos françaises et 12 milliards donnés

Annexe 4 Exemple d'événement sportif publié sur Instagram

La Marathonienne d'Annecy S'abonner
Annecy, France
Association sportive d'Annecy vous donne rendez-vous le 15 mars pour une course 100 % filles autour du lac !
On vous attend à 10 h devant l'embarcadère principal.
Au programme : 15 km de défi, 100 % de bonne humeur et 100 % des bénéfices reversés à l'association @ParitéFemmes 🙂
Encore 100 brassards disponibles !
Inscription sur le site @AssociationSportiveAnnecy, 40 € par personne.
Venez nombreuses !
#MarathonienneAnnecy #Annecy #CourseFilles

5 654 J'aime

Annexe 5 Événement sportif à organiser dimanche 1er juillet

Contexte : Événement sportif organisé au cœur de Paris le premier dimanche de chaque mois

Idées :
- Séance de renforcement musculaire
- Rendez-vous à 10h30 devant le magasin du partenaire Sport Pro, place du Forum des Halles, 75001 Paris, inscription sur place, par téléphone ou sur le formulaire
- Insérer des *hashtags* en lien avec l'activité, vestiaire sur place mis à disposition par le partenaire

Réseaux sociaux : Instagram, Facebook, Twitter

Format : article court (post)

Annexe 6 Extraits de la charte éditoriale

Éléments de la charte	Recommandations
Mention de la raison sociale	Elle apparaît dans toutes publications par une mention @UpForm.
Mention du partenaire (@compte du partenaire)	Elle doit apparaître également dans toutes les publications (insérer @SportPro).
Insertion de l'URL du site de l'entreprise	Elle est à insérer sur les comptes/profils et dans les articles postés.
Respect des valeurs de l'entreprise	Le sport, le dépassement de soi, la bonne humeur, le bien-être.
Les visuels	Ils doivent appuyer les valeurs de l'entreprise : compétitions sportives, courses mais aussi détente, épanouissement grâce au sport, utilisation d'émojis.
Le ton	Il doit plutôt être léger. Le registre de langage sera courant, en cohérence avec l'image jeune et dynamique de l'entreprise.
Les couleurs	Plutôt vives (en cohérence avec le logo de l'entreprise).
Insertion de *hashtags*	Les # sont à privilégier sur Instagram et Twitter pour marquer les contenus avec des mots-clés. Choisir des # liés à l'activité et à l'événement ou des # tendance.
Intégration de *stories* sur Instagram	Les stories doivent rester en haut du fil d'actualité des *followers*. Pas de contrainte particulière sur les contenus. Photos et vidéos partagées pendant un intervalle maximum de respectivement 5 et 15 secondes.

Annexe 7 Concours Up'Form

Contexte : championnat de France d'athlétisme les 28-29 juin
Ouverture du concours : du 25 au 26 juin
Modalité du concours : réponse à une question de culture générale sur l'athlétisme puis tirage au sort
Lot : 2 places à gagner pour les championnats de France d'athlétisme

Réseau social : Facebook
Format : article court (post)
Communication : insérer un lien vers le site avec un article sur l'événement, relayer l'événement sur Twitter

Annexe 8 Exemple de page entreprise sur LinkedIn

Présentation
Zaacom est une agence de stratégie digitale (SEO / SEA / SMA) spécialisée dans les projets ambitieux nationale et internationaux.
Site web
https://www_zaacom.fr
Taille de l'entreprise
1 150 employés
17 sur LinkedIn
Siège social
Caen, Calvados
Type
Société civile/société commerciale/autres types de sociétés
Fondée en 2013
Spécialisations
SEO, SEA, SMA, référencement naturel, référencement payant et marketplace / place de marché

La section « Infos » (maximum 2 000 caractères) de votre page présentera votre entreprise, ses missions, en mettant en avant des mots-clés représentatifs (pouvant ressortir lors des recherches sur le moteur de recherche de LinkedIn). Une veille concurrentielle permettra d'élargir le champ des mots-clés.

Le choix des « spécialisations » renvoie aux mots-clés sur lesquels l'entreprise souhaite être positionnée.

Annexe 9 — Planification des publications

Compte tenu du budget limité et des moyens humains limités, le dirigeant souhaite une fréquence de publication de :

- une fois par jour sur Facebook : il préconise une publication vers 10 heures en se basant sur les statistiques de sa page datant d'il y a quelques semaines ;
- deux fois par jour sur Instagram ;
- deux fois par jour sur Twitter.

Annexe 10 — Veille : périodes de publication sur les réseaux sociaux

Source d'information	« 1re Position » (agence de communication digitale)
Date de publication	30/06/N
Twitter	Lundi au jeudi (surtout le mercredi) - 13-15 h et 17-18 h (B to C : privilégier le week-end)
LinkedIn	Jours de travail (surtout le mardi) - 7-8 h, 10-11 h et 17-18 h
Instagram	Tous les jours (surtout le lundi 19-22 h) Pour publier : 8-9 h ou à partir de 17 h jusqu'à 2-3 h du matin

Annexe 11 — Objectifs du *community manager*

Semaine du 24 juin au 1er juillet		
Facebook	Twitter	Instagram
Nombre d'abonnés : 450	Nombre d'abonnés : 450	Nombre d'abonnés : 450
Taux d'engagement : 0,8 %	Taux d'engagement : 0,4 %	Taux d'engagement : 5 %

Annexe 12 — Audience digitale – semaine du 24 juin au 1er juillet

Extraits statistiques tirées de Twitter	4 560 Twittos ont vu les *tweets* publiés durant cette semaine 2 nouvelles personnes se sont abonnées au profil (380 abonnés) 5 personnes sont répondu au *tweet* sur le concours, 2 ont partagé (retweeté) les photos sur les événements sportifs, 4 ont aimé les *tweets* partagés sur les championnats de France d'athlétisme
Extraits des statistiques sur Instagram	Nombre d'abonnés (utilisateurs qui suivent l'entreprise) : 470 Nombre d'abonnements (utilisateurs/comptes que l'entreprise suit) : 530 (dont 108 qui ne suivent pas l'entreprise Up'Form en retour) Nombre de *like* sur la période : 32 (en hausse de 8 % par rapport à la semaine précédente) Nombre de nouveaux abonnés : 4 Nombre d'abonnés perdus : 0
Extraits statistiques de la page Facebook de l'entreprise	Portée des publications sur la période : 1,5 K (en baisse de 2,2 % par rapport à la semaine précédente) Nombre de « j'aime » : 6 (en baisse de 2 % par rapport à la semaine précédente) Nombre de commentaires et de partage : 5 Nombre d'abonnés : 380

Annexe 13 — Audience connectée à la page Facebook - Dimanche 1er juillet

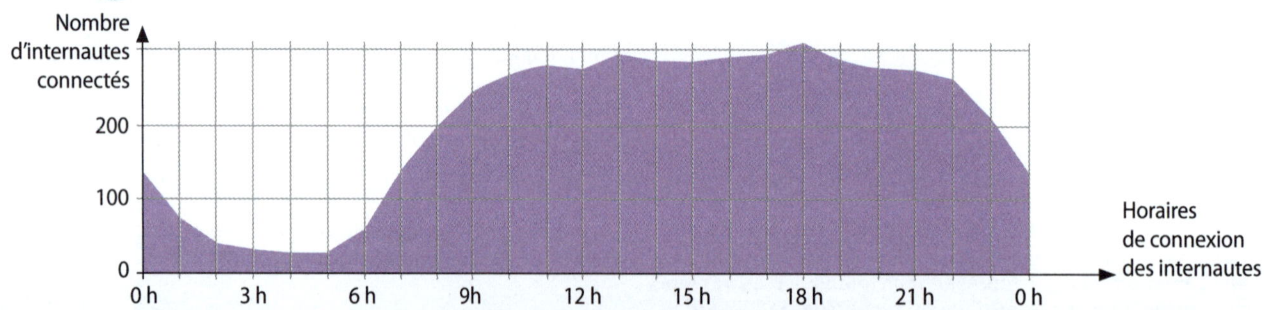

Remarque : les habitudes de connexion des internautes sur la journée du dimanche sont représentatifs ici des habitudes de connexion sur les autres jours de la semaine.

FICHE RESSOURCE

1

METTRE EN PLACE UNE STRATÉGIE DE COMMUNICATION COMMUNAUTAIRE

I Comprendre le principe de communauté

Une communauté est un groupe lié par un intérêt commun (un lien « social ») qui fait le choix de plus ou moins interagir. Une communauté sur les réseaux sociaux se construit autour d'un intérêt commun pour une marque, un thème ou encore un produit et correspond aux *followers* ou abonnés, qui suivent les pages ou comptes de l'entreprise. L'adhésion à la communauté permet de suivre le fil d'actualité ou d'être invité à participer à un événement.

II Les étapes de l'engagement

Sur Internet, on observe environ 90 % d'utilisateurs spectateurs, 9 % d'utilisateurs actifs et 1 % d'utilisateurs contributeurs. L'entreprise doit chercher à susciter l'engagement des utilisateurs actifs (nombre de fois qu'un utilisateur interagit avec un post ou avec la page de l'entreprise *via* un *hashtag*, *retweet*, *like*, commentaire, partage). Cet engagement passe par sept étapes :

1	Attention	L'utilisateur suit et consulte les contenus et les échanges liés à la marque sans intervenir.
2	Micro-interaction	L'utilisateur réalise une action superficielle d'appréciation, de vote ou de notation.
3	Partage	L'utilisateur relaie auprès de son réseau social les contenus ou prises de parole de la marque. La moitié des utilisateurs a déjà reposté une photo ou une vidéo.
4	Avis	L'utilisateur poste un commentaire ou exprime un *feedback* concret en rapport avec l'univers de la marque.
5	Contribution	L'utilisateur crée, publie des contenus et collabore créativement au service de la marque et de sa communauté.
6	Animation	L'utilisateur fait vivre les conversations et les contenus liés à la marque.
7	Enthousiasme	L'utilisateur agit comme ambassadeur de la marque, en contribuant à sa réputation.

III Les moyens pour rassembler une communauté et susciter l'engagement

Objectif	Action	Principe
Rassembler une communauté	**Inviter ses clients/prospects**	L'entreprise peut inviter ses clients/prospects à la suivre sur les réseaux sociaux en les contactant individuellement.
	Cibler des influenceurs (marketing d'influence)	L'entreprise peut inciter, en échange de produits offerts ou de rémunération, des leaders d'opinion suivis par des milliers d'internautes (influenceurs) à la suivre sur les réseaux sociaux et à parler d'elle. L'entreprise doit sélectionner ces influenceurs en fonction du nombre d'abonnés qui suivent leur page (portée) et de la pertinence de ce qu'ils publient (expertise). EXEMPLE : en début de période de soldes, Vertbaudet a fait appel à des mamans blogueuses et youtubeuses pour faire part de leur sélection de produits favoris afin d'influencer la communauté.
	Cibler ses salariés comme ambassadeurs de l'entreprise	Cette pratique, appelée « *employee advocacy* », consiste à demander à ses salariés de devenir les ambassadeurs de l'entreprise sur les réseaux sociaux, y compris dans leur vie de tous les jours. EXEMPLE : des salariés volontaires peuvent relayer sur les réseaux sociaux l'implication de leur entreprise dans des actions citoyennes.
Engager et animer une communauté	**Solliciter et interagir avec les internautes**	L'entreprise doit susciter l'interaction avec eux, les faire participer, afin de les engager et les fidéliser. EXEMPLE : les inciter à *liker* des photos, une publication, leur poser des questions, les faire voter, répondre à leurs commentaires… Sur Facebook, les partages et les *like* permettent de faire remonter les contenus dans le fil d'actualité des membres.
	Créer des contenus intéressants	Proposer différents types de contenus (présentation de produits, actualité, histoire de l'entreprise…) en privilégiant les visuels permet d'engager les internautes, qui recruteront par la suite de nouveaux abonnés ou clients.

FICHE RESSOURCE

2

METTRE EN PLACE UNE STRATÉGIE DE CONTENUS SUR LES RÉSEAUX SOCIAUX

Pour engager sa communauté, l'entreprise doit proposer à sa communauté des contenus de qualité, actualisés et variés afin de capter son attention. Le *community manager* doit réfléchir aux contenus qu'il souhaite publier sur les réseaux sociaux et choisir pour chaque contenu le réseau social et le format les plus pertinents en fonction de l'objectif visé.

Les réseaux sociaux permettent d'augmenter la visibilité de l'entreprise *via* ses médias propres : on parle de « *owned media* » (Pinterest, Facebook, YouTube, LinkedIn, etc.). Ils permettent également d'augmenter « gratuitement » l'exposition de l'entreprise ou de la marque grâce aux blogs, avis et commentaires des internautes : on parle d'exposition gagnée ou « *earned media* ».

I Proposer différents contenus

1. Présentation des produits

Une marque ou une entreprise peut mettre en avant ses produits afin de développer sa notoriété et ses ventes. Le réseau social ne sera pas une vitrine d'autopromotion, comme un site d'e-commerce, mais incitera plutôt les internautes à contribuer à la présentation des produits.

Formats les plus adaptés	Médias sociaux les plus adaptés
Photos des clients testant les produits, vidéos de démonstration, articles.	Facebook, Blog, Instagram, Pinterest, YouTube

EXEMPLE

Marion a ouvert récemment une boutique de vêtements *vintage* dans le centre de Lyon. Elle a posté sur Instagram des pièces de sa collection en appliquant des filtres originaux sur ses photos avec des *hashtags* intégrés pour promouvoir son enseigne (#VintageMode).

Elle encourage également ses clientes à épingler des photos de leur meilleur *look* sur Pinterest.

2. Histoire et valeurs de la marque/de l'entreprise

Une marque cherche à créer un lien, une histoire partagée entre les internautes, afin de renforcer le sentiment d'appartenance à la marque. Cette technique s'appelle le « *storytelling* ». Dans le but de donner du sens à l'achat de l'internaute, l'entreprise communique également sur ses valeurs, ses engagements humanitaires.

	Formats les plus adaptés	Médias sociaux les plus adaptés
Storytelling	Histoires des internautes avec la marque, témoignages sur le « *off* » de la marque (naissance d'une idée)	YouTube, Instagram, Pinterest, Blog…
Valeurs	Posts avec des citations, des proverbes, vidéos, photos…	Facebook, YouTube, LinkedIn, Blog…

EXEMPLE

Marion raconte son histoire de jeune créatrice dans quelques vidéos courtes. Elle parle de sa relation avec ses clientes et de leurs désirs (porter des vêtements uniques qui reflètent leur personnalité). Elle s'engage également auprès de jeunes créateurs lyonnais avec lesquels elle collabore.

3. Expertise

L'entreprise peut présenter des articles répondant aux problématiques des internautes pour leur apporter une expertise. L'entreprise apporte alors son éclairage sur un thème, ses conseils et son regard professionnel. Dans une démarche de *social selling* qui consiste à utiliser les réseaux sociaux pour développer les ventes, ces contenus permettent d'approcher des prospects en amont.

Formats les plus adaptés	Médias sociaux les plus adaptés
Vidéos tutoriels, démonstrations, DIY (*Do It Yourself*), articles spécialisés	LinkedIn, YouTube, Blog....

EXEMPLE

YouTube Marion aimerait à terme créer sa chaîne sur YouTube avec des vidéos portant sur des conseils de mode, de style vestimentaire. D'ici quelques années, des clientes parleraient de l'enseigne et deviendraient ainsi des influenceuses...

4. Actualités et événements

La marque peut communiquer sur les moments forts de l'année (les 10 ans de l'entreprise ou des tendances du moment). L'objectif est de générer des contenus régulièrement partagés, repris par les abonnés, blogueurs ou youtubeurs.

La marque peut aussi s'appuyer sur des événements récurrents (soldes, fêtes de fin d'année...) pour y associer son nom (jeu-concours, promotion..) ou annoncer un événement (lancement de produit, promotion pour les fans...). L'objectif est d'animer, d'engager la communauté et de qualifier les *leads* (obtenir les adresses mail) pour de futures actions commerciales.

	Formats les plus adaptés	Médias sociaux les plus adaptés
Actualités	Articles, tweets...	Twitter, blog, Facebook
Événements	Posts, photos, jeux, concours, vidéos	Facebook, Twitter, Snapchat...

EXEMPLE

Marion partage sur Twitter l'actualité des marques de haute couture, les dates des défilés et bien sûr celles de la « *Fashion Week* ».

Marion informe ses clientes des ventes privées *via* Messenger. Elle a testé récemment le Facebook Live, une vidéo en direct d'un pot de fin d'année organisé dans son magasin ; la photo la plus originale épinglée sur Pinterest remporte un bon d'achat de 10 €.

II Mettre en place une curation de contenus

Il est difficile de créer 100 % des contenus pour des raisons de temps, de taille d'équipe ou de budget. La curation est une pratique qui permet de sélectionner, d'éditer et de partager le contenu le plus pertinent d'Internet sur des thèmes choisis. Un outil comme Scoop.it ou Netvibes permet par exemple de faire de la curation en créant des thématiques.

EXEMPLE

Marion sélectionne sur Scoop.it des thèmes de recherche ou topics (mode et beauté) et des mots-clés (vêtements *vintage*) sur des sources qu'elle aura préalablement sélectionnées (*Marketing magazine*, *Stratégies*, style.com, *Marie Claire*, *Vanity Fair*..).

Le curateur choisira les contenus (articles, citations, proverbes, infographies, podcasts – moyen de diffusion de fichiers audio, vidéo ou autres sur Internet, webinaires...) cohérents avec l'image de l'entreprise et les réseaux sociaux sur lesquels il souhaite diffuser.

Le curateur pourra personnaliser les contenus, en citant ses sources avec un lien vers le texte d'origine. Il pourra également partager sa veille sur une adresse URL spécifique.

FICHE RESSOURCE

3

COLLECTER DES DONNÉES ET PROSPECTER GRÂCE AUX RÉSEAUX SOCIAUX

I Organiser un jeu-concours

Un jeu-concours permet :
– d'engager la communauté et de rediriger du trafic vers le site ;
– de collecter des informations grâce au jeu en lui-même et aux cookies ;
La marque ou l'entreprise pourra alors qualifier ces abonnés/*leads* et les nourrir avec des contenus adaptés *lead nurturing*.
En amont du jeu-concours, le *community manager* devra réfléchir à différents points :

Type de concours	Tirage au sort, sondage avec tirage au sort, questionnaire, jeux de photos, *blind test*…
Type de cadeaux/lots	Offre de réduction sur un abonnement, échantillon de produits, produit offert…
Période	Par exemple, un événement comme un salon, une fête (Fête de la musique, Fête des mères, sortie d'un livre…).
Modalités de participation et diffusion du jeu	Par exemple, un mot-clé avec un *hashtag* à tweeter, une photo ou une vidéo à partager, une réponse à une question… Pour faire connaître le jeu : insérer un bouton de redirection sur le site, des boutons de partage vers les réseaux sociaux… Le jeu-concours pourra être sponsorisé (Facebook Ads par exemple).
Réglementation	– Le règlement du concours doit être accessible. – Si des données personnelles sont collectées, le fichier de collecte devra respecter la CNIL et le RGPD. – Les CGU de chaque réseau social devront être respectées : exemple sur Facebook, « La promotion n'est pas associée à Facebook, ni gérée ou sponsorisée par Facebook. Facebook n'est pas responsable en cas de problème. »
Rédaction du post	Le fond : le post devra intégrer les éléments précédents : type de concours, lots, modalités de désignation du gagnant, période, des # représentatifs, les mentions des partenaires, un lien vers le site. Il devra respecter la réglementation. La forme : le post sera attractif (émojis, photos) et conforme à la charte graphique.

II Pratiquer le *social selling* sur LinkedIn

Dans un contexte B2B, le *social selling* désigne l'ensemble des pratiques qui consistent à utiliser les réseaux sociaux professionnels (LinkedIn, Twitter, Facebook…) pour le développement des ventes. L'objectif est d'entamer une conversation avec des prospects, en échangeant notamment des contenus de qualité (expertise produit, marché, publication évènement, infographies, conseils, recommandations…).

EXEMPLE

Sur LinkedIn, l'entreprise peut créer une page entreprise à partir d'un profil existant afin d'améliorer sa visibilité, et de contacter des prospects potentiels. Elle pourra cibler des contacts *via* le moteur de recherche de LinkedIn ou *via* le fil d'actualité (relance des contacts ayant réagi à une publication).

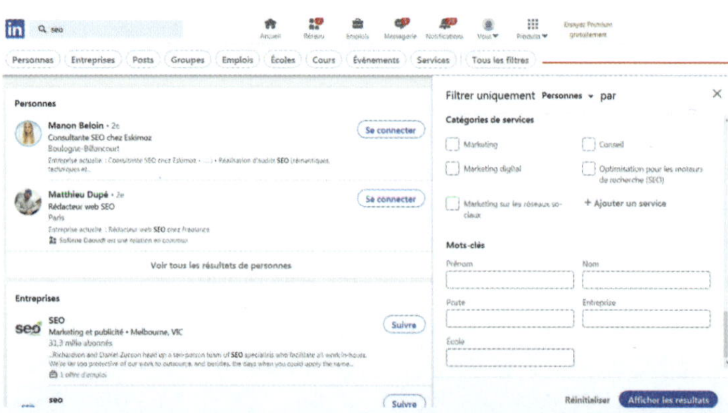

Le ciblage des prospects peut être plus précis : poste de la personne, secteur d'activité, secteur géographique, mots-clés figurant sur son profil.

Le commercial pourra ensuite visiter les profils des contacts et les inviter à rejoindre son réseau.

FICHE RESSOURCE

4

PROGRAMMER SA STRATÉGIE DE PUBLICATION

I Réfléchir à un calendrier éditorial

Le calendrier éditorial offre une vue globale des contenus à publier sur une période et permet de réfléchir au choix de la période afin de délivrer le bon message au bon moment.

Avec quels objectifs ?	Chaque publication répond à un objectif, identifié en amont (voir fiche ressource 1). Il peut s'agir d'engager sa communauté, de qualifier des *leads*, de développer sa e-réputation…
Quelle audience est visée ?	L'analyse de l'audience (sexe, âge, centres d'intérêt, lieu…) est essentielle pour lui adresser un contenu ciblé. L'analyse des statistiques proposée par les comptes (Twitter, Facebook…) permettra d'affiner la connaissance des cibles.
Sur quel réseau social ?	Il faut choisir le ou les réseaux sociaux (ou plus largement les médias sociaux) sur lesquels poster, en fonction de la cible, des objectifs, des formats, des moments de la journée.
Quelle thématique ?	Il convient d'équilibrer les contenus entre promotions et contenus utiles pour la cible (articles sur la mode, informations sur un salon). Le *community manager* réfléchira au type de contenu : promotion de l'offre, des valeurs de l'entreprise… *via* des photos, citations, infographies, *stories*, annonce publicitaire etc., en fonction des messages qu'il souhaite faire passer aux cibles.
À quel rythme poster ?	La programmation des posts permettra une présence régulière. La question du rythme de publication doit se poser : combien de *tweets* par jour, sans que cela soit assimilé à du spam ? Il n'y a pas de solution idéale : tout dépend des objectifs et de l'engagement de la communauté. De plus, les posts ne seront toutefois pas visibles à chaque fois, par tous.
Quand poster ?	Les statistiques fournies par les réseaux indiquent les heures offrant le plus de vues ou de partages. Par exemple, les réseaux visant une cible professionnelle sont plus réceptifs aux contenus publiés durant les heures de travail.
Qui est l'auteur ?	Lorsqu'il y a une équipe de publication (équipe de « *content marketing* »), la contribution de chacun doit être définie.

Une analyse régulière des statistiques des réseaux permettra d'ajuster les horaires de diffusion et d'apprécier l'attractivité des contenus.

II Réaliser le calendrier éditorial

Exemple de calendrier réalisé sur Google Sheets par Marion pour sa boutique de vêtements :

Objectifs	Audience	Date	Réseau	Thématique	Idées	Heure diffusion	Auteur
Augmenter la visibilité, générer du trafic en boutique, développer les ventes	Clients particuliers	**Lundi 21 mai**	Facebook	Offre commerciale	Invitation vente privée, réduction de 20 % durant la soirée (photos + texte)	9 h	Marion
	Clients particuliers		Instagram	Idées Styles vestimentaires	Photos avec filtres de la collection	2 h	Marion
Susciter l'engagement, développer la e-réputation	Clients particuliers		Pinterest	Idées Styles vestimentaires	Concours du meilleur look client : photo à poster	13 h	Marion
Susciter l'engagement, développer la e-réputation	Clients particuliers		Instagram	Histoire de la créatrice	*Story* sur la créatrice	20 h	Marion

Des outils de gestion des réseaux sociaux comme Hootsuite ou Buffer permettent de programmer les diffusions, et de mesurer la réaction de la cible.

FICHE RESSOURCE

5

MESURER LA RÉACTION DE LA CIBLE

I Mesurer le taux d'engagement de la communauté

Le *community manager* mesure régulièrement l'engagement de son audience. L'engagement mesure l'interaction entre l'entreprise et ses communautés sur les réseaux sociaux. Il peut s'agir, selon le type de réseau social, du nombre de j'aime, de retweet, de commentaires, de mentions de @la marque, etc.

Réseau	Calcul du taux d'engagement
Twitter	**Taux d'engagement** = Nombre d'utilisateurs qui ont réagi (hashtag, lien, retweet, réponse, j'aime etc.) à un tweet par rapport au nombre de vues du tweet. **Taux d'engagement** = Engagements / Nombre d'impressions × 100
Facebook Pro	**Taux d'engagement d'un post sur une période** = nombre d'utilisateurs qui ont réagi à la publication par rapport à la portée de la publication. La portée des publications ou « *reach* » correspond au nombre de personnes qui ont vu une publication de la page au cours d'une période donnée. **Taux d'engagement d'un post sur une période** = engagement / portée × 100
Instagram	**Taux d'engagement des abonnés** = nombre d'utilisateurs qui ont réagi à la publication (mentions, j'aime…) par rapport au nombre d'abonnés. **Taux d'engagement des abonnés** = engagement / abonnés × 100
LinkedIn	**Taux d'engagement sur une période** = Nombre d'utilisateurs qui ont réagi (j'aime, commentaires, partages…) par rapport au nombre de vues de la publication. **Taux d'engagement sur une période** = Engagement / Impressions × 100

Il existe différents calculs du taux d'engagement, selon les réseaux sociaux ou la nature même de l'engagement calculé (sur un post, sur une page…).

II Prendre en compte d'autres indicateurs de performance

D'autres indicateurs permettent de mesurer l'efficacité de la stratégie sur les réseaux sociaux.

Indicateurs	Signification
Valorisation de l'e-réputation	Le *community manager* peut analyser la tonalité des réactions sur le web (positives ou non) ainsi que la viralité des publications (partage, retweet) et l'impact sur l'image de l'entreprise.
Taux de conversion	Rapport entre les individus ayant réalisé l'action finalement recherchée dans le cadre de la campagne marketing et le nombre total d'individus touchés par la campagne (ex. : dans le cadre d'un concours : rapport entre le nombre de participants et le nombre de vues de l'événement).

III Mesurer le retour sur investissement (ROI)

Il est difficile pour un *community manager* de mesurer le ROI (*Return on Investment*) de sa stratégie communautaire et digitale, notamment parce que les parcours clients à travers les réseaux sociaux sont difficiles à suivre. Par contre, le *community manager* peut évaluer la transformation des *leads* collectés (e-mails collectés lors d'un concours) en prospects chauds, voire en clients. Il peut également évaluer l'investissement que la stratégie a demandé (ressources humaines, budget…) et la notoriété acquise. Des outils statistiques gratuits existent : statistiques de Twitter, Facebook, Instagram Insight pour les comptes professionnels. Des outils payants comme Hootsuite permettent de gérer les statistiques issues de plusieurs réseaux sociaux en même temps.

Applications

Maîtrise

E5-A

1 Découvrir le *community management*

Vous réfléchissez à une poursuite d'études orientée vers le marketing digital et le *community management*. Vous êtes d'ailleurs chargé(e) de créer et d'animer cette année un compte Facebook et Twitter pour votre section NDRC. Pour mieux comprendre votre mission, vous avez consulté une vidéo (document).

1. Identifiez les missions du *community manager* puis indiquez les qualités requises pour ce poste.
2. Expliquez ce qu'est une stratégie de communication communautaire et quels sont ses objectifs.
3. Proposez une ligne éditoriale pour votre section (valeurs, ton, couleurs, logo).
4. Dans le cadre de votre mission d'animation des comptes de la section NDRC, indiquez vos cibles, les supports (réseaux sociaux) à investir, puis proposez des idées précises de contenus pour chacun des formats suivants : article, photo, webinaire, jeu, proverbe, témoignage, vidéo.
5. Réfléchissez aux influenceurs que vous pourriez inviter sur les comptes du BTS afin d'augmenter sa visibilité.

Document Vidéo : Le métier de *community manager*

Qu'est-ce qu'un Community Manager ?
Durée : 2'33
liennathan.fr/2tf69m

Expertise

E5-A

2 Animer des communautés sur les réseaux sociaux

En tant que nouveau/-velle *community manager* du club PSG (Paris-Saint-Germain), vous avez rencontré le président du club, qui vous demande de développer l'animation des différentes communautés.

1. Indiquez le type d'organisation (entreprise, association, administration publique) qu'est le PSG. Précisez si le PSG poursuit un but lucratif ou non lucratif.
2. Consultez la page Facebook du PSG. Relevez le nombre de membres de la communauté Facebook, puis expliquez pourquoi cette communauté est engagée.
3. Proposez deux idées d'animation sur Facebook pour chacune des rubriques suivantes : présentation des produits, histoire et valeurs du PSG, expertise du club, actualité et événements du club. Indiquez l'objectif visé à travers chaque contenu. La page Facebook du PSG et le site du club vous permettront d'effectuer une veille sur le club.
4. Rédigez le post présentant le jeu concours qui sera diffusé sur Facebook (document 1).
5. Proposez un calendrier éditorial (à l'aide de Google Sheets) pour la journée du 12 mai, en respectant un rythme adapté de publication (document 2).
6. Mesurez l'engagement de votre communauté sur cette journée (document 3) compte tenu des objectifs fixés par votre direction. Quelles questions suscitent les résultats obtenus ?

Document 1 Organisation d'un jeu-concours sur Facebook

Type de concours	Réponse à une question en lien avec le club. Le *community manager* est libre de choisir la question.
Période	Journée du 12 mai
Publication du concours	Le concours sera publié sur un onglet de la page Facebook. Le *community manager* devra rédiger le titre et l'article, et devra prévoir le visuel.
Modalités de participation	Les participants devront répondre à la question. Les cinq premiers participants avec une réponse juste gagneront un cadeau.
Type de cadeaux	Le *community manager* pourra choisir le cadeau. Il n'y a pas de contrainte de budget mais le cadeau devra refléter les valeurs du sport.
Mentions et *hashtags*	Insérer la mention du club @PSG et celles des partenaires. Insérer un ou 2 *hashtags* en lien avec l'animation mise en place.
Charte graphique	Couleurs (rouge, bleu), visuels adaptés, logo du club.

Document 2 Réseaux sociaux à investir, fréquence et horaires de publication

La fréquence de publication tient compte de la fréquence actuelle de publication du club, de la fréquence de publication de l'Olympique de Marseille et des recommandations des agences de communication digitale. Les horaires de publication ont été définis en fonction des horaires d'affluence des internautes à partir de l'analyse des statistiques d'audience.

Facebook	4 fois par jour : 8 h, 10 h, 12 h, 18 h
Twitter	4 fois par jour : 12 h, 13 h, 15 h, 17 h
Instagram	4 fois par jour : 12 h, 17 h, 19 h, 22 h

Document 3 Audience digitale du 12 mai (résultats fictifs)

Objectifs fixés par la direction		
Facebook	**Twitter**	**Instagram**
Taux d'engagement : 1,2 %	Taux d'engagement : 1,1 %	Taux d'engagement : 7,1 %
Résultats – Audience digitale du 12 mai		
Portée des publications : 1 000 K Nombre de j'aime : 6 K Nombre de commentaires : 1.8 K	700 K ont vu les *tweets* publiés Nb de j'aime : 3 K, Nb de retweet : 4 K, réponses : 300	Nombre d'abonnés : 12 000 Nombre de j'aime : 810 Nombre de commentaires : 469

Maîtrise

E5-B

3 Augmenter la visibilité des réseaux sociaux

Le Théâtre des Mille Vies, fondé en 1901, a hérité du charme de son quartier historique : le vieux Nice. Cette petite salle de 70 places séduit petits et grands. Sa directrice, Lucie Vallon, artiste elle-même formée au cours Florent, a toujours su renouveler sa programmation. La troupe propose des mises en scène originales des grands classiques, de Molière à Feydeau. Lucie souhaite désormais développer les spectacles pour enfants. La troupe revisite avec humour et fantaisie les classiques de Jean de La Fontaine ou Charles Perrault.

Le Théâtre dispose d'un site vitrine réalisé sur Wordpress mais Lucie aimerait développer ses contenus sur Facebook et Twitter sur lesquels elle est présente depuis peu. Sa communauté est peu engagée (en moyenne 0,1 % de taux d'engagement). Elle sait que les avis des clients et le bouche-à-oreille permettront de faire connaître sa nouvelle programmation. Elle vous sollicite afin de l'aider à partager les contenus de son site sur les réseaux sociaux. Vous travaillerez sur le site Wordpress du Théâtre.

1. Créez le profil de Sonia dans les utilisateurs du site conformément aux instructions de l'annexe 1.
2. Rédigez l'article présentant le jeu concours présenté en annexe 2. Incitez les internautes à vous rejoindre sur les réseaux sociaux de l'entreprise.
3. Créez une catégorie « Jeu-concours ». Vous veillerez à optimiser son référencement.
4. Faites en sorte que les réseaux sociaux du théâtre apparaissent dans le *footer* (pied de page) sur l'ensemble du site web.
5. Créez ou modifiez votre page « Politique de confidentialité » en insérant un paragraphe sur le respect du RGPD (annexe 3). Puis, enlevez cette page du menu et faites en sorte que l'internaute puisse y accéder à partir du pied de page.

Document 1 Création du profil de Sonia

Sonia pourra éditer du contenu sur le site. Elle pourra rédiger ses articles et répondre aux commentaires. Son mail est : sonia.talih@gmail.com

Document 2 Jeu-concours

L'objectif du jeu-concours est de faire connaître la nouvelle offre du théâtre : des spectacles s'inspirant des *Fables* de La Fontaine, à destination des enfants.

- **Type de concours** : ce sera une question posée aux internautes. Ces derniers doivent retrouver à partir d'un extrait de quelle fable cet extrait est tiré (exemples de fables : *Le Loup et l'Agneau, Le Lièvre et la Tortue, La Cigale et la Fourmi, Le Corbeau et le Renard*...).
- **Type de lots** : une place adulte et une place enfant offertes pour le prochain spectacle inspiré du *Loup et de l'Agneau*.

- **Modalités de participation** : remplir un formulaire de participation avec le prénom, le nom, le mail, la réponse.
- **Désignation des gagnants** : les 50 premières réponses justes gagneront des places.
- **Respect des valeurs de l'entreprise** : l'humour, le partage, la culture.
- **Couleurs** : jaune, noir, rouge.
- **Assurer la visibilité** de l'article.

Document 3 La politique de confidentialité

Le site doit mentionner dans cette page, ses obligations légales en matière de collecte et de traitement de données personnelles, conformément au RGPD.

Synthèse

Animer des communautés sur les réseaux sociaux

Mettre en place une stratégie de communication communautaire

- **Rassembler les communautés :** inviter les clients et prospects à suivre l'entreprise sur les réseaux sociaux, cibler les influenceurs et les salariés ambassadeurs
- **Engager et animer les communautés :** inciter à publier, partager, répondre, poser des questions…

Mettre en place une stratégie de contenus sur les réseaux sociaux

- Définir les contenus, les réseaux sociaux et les formats
- Faire de la curation de contenus

Les différents types de contenus

- Présentation des produits
- Histoire de l'entreprise et ses valeurs (*storytelling*)
- Expertise (tutoriels, etc.)
- Événements et actualités

Convertir grâce aux réseaux sociaux

- Collecter des données et engager grâce aux jeux concours
- Mettre en place une démarche de content marketing (expertise produit, marché, conseils)
- Prospecter et convertir grâce à une démarche de social selling

Programmer ses publications

- Mettre en place un calendrier éditorial
- Utiliser des outils de programmation

Évaluer les résultats de la stratégie de communication communautaire

- Mesurer le taux d'engagement des communautés
- Suivre des indicateurs : tonalité, viralité, taux de conversion
- Mesurer le ROI (retour sur investissement)
- Analyser ses choix de publication

TESTEZ-VOUS

Quiz sur le chapitre 12
liennathan.fr/d56p5g

MOTS CLÉS

Stratégie de communication communautaire · Influenceur · Animation de communautés · *Social selling* · Taux d'engagement

CHAPITRE 13

Gérer et renforcer l'e-réputation

Contexte professionnel

Activités/Tâches
Suivi, modération et exploitation des échanges

Compétence
Impulser, entretenir et réguler une dynamique e-relationnelle

Vers PIX
2.2. Partager et publier
2.4. S'insérer dans le monde numérique

Laguiole Village est né de la collaboration de deux personnes : F. Blandinieres, fort d'une expérience de plus de 40 ans dans le domaine de l'aéronautique et C. Capelle, cofondatrice d'une fameuse marque de Laguiole, il y plus de 25 ans. Dès le départ, Laguiole Village a opté pour la création et l'innovation.

Les pièces des Laguiole sont découpées avec de l'eau et du sable, procédé écologique qui permet plus de créativité et de souplesse pour la fabrication. Deux nouveaux couteaux ont ainsi été créés : l'Espalion et l'Antartica ; ils sont les best-sellers de la marque qui a déposé un brevet. En complément de son site internet, Laguiole Village a créé une page Facebook sur laquelle les internautes laissent leurs commentaires, qui sont nombreux. De plus, face à l'intrusion sur le marché de couteaux Laguiole à bas prix et de qualité médiocre, les deux créateurs et leur équipe s'inquiètent pour l'image de leurs couteaux et de leur marque : ils ont entrepris une étude de l'image de Laguiole Village sur le Web et les réseaux sociaux.

Votre rôle

Mme Capelle vient de vous recruter en tant que *community manager* de Laguiole Village. Vous êtes chargé(e) de gérer le compte Facebook de l'entreprise et de surveiller et renforcer sa e-réputation sur les médias sociaux.

Vos objectifs

I Comprendre les enjeux de l'e-réputation

1 Expliquez en quoi consiste votre mission de veille et gestion de l'e-réputation. Justifiez la nécessité de posséder d'excellentes compétences rédactionnelles pour cette mission.

Annexes 1, 2, 3
Fiches ressources 1 et 2

2 Quel type de veille allez-vous mettre en place pour surveiller l'e-réputation de Laguiole Village ?

Annexe 4

3 Déterminez les mots-clés qui permettront d'effectuer la veille sur le couteau de Laguiole.

4 À l'aide d'un outil de veille, qualifiez l'e-réputation du couteau de Laguiole et de Laguiole Village.

5 À l'aide d'un moteur de recherche de votre choix, recherchez des exemples de chartes de modération et indiquez les dix règles à suivre afin de suivre et modérer les échanges sur Facebook.

II Suivre et modérer les réactions des internautes

Vous prenez connaissance des commentaires laissés par les internautes sur la page Facebook Laguiole Village.

6 Sélectionnez les commentaires que vous devez supprimer et préparez le message qui en explique les raisons.

Annexe 5
Fiches ressources 3 et 4

7 Comment devez-vous traiter les avis négatifs ? Justifiez.

8 Proposez des réponses pour les commentaires que vous n'avez pas supprimés.

9 Choisissez les commentaires que vous pourrez exploiter et faire remonter à l'entreprise pour améliorer les produits. Justifiez vos choix.

10 Choisissez deux commentaires que vous pourrez mettre en valeur sur votre site afin de renforcer votre e-réputation.

11 Proposez deux actions que vous pourrez mettre en place afin de renforcer votre e-réputation.

III Gérer un *bad buzz*

Suite à la diffusion télévisée d'un documentaire sur les couteaux Laguiole (annexe 6), les internautes se déchaînent et remettent en cause la fabrication et l'origine des couteaux Laguiole (annexe 7). Certains commentaires ont été publiés sur la page Facebook Laguiole France (annexe 8).

12 Expliquez pourquoi on peut qualifier cette crise de *bad buzz*.

Annexes 6, 7 et 8
Fiches ressources 4 et 5

13 Indiquez la marche à suivre pour gérer ce *bad buzz*. Quelles erreurs devez-vous éviter ?

14 Préparez la réponse officielle de Laguiole (ville) face à cette crise. Sur quel canal allez-vous la diffuser ?

15 Préparez une réponse pour chaque commentaire.

16 Proposez des contenus que vous allez pouvoir publier pour faire oublier le *bad buzz*.

Votre dossier

Annexe 1 Laguiole Village

Laguiole Village, c'est...

Un judicieux mélange de tradition, de modernité et d'innovation qui permet de proposer des produits de qualité respectant l'âme légendaire du célèbre couteau Laguiole. Un savoir-faire unique et une fabrication française, Laguiole Village souhaite perdurer la renommée du célèbre couteau Laguiole.

Laguiole Village dispose d'une boutique à Laguiole au centre du village, d'un atelier-boutique à Espalion (20 km de Laguiole), mais aussi d'une boutique à Paris et à Chamonix où d'autres marques de couteaux d'exception sont également vendus.

C'est au sein d'un atelier à l'équipement moderne avec des ouvriers passionnés que se développe le concept de la marque Laguiole Village. Ici, le célèbre couteau de Laguiole revoit le jour sous sa forme originelle mais également revisité et à l'allure design. Nous avons autant à cœur de préserver notre savoir-faire et les origines du plateau de l'Aubrac que de concevoir de nouveaux modèles et de proposer de nouvelles matières. Ainsi, le concept de notre marque est d'allier à la fois tradition et modernité. Que ce soit dans notre mode de production ou encore au travers de nos produits, nous gardons à l'esprit notre philosophie : suivre la mode, créer de nouvelles tendances tout en protégeant l'âme de notre couteau légendaire.

www.laguiolevillage.com

Présentation de LAGUIOLE VILLAGE
Durée : 1'1
liennathan.fr/ts878c

Annexe 2 Fabricant de couteaux Laguiole 100 % français

Les pièces des Laguiole sont découpées avec de l'eau et du sable, procédé écologique qui permet une grande souplesse de fabrication et surtout une meilleure qualité de montage. Ce type de procédé permet aussi la création de nouveaux modèles.

Nous nous sommes ainsi lancés dans la création de deux nouveaux couteaux : l'Espalion et l'Antartica. L'Espalion est le couteau de la ville natale de l'entreprise. La forme de son manche, qu'il soit en buis, olivier, ébène, fibre de verre, fibre de carbone, pointe de corne, etc. est inspirée du Pont-Vieux de la ville. Ce couteau est disponible avec une mitre, plein manche, avec tire-bouchon. Un modèle plus raffiné pour les femmes existe également.

L'Antartica a été réalisé en partenariat avec Jean-Louis Etienne, le grand explorateur français. En effet, l'explorateur a mis en place la mission Polar Pod en Antarctique. Celle-ci a pour objectif de recueillir des données pour les scientifiques et les chercheurs dans un objectif de protection de l'environnement. Laguiole Village a déposé un brevet, c'est la première coutellerie et la seule à fabriquer le couteau de table avec l'abeille forgée. Certes, le couteau Laguiole pliant avec l'abeille forgée existe depuis très longtemps, mais aucune coutellerie n'avait encore relevé ce défi pour le Laguiole de table.

www.laguiolevillage.com

Annexe 3 — Offre d'emploi : *community manager*

Descriptif du poste :

Au sein de l'entreprise Laguiole Village, coutellerie fabriquant des couteaux Laguiole, vous êtes responsable de la gestion de la communication et de la e-réputation de l'entreprise sur les médias sociaux.

Vos missions :

- participation à la stratégie digitale et développement des réseaux sociaux
- animation du site et du compte Facebook de l'entreprise
- veille informationnelle et concurrentielle
- veille et gestion de l'e-réputation

Profil recherché :

- bac + 2 en Commerce / Marketing / Web
- maîtrise des réseaux et médias sociaux
- autonomie, rigueur et sens de l'écoute
- excellentes qualités rédactionnelles
- capacités d'analyse et sens de l'organisation
- une première expérience en *community management* serait un plus.

Annexe 4 — Exemples de résultats de veille sur le couteau de Laguiole

ACTUALITÉS

Rodez. Le **couteau** dans le dos de Thiers à **Laguiole** – ladepeche.fr
La Dépêche

Alors que **Laguiole** se désespère de l'obtention de son Identification géographique (IG) protégée pour ses **couteaux** depuis un an, Thiers vient de...

Aveyron : le **couteau laguiole** attend désespérément son Indication géographique pour Noël...– La Dépêche

---

Toute l'actualité sur ce thème

Aveyron. «**Laguiole**» ou «de **Laguiole**» : la guerre des **couteaux** continue pour obtenir l'IGP – Actu.fr

La demande d'indication géographique émanant de **Couteau Laguiole** Aubrac Auvergne concerne 38 entreprises. Dont 36 sont implantées très loin de l'...

Laguiole– laguiole.com **Laguiole** **(couteau)** – Wikipédia – Wikipédia

www.google.fr/alerts

Annexe 5 Commentaires d'internautes sur la page Facebook de Laguiole Village

Pascal Sedaine
Mon couteau acheté à Laguiole est top : je suis le seul à l'avoir et dès que je le sors, tout le monde le remarque et le trouve très beau.

J'aime Commenter Partager

Jérémie Valley
Pouvez-vous me faire parvenir le catalogue avec la nouvelle collection de couteaux sur mon mail Jeremie68@gmail.com ou à mon adresse : 33 rue Vaillant-Couturier, 68 000 Colmar ?

J'aime Commenter Partager

Sylvia Dos Santos
Mon couteau Laguiole est très beau mais trop fragile : je l'ai mis au lave-vaisselle et le bois est bien abîmé… 😮

J'aime Commenter Partager

Gérard Kramer
J'ai un super-couteau Laguiole, mais vu le prix élevé, je n'ai pas acheté l'étui en cuir qui va avec. Maintenant, j'aimerais en avoir un, mais retourner à Laguiole, c'est un peu loin… Est-il possible de commander ?

J'aime Commenter Partager

Louise Lafont
Couteau top, design top ! 😊 avec la gravure sur la lame à mon nom, c'est le mien et il est unique ! mon couteau pour la vie ! Bravo au créateur et aux couteliers !

J'aime Commenter Partager

Karim Jelloul
Je suis randonneur et j'emmène mon couteau Laguiole partout ; j'aurais aimé trouver un modèle spécial randonnée avec des outils comme le couteau suisse, dommage !

J'aime Commenter Partager

Victor Leduc
La lame de mon Laguiole coupe moins bien au bout de deux ans d'utilisation : du coup, je ne m'en sers plus… 😢

J'aime Commenter Partager

Johanna Binder
Le manche de mon couteau se dévisse et la lame s'est tordue, je suis déçue…

J'aime Commenter Partager

Mira Kamal
On m'a offert un couteau Laguiole pour noël : il est très beau et je le garde tout le temps dans mon sac au cas où… mais j'aurais aimé un modèle plus féminin !

J'aime Commenter Partager

Annexe 6 — Le couteau Laguiole fabriqué en Chine

Le reportage, diffusé sur une chaîne nationale, montre en caméra cachée la vente d'un couteau Laguiole dans une boutique de Laguiole. Or, il s'avère que le couteau a été fabriqué… en Chine !

Il n'en fallait pas moins pour déclencher un *bad buzz* sur les réseaux sociaux autour du fameux couteau Laguiole, symbole de l'artisanat aveyronnais et d'un véritable savoir-faire de qualité.

Annexe 7 — Laguiole : quatre couteaux sur cinq viennent de Chine ou du Pakistan

Du nom de leur berceau d'origine, un village de l'Aveyron, les couteaux Laguiole ont acquis une réputation de qualité internationale. Pourtant, cette appellation n'est pas protégée. Du coup, selon les fabricants français, près de 80 % des couteaux commercialisés sous ce nom par les forains viennent en fait d'Asie. « De mauvaise qualité, l'acier de leur lame n'est souvent ni inoxydable ni garanti pour un contact alimentaire », déplore Christophe Durand, de la Coutellerie de Laguiole. Alors que ces lames coûtent à peine 3 euros à leurs importateurs, elles sont vendues à des tarifs proches de ceux de la production française, soit 60 euros au minimum […]. Il y a urgence : lors du Salon de l'agriculture 2012, des « Laguiole » pakistanais ont même été saisis sur un stand décoré aux couleurs de l'Aveyron…

M. Perrier, www.capital.fr

Annexe 8 — Commentaires d'internautes sur la page Facebook de Laguiole France

Joseph L.
Plus question que j'achète un seul couteau Laguiole, c'est un vrai piège à touristes ! 😡

J'aime Commenter Partager

John P.
Combien de couteaux vendus à Laguiole sont fabriqués en Chine ? Qui peut nous répondre et comment savoir si c'est vrai ?

J'aime Commenter Partager

Imane D.
C'est de la fraude pure et simple, il faut attaquer en justice les couteliers tricheurs !

J'aime Commenter Partager

Myriam J.
Je viens de voir le documentaire sur la contrefaçon des couteaux Laguiole 😮. Comment savoir que vous ne m'avez pas vendu un couteau fabriqué en Chine ?

J'aime Commenter Partager

FICHE RESSOURCE

1

CERNER LES ENJEUX DE LA GESTION DE L'E-RÉPUTATION

I Comprendre le principe de l'e-réputation

La réputation correspond à l'ensemble des croyances et opinions d'un public vis-à-vis d'une personnalité, d'une marque, d'une entreprise… Avec le développement des médias de masse et d'Internet, la quantité d'informations échangées a explosé, ainsi que leur vitesse de diffusion.
La réputation sur le Web, appelée « e-réputation », est devenue un véritable enjeu pour les marques et les entreprises. Elle est influencée non seulement par les contenus diffusés par l'entreprise elle-même, mais aussi par ceux des internautes : fans, consommateurs, influenceurs, concurrents, journalistes, détracteurs qui publient des photos, des vidéos, des contenus ou commentaires, et qui analysent les moindres faits et gestes d'une entreprise ou d'une marque. Les facteurs de risque d'une publication susceptible de porter atteinte à la réputation d'une marque sont ainsi démultipliés.

II Gérer sa e-réputation

Pour garantir sa notoriété et créer une relation de confiance avec ses internautes et ses communautés, une marque – ou une entreprise – doit définir une stratégie globale de gestion de sa e-réputation.
Surveiller et maîtriser sa e-réputation de manière optimale et efficace est une tâche complexe, car l'e-réputation dépend parfois d'éléments qui échappent à l'entreprise ou à la marque : comportement ou action mal interprétée, impact d'éléments extérieurs…
Plus une mauvaise réputation dure longtemps, plus on mémorise des faits négatifs plutôt que positifs sur l'entreprise ou sur la marque.
La gestion de la e-réputation s'appuie sur trois actions :

Construire	Une marque/entreprise doit construire sa réputation sur Internet en publiant des contenus sur sa marque afin de développer sa notoriété et en suscitant la participation des influenceurs et des internautes.
Surveiller	Une marque/entreprise doit mettre en place une veille afin d'analyser ce qui se dit sur elle sur les réseaux sociaux, les sites d'avis…
Protéger	Pour protéger sa e-réputation, la marque/entreprise doit répondre et gérer les commentaires et réactions des internautes et doit savoir réagir en cas de bouche-à-oreille négatif (*bad buzz*).

III Identifier les ressources humaines en charge de l'e-réputation

Cette mission pourra être confiée à un *community manager* ou à un *social media manager*, sachant que la gestion de la e-réputation ne peut être entièrement automatisée.

Social media manager	Il gère l'image de la marque sur les médias sociaux et met en place une stratégie de communication de la marque sur les réseaux sociaux. Il assure une veille et analyse les tendances, la concurrence et ce qui se dit sur la marque. Il doit être réactif pour prendre les décisions adaptées en cas de *bad buzz*.
Community manager	Il anime et participe à la création d'une communauté, en accord avec la stratégie de communication communautaire définie par le *social media manager*. Il maîtrise les différents médias sociaux et assure les réponses et la modération des commentaires des internautes.

Dans les entreprises de petite taille, les postes de *community manager* et de *social media manager* sont parfois confondus.

FICHE RESSOURCE 2

SURVEILLER SA E-RÉPUTATION

I Mettre en œuvre une veille

Effectuer une veille consiste à surveiller, collecter, analyser et exploiter des informations pertinentes pour l'entreprise. Elle permet de recueillir des données quantitatives (nombres de commentaires…) et qualitatives (avis positifs ou négatifs). Dans un premier temps, on définit les objectifs de veille, qui doivent être clairs et mesurables. Ensuite, on définit son périmètre de veille, c'est-à-dire les plateformes à surveiller (blogs, réseaux sociaux, forums, sites d'avis, sites d'actualités, sites institutionnels…), puis on définit des sujets et mots-clés qui renvoient aux contenus à surveiller. Il faut pour cela veiller :

Signes	Exemples	Intérêt
site:	site: www.laguiole12.fr Artisanat	Permet de remonter les pages d'un site en rapport avec le mot-clé recherché, ici « artisanat ».
« … »	« coutellerie artisanale »	Permet de remonter uniquement les pages contenant exactement le mot-clé en entier.
*	« couteau * Laguiole »	Google remplace « * » par un terme, par exemple « couteau *fabriqué à* Laguiole » ou « couteau *conçu à* Laguiole ».
OR	Couteau OR Laguiole	Recherche les pages contenant le mot « couteau » ou le mot « Laguiole ».
AND	Couteau AND Laguiole	Recherche les pages contenant les deux mots.
–	Couteau – Thiers	Recherche les pages contenant le mot « couteau » mais sans le mot « Thiers »

Il est donc nécessaire de s'appuyer sur des outils dédiés permettant d'automatiser la veille : Google Alert, Mention, Digimind…

II Comprendre les indicateurs à analyser les données

1. Les indicateurs quantitatifs

Les outils de veille permettent de rassembler des résultats sur des indicateurs quantitatifs qui permettent d'évaluer l'e-réputation d'une marque, entre autres :

Indicateurs quantitatifs	Description
Volume de mentions	Nombre de fois où un mot-clé lié à l'entreprise est mentionné (nom, produit…).
Volume d'interaction (ou d'engagement)	Nombre de commentaires, de *retweets*, de partages...
Volume communautaire	Nombre de fans, de *followers*, d'abonnés…
Volume de propagation (ou portée)	Nombre d'internautes exposés au contenu de la marque, nombre de vues…
Part de voix	Nombre de fois où la marque est comparée à ses concurrents (comparatifs...).

2. Les indicateurs qualitatifs

L'analyse de e-réputation d'une marque doit également prendre en compte les indicateurs qualitatifs. Ceux-ci ne pouvant pas être analysés par les outils de veille, ils nécessitent une analyse humaine, qui va examiner divers aspects tels que les avis et leur tonalité.

3. Analyser les données

Les outils de veille proposent différents types de représentations graphiques et visuelles des données collectées comme une carte de viralité, un graphique ou un nuage de mots.

Un rapport pourra être réalisé de manière quotidienne, hebdomadaire ou mensuelle, et sera partagé avec les autres services de l'entreprise. Il est possible d'externaliser cette analyse en faisant appel à une agence, afin de rendre les données intelligibles.

FICHE RESSOURCE

3

PROTÉGER LA E-RÉPUTATION D'UNE MARQUE

I Comprendre le principe de modération

Supprimer les avis négatifs tout comme publier de faux avis positifs n'est pas une bonne façon de procéder. Il faut savoir modérer, c'est-à-dire contrôler les commentaires ou contributions laissés par les internautes sur les sites, blogs, réseaux sociaux, sites d'avis en ligne...
Il faut pour cela :
- adresser le bon message à la bonne personne et au bon moment ;
- repérer les commentaires inappropriés ou illicites (violents, racistes...) ;
- tempérer les réactions si besoin.

Il faut se montrer réactif tout en prenant le temps d'analyser la situation et de réfléchir avant de répondre. Il convient également d'éviter les débats et polémiques inutiles et de s'efforcer de calmer le jeu. Il faut garder l'initiative et faire en sorte de publier rapidement une réponse officielle, de manière à ce qu'elle soit visible et relayée pour ne pas laisser place à l'imagination, à la spéculation.

II Maîtriser les techniques pour modérer et répondre efficacement

Bien qu'il existe des outils et des logiciels proposant de modérer les commentaires, la plupart du temps, la modération et la réponse aux commentaires des internautes se fait manuellement.

1. Identifier les commentaires ou contenus à risque

Il faut supprimer :
- les contenus ou commentaires contenant des données personnelles (nom, adresse mail, numéro de téléphone...) ;
- les contenus ou commentaires contenant des propos à caractère injurieux, raciste, diffamatoire, homophobe, sexiste, violent ou pornographique.

2. Répondre aux commentaires de manière adaptée

a. Personnaliser le message

Lorsqu'un internaute a publié un commentaire ou un avis positif sur l'entreprise, il est important de le remercier. Si le message est bien écrit, il est recommandé de le partager sur les réseaux sociaux ou sur le site de l'entreprise.

b. Les questions

Lorsqu'un internaute pose une question, il faut lui répondre ou bien transférer sa question à la personne ou au service de l'entreprise susceptible de répondre. Dans ce cas, on rédigera un message à l'internaute pour l'informer du transfert de sa demande.

c. Les commentaires négatifs

Dans un premier temps, il faut juger si le commentaire est justifié ou non, et repérer s'il provient d'un troll (internaute dont le but est de générer des polémiques en multipliant les messages ou en provoquant leur multiplication) et, dans ce cas, le bloquer.
Si le commentaire n'est pas justifié, on s'efforcera de répondre de manière à calmer le jeu.
Si le commentaire est justifié et qu'il y a faute ou erreur de la part de l'entreprise, il est conseillé de s'excuser, de donner des explications si nécessaire et d'indiquer que l'entreprise travaille à la résolution du problème.

FICHE RESSOURCE

4

RENFORCER LA E-RÉPUTATION D'UNE MARQUE

Il est indispensable pour une marque ou une entreprise d'entretenir et de renforcer sa e-réputation pour accroître sa notoriété, attirer de nouveaux clients et les fidéliser. Pour cela, l'entreprise ou la marque doit rassurer l'internaute et établir avec lui une relation de confiance.

I Créer un « *good buzz* »

Pour renforcer son image, une entreprise peut créer un « *good buzz* » sur les réseaux sociaux, c'est-à-dire un effet de bouche-à-oreille positif. Elle doit pour cela faire preuve de créativité, trouver les bons relais, tout en restant fidèle à ses valeurs et en gardant une certaine maîtrise de sa communication.

EXEMPLE

Coca-Cola a créé un *buzz* en proposant aux consommateurs d'inscrire leur prénom sur une canette.

II Soigner la relation avec les internautes

Les articles et recommandations publiés par la presse ou les médias ne suffisent plus pour développer sa notoriété. L'entreprise doit privilégier la relation directe avec le client afin de renforcer son image. Elle peut notamment favoriser l'interaction avec les internautes (par exemple en proposant un jeu-concours) et valoriser l'expérience utilisateur en proposant une sélection de commentaires clients positifs sur son site.

III Solliciter les influenceurs

Les influenceurs sont des internautes reconnus dans un milieu ou un secteur d'activité et qui bénéficient d'une large audience sur les médias sociaux (célébrités, blogueurs...). Certains sont rémunérés par les marques pour leur travail. Une entreprise peut identifier des influenceurs et les inciter à publier des contenus positifs, des recommandations, afin de générer davantage d'engagement de la part des internautes (marketing d'influence).

EXEMPLE

La marque de maquillage MAC a fait appel à la youtubeuse beauté Enjoy Phoenix, qui compte plus de 3 millions d'abonnés, pour définir la couleur d'un nouveau rouge à lèvres.

IV Créer une communauté d'ambassadeurs

Un ambassadeur est un internaute qui manifeste son engagement envers une marque en publiant régulièrement des commentaires positifs ou en relayant des contenus publiés par la marque. Il n'est généralement pas payé pour adhérer à la marque. En revanche, contrairement à l'influenceur, c'est un réel adepte des produits de la marque. L'entreprise doit chercher à valoriser ses ambassadeurs et inciter ses clients à le devenir.

EXEMPLE

Blédina organise un « Programme Parents Témoin » : pendant deux jours, un groupe de parents tiré au sort est invité à visiter les usines Blédina, à goûter les nouveautés, etc. Ils peuvent ensuite commenter ou partager des photos de ces moments sur les réseaux sociaux ou sur un blog.

V Recourir à la stratégie d'*employee advocacy*

Une entreprise peut également avoir recours à une stratégie d'*employee advocacy*, qui consiste à inciter ses collaborateurs à partager des contenus de qualité liés à la marque auprès de sa communauté sur les réseaux sociaux.

FICHE RESSOURCE

5

GÉRER UN *BAD BUZZ*

I Comprendre le principe du *bad buzz*

Un *bad buzz* désigne un phénomène de bouche-à-oreille négatif sur une entreprise, une institution, une marque, un produit ou une personne sur le Web, c'est-à-dire une diffusion très rapide et une amplification d'un message ou événement négatif, en particulier sur les réseaux sociaux.

Avec le développement des réseaux sociaux, ce type de crise est de plus en plus fréquent et concerne de plus en plus d'entreprises. Le *bad buzz* est généralement déclenché par une action – ou une inaction – d'une entreprise, qui n'est pas appréciée par les internautes.

Chronologie d'une crise :

Veille	Crise	Traîne	Veille
L'entreprise effectue une veille de e-réputation et est alertée en cas de *bad buzz*.	La viralité du *bad buzz* est très forte, il est relayé sur les médias sociaux et les blogs, et sur les médias traditionnels si l'écho est très important.	La viralité est moins forte, seuls quelques médias sociaux relayent encore le *bad buzz*.	La crise est calmée, l'entreprise reprend sa veille.

Le *bad buzz* peut être déclenché par :
– une **cause interne** à l'entreprise (dysfonctionnement, erreur de l'entreprise) ;

EXEMPLE

Au lendemain du décès de l'ancien PDG de Total dans un crash d'avion en Russie, le comparateur d'assurances Mister Assur publie sur Twitter : « Pensez à souscrire une assurance-vie car les accidents sont vite arrivés ! » Le *tweet* a provoqué un tollé sur les réseaux sociaux.

– une **cause externe** (nouveau concurrent, nouvelle réglementation).

EXEMPLE

Une société de sécurité vante l'inviolabilité d'un cadenas qu'elle vient de lancer. Le lendemain, une vidéo publiée par un adolescent montre comment forcer le cadenas avec un simple stylo bille, provoquant l'indignation des internautes.

La crise peut être plus ou moins grave, entraînant parfois des pertes pour l'entreprise.

EXEMPLES

L'association de protection animale L214 a publié une vidéo choc montrant les conditions de vie des poules dans un élevage industriel de l'Ain, dont le client principal est le groupe Matines. Face à l'ampleur de la crise, le groupe Matines annonce avoir stoppé les relations avec ce fournisseur et indique qu'il compte retirer ses œufs du marché.

Deux employés de SFR ont posté une vidéo sur Périscope dans laquelle ils annoncent qu'ils vont casser le smartphone d'une cliente, en précisant : « On dira que c'est la faute du transporteur », et qui provoque un déferlement de réactions parmi les internautes.

Pour calmer le *bad buzz*, l'opérateur a annoncé sur Twitter que les deux employés étaient licenciés, et a offert un nouveau téléphone à la cliente.

II Réagir à un *bad buzz*

Face à un *bad buzz*, il est important de respecter quelques règles :
- **ne pas se précipiter,** prendre du recul, rester calme et analyser la situation : ne pas amplifier une crise en réagissant trop vite ;
- **comprendre la raison du *bad buzz* :** identifier la source de la crise pour en comprendre l'origine et déterminer s'il s'agit d'une rumeur ou d'une vraie information ;
- **identifier les acteurs de la crise et les relais médiatiques,** c'est-à-dire ceux qui ont déclenché et relayé le *bad buzz* afin d'évaluer sa portée ;
- **rédiger une réponse :** toutes les crises sont différentes et appellent une réponse spécifique, adaptée aux canaux de communication et à l'écho de l'information ou de la désinformation. Si l'entreprise a déçu, choqué ou mis en colère les clients ou consommateurs et que leurs réactions sont fondées, elle doit assumer son erreur et s'excuser, en communiquant si besoin sur les actions menées pour résoudre le problème. Elle doit faire preuve d'écoute et d'empathie en montrant qu'elle comprend le problème, se montrer accessible et transparente sur les problèmes mis en évidence et sur les solutions envisagées, et doit être capable de se remettre en cause pour apporter la preuve que le problème ne se produira plus.
  Si la rumeur est infondée, il faut si possible s'adresser à la source et dénoncer cette rumeur ;
- **identifier les meilleurs canaux pour diffuser la réponse officielle :** selon la gravité, il est possible de répondre via les réseaux, sur le site, ou *via* un communiqué de presse si l'ampleur de la crise est importante.
  Il est conseillé de rédiger une réponse à chacun des commentaires négatifs publiés, sur le site de l'entreprise ou sur les réseaux sociaux. En cas de crise importante, il faut également se préparer à communiquer sur les médias traditionnels ;
- **observer l'efficacité** de la réponse publiée et adapter la stratégie en fonction.

III Reconstruire sa e-réputation après un *bad buzz*

1. La technique du *curing*

La loi Informatique et Libertés permet de demander la suppression de données diffusées sur Internet, à condition d'invoquer un motif légitime. L'intéressé (ici l'entreprise) doit s'adresser à l'internaute ou au webmaster du site en demandant la suppression du contenu, en précisant les raisons de cette demande (atteinte à la réputation, etc.).

Il ne faut pas supprimer les commentaires négatifs et polémiques directement pendant la crise car cela risque de l'amplifier. On attendra que la crise soit apaisée.

2. La technique du *flooding*

Cette technique consiste à noyer les contenus et commentaires qui ont créé ou relayé le *bad buzz* en créant de nombreux contenus positifs ou neutres, ce qui crée du « bruit » autour de la marque ou de l'entreprise et rend le contenu négatif moins visible.

L'objectif est que ces contenus négatifs ne remontent pas dans les moteurs de recherche. Certaines entreprises proposent des services de « nettoyage » de l'e-réputation.

Applications

Maîtrise

1 Le métier de *community manager*

Vous souhaitez postuler au poste de *community manager* au sein d'une compagnie d'assurances. Afin de préparer votre entretien d'embauche, vous vous documentez sur les différentes facettes de ce poste.

1. Quelles sont les compétences et qualités que vous allez mettre en avant lors de votre entretien d'embauche ?
2. Comment allez-vous procéder pour répondre aux commentaires des internautes ?
3. Avec quelles personnes ou quels services serez-vous amené(e) à travailler au sein de l'entreprise ?

Document 1 Les fonctions du *community manager*

Garant de la présence et de la (bonne !) réputation d'une marque ou d'une entreprise sur les réseaux sociaux, le *community manager* anime une communauté d'internautes, publie des *tweets*, répond aux questions sur le Net, alimente la page Facebook…
Le *community manager* doit fédérer le plus possible d'internautes *via* les forums, les réseaux sociaux et professionnels. Expert de la Toile, il est en veille permanente pour gérer l'image de son client ou de son entreprise sur le Net et rapprocher la marque du consommateur. Pour cela, il anime des forums, poste des vidéos, alimente la page Facebook ou répond aux questions posées sur le site Internet de l'entreprise. Il veille à ce que chacun respecte les règles de bonne conduite au sein de la communauté, doit être réactif pour éviter que des propos négatifs apparaissent, et aussi créatif pour se différencier des concurrents. Toujours connecté, il est à l'aise avec l'univers de l'Internet.

www.onisep.fr

Document 2 *Community manager* chez Allianz

Vidéo métier : Christophe, community manager
Durée : 1'21
liennathan.fr/ttq822

Maîtrise

2 Mettre en place une veille efficace

Vous êtes en stage dans une entreprise ; vous souhaitez évaluer sa e-réputation afin de mieux vous familiariser et d'identifier son image sur Internet.

1. Paramétrer une veille de votre entreprise de stage et/ou d'une entreprise de votre choix à l'aide de l'outil Netvibes.
2. Analysez les résultats de cette veille à travers trois indicateurs de votre choix.
3. Rédigez une courte synthèse sur l'e-réputation de votre entreprise.
4. Visionnez la vidéo, puis indiquez ce que pourrait apporter à votre synthèse l'outil de veille Talkwalker (document 1).

Document Outil de veille Talkwalker

Talkwalker. La veille et la gestion de votre e-réputation de façon simple.
Durée : 1'44
liennathan.fr/52qzj5

Applications

Maîtrise

3 La réaction de La Redoute face à un *bad buzz*

La Redoute a mis en ligne sur son site Internet une photo pour des t-shirts enfants sur laquelle on peut voir en arrière-plan un homme nu sur la plage. Les internautes n'ont pas tardé à le repérer et la photo a rapidement fait le tour sur les réseaux sociaux.

1. Quels sont les faits à l'origine du *bad buzz* (document 1) ?
2. Pourquoi la première réponse de La Redoute en réaction au *bad buzz* a-t-elle été inefficace ?
3. Cette stratégie a-t-elle permis d'enrayer la crise ? Justifiez votre réponse.

Document 1 La Redoute a un *Bad buzz*

Tout commence par une photo supposée anodine, d'enfants sur une plage [...] habillés par La Redoute. Mais, à y regarder de plus près, on distingue assez nettement un drôle de baigneur, qui lui, n'a pas trouvé short à sa taille, puisqu'il est nu. [...] Il est midi lorsqu'apparaissent les premiers messages sur Twitter. [...] À 13 h, les images sont supprimées et un message d'excuse est publié sur la page Facebook, ce qui a pour effet d'attirer l'attention des 710 798 fans. Autant dire que ces excuses publiées (légitimes et nécessaires) n'ont fait qu'amplifier (malheureusement) le phénomène.

https://guidesocialmedia.com

Document 2 La réaction de La Redoute

La célèbre marque de vente de vêtements en ligne La Redoute a été éclaboussée par le scandale de l'homme nu égaré sur la plage, avec des enfants posant au premier plan. La bourde n'a pas échappé à l'œil aiguisé des internautes, scandalisés ou amusés. L'effet *bad buzz* s'est abattu sur La Redoute : le *buzz* opère donc en défaveur de la marque, accusée de grave négligence. Réaction immédiate de l'attaché de presse, les habituelles plates excuses et le retrait de la photo incriminée du site. [...] La Redoute a peut-être trouvé une parade pour tourner la situation à son avantage, elle a décidé de riposter avec de l'autodérision en lançant un jeu-concours. La directrice de la division Commerce en ligne du groupe La Redoute s'est mise en scène dans une vidéo, invitant les internautes à participer de façon ludique à une chasse aux erreurs qui se seraient glissées dans le catalogue en ligne. Et pour stimuler les curieux, il y a une récompense à la clé : se faire rhabiller des pieds à la tête !

Astrid Thins, www.levif.be

Expertise

4 Préparer sa négociation de vente à distance

Alice Bardet a ouvert une librairie salon de thé restaurant : « Goûts et Lectures ». Elle a créé une page Facebook pro et un blog, et elle est présente sur le site d'avis Tripadvisor. Étant débordée, elle a de plus en plus de mal à gérer les réponses aux commentaires laissés par les internautes. Elle vous a embauché(e) afin que vous l'aidiez à gérer ses comptes sur les réseaux sociaux.

1. Proposez des réponses à chaque commentaire des internautes (document 1). Quels internautes pourraient devenir ambassadeur de « Goûts et Lectures » ?
2. Imaginez une solution qu'Alice Bardet pourrait mettre en place pour encourager les ambassadeurs et ainsi améliorer sa e-réputation.

Document 1 Avis d'internautes laissés sur Facebook et Tripadvisor

Malika Azza
C'est la 3e fois que nous venons et nous avons été très déçus cette fois. Le service a été déplorable, on a attendu parce que la serveuse était sans cesse sur son téléphone. C'est tout simplement lamentable ! Et du point de vue nourriture, il ne restait quasiment rien à 13 h ! 😮

J'aime Commenter Partager

Rémi Giraudet
Cadre sympa mais cuisine facile (on fait la même à la maison) et portions trop maigres… Bons mangeurs s'abstenir… Rapport qualité/prix un peu élevé.

J'aime Commenter Partager

Julien Rinner
La vue est magnifique ! Pour déjeuner ou juste pour un café, le lieu est très agréable. L'équipe est adorable, le repas simple mais éthique et c'est relativement bon. Je referai sans doute le détour.

J'aime Commenter Partager

Virginie Fallier
J'y suis allée avec mes deux enfants, en mode « envie de boire un thé tranquille tout en occupant mes enfants ». Objectif atteint 🙂. Les plus : accueil sympathique, conseil sur les livres, large choix de thés, une salle agréable avec une vue magnifique sur la vallée. Les moins : la facture est un peu élevée et le nombre de livres à consulter pendant la dégustation est dérisoire.

J'aime Commenter Partager

Document 2 Qu'est-ce qu'un ambassadeur de marque ?

Synthèse

Gérer et renforcer l'e-réputation

Gérer la e-réputation d'une marque

- Construire et renforcer son image
- Surveiller ce qui se dit sur la marque : veille d'opinion
- Protéger l'image de la marque en modérant les commentaires

Analyser les données de veille

- Indicateurs quantitatifs (volume de mentions, d'interaction, communautaire, présence visuelle…)
- Indicateurs qualitatifs (qualité des thématiques, tonalité des contenus…)

Modérer les commentaires

- Supprimer les commentaires contenant des données personnelles ou illicites
- Répondre aux commentaires
  - **Négatifs :** s'excuser et/ou calmer le jeu
  - **Questions :** répondre ou transférer au service compétent
  - **Positifs :** remercier et partager
- Exploiter les commentaires pour s'améliorer

Renforcer sa e-réputation

- Mettre en valeur les avis positifs
- Inciter les ambassadeurs de la marque à publier des recommandations (marketing d'influence)
- Créer le *buzz*
- Inciter ses collaborateurs à publier des contenus sur la marque (*employee advocacy*)

Gérer un *bad buzz*

1. Ne pas se précipiter
2. Rédiger une réponse adaptée
3. Reconstruire sa e-réputation

TESTEZ-VOUS

Quiz sur le chapitre 13
liennathan.fr/j9fe23

MOTS CLÉS

E-réputation · Veille · Modération · *Buzz* · Marketing d'influence · *Employee advocacy*

En route vers l'épreuve E5A

Voir PRÉSENTATION DE L'ÉPREUVE page 329

ASSURETOUT

Assuretout est un cabinet d'assurance situé à Alençon, commune de Basse-Normandie. L'entreprise, créée en 2008, a pour activité le courtage en assurance. Mohamed Bensoussah, le nouveau directeur général, souhaite professionnaliser et digitaliser l'entreprise afin d'en faire une entreprise commerciale reconnue et rentable.
Vous venez d'être recruté(e) comme responsable de la relation digitale. Le directeur vous demande de l'aider à développer sa clientèle en utilisant les réseaux sociaux.

1. Présentez le domaine d'activité et caractérisez l'offre d'Assuretout.
2. Définissez les activités qui pourraient faire l'objet d'une communication digitale.
3. Indiquez en quoi une stratégie d'*inbound marketing* pourrait permettre de développer la notoriété d'Assuretout. Pourquoi la création d'un blog sur les placements dans des produits d'assurance vie serait-elle pertinente ?
4. Expliquez à M. Bensoussah l'intérêt de créer une page Facebook pour ses activités de courtage. Justifiez l'intérêt de sélectionner ce réseau social et proposez un autre réseau pertinent.
5. Répondez à l'avis sur l'entreprise laissé sur Google.
6. En vous inspirant du cas traité et en mobilisant vos connaissances, proposez en une trentaine de lignes une réflexion commerciale structurée qui répondra à la question suivante : Comment et pourquoi les entreprises doivent-elles tenir compte de l'e-réputation dans leur stratégie digitale ?

Annexe 1 Présentation de l'offre d'Assuretout par son dirigeant

« Assuretout est une société de courtage en assurance, c'est-à-dire un intermédiaire qui met en relation un assuré et une compagnie d'assurances. Nous ne vendons donc pas directement de contrats d'assurance : notre mission consiste à négocier auprès des différents assureurs présents sur le marché les formules les mieux adaptées à nos clients, et au meilleur tarif. Notre cabinet existe depuis près de 15 ans et nous avons acquis une solide réputation dans les domaines de l'assurance habitation et de l'assurance auto/moto. Aujourd'hui, j'aimerais diversifier l'offre d'Assuretout et ajouter des prestations de courtage financier, de mutuelle, et d'assurance vie. Nous disposons d'un site vitrine, www.assurtout.com, mais nous ne sommes pas présents sur les réseaux sociaux. »

Annexe 2 Le métier de courtier en assurance

Le courtier ne vend pas directement de contrats d'assurance à ses clients. Il les aide à en acheter. En cela, son rôle de conseil est essentiel. Il a une connaissance approfondie du marché de l'assurance, et se tient informé de ses évolutions. Il aide ses clients à formuler leurs besoins et les guide dans le choix d'un contrat.

Indépendant des sociétés d'assurances, il sélectionne parmi les produits du marché les offres les mieux adaptées aux spécificités de ses clients. Dans sa pratique, il est également amené à innover en concevant des contrats sur mesure pour répondre à des demandes particulières. Il lance des appels d'offres auprès de sociétés d'assurances et négocie les conditions tarifaires.

Un cabinet de courtage a en général des spécialités. Selon l'adage « On ne fait bien que ce que l'on aime », un courtier a tendance à se spécialiser dans les domaines dont il se sent proche : untel fan de voitures de collection ou passionné d'art orientera son offre vers la garantie des risques spécifiques inhérents à ces activités.

Sens commercial, créativité reposant sur de solides connaissances juridiques, talent •••

Annexe 2 Le métier de courtier en assurance (suite)

de négociateur, sont autant de qualités essentielles dans ce métier. Étant aussi souvent chef d'entreprise, des qualités de managers et de gestionnaire sont alors nécessaires.

www.ffa-assurance.fr

Annexe 3 Entreprises, quel réseau social choisir pour faire votre promo ?

[...] La première question à se poser est « Où est ma cible ? », conseille en souriant Isabelle Cougnaud, formatrice en stratégie des réseaux sociaux. Les personnes que l'on veut toucher ne sont pas toujours là où on les attend. [...] Si Facebook, Twitter, Instagram, LinkedIn et YouTube sont aujourd'hui les cinq canaux les plus utilisés à des fins professionnelles (étude Buffer, 2019), il est inutile d'être présent sur tous. [...] Chaque plateforme nécessite une stratégie distincte correspondant à ses particuliers. [...]

1 – Facebook : pour toucher M. et Mme Toutlemonde

C'est LE premier réseau social mondial. Incontournable donc pour informer l'univers de votre existence. Mais attention à la confusion des genres entre réseaux amical et professionnel. Vous venez sur Facebook pour élargir votre notoriété avec un contenu généraliste et convivial. À moins de créer une page spécifique pour votre profil pro, vos publications doivent être accessibles à tous : réservez vos avis d'expert les plus pointus à un réseau de pairs, comme LinkedIn par exemple.

[...]

2 – Twitter : pour asseoir sa crédibilité

Le réseau du flux par excellence, idéal pour le partage d'actualités, les relations presse et la gestion clients. Vous avez intérêt à avoir des choses à raconter, beaucoup de choses ! [...] Réseau hyperréactif à l'actualité, Twitter vous permet de gagner en crédibilité auprès d'un cercle professionnel élargi.

[...]

3 – LinkedIn : le réseau des pros

À l'origine, le site de mise en relations professionnelles rassemblait surtout des cadres et des dirigeants. Tous les corps de métiers y sont désormais représentés. LinkedIn est avant tout une vitrine pour votre parcours pro. [...] Incontournable pour découvrir et contacter des personnes de votre secteur d'activité, employeurs potentiels ou clients.

[...]

4 – Instagram : pour une touche plus personnelle

Avis à celles et ceux qui adorent se mettre en scène : l'application de partage de photos est le royaume des influenceurs dans les domaines où l'image prime, la mode, la décoration, la cuisine, le sport, les voyages... [...] On y va pour raconter son quotidien en images. L'enjeu est de tisser un lien plus personnel avec ses abonnés.

[...]

5 – YouTube : pour incarner son expertise

Le canal incontournable de partage de vidéos. [...] « Les vidéos face caméra sont un excellent moyen de se faire connaître, pour donner des conseils, incarner son domaine d'expertise et proposer des tutoriels », énumère Isabelle Cougnaud. Mais attention : n'est pas youtubeur pro qui veut ! Avant de vous lancer, n'oubliez pas que produire des vidéos demande un certain investissement, en temps et en budget.

Aussi, avant de tenter l'aventure youtubesque, mieux vaut vérifier que votre public cible y est bien représenté et qu'il est potentiellement intéressé. [...]

© Management, Hélène Bielak, 11 mars 2020

www.capital.fr

Annexe 4 Avis laissé sur Google

Axel Petit : « Les prix sont corrects au début et une fois que le dossier est complet, une augmentation de plus de 15 % ! Cette augmentation serait a priori liée à ma date de permis alors que celle-ci n'a pas changé ! Très déçu. »

CHAPITRE 14

Optimiser un site de e-commerce

Contexte professionnel

Activité/Tâche
Valorisation en ligne de l'offre et des promotions commerciales

Compétences
Dynamiser un site de e-commerce
Faciliter et sécuriser la relation commerciale

Vers PIX
3.2. Développer des documents multimédias
3.3. Adapter les documents à leur finalité

Créée en 1936, la Librairie Nouvelle est aujourd'hui la deuxième librairie indépendante des Hauts-de-Seine. Son équipe de dix personnes accueille et conseille les clients en littérature, sciences humaines, vie pratique, bande dessinée, beaux-livres et jeunesse. Des animations ainsi que des rencontres régulières avec les auteurs et illustrateurs sont également organisées. La librairie dispose d'un espace dédié aux livres anciens de collection sur Paris. Toute son offre est disponible sur son site de vente en ligne. Cette seconde vitrine permet un élargissement des heures d'ouverture 24 heures sur 24 et 7 jours sur 7.

Votre rôle

Marc Duchêne, le nouveau propriétaire de la librairie, vient de vous recruter comme commercial(e) débutant(e). Il souhaite augmenter le chiffre d'affaires de la librairie en développant les ventes en ligne et en conquérant de nouveaux clients connectés. Pour optimiser le site de e-commerce, il vous demande de l'analyser en vue de faciliter la navigation et d'augmenter la conversion des visiteurs en *leads*.

Vos objectifs

I Se positionner sur le secteur du e-commerce

M. Duchêne vous demande de réaliser une étude des sites concurrents et de réfléchir à la stratégie e-commerce de la Librairie Nouvelle.

1 Identifiez le domaine d'activité et la cible de clientèle de la Librairie Nouvelle. ➜ Fiche ressource 1 ➜ Annexes 1 et 2

2 Comparez le positionnement de la Librairie Nouvelle sur le secteur du e-commerce avec celui de la Fnac et de Decitre (type de e-commerce, diversité de l'offre, profil de e-marchand). Vous pouvez vous aider d'une recherche Internet sur les différents sites et présenter votre étude sous forme de tableau. ➜ Fiche ressource 2 ➜ Annexes 3, 4 et 5

3 M. Duchêne envisage de vendre certains livres sur une place de marché. Présentez-lui les avantages et inconvénients de ce choix. ➜ Annexe 6

4 Proposez à M. Duchêne une solution permettant d'augmenter le nombre de commandes *via* un smartphone. Justifiez votre proposition.

5 Identifiez le comportement et le profil psychologique de Céline H.

6 Quel est l'interêt de developper un site responsive ? Justifiez votre réponse. ➜ Fiche ressource 3 ➜ Annexe 7

II Optimiser la structure et le contenu du site

M. Duchêne vous demande de dresser un état des lieux des avantages et inconvénients du site et de faire des propositions d'améliorations.

7 Rendez-vous sur le site www.librairienouvelle.com et essayez de commander un ouvrage de l'auteure Michelle Gagnon. Effectuez la même recherche sur le site de la Fnac et sur le site de Decitre. Combien d'étapes vous a-t-il fallu pour commander l'ouvrage ? Qu'en concluez-vous ? ➜ Fiche ressource 4 ➜ Annexe 8

8 Représentez graphiquement la structure du site de la Librairie Nouvelle. Après avoir observé la structure des sites de Decitre et de la Fnac, proposez des améliorations. ➜ Annexes 3, 4 et 5

9 Proposez des améliorations pour la page d'accueil et la page catalogue afin de faciliter la navigation et l'identification des produits recherchés. ➜ Annexes 3 et 9

10 Comparez les pages produit d'un même livre sur les trois sites de La Fnac, la Librairie Nouvelle et Decitre (informations sur le produit, prix, avis…). Quelles améliorations proposez-vous pour la page produit de la Librairie Nouvelle ? ➜ Annexe 8

III Convertir le visiteur en *lead*

M. Duchêne souhaite que vous l'aidiez à trouver des solutions pour réduire les forts taux de visites qui n'ont pas abouti à un achat.

11 Formulez une proposition pour pousser les visiteurs à concrétiser leur achat sur le site et présentez à M. Duchêne ses avantages. ➜ Fiche ressource 5

12 Proposez une campagne de marketing automation à mettre en place à l'occasion des grands prix littéraires. Définissez la cible, le scénario et le contenu du mail. ➜ Annexe 10

Votre dossier

Annexe 1 — Le développement de la vente en ligne chez la Librairie Nouvelle

La librairie a été créée en 1936 à Paris sur la butte Montmartre et s'est dans un premier temps spécialisée dans la vente d'ouvrages de référence, littérature, estampes, plans, guides, photographies et livres de photos, revues, cartes postales anciennes autour de Paris. Elle a ensuite diversifié son offre pour devenir une librairie généraliste dans les années 1980 et a déménagé à Levallois.

Elle propose actuellement un large choix en littérature, sciences humaines, vie pratique, bande dessinée, beaux-livres et jeunesse, et dispose d'un espace particulier dédié aux livres anciens de collection sur Paris, qui attire une clientèle plus professionnelle et spécialisée.

Ses locaux spacieux lui permettent d'organiser régulièrement des animations et des rencontres avec des auteurs et illustrateurs, pour le plus grand plaisir des clients.

Depuis 2015, elle propose les ouvrages à la vente en ligne sur son site. Proposer la vente en ligne était indispensable pour maintenir le chiffre d'affaire et faire face au développement de géants du e-commerce comme Amazon, Cultura ou La Fnac, mais également pour faire face à l'essor du livre numérique. De plus, depuis 2015, un concurrent, la librairie Decitre, s'est implantée dans un centre commercial voisin.

L'objectif du site est à la fois de drainer une nouvelle clientèle vers la librairie, qui reste un lieu privilégié de découverte et de conseil pour les lecteurs, et de développer les ventes en ligne en touchant une clientèle différente, qui ne se déplace pas en librairie.

Annexe 2 — Le site de e-commerce, une seconde vitrine ouverte 24 h/24

La solution de e-commerce mise en place par la Librairie Nouvelle permet l'accès à un site personnalisé au nom du magasin avec une présentation du magasin, de ses services et de ses coups de cœur ou événements.

Le moteur de recherche ultra-performant permet aux visiteurs d'accéder à une base de données de plus de 1,5 million de références de livres. Grâce à un système de remontée automatique et quotidien du stock, les internautes ont immédiatement connaissance de la disponibilité d'un ouvrage. Ils peuvent alors le réserver ou le commander, le retirer en magasin ou opter pour une livraison à domicile, payer en ligne ou en magasin. L'achat de livres numériques est également possible.

L'outil est simple, modulable et convivial.

Les statistiques permettant le suivi du trafic et de l'activité du site sont disponibles à tout moment, tout comme la liste des clients internautes.

Annexe 3 Page d'accueil de la Librairie Nouvelle

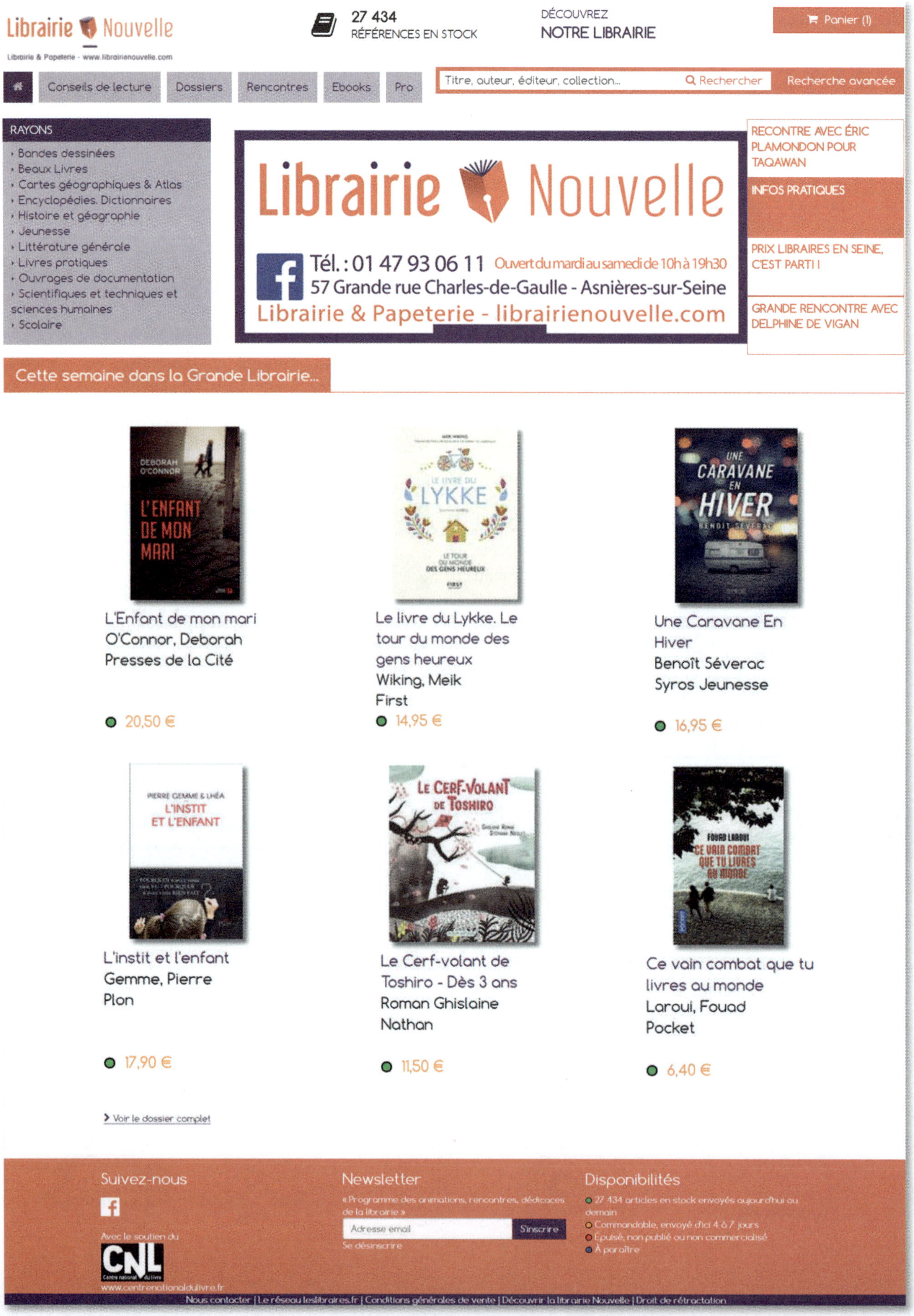

Librairie Nouvelle
Librairie & Papeterie - www.librairienouvelle.com

27 434
RÉFÉRENCES EN STOCK

DÉCOUVREZ
NOTRE LIBRAIRIE

Panier (1)

Conseils de lecture | Dossiers | Rencontres | Ebooks | Pro

Titre, auteur, éditeur, collection... Rechercher | Recherche avancée

RAYONS
- Bandes dessinées
- Beaux Livres
- Cartes géographiques & Atlas
- Encyclopédies. Dictionnaires
- Histoire et géographie
- Jeunesse
- Littérature générale
- Livres pratiques
- Ouvrages de documentation
- Scientifiques et techniques et sciences humaines
- Scolaire

Librairie Nouvelle
Tél. : 01 47 93 06 11 Ouvert du mardi au samedi de 10 h à 19 h 30
57 Grande rue Charles-de-Gaulle - Asnières-sur-Seine
Librairie & Papeterie - librairienouvelle.com

RECONTRE AVEC ÉRIC PLAMONDON POUR TAQAWAN

INFOS PRATIQUES

PRIX LIBRAIRES EN SEINE, C'EST PARTI !

GRANDE RENCONTRE AVEC DELPHINE DE VIGAN

Cette semaine dans la Grande Librairie...

L'Enfant de mon mari
O'Connor, Deborah
Presses de la Cité
20,50 €

Le livre du Lykke. Le tour du monde des gens heureux
Wiking, Meik
First
14,95 €

Une Caravane En Hiver
Benoît Séverac
Syros Jeunesse
16,95 €

L'instit et l'enfant
Gemme, Pierre
Plon
17,90 €

Le Cerf-volant de Toshiro - Dès 3 ans
Roman Ghislaine
Nathan
11,50 €

Ce vain combat que tu livres au monde
Laroui, Fouad
Pocket
6,40 €

> Voir le dossier complet

Suivez-nous

Avec le soutien du CNL Centre national du livre
www.centrenationaldulivre.fr

Newsletter
« Programme des animations, rencontres, dédicaces de la librairie »
Adresse email | S'inscrire
Se désinscrire

Disponibilités
- 27 434 articles en stock envoyés aujourd'hui ou demain
- Commandable, envoyé d'ici 4 à 7 jours
- Épuisé, non publié ou non commercialisé
- À paraître

Nous contacter | Le réseau leslibraires.fr | Conditions générales de vente | Découvrir la librairie Nouvelle | Droit de rétractation

www.librairienouvelle.com

Annexe 4 — Site Internet de la librairie Decitre

Depuis 1907, Decitre a développé un réseau de dix librairies en région Rhône-Alpes, et récemment en région parisienne. Ses libraires sont reconnues pour leur expertise et leur passion des livres, dans les domaines de la connaissance comme du loisir. En lançant son site decitre.fr en 1997, Decitre a acquis une solide expérience du e-commerce.

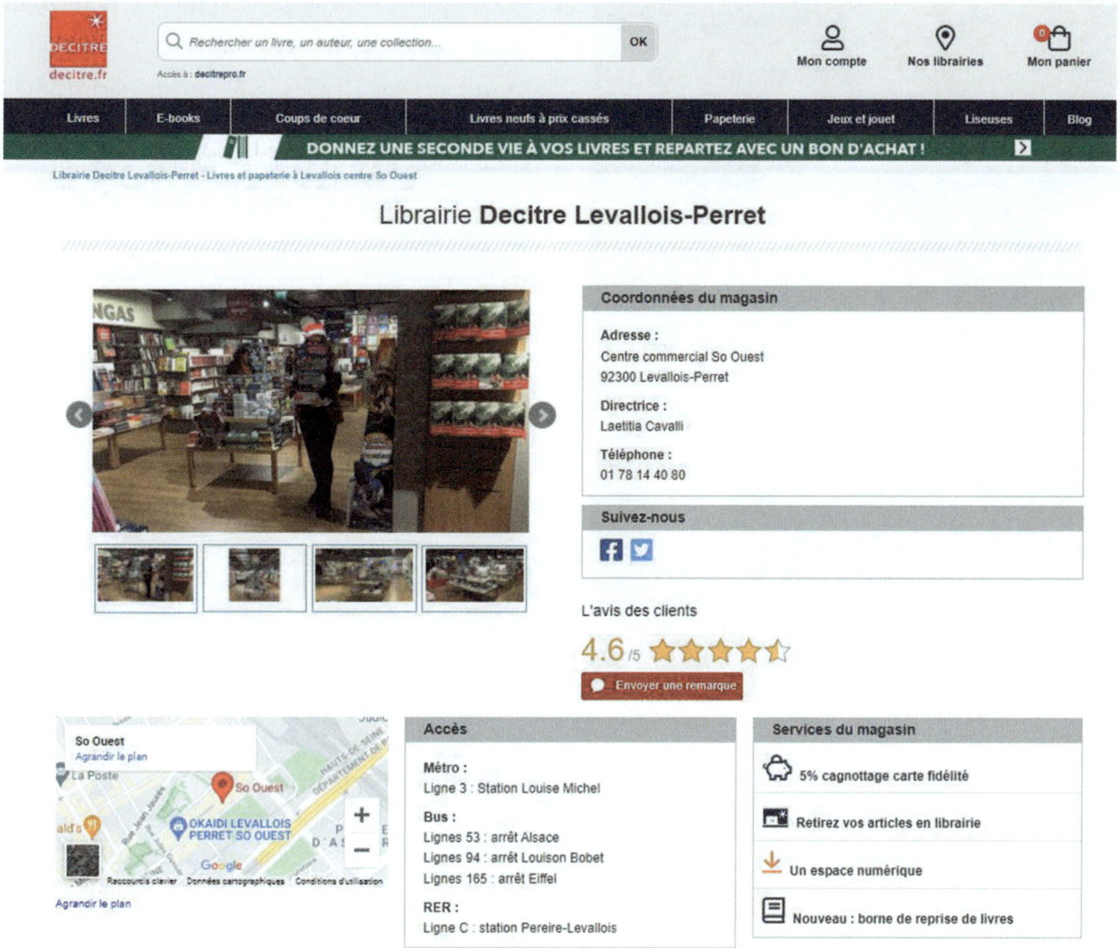

www.decitre.fr/aide/nos-librairies/levallois-perret

Annexe 5 — Site Internet de la Fnac et son application

La Fnac est un concurrent disposant d'une application dédiée qui complète son offre en magasin avec un site de vente en ligne qui dispose de nombreux autres titres grâce à sa place de marché.

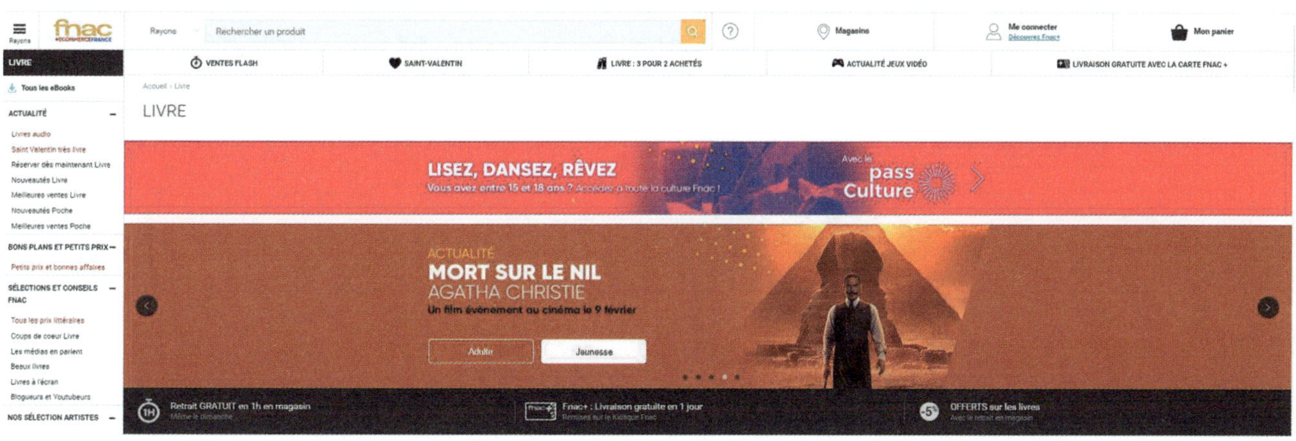

www.fnac.com/livre.asp

Annexe 6 Rencontre avec Marc Duchêne, directeur de la Librairie Nouvelle

Vous : Comment souhaitez-vous faire évoluer la librairie Nouvelle ?
Marc Duchêne : Il est important d'attirer de nouveaux clients et d'optimiser le site Internet en le rendant plus attrayant, plus rapide si nécessaire, et permettre une meilleure valorisation de l'offre.

La spécificité de cette librairie est de disposer d'un espace de livres anciens de collection et de grande valeur sur Paris. Le stock dans ce domaine est important et les ventes ne cessent de régresser, y compris sur le site Internet.

Vous : Que préconisez-vous ?
Marc Duchêne : Il me semble incontournable de référencer cette famille de produits, qui sont uniques et atypiques, sur une place de marché de l'un de nos concurrents par exemple. C'est un moyen d'écouler notre stock mais aussi de nous faire connaître.

Vous : Qui sont les clients de la Librairie Nouvelle ?
Marc Duchêne : C'est une bonne question ! Il s'agit d'une clientèle majoritairement grand public et très localisée. Il me semble indispensable de développer la connaissance de notre clientèle mais aussi des visiteurs de notre site marchand. Notre système permet aujourd'hui d'accueillir le prospect par un mail d'accueil mais nous devons être plus proactif envers ces *leads* en développant le *marketing automation* à toutes les phases de l'achat.

Vous : Comment comptez-vous procéder ?
Marc Duchêne : La mise en place d'un logiciel permettra de monter des scénarios simples tout en enrichissant une base de données de *leads*, de prospects et de clients, auxquels nous pourrons nous adresser le plus finement possible, sans les assaillir de mails. L'essentiel est de faire venir le prospect dans notre librairie, qui est un lieu social, de rencontre et de conseil, que ne pourra jamais reproduire une plateforme.

Annexe 7 Message d'une internaute

Objet

Qui écrit les commentaires sur chaque livre ? À quand l'application ?

Corps

J'adore votre librairie et son caractère familial et c'est toujours un plaisir de venir acheter les livres chez vous. Par contre, quand je consulte le site, j'ai l'impression que ce sont toujours les mêmes qui laissent des commentaires sur les livres… et ce sont à chaque fois des libraires ! Et puis l'application, c'est pour quand ? Ce serait tellement plus simple….

Cécile H.

ENVOYER

Annexe 8 La recherche de Céline Duchemin

1re étape Recherche auteur Michelle Gagnon

michelle gagnon | Rechercher | Recherche avancée

2e étape Proposition de titres

Rayons

7 résultats

Expérience Noa Torson - tome 02 : Ne regarde pas
Gagnon Michelle
Pocket Jeunesse
7,90 €

L'affaire Noa Torson T01, Ne t'arrête pas
Michelle Gagnon
Pocket Jeunesse
7,90 €

Expérience Noa Torson, N'oublie pas, Tome 3
Michelle Gagnon
Nathan
16,95 €

Autres contributions de…

Michelle Gagnon (Auteur)

L'affaire Noa Torson T01, Ne t'arrête pas
Michelle Gagnon
Pocket Jeunesse
7,90 €

Expérience Noa Torson, N'oublie pas, Tome 3
Michelle Gagnon
Nathan
16,95 €

Expérience Noa Torson, 1/EXPERIENCE NOA TORSON - NE T'ARRETE PAS, Tome 1
Michelle Gagnon
16,95 €

> Plus d'informations sur Michelle Gagnon

3e étape Choix du livre

< Retour aux résultats de recherche

Expérience Noa Torson Tome 2 : Ne regarde pas

Expérience Noa Torson #2

De Michelle Gagnon

Nathan

Gf Noa Torson

Offres

Vendu par **Librairie Nouvelle**
Sur commande, habituellement expédié sous 4 à 7 jours ouvrés
16.95 €

leslibraires.fr
Ce livre est **en stock** chez 26 confrères du réseau **leslibraires.fr**.
Cliquez ici pour le commander

Informations

EAN13	9782092552780	**Nombre de pages**	434
ISBN	978-2-09-255278-0	**Dimensions**	22 x 15 x 2 cm
Éditeur	Nathan	**Poids**	510 g
Date de publication	20/08/2015	**Langue**	français
Collection	GF NOA TORSON (2)	**Langue d'origine**	anglais
Séries	Expérience Noa Torson	**Fiches UNIMARC**	UTF-8 / MARC-8

Présentation

L'heure n'est plus à la fuite, mais à la lutte. Noa a décidé de se battre contre la corporation qui se cache derrière le sinistre Projet Perséphone. Avec d'autres adolescents rescapés du Projet, elle monte une armée souterraine et sillonne les États-Unis pour empêcher leurs ennemis de kidnapper de nouveaux cobayes. Peter, resté à Boston, utilise ses talents de hacker pour pénétrer dans le système de l'organisation. Mais une poignée de jeunes peut-elle venir à bout d'un tel complot ?

Commentaires (1) | Feuilleter

S'identifier pour envoyer des commentaires.

Commentaires des lecteurs

par Delphine M. (Libraire) ★★★★☆ 19 août 2015

Retrouvez la suite des aventures de Noa, Peter et les autres, dans ce thriller toujours aussi prenant ! On en apprend un peu plus alors que de nouvelles questions s'ajoutent, pour un suspens toujours plus insoutenable, jusqu'à une fin qui ...

Lire la suite

> Lire tous les commentaires (1)

4e étape Vérification du panier et de la livraison

Votre panier

Pour calculer le montant des frais d'expédition de votre commande, merci de choisir le pays de livraison.
Pays de livraison France

Votre article auprès du vendeur **Librairie Nouvelle** (92600 Asnières-sur-Seine)

1 article	Quantité	Prix unitaire TTC	Remise	Sous-total TTC
 Expérience Noa Torson, Tome 2 : Ne regarde pas , Expérience Noa Torson #2 Michelle Gagnon Nathan Sur commande, habituellement expédié sous 4 à 7 jours ouvrés	1	16,95 €		16,95 €
Total TTC sans frais d'expédition				16,95 €
Méthode d'expédition pour le vendeur Librairie Nouvelle. Retrait en magasin ? Aide				0.00 €
Prix total estimé de votre commande				**16.95 €**

< Poursuivre vos achats | Passer votre commande

www.librairienouvelle.com

Annexe 9 Extrait du site : catalogue des livres scolaires

SCOLAIRE
- Parascolaire 7379
- Préscolaire et primaire 485
- Pédagogie et formation desenseignants 934
- Secondaire 2280
- Technique et commercial 157

TYPE D'ARTICLE
- ☐ Jouet 4
- ☐ Livre 16911
- ☐ Livre audio 1
- ☐ Objet 8

PRIX
- ☐ inférieur à 5 € 1661
- ☐ de 5 à 10 € 3569
- ☐ de 10 à 20 € 5369
- ☐ de 20 à 40 € 5019
- ☐ supérieur à 40 € 1977

DATE DE SORTIE
- paru
- moins de 3 mois 4

DISPONIBILITÉ
- ☐ En stock seulement 169

Rayons / Scolaire

‹ 1 2 3 4 5 ... 705 706 ›

Defibrevet Préparer et réussir son Brevet 3e
Gargallo Thomas
Bordas
9,99 €

Can Feuil Calq Satin 90G 50X65 200011117
Can
60
1,50 €

Défimaths CM1 / résoudre des énigmes en équipes
Redouté, Christian / Colin, Pierre
36,90 €

Robert & Nathan Grammaire Allemand Collège
Bouillot, Marie-Louise / Muller, François /
11,50 €

Gute Fahrt! 3
Collectif
Nathan
21,50 €

Terre des Lettres 6e, livre unique
Catherine Hars, Véronique Marchais, Claire Pinon
23,00 €

SES 2de, programme 2010
Claude-Danièle Échaudemaison
Nathan
19,80 €

J'Apprends Avec Nathan Les Couleurs Et Les Formes
Galia Lami Dozo
Stephan Sal
3,90 €

www.librairienouvelle.com

Annexe 10 Scénario automatique d'accueil du nouveau *lead*

Contact ajouté à une liste
Nom de la liste - Inscrits Newsletter

attendre
pendant 5 minute(s)

Envoyer un email
Envoyer un email - Email de bienvenue

De : contact@librairienouvelle.com

Objet : Inscription à la liste « Programme des animations, rencontres, dédicaces de la librairie »

Joindre un fichier

Bonjour,

Vous êtes désormais inscrit à la liste « Programme des animations, rencontres, dédicaces de la librairie ».

Si vous voulez annuler cette inscription, cliquez sur le lien suivant :
http://www.librairienouvelle.com/newsletters/unsubscribe/033252426cd4c1350503a8e6a82606221ae61eb6/76/

À bientôt.

FICHE RESSOURCE

1

LE E-COMMERCE

I Le développement du e-commerce

Un site de e-commerce ou **boutique en ligne** ou **site marchand**, est destiné à vendre des produits ou services sur Internet.
L'entreprise peut éventuellement disposer d'un point de vente physique. Dans ce cas, le site marchand constituera une vente complémentaire par rapport à l'existant.
A contrario, les jeunes entreprises préfèrent débuter dans le commerce en ligne pour tester le produit ou service qu'elles proposent, avant ouverture possible d'un point de vente physique. On distingue le e-commerce direct et le e-commerce indirect.

1. Les types de e-commerce

On retrouve quatre situations.

B2C ou *Business to Consumer*	Il est destiné aux particuliers. Les sites de cette catégorie peuvent vendre tout bien et/ou service.
C2C ou *Consumer to Consumer*	Il est effectué entre particuliers *via* des plateformes comme eBay, Leboncoin ou PriceMinister. Ces sites dédiés permettent aux particuliers de proposer et de vendre leurs biens ou services.
B2B ou *Business to Business*	C'est le commerce en ligne entre professionnels. *Via* Internet ou un portail de vente en ligne, les entreprises peuvent plus facilement communiquer entre elles. Cela facilite notamment l'achat et la vente de produits ou services entre entreprises et améliore généralement leur efficacité.
B2G ou *Business to Government*	Commerce en ligne entre les entreprises et les administrations.

2. L'affiliation à des partenaires

L'affiliation consiste, pour un site de e-commerce, à promouvoir ses produits ou services sur un réseau de sites partenaires. Ces sites partenaires, ou affiliés, peuvent être un site marchand, un blog, un site de contenu thématique, un site de jeux-concours, un comparateur de prix...
Les affiliés pourront être rémunérés par une commission sur les ventes ou en fonction des visites ou *leads* générés à partir des liens d'affectation.

II L'émergence du m-commerce

Le m-commerce (pour « mobile commerce ») regroupe l'ensemble des transactions commerciales réalisées sur terminaux mobiles (smartphone et tablette), et par conséquent tous les actes liés à l'achat et à la vente de biens ou services sur mobile : achat de produits ou services en ligne, consultation de prix, promotions ou avis sur des produits, réalisation d'opérations bancaires par le biais d'une banque mobile, utilisation de m-coupon (coupon mobile) pour bénéficier de réductions…
Il est donc indispensable de proposer un site de e-commerce *responsive*, c'est-à-dire qui s'adapte à tous les supports (écran d'ordinateur, de tablette, de smartphone).
Certaines entreprises développent aussi une application mobile (logiciel spécialement développé pour un appareil électronique mobile et téléchargeable depuis des plateformes comme l'App Store ou Google Play) qui permet une navigation mieux adaptée aux terminaux mobiles et plus rapide que le site Internet (avec parfois un fonctionnement hors ligne possible). Toutefois, le développement d'une application performante reste souvent coûteux.

FICHE RESSOURCE

2

LES SITES DE E-COMMERCE : LES E-MARCHANDS

Le nombre de site de e-commerce a progressé de 21 % entre 2020 et 2021, soit une moyenne de 27 000 nouveaux sites de e-commerce par an portant le total des sites de e-commerce à 177 000 en 2021.

I La classification des sites marchands

Types	Description	Exemples
Pure player	Les *pure players* proposent uniquement la vente à distance (e-commerce, m-commerce – sur téléphone mobile et, plus marginalement, téléphone et catalogue). Ils réalisent à eux seuls environ 60 % des ventes en ligne grand public de biens et services. Ils appliquent des politiques tarifaires plus attractives grâce à des frais de structure plus légers (absence de point de vente et de rémunération salariée).	Amazon C Discount
Click & mortar	Les *click & mortar* sont les grandes enseignes physiques dotées d'un site marchand. Elles captent aujourd'hui environ 40 % des ventes en ligne grand public. La plupart des leaders du commerce de détail en magasin possèdent aujourd'hui leur boutique en ligne.	Auchan, Décathlon Fnac Leroy Merlin Boulanger
Véadistes traditionnels	Un véadiste est une entreprise pratiquant la vente à distance. Les véadistes traditionnels désignent les enseignes initialement vépécistes (vente par correspondance) qui ont développé la vente par téléphone et, surtout, la vente en ligne.	La Redoute 3 Suisses Verbaudet
Les places de marché natives (*market place*)	Il s'agit de sites marchands qui jouent un rôle d'intermédiaire entre un acheteur et un vendeur (particulier ou professionnel). La place de marché permet à différents vendeurs de diffuser leurs annonces moyennant une commission, tandis que l'acheteur bénéficie d'une transaction sécurisée. Certains sites sont uniquement des places de marché (appelées « natives », par exemple eBay) et d'autres sites développent des places de marché en plus de leur activité première (par exemple La Fnac ou Amazon).	eBay Price Minister

Un nombre croissant d'entreprises, disposant ou non d'une boutique physique, font le choix de créer un site marchand qui leur permet d'augmenter leur chiffre d'affaires, de conquérir de nouveaux clients, d'agrandir leur zone de chalandise, de réaliser des ventes 24 heures sur 24, d'améliorer leur notoriété ou de se démarquer des concurrents.

II Les chiffres clés

Le contexte sanitaire a entrainé une nouvelle hausse, la plus importante depuis 2015, du nombre d'acheteurs en ligne pour atteindre aujoud'hui 81,4 % des internautes. Le mobile commerce représente aujourd'hui 22 % du chiffre d'affaires des sites e-commerce et 35 % pour les sites leaders.

- 57 % des commerces physique ont également une boutique en ligne ;
- 73 % des sites de e-commerce ont un CA de moins de 100 000 € ;
- 89 % de ces entreprises déclarent que leurs activités en ligne et en magasin sont complémentaires ;
- 52 % enregistrent une croissance de leur CA ;
- Un site e-commerce permet une augmentation de 14 % du CA du magasin.

FICHE RESSOURCE

3

LE PROFIL DES E-ACHETEURS

La barre des 80 % d'internautes qui achètent en ligne a été franchie en 2016, portée à la fois par la diffusion des nouveaux écrans Internet, l'augmentation des sites marchands et l'élargissement des offres produits/services. La crise sanitaire a entrainé une nouvelle hausse du nombre d'acheteurs mais aussi une augmentation de la fréquence d'achat et des montants dépensés. Il est donc essentiel de les connaître au mieux, pour répondre à leurs besoins et adapter sa stratégie.

I Profil sociologique

L'e-acheteur type est un homme (six acheteurs sur dix sont des hommes), entre 35 et 44 ans, CSP+, qui achète le plus souvent le soir et préfère Android à Apple.
Au niveau de la moyenne d'âge, les 25-34 ans représentent 41 % des acheteurs et 61 % utilisent leur mobile pour suivre leurs achats. Les 18-24 ans achètent moins sur Internet car leur budget est plus réduit et ils préfèrent se renseigner sur Internet avant d'acheter en magasin (74 %).

II Comportements

Les e-acheteurs associent de plus en plus la recherche et l'achat en ligne et en boutique. On observe deux comportements qui mixent ces deux possibilités d'achat :

Web to store	Le consommateur effectue une recherche en ligne (avis, disponibilités du produit…) puis se rend dans une enseigne physique pour acheter.
Showrooming	Le consommateur se rend dans un magasin physique afin d'essayer, de découvrir un produit, puis commande le produit en ligne, souvent à des conditions plus avantageuses.

Concernant les habitudes d'achat, on observe les tendances suivantes :

Horaires	Les recherches d'achat en ligne augmentent fortement à 18 heures, qui correspond à la fin de journée. Après ce premier repérage, les internautes retournent valider leur commande vers 21 heures.
Produits achetés	Les produits achetés principalement sur Internet sont l'habillement/ mode, les produits culturels, chaussures, voyage /tourisme et produits techniques/électroménager.
Montant moyen d'une commande	Le montant moyen d'une transaction est de 63 € ; l'internaute réalise en moyenne 44 transactions en ligne par an pour un montant global de 2 700 €. 85 % de ses achats se font par carte bancaire.

III Profil psychologique des e-acheteurs

Bryan et Jeffrey Eisenberg, dans leur ouvrage *Call To Action*, distinguent quatre profils :

Le spontané	Le spontané réagit à l'émotion et prend sa décision rapidement. Il est influencé par les avis et commentaires laissés par les autres internautes sur le site et est à l'affût des bonnes affaires et des promotions. Il apprécie une présentation d'un produit dans son contexte d'utilisation et apprécie également les livraisons gratuites et rapides.
L'humaniste	L'humaniste est influencé par les avis des autres mais est plus lent dans sa prise de décision. Il aime les discussions instantanées.
Le méthodique	Il analyse, compare, et prend son temps avant de prendre une décision. Il visite l'intégralité du site avant de se convaincre d'acheter un produit ou service.
Le compétitif	Il veut être certain d'avoir fait la meilleure affaire. Il prend des décisions rapides mais logiques. Il est sensible aux ventes incitatives ou aux annonces « exclusivité » ou « quantité limitée ». Il est difficile à convaincre mais se révèle ensuite très fidèle.

IV Les outils pour observer les e-acheteurs

Pour comprendre l'internaute e-consommateur et adapter le site marchand et les campagnes, l'entreprise doit récolter et analyser les données disponibles (avis ou commentaires, sondages, groupes de discussion), éventuellement grâce à des outils tels que Google Analytics (origine, centres d'intérêt, données démographiques des visiteurs).

FICHE RESSOURCE

4

OPTIMISER L'ERGONOMIE ET LES CONTENUS D'UN SITE MARCHAND

Le site marchand doit respecter les règles d'ergonomie d'un site vitrine et disposer des fonctionnalités favorisant un processus d'achat simple et intuitif tout en rassurant le visiteur.

I Faciliter la navigation et dynamiser le site

L'ergonomie et le *design* du site ainsi que la simplicité et la fluidité de navigation sont des éléments centraux pour favoriser la décision d'achat. Les éléments doivent être présentés de manière ordonnée pour faciliter la recherche. La navigation doit être intuitive : les éléments alignés facilitent la lecture, les codes couleur guident le visiteur…

La structure du site doit permettre la sélection des produits en un minimum de clics afin de ne pas décourager les e-acheteurs, et le temps de chargement de chaque nouvelle page doit être rapide (moins de deux secondes). La règle des « trois clics maximum » permet de vérifier l'agencement du site : trois clics pour trouver ce que l'on cherche, trois clics pour trouver le produit, trois clics pour acheter… Le site doit également être *responsive* pour permettre aux e-acheteurs d'acheter sur tous les supports.

La page d'accueil du site est importante car elle doit retenir l'attention de l'internaute et lui indiquer clairement ce que le site vend.

Le **menu de navigation** principal permet d'accéder aux différentes rubriques et/ou familles de produits. Il peut être complété d'un menu secondaire qui apparaît au survol du menu principal. Une barre latérale peut favoriser une navigation verticale.

Le visiteur doit pouvoir créer un compte et ajouter facilement des produits dans son panier. Ces boutons d'action doivent être visibles.

Segmenter le catalogue en plusieurs catégories de produits avec des libellés clairs. Se limiter à trois sous-niveaux.

https://enseignants.nathan.fr

Annoncer les nouveautés et/ou proposer des promotions permet de dynamiser le site et d'interpeller l'e-acheteur.

Un **fil d'Ariane** permet de se repérer dans le site à tout moment grâce au chemin de navigation.

Le **moteur de recherche** permet de retrouver rapidement un produit. L'autocomplétion suggère automatiquement les familles de produits les plus pertinentes au fur et à mesure de sa recherche.

Il est aussi possible de proposer des filtres qui permettent d'affiner la recherche (par exemple pour une paire de chaussures : hauteur de talon, matière, prix…).

II Rassurer le visiteur

1. Sécuriser le site

Un site de e-commerce doit être sécurisé afin de rassurer le visiteur et lui permettre de payer en ligne en toute sécurité, quel que soit le mode de paiement choisi. Il peut vérifier que le site est sécurisé grâce au certificat SSL (https).

2. Accompagner et conseiller l'e-acheteur

Lorsqu'il achète en ligne, le client est seul : il ne peut pas toucher le produit et ne dispose pas de l'accompagnement d'un vendeur. L'information fournie sur le site doit donc lui permettre de trouver toutes les réponses à ses questions.

Les témoignages	La mise en relation
Plus de 90 % des internautes accordent de l'importance à la e-réputation d'un e-commerçant au moment de leur achat et la plupart d'entre eux consultent les avis en ligne avant de prendre leur décision. Il faut donc faciliter l'accès aux avis pour mettre le client en confiance.	De plus en plus de sites disposent d'outils de *click to chat*, ou *click to call*, permettant une mise en relation directe avec l'entreprise. Cela nécessite d'avoir une personne disponible pour répondre aux demandes des clients.

III Optimiser la construction des pages produits

La page produit doit être bien structurée, avec un descriptif clair et concis du produit, complété d'un visuel de bonne qualité. Le manque d'informations traduit, dans l'esprit de certains visiteurs, une volonté de cacher les vices du produit. Inversement, trop d'informations peut inquiéter ceux qui craignent qu'un détail important leur échappe. Il s'agit donc de mettre à disposition de l'acheteur l'information nécessaire de façon claire et concise.

Donner l'intitulé exact du produit et une ou deux caractéristiques qui le définissent plus précisément.

Le prix doit être indiqué TTC, TVA incluse. Indiquer si le produit est en stock et éventuellement les conditions de livraison.

Montrer les avantages du produit grâce à :
– des **photos**, des vues multiples, des zooms, des rotations à 360°, la réalité augmentée…,
– des **vidéos** de présentation,
– des **comparaisons** des produits sélectionnés…

Le descriptif du produit doit :
– présenter le produit en mettant en avant un avantage pour l'e-acheteur
– lister les caractéristiques techniques du produit : référence, taille, poids, couleur, marque, etc.

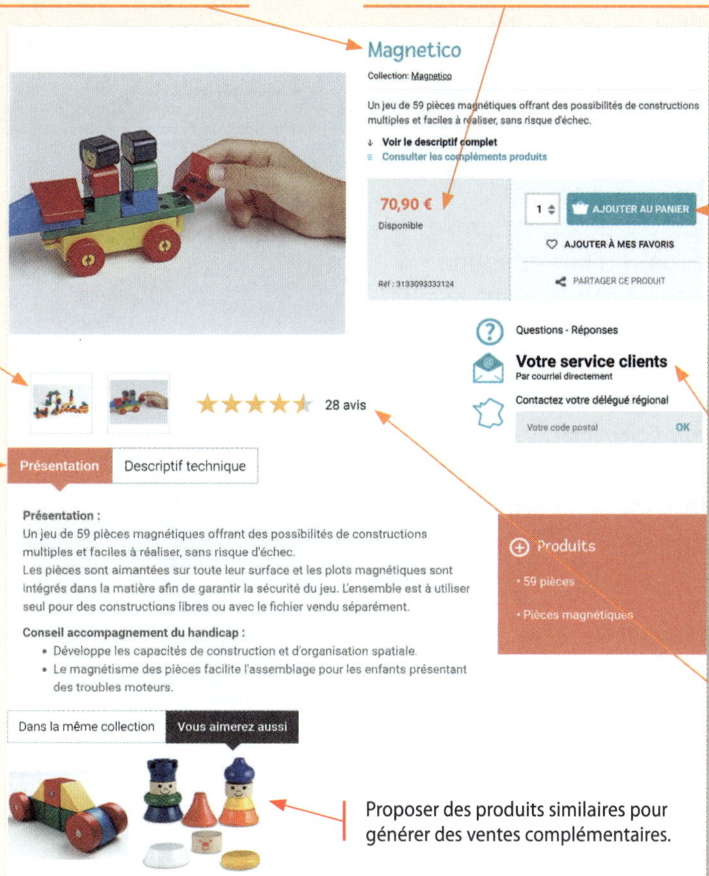

Proposer des produits similaires pour générer des ventes complémentaires.

https://materiel-educatif.nathan.fr

Le bouton « ajouter au panier » facilite l'accès au panier. Il doit être bien visible avec la possibilité de gérer la quantité souhaitée. Proposer la possibilité d'ajouter le produit à une liste de favoris et/ou de le partager sur les réseaux sociaux.

Le visiteur doit accéder facilement au centre de relation client, à la FAQ ou à un service de *live chat* ou *chatbot*.

Proposer des avis utilisateurs et noter les produits. Le partage des avis doit être autorisé par l'internaute.

IV Faciliter l'accès aux conditions générales de vente (CGV)

L'e-acheteur doit pouvoir accéder facilement aux CGV du site, qui encadrent la relation entre l'entreprise et le client. Ces CGV doivent être présentées et acceptées par l'e-acheteur avant de passer commande. L'e-acheteur doit y trouver les informations obligatoires prévues par la loi pour les activités à distance et d'éventuelles conditions particulières de vente appliquées par l'entreprise : présentation et prix des produits, durée de validité des offres, processus de commande, modalités de paiement (notamment processus, modalités et règles), retard de paiement (notamment pénalités de retard et indemnité de recouvrement), conditions de livraison (notamment frais et délais), droit de rétractation, service après-vente (fonctionnement et coordonnées)…

FICHE RESSOURCE 5

LE MAINTIEN DES LIENS AVEC L'INTERNAUTE : LE *MARKETING AUTOMATION*

Le *marketing automation*, ou campagne marketing automatisée, regroupe l'ensemble des techniques et outils permettant de traiter de manière automatique les tâches régulières et répétitives.

I La stratégie et ses objectifs

Le *marketing automation* permet un ensemble d'actions automatiques destiné à transmettre du contenu à l'internaute tout au long de sa visite sur le site et ainsi l'inciter à commander un produit ou un service par le biais d'une campagne d'e-mailing ou SMS.

Un scénario de *marketing automation* est un enchaînement d'e-mails (et/ou SMS) envoyés automatiquement en fonction des actions effectuées par l'internaute sur le site, à toutes les étapes et suivant son statut : simple visiteur, prospect, client ou ambassadeur de la marque.
En automatisant la relation avec les prospects grâce à des scénarios automatiques de relance, le taux de transformation du prospect en client peut être amélioré.
La rédaction du mail transmis au *lead*, prospect ou client fait l'objet d'une attention particulière : personnalisé, concis, reprenant le logo et la charte graphique de l'entreprise, sans fautes d'orthographe et dans le respect des règles de la rédaction d'un mail.
Le *marketing automation* est indissociable du *tracking* qui va permettre d'identifier les visiteurs et repérer le meilleur moment pour leur envoyer un e-mail ou un SMS.

Exemple de scénario :

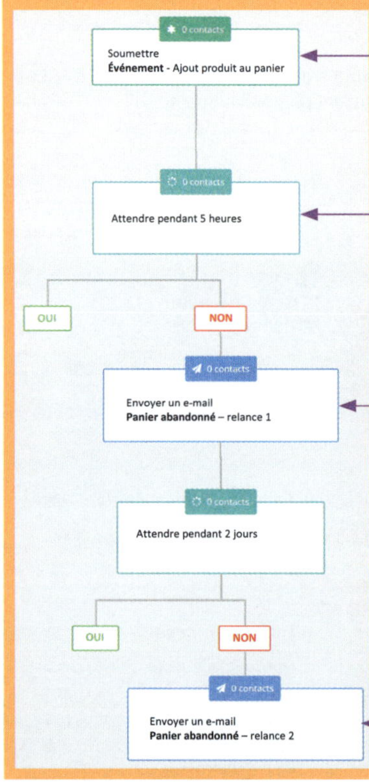

II Les outils et logiciels

Le *marketing automation* nécessite l'utilisation d'un logiciel de dédié complété d'outils de *tracking*. Ce logiciel, qui est relié au CRM afin de transmettre les *leads* aux commerciaux, doit disposer de certaines fonctionnalités telles que :

Fonctionnalités	Intérêt
La gestion des contacts	Segmenter et enrichir la base de données
La création de scénarios d'envois d'e-mails	Adapter l'envoi de mails au comportement de l'internaute et automatiser ces envois
La mise en place d'un *Webtracker*	Identifier le visiteur du site à partir de son adresse IP et reconstituer son parcours, suivre ses interactions sur le site, mesurer les clics sur un lien ou dans un e-mail
La gestion des *landing pages*	Permet d'organiser les contenus et leur actualisation
Un tableau de bord	Suivre les actions, analyser et optimiser les campagnes en temps réel

Les logiciels de *marketing automation* ont longtemps été réservés aux grandes entreprises compte tenu de leur prix élevé. Les offres sont désormais accessibles aux PME avec des tarifs variables établis suivant le nombre de contacts, le nombre d'e-mails envoyés ou les fonctionnalités proposées. Certaines solutions gratuites sont accessibles (SendingBlue, Drip, Mautic, Leadsius, MailChimp…).

Applications

Maîtrise

1 Optimiser son positionnement sur le secteur du e-commerce

Les patins à roulettes étaient très populaires avant que les rollers (à roues alignées) fassent leur apparition. Dernièrement, les patins à roulettes ont regagné en popularité, notamment en raison de leur *design vintage*. Rollersretro.fr a décidé de surfer sur cette nouvelle mode pour commercialiser exclusivement sur Internet des rollers Quad, des rollers à quatre roues avec une butée en gomme à l'avant du pied. Cette petite entreprise familiale créée en 2010 est dirigée par Rémi Lacet. Cet ancien champion de France de patinage artistique reconverti en entrepreneur apporte toutes les connaissances techniques indispensables à la réussite du produit de grande qualité. L'entreprise commercialise ses produits uniquement en ligne et a ciblé dans un premier temps les particuliers jeunes. Malheureusement, le chiffre d'affaires peine à progresser.
Rémi Lacet vous a embauché(e) à l'issue de votre BTS NDRC pour dynamiser les ventes de l'entreprise. Il vous a confié la mission d'analyser la situation actuelle et de le conseiller pour améliorer ses ventes sur Internet.

1. Identifiez le type de e-commerce développé par Rémi Lacet et précisez à quel type de e-marchand appartient Rollersretro.fr. Ces choix de positionnement sont-ils judicieux ? Justifiez votre réponse.
2. Les solutions envisagées par Rémi Lacet (document 1) vous semblent-elles pertinentes pour développer les ventes sur son site ? Justifiez votre réponse.
3. Proposez à Rémi Lacet un moyen de connaître plus finement les internautes et les clients qui consultent son site (document 2).
4. Conseillez Rémi Lacet sur les autres éléments à prendre en compte pour développer ses ventes en ligne (document 3).

Document 1 Évolution de la cible envisagée par Rémi Lacet

– Comment pensez-vous pouvoir développer vos ventes ?
– Il est indispensable d'élargir notre cible. J'ai pensé à développer la cible des institutionnels. Nous pourrions démarcher les mairies qui gèrent des centres aérés. Les enfants seraient ravis de faire du patin à roulettes !

– Quelle est votre analyse de la stratégie de commercialisation aujourd'hui ?
– Nos produits de grande qualité sont reconnus par tous. Notre difficulté majeure, au-delà de la maîtrise du référencement sur le Web, est la connaissance de nos clients. Je ne connais rien de leurs habitudes, du moment de leur visite sur notre site, des pages les plus visitées... Ce serait autant d'éléments qui nous permettraient de faire évoluer notre site.

Document 2 L'audience cible

La base d'une stratégie marketing est de bien connaître son audience cible afin d'adresser ses besoins de façon plus pertinente. Lorsqu'on dispose d'un site de e-commerce, il est essentiel d'appréhender les caractéristiques de ses visiteurs et donc indispensable d'analyser son trafic Web pour définir sa stratégie digitale, par exemple à l'aide d'outils comme Google Analytics. D'autres sites d'analyse permettent même d'avoir une idée de l'audience des sites concurrents.

Document 3 Vidéo : Le e-commerce

L'E-commerce, c'est quoi ?
Durée : 2'12
liennathan.fr/i454hw

Maîtrise

2 Analyser un site marchand : ergonomie et fonctionnalités

Vous souhaitez ouvrir un point de vente d'épicerie fine à Carnac, commune bretonne connue pour ses alignements de menhirs et sa station balnéaire, qui en fait une destination prisée des touristes.
Vous êtes inquiet du caractère saisonnier de votre activité, le nombre d'habitants de la commune se limitant à 4 000 hors saison. Vous réfléchissez à créer un site marchand, qui vous permettrait de lisser vos ventes sur l'année et de préserver l'équilibre financier de votre entreprise. Pour créer votre site, il vous a été conseillé de prendre des idées sur le site de Natures & Découvertes, plébiscité par les internautes.

1. Quel serait l'intérêt de créer un site marchand pour votre entreprise ? Justifiez votre réponse.
2. Quel est le type de site marchand de Natures & Découvertes : (www.natureetdecouvertes.com) ?
3. Le site de Nature & Découvertes est-il sécurisé ? Justifiez votre réponse.
4. Listez les fonctionnalités permettant de faciliter la navigation de l'internaute.
5. Présentez dans un tableau ce qui est mis en place sur le site de Natures & Découvertes pour lever les principaux freins à l'achat et pour rassurer le visiteur. Vous pouvez vous aider en allant directement sur le site et en regardant à chaque étape ce qui est proposé.
6. Identifiez sur la fiche produit les fonctionnalités interactives mises à disposition de l'internaute pour choisir son produit ou réaliser un achat complémentaire et proposez une nouvelle fonctionnalité qui pourrait être ajoutée.

Document 1 La page d'accueil du site de Natures & Découvertes

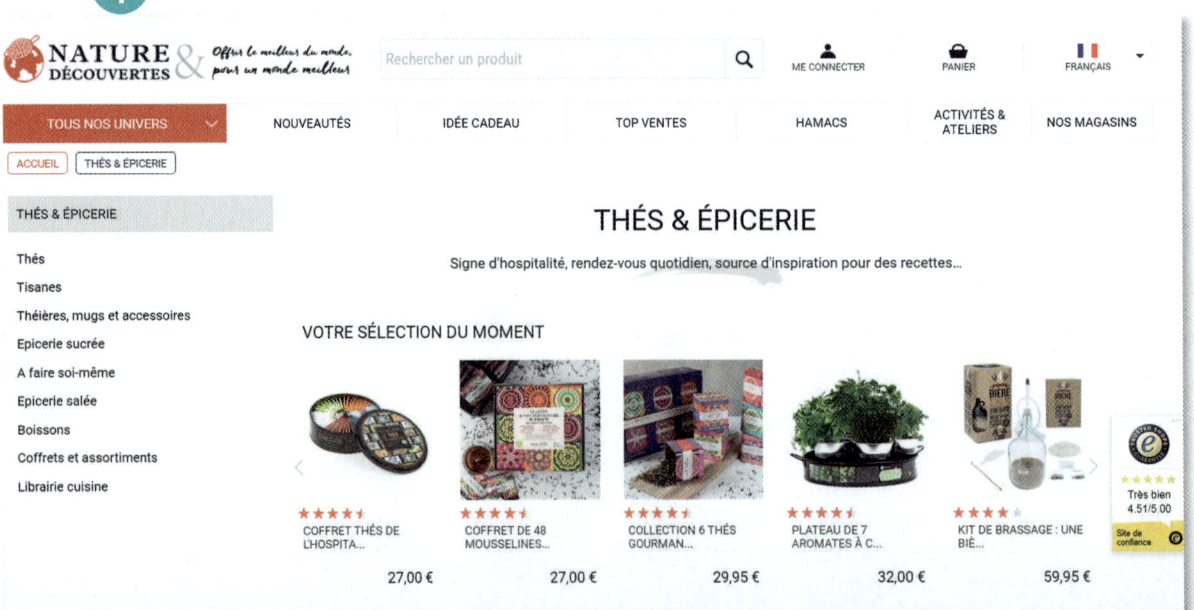

www.natureetdecouvertes.com © Nature & Découvertes

Document 2 — Vidéo : Reconnaître un site sécurisé ?

MMA Décrypte - Comment sécuriser vos achats en ligne ?
Durée : 1'07
liennathan.fr/4wc7c2

Document 3 — Les principaux freins à la vente sur Internet

De nombreux éléments peuvent, sur une boutique en ligne, décourager un acheteur potentiel et l'inciter à renoncer à un achat. Ceux-ci, s'ils varient généralement d'un site à l'autre ou d'une thématique de produits à l'autre, sont propres au e-commerce.

Les freins à l'achat en e-commerce sont multiples, mais certains sont régulièrement mis en avant par les consommateurs. Une étude IPSOS réalisée en 2012 a ainsi listé les six grands freins à la vente les plus cités par les internautes :

- l'impossibilité d'essayer un produit avant de l'acheter (**64 %**),
- des frais de port jugés excessifs (**54 %**),
- la crainte d'une arnaque (**52 %**),
- les conditions de remboursement ou d'échange (**33 %**),
- la sécurité des transactions (30 %),
- l'absence de conseil de la part de vendeurs (**28 %**).

Benjamin Thiers, www.journaldunet.com, 26 mai 2014.

Document 4 — Une fiche produit : le thé vert

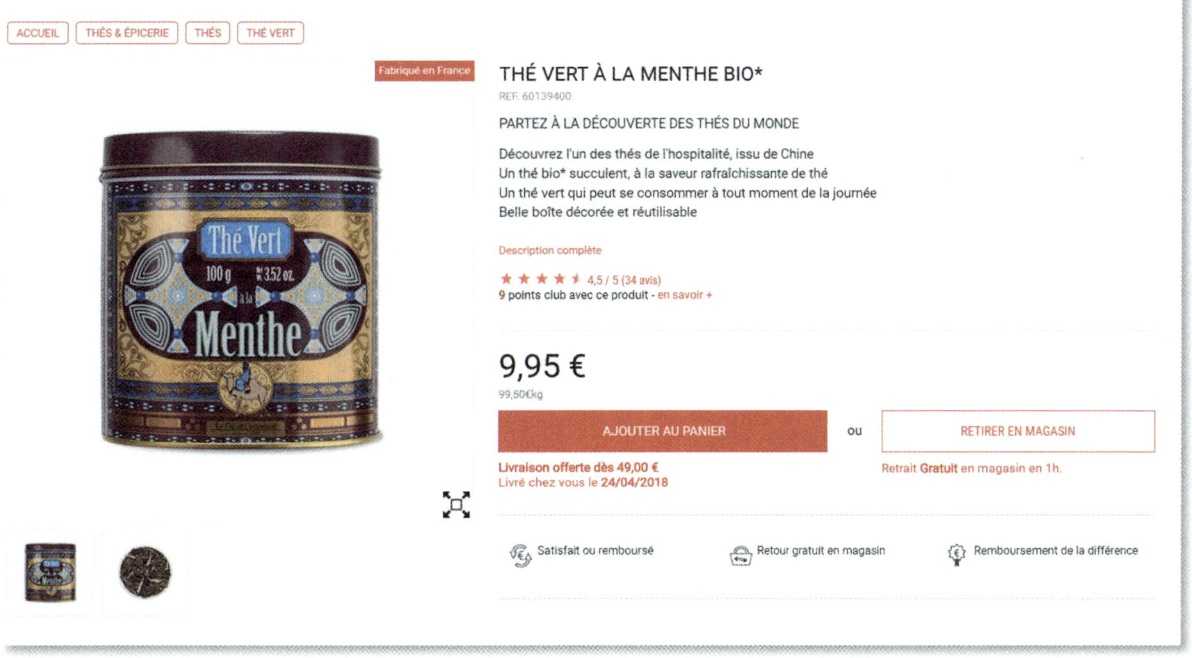

www.natureetdecouvertes.com © Nature & Découvertes

Expertise

3 Prévoir une campagne de *marketing automation*

Dominique Dupuis, passionnée d'animaux et fan du film « Les bronzés font du ski », a ouvert un salon de toilettage pour chiens. Elle vend dans son salon et sur son site marchand www.amapepette.com différents articles : nourriture, produits hygiéniques, colliers, paniers et jouets mais aussi des manteaux pour chien. Elle souhaite fidéliser sa clientèle et promouvoir certains produits qu'elle vend en ligne. Elle vient de vous recruter comme stagiaire pour l'aider à mettre en place différentes campagnes auprès de ses clients ou visiteurs. Elle souhaite notamment proposer une offre promotionnelle sur les imperméables pour chien et annoncer aux visiteurs du site le lancement d'un nouveau produit qui fait fureur en Asie : la poussette pour chien.

1. Expliquez à Dominique Dupuis l'intérêt d'utiliser un logiciel de *marketing automation* et choisissez un logiciel parmi ceux proposés dans les vidéos (document 2).
2. Proposez un scénario simple permettant d'envoyer un mail automatique aux visiteurs du site pour la promotion sur les imperméables et le lancement du nouveau produit.
3. Rédigez le mail qui sera envoyé.
4. Entraînez-vous à programmer ce scénario dans un logiciel de *marketing automation* (par exemple Mautic).

Document 1 Du choix du logiciel au scénario et à la rédaction du mail

La réussite d'une campagne de *marketing automation* est la combinaison :
– du paramétrage d'un bon scénario qui se déclenche en fonction d'un délai précis, ou d'un évènement défini au préalable (ouverture d'un e-mail, date de naissance, message de bienvenue ou autre) ;
– d'un SMS et/ou d'un mail percutant.
Il est indispensable d'adapter les scénarios marketing pour multiplier les chances d'être lu.
La rédaction du mail transmis au *lead*, prospect ou client fera l'objet d'une attention particulière : personnalisé, concis, reprenant le logo et la charte graphique de l'entreprise, sans fautes d'orthographe et dans le respect des règles de la rédaction d'un mail.
Le choix du logiciel sera fonction de la taille de l'entreprise et du nombre de contacts.

Document 2 Logiciel de *marketing automation*

Logiciel marketing automation probance one
Durée : 2'32
liennathan.fr/sfc267

Document 3 Les produits phares

Le produit le plus vendu sur le site Amapepette.com est le manteau pour chien. Ce succès est lié à la sélection complète et adaptée de manteaux chauds pour l'hiver, d'une gamme de pulls et de manteaux imperméables pour les journées aux températures plus douces, sans oublier le gilet antistress léger et respirant, qui apaise l'animal en situation de stress. Dominique Dupuis souhaite lancer la poussette. Avec ses roues avant amovibles, la poussette est dotée de porte-gobelets pour tenir les boissons. Les roues arrière sont dotées de freins. La poussette est dotée d'un grand sac pour les courses.
Dimensions et poids de la poussette :
env. 100 cm × 38 cm × 80 cm (fermé)
Capacité de charge maximale :
15 kg.

Maîtrise

E5-B

4 Optimiser une page produit

Guy Meanmartin est guide de haute montagne à la retraite. Après avoir gravi les sommets enneigés du monde entier, il a décidé de se consacrer au développement d'un site marchand qui propose une large sélection d'équipements de randonnée et d'escalade. Il vient de vous embaucher afin de préparer la mise en ligne de la nouvelle gamme de produits pour la période estivale.

1. Pour le nouveau produit, le sac de randonnée ProLight, Guy Meanmartin souhaite que vous complétiez la fiche produit. Vous soignerez particulièrement la description commerciale du produit (entre 200 et 300 caractères). Vous veillerez à son affichage sur le site.
2. Guy Méanmartin souhaiterait que le sac de randonnée Prolight apparaisse dans un carrousel # 4 « Sac à dos », créez un lien vers le produit Prolight et rédigez une description appropriée.
3. Identifiez toutes les fonctionnalités proposées sur une fiche produit de votre concurrent Décathlon et proposez une fonctionnalité qui pourrait être développée sur la fiche produit que vous venez de réaliser.
4. Proposez deux produits complémentaires qui pourraient être proposés à l'internaute sur cette fiche produit.

Document 1 Construire une fiche produit

Une fiche produit, c'est quoi ?
Durée : 1'32
liennathan.fr/36r2js

Document 2 Un équipement approprié

Le bon matériel fait le bon montagnard ! Pour réussir son ascension, l'alpiniste doit avant tout emporter un matériel approprié :

- pour porter vos affaires : un sac à dos de plus ou moins 35 L ;
- pour se protéger du froid et du soleil : bonnet, casquette, guêtres, lunettes de soleil avec protection latérale de préférence, stick et crème solaire ;
- pour se parer contre toutes les éventualités : petite pharmacie individuelle, papier toilette, lampe frontale, couteau suisse, briquet, poche étanche pour vos papiers importants, boules Quies, téléphone portable (chargé !) ;
- pour les petites faims : gourde (en plastique, plus légère !), thermos, vivres ;
- pour marcher : chaussures de montagne à semelles rigides, crampons avec antibottes (ils permettent de réduire l'accumulation de neige sous les crampons) ; un bâton télescopique est également conseillé.

Document 3 Le sac de randonnée ProLight

Sac de randonnée ProLight

Dimensions :
Hauteur 65 x Largeur 32 x Profondeur 26 cm

Composition : 100 % polyester

Réf. : 02154856
Livraison gratuite en magasin
Volume principal avec soufflet d'étanchéité – Accès frontal zippé au compartiment principal – Poche caméra - Poche documents – Poche frontale – Poche soufflet latérale zippée – Porte-bâtons – Sangles latérales de compression – Compartiment poche à eau – Bretelles ergonomiques – Large ceinture matelassée – Sangle poitrine – Poche ceinture zippée 40 Litres – Existe en rouge, bleu et jaune

Poids : 1240 g – Type de pratique : randonnée –

Prix : 112,56 euros
La livraison est offerte en Mondial Relay dès 30 € d'achat et en livraison à domicile dès 60 € d'achat.

Retour possible : retourner votre produit en point Mondial Relay (service gratuit non valable pour les produits de plus de 30 kg) / retourner votre produit en magasin (service gratuit) / retourner votre produit par voie postale (frais de retour à votre charge).

Synthèse

Optimiser un site de e-commerce

Le développement du e-commerce

- E-commerce direct
- E-commerce indirect
- M-commerce

Classification des sites marchands

- *Pure player*
- *Click & mortar*
- Véadistes traditionnels
- Places de marché

Comportements des e-acheteurs

- *Web to store* (consultation du site puis achat en magasin)
- *Showrooming* (repérage en magasin puis achat en ligne)

Profil psychologique des e-acheteurs

- Le spontané
- L'humaniste
- Le méthodique
- Le compétitif

Optimisation de l'ergonomie et des contenus d'un site de e-commerce

- Faciliter la navigation et dynamiser le site
- Sécuriser le site (certificat SSL)
- Accompagner et conseiller (*click to call*, *to chat*, avis clients…)
- Optimiser les pages produits
- Faciliter l'accès aux conditions générales de vente (CGV)

Mise en place d'une campagne de *marketing automation*

- Définir un scénario (événement, délai, action)
- Rédiger le mail ou le SMS (mail de bienvenue, relance panier…)
- Choisir un logiciel de *marketing automation* combiné aux outils de *tracking*

TESTEZ-VOUS

Quiz sur le chapitre 14
liennathan.fr/7h6r9y

MOTS CLÉS

M-commerce · *Pure player* · *Click & mortar* · Place de marché · *Marketing automation*

CHAPITRE

15 Suivre et réguler le processus de vente

Contexte professionnel

Activité/Tâche
Suivi et régulation du processus de vente

Compétence
Faciliter et sécuriser la relation commerciale

Vers PIX
1.1. Mener une recherche et une veille d'information
1.2. Gérer des données

Il y a deux ans, Kaylee Clarins a créé avec un ami un site marchand spécialisé dans la vente de trottinette, roue électrique et *hoverboard* (planche de *skateboard* électrique à deux roues) : www.GoShop.fr. Les produits proposés connaissent un franc succès, surtout le *hoverboard*. Le site s'est rapidement construit une forte notoriété sur ce segment, avec un chiffre d'affaires en hausse constante. Toutefois, depuis quelques mois, la rentabilité du site est en baisse : inquiète, Kaylee Clarins décide de recruter un responsable commercial afin d'améliorer les ventes sur le site.

Votre rôle

Vous êtes recruté(e) par Kaylee Clarins en tant que responsable commercial(e). Après avoir étudié l'offre proposée par GoShop.fr, vous devez analyser les résultats du site et trouver des solutions pour améliorer le processus d'achat en ligne.

Vos objectifs

I Diagnostiquer le processus d'achat de GoShop

Vous analysez le site web pour proposer des solutions qui facilitent le processus d'achat.

1. Identifiez l'offre proposée par GoShop et repérez les éléments de la page d'accueil visant à faciliter le processus d'achat. — Fiche ressource 1 ; Annexe 1
2. Analysez les indicateurs de votre tableau de bord et comparez-les aux résultats du secteur : quelles conclusions pouvez-vous en tirer ? — Annexes 2 et 3
3. Identifiez les étapes du tunnel d'achat chez GoShop et comparez-les à celles du tunnel d'achat de Decathlon.fr. Que constatez-vous ? — Annexe 4

II Faciliter la constitution du panier et la création d'un compte

Vous avez rassemblé des avis d'internautes concernant le processus de constitution du panier et la création de compte.

4. À l'aide des avis d'internautes, identifiez les points faibles et les points forts des étapes de constitution et validation du panier (annexe 5). Présentez votre travail sous forme de tableau en proposant pour chaque point faible une amélioration. — Fiche ressource 2 ; Annexes 5 et 6
5. Identifiez les problèmes que pose l'étape d'identification et création de compte (annexe 8) et proposez des solutions d'amélioration. — Annexes 7 et 8

III Faciliter le choix de la livraison et la validation de commande

Les modalités de livraison font l'objet de plusieurs commentaires sur Facebook.

6. Analysez les étapes « confirmation de l'adresse » et « choix du mode de livraison », puis proposez des améliorations pour Martin et pour Fatou. — Fiche ressource 3 ; Annexes 9 et 10
7. À l'étape « choix du mode de livraison », l'internaute valide sa commande : vérifiez qu'il dispose bien de toutes les informations obligatoires pour valider la commande et complétez la page si besoin. — Fiche ressource 4 ; Annexe 10

IV Sécuriser le paiement

Le service client remonte deux mails concernant les modalités de paiement.

8. Repérez les modalités de paiement de GoShop, rédigez une réponse au mail de Carlos en vous aidant des CGV, puis un modèle de mail de confirmation de commande. — Fiche ressource 5 ; Annexes 11 à 13

V Respecter le droit de rétractation et reconquérir les clients

Votre concurrent fait des actions de relance en cas d'abandon de panier.

9. En vous appuyant sur les CGU du site de GoShop, proposez une réponse au mail de Sophie. GoShop respecte-t-il la législation sur le droit de rétractation ? Justifiez. — Fiche ressource 6 ; Annexes 13 et 14
10. Justifiez l'intérêt du mail envoyé par Gliss.com et proposez son adaptation pour un visiteur qui aurait mis dans son panier le *hoverboard* XF-67 mais n'aurait pas validé la commande. Vous pourrez proposer un avantage supplémentaire sur le produit ou sur les conditions de vente afin de convertir le visiteur. — Annexe 15

Votre dossier

Annexe 1 Page d'accueil du site GoShop.fr

Annexe 2 Étude générale sur le e-commerce

Raisons de l'abandon de panier :

Frais d'expédition élevés	55 %
Le site voulait qu'ils créent un compte	34 %
Processus de paiement long ou compliqué	26 %
Le client ne pouvait pas faire confiance au site avec les informations de carte de crédit	17 %
Le site web a eu des erreurs ou s'est arrêté	17 %
Pas assez d'options de paiement	6 %

Le taux d'abandon de panier a de quoi vous effrayer, mais sachez que l'abandon de panier est un comportement très fréquent. On l'estime aux alentours de **68,53 %.**
Source : *Baymard* Institute.

Il peut y avoir d'autres raisons qui entrent en jeu, comme le manque de produits en stock, la baisse de la fidélité à la marque et les erreurs de paiement. D'autres raisons majeures pour l'abandon des paniers incluent : avoir un site web lent. Un site web lent peut augmenter le taux d'abandon de 75 % et la fidélité diminue de 50 % lorsque votre site est lent.

https://kinsta.com/fr

Annexe 3 Extrait du tableau de bord de GoShop pour l'année écoulée

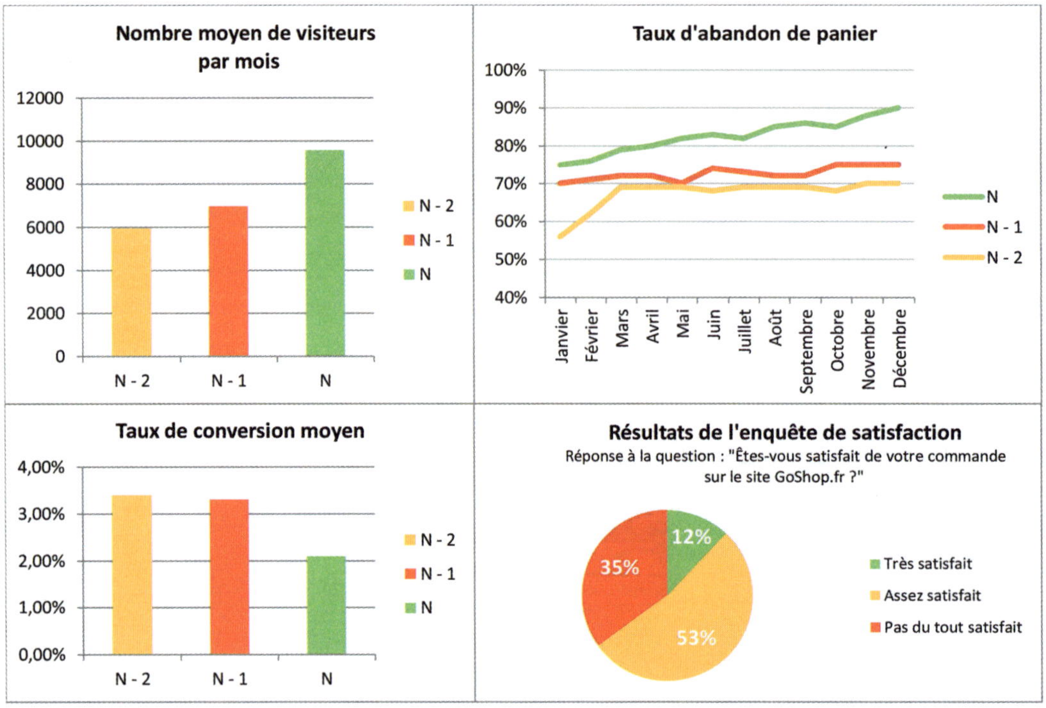

Annexe 4 Tunnel de paiement sur le site GoShop

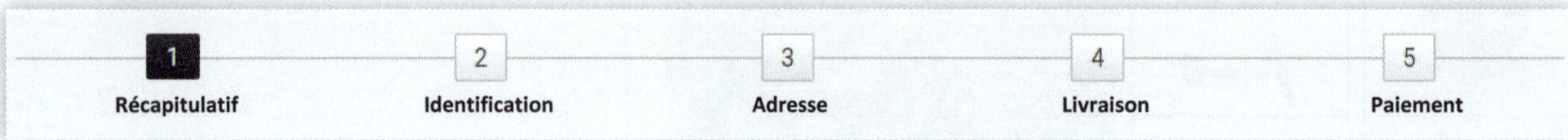

Annexe 5 Constitution et validation du panier

Choix du produit

• • •

Annexe 5 Constitution et validation du panier (suite)

Ajout d'un produit au panier

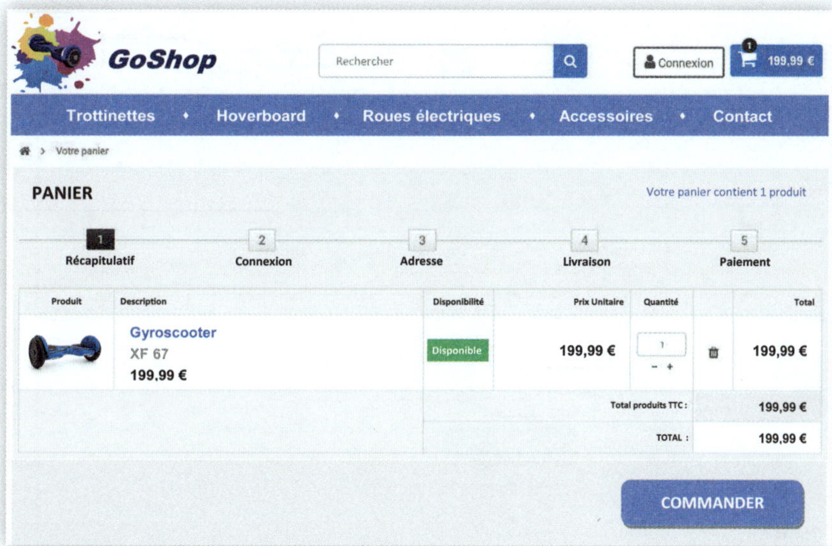

Annexe 6 Avis d'internautes déposés sur le site de GoShop

Silviane : « Le site est vraiment sympa avec de beaux produits, mais le processus de commande est trop long, avec obligation de créer un compte et sans aucune possibilité de pouvoir revenir en arrière. Du coup, quand on se trompe, il faut tout recommencer ! Ca m'a bien pris 15 minutes avant de pouvoir commander ! »

Rachid : « Pour pouvoir commander, il faut se créer un compte en donnant plusieurs informations, ce qui prend un temps fou ! Que faites-vous de toutes ces données !? J'aurais abandonné si je n'avais pas absolument besoin d'avoir la trottinette pour la période des grèves de transport ! »

Gaspard : « Un super site, j'ai trouvé rapidement le *hoverboard* que je cherchais ! Par contre, impossible de modifier la couleur une fois le produit dans le panier, j'ai dû supprimer le produit et le remettre dans le panier… »

Isabelle : « Dommage que le panier ne soit pas sauvegardé plus de 5 minutes, ça ne laisse pas beaucoup de temps pour choisir… J'aime bien pouvoir faire une présélection avant de me décider. En plus, rien ne signale que le panier va expirer, ce n'est pas pratique… Mais à part ça, la commande s'est bien déroulée ! »

Annexe 7 Interview d'Ibrahim Maté, directeur de Gliss.com, principal concurrent de GoShop

– Comment gérez-vous les abandons de panier sur votre site ?

– Lorsqu'un visiteur ajoute un article à son panier puis continue sa navigation sans commander, on lui rappelle qu'il a mis de côté des produits dans son panier à l'aide d'une fenêtre *pop-up* qui indique le temps restant avant la suppression du panier. Les articles restent enregistrés dans le panier pendant 20 minutes. Le visiteur a également la possibilité, s'il crée un compte, de composer sa *wishlist* avec des produits qu'il a repérés. Cela lui permet de retrouver rapidement les produits qu'il a sélectionnés à chaque nouvelle connexion sur le site.

– N'est-il pas un peu contraignant de devoir créer un compte pour acheter ?

– Le visiteur n'est pas obligé de créer un compte pour commander sur le site, donc ce n'est pas contraignant ! Il peut s'inscrire s'il le souhaite mais ce n'est pas obligatoire. De plus, nous utilisons le système « *one page check out* », qui permet de commander sur une seule page avec le minimum d'informations demandées. C'est psychologiquement moins fastidieux pour le visiteur et, surtout, il ne se sent pas forcé de donner des informations personnelles pour commander. Ce système a contribué à réduire de 1 % notre taux d'abandon de panier en faisant gagner du temps au client.

Annexe 8 Identification et création de compte

Identification

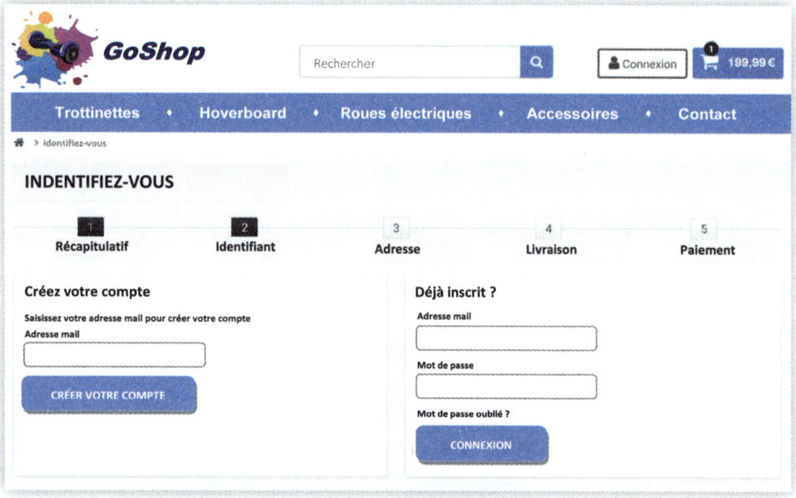

Création de compte

Annexe 9 Avis d'internautes déposés sur le compte Facebook de GoShop

Martin
30 min

« Je voulais acheter une trottinette à mon frère pour son anniversaire ce dimanche, mais avec les options de livraison proposées sur le site, il ne l'aura jamais reçu à temps ! Ce n'est vraiment pas possible de se faire livrer plus vite et à une autre adresse que la sienne ? »

Like Comment Share

Inès
30 min

« J'adore les produits de votre site mais les délais et tarifs de livraison sont mal ou pas du tout indiqués ! Je ne sais pas à quelle date je vais être livrée… En plus, on ne peut pas revoir la commande avant de payer, ce n'est vraiment pas pratique ! »

Like Comment Share

Fatou
30 min

« Je me suis fait avoir : j'ai retiré mon colis en relais colis un jour trop tard et j'ai dû payer des pénalités ! Le service client me répond que c'était inscrit sur les informations de livraison mais je ne vois toujours pas où c'est noté… »

Like Comment Share

Annexe 10 Confirmation d'adresse et choix de la livraison

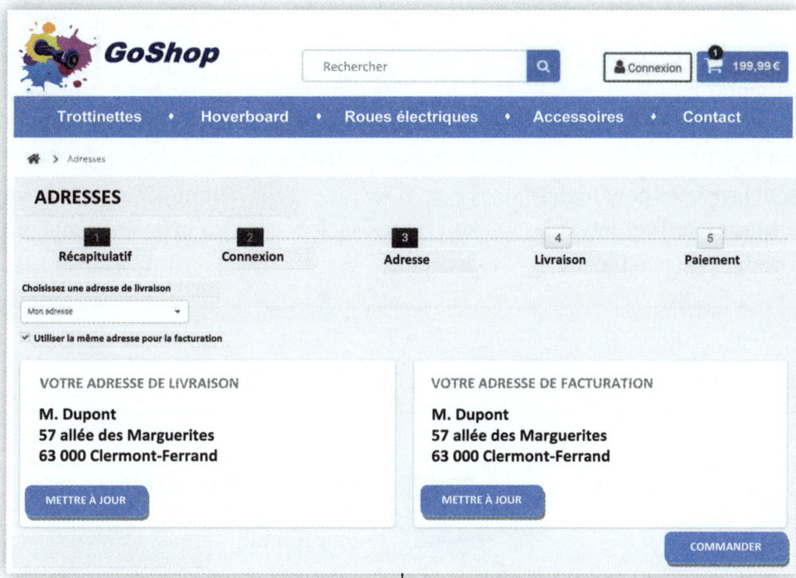

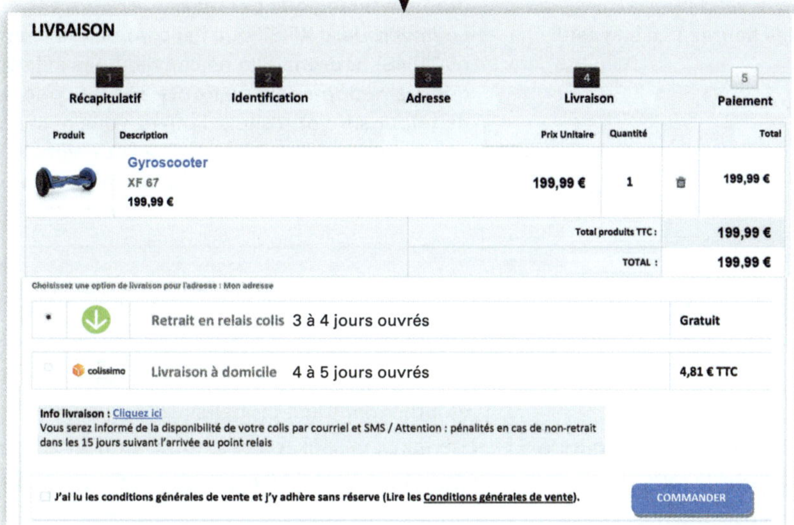

Annexe 11 Paiement de la commande

Annexe 12 — Extrait des CGV : paiement

Article 9 - Paiement

Le prix est payable en totalité le jour de passation de la commande. Le vendeur n'est pas tenu de procéder à la livraison des produits commandés par vous si le prix ne lui a pas été préalablement réglé en totalité.

Les modes de paiement suivants sont proposés pour régler vos achats : carte bancaire (Visa, Mastercard) et PayPal. Pour le paiement par carte, la procédure de paiement est entièrement sécurisée grâce à la solution 3D Secure. Vos cordonnées bancaires ne transitent pas sur nos serveurs, elles sont directement envoyées sur le serveur de notre partenaire via une adresse sécurisée https://secure.org. Le procédé 3D-Secure, qu'est-ce que c'est ? Cliquez ici pour en savoir plus. Il faut impérativement que votre carte soit française. Les cartes d'origine étrangère ne seront pas acceptées.

Annexe 13 — Demandes par mail reçues au service client

De : Carlos65@gmail.com
À : contact@GoShop.com
Objet : Problème de paiement

J'ai essayé de commander une roue électrique sur votre site mais j'ai abandonné. Impossible de payer avec ma carte American Express, la validation du paiement mouline pendant des heures ! Le site est-il vraiment sécurisé ?!

De : Piazi.Sophie@hotmail.com
À : contact@GoShop.com
Objet : Retour produit

Avec un numéro de service client engorgé et sans tchat proposé sur votre site, ce n'est pas facile de vous joindre... Je tente donc par mail :

Le *hoverboard* XF-67 que j'ai commandé (commande n° 21548) pour ma fille ne convient pas et je souhaite donc le retourner. Je ne trouve pas les conditions de retour sur votre site... Pouvez-vous m'indiquer comment procéder ? De plus, je vous signale que je n'ai jamais reçu de mail de confirmation de commande...

Annexe 14 — Extrait des CGV : rétractation

Article 7 : Droit de rétractation

Vous disposez d'un délai de rétractation de 14 jours à compter de la réception du produit pour le retourner pour échange ou pour remboursement, sans pénalités. Le remboursement est effectué avec le même moyen de paiement que celui utilisé lors de la transaction. Les frais de retour sont à la charge exclusive du client. Les produits doivent être retournés dans leur emballage d'origine, l'ensemble devant être intact et sans traces d'utilisation à l'adresse suivante : GoShop – SAV, 156 cours de Vincennes, 75020 Paris.

Article 8 : Garanties et service après-vente

Le vendeur s'engage à échanger ou à rembourser tout produit endommagé ou non conforme à ce qui est attendu.

Annexe 15 — Mail envoyé par votre concurrent Gliss.com

Objet : **Vous n'avez pas oublié quelque chose ?**

Bonjour Marie,
Des articles sont en attente dans votre panier. N'attendez plus pour commander !
Les retours et échanges sont gratuits pendant 30 jours.

Trottinette Freestyle XL 85

88,63 € TTC

COMMANDER

À bientôt,
L'équipe Gliss

FICHE RESSOURCE

1

SUIVRE ET OPTIMISER LE PROCESSUS DE VENTE EN E-COMMERCE

Le processus de vente correspond à l'ensemble des opérations et traitements permettant de transformer le prospect (client potentiel) en client. On parle de « processus » car ces opérations sont planifiées et s'enchaînent dans un ordre logique.

I Optimiser l'entonnoir de conversion

L'entonnoir ou « tunnel de conversion » (en anglais *funnel marketing*) désigne les étapes permettant de faire passer un internaute du statut de simple visiteur à celui de client. Il s'agit donc d'optimiser le parcours de l'internaute pour le pousser à acheter.

Étapes de l'entonnoir de conversion	Objectifs pour l'entreprise	Exemples
Découverte	Attirer la cible sur le site et capter son attention	Opération promotionnelle
Évaluation	Permettre à l'internaute de comprendre l'offre proposée	Démonstration de produit
Décision	Inciter le visiteur à passer commande, le convaincre	Témoignage, comparatif produits, réduction
Fidélisation	Fidéliser le client	Carte de fidélité, bon d'achat

II Optimiser le tunnel d'achat

Le tunnel d'achat est le chemin suivi par l'internaute entre le moment où il clique sur le bouton « commander » (ou « mettre au panier ») et celui où il reçoit son message de confirmation d'achat. Un tunnel d'achat mal optimisé entraîne de nombreux abandons de panier (internautes qui ne vont pas jusqu'à la validation de leur commande). Le taux d'abandon de panier moyen se situe entre 70 et 80 % tous secteurs confondus. Les abandons de panier représentent une part de chiffre d'affaires potentiel perdu pour l'entreprise. Il s'agit donc de suivre au plus près ce tunnel d'achat afin de comprendre les raisons qui poussent les visiteurs à abandonner.

Pour proposer un tunnel d'achat efficace, il faut en premier lieu réduire le nombre d'étapes d'achat et le temps de navigation jusqu'au paiement :

Constitution et validation du panier ▶ Création du compte ▶ Choix des modalités de livraison ▶ Validation de commande ▶ Paiement

III Les indicateurs de suivi du processus de vente

Sur un site marchand, la capacité à mesurer le comportement des acheteurs dans le tunnel de conversion est un facteur clé de succès. Les principaux indicateurs à prendre en compte sont :

– le nombre de conversions (nombre d'achats) ;

– le taux de conversion ;

– le nombre d'abandons en cours de commande (abandon de panier) ;

– le nombre de commandes réalisées ;

– le nombre de visiteurs qui ont acheté.

FICHE RESSOURCE 2

CONSTITUTION DU PANIER ET IDENTIFICATION

I La constitution et la validation du panier

L'internaute doit pouvoir constituer son panier facilement et revenir à ses achats lorsqu'il le souhaite. Dans son panier l'internaute doit pouvoir :

Choisir les caractéristiques	Couleur, taille, options souhaitées…
Être informé de la disponibilité du produit	Niveau de stock disponible pour le produit indiquant à l'internaute s'il peut commander et combien de produits il reste en stock. Craignant que le produit soit épuisé, les internautes peuvent être poussés à acheter.
Connaître le délai d'expiration du panier	Des modules installées dans des logiciels comme Prestashop permettent de régler la durée de vie du panier et de le vider automatiquement après écoulement du temps saisi : 10, 15, 20, 30, 45 minutes (certains sites conservent le panier quelques minutes, d'autres le gardent pendant une semaine ou plus).
Avoir la possibilité de retirer ou d'ajouter des articles	Des actions simples et intuitives doivent permettre de : – ajouter un article en cliquer sur un bouton « Ajouter au panier » ; – supprimer un article du panier, en cliquant sur « Supprimer » ou sur une icone « croix » située en fin de ligne ; – modifier la quantité en cliquant sur les signes + et – par exemple ; – vérifier à tout moment le contenu du panier en cliquant sur l'icône « Panier » en haut à droite de toutes les pages.
Pouvoir présélectionner (préférés, *wishlist*)	Permet de garder à portée de main les articles qui intéressent le client sous forme d'une liste de favoris (ou *wishlist*) pour permettre au visiteur de sélectionner des articles qu'il souhaiterait acheter plus tard ou qu'il souhaiterait se voir offrir.

II La création d'un compte

La deuxième étape consiste à s'identifier. Pour limiter les abandons, il faut simplifier au maximum la procédure de création du compte.

Demander l'e-mail en premier	Lorsque le client est arrivé sur la page de création de compte, il faut tout de suite lui demander son e-mail. Ainsi, s'il abandonne le processus, on disposera des informations nécessaires pour le relancer.
Demander le minimum d'informations et les enregistrer	Il peut paraître irritant d'avoir à renseigner de nombreuses informations (nom, prénom, adresse postale, sexe, numéro de téléphone…) alors que la vente n'est pas encore faite. Il faut donc, à cette étape, réduire au maximum les informations demandées (nom, prénom, mail, mot de passe) et les enregistrer pour que le client n'ait pas à les ressaisir à sa prochaine connexion.
Proposer la possibilité de commander sans compte	De plus en plus de sites proposent des comptes « invités », qui permettent de commander sans passer par les étapes d'ouverture de compte, donc plus rapidement. On demande généralement uniquement l'adresse e-mail pour la vente d'un produit numérique ou en téléchargement, l'e-mail et l'adresse postale pour les ventes de produits physiques.
Automatiser la saisie	Facebook Connect permet à un site de proposer à ses visiteurs de s'identifier à partir de leur compte Facebook pour ne pas avoir à saisir d'informations. Cela simplifie la procédure.
Respecter la protection des données	L'entreprise de e-commerce doit respecter les règles de collecte des données personnelles – obtenir au préalable le consentement express (*opt-in*) et spécifique de l'utilisateur ; – informer l'internaute de son droit d'accès, de modification et de suppression des données ; – assurer la sécurité des systèmes d'information et la confidentialité des données ; – indiquer une durée de conservation des données (3 ans conseillé). L'entreprise doit pouvoir montrer à tout moment qu'elle est en conformité avec ces règles.

FICHE RESSOURCE 3

LA LIVRAISON

I Le coût et les modes de livraison

Des frais de livraison trop élevés sont un facteur majeur de risque d'abandon de panier, même si les prix du catalogue sont corrects. C'est pourquoi de nombreux sites proposent d'offrir le transport à partir d'un certain montant d'achat, et/ou de choisir entre plusieurs solutions de livraison à des tarifs différents :

Livraison à domicile	La commande est livrée à l'adresse du client. Pour de nombreux produits, séparer l'adresse de facturation et celle de livraison est un service apprécié (pour l'envoi de cadeaux par exemple). Le client peut éventuellement choisir un créneau de livraison.
Livraison en point relais	La commande est livrée dans un relais colis (Mondial relay, Kiala…). Le site localise sur une carte les points relais proche de l'adresse du client avec leurs horaires d'ouverture. Le client peut choisir celui qui lui convient le mieux.
Click and collect	La commande est livrée dans une boutique proche du domicile du client. Le service est généralement gratuit.
Livraison express en 24 h	Pour les clients souhaitant disposer de leur produit le plus rapidement possible, ce mode de livraison peut être un critère de choix. Ce service est souvent payant et il faut informer le client du coût supplémentaire (ex. : Chronopost, UPS…).

Une fois le mode de livraison choisi par le client, il faut indiquer une date prévisionnelle de livraison.

II Les obligations légales du e-commerçant

1. La date limite de livraison

La livraison doit intervenir au plus tard trente jours après la commande en ligne. Le fournisseur doit indiquer, avant la conclusion du contrat, la date limite à laquelle il s'engage à livrer le bien ou à exécuter la prestation. En cas de non-respect de cette date limite, le client peut obtenir la résolution de la vente et est alors remboursé. Le remboursement se fait en totalité y compris les frais de réexpédition et le client n'est pas obligé d'accepter une certaine modalité de remboursement (un avoir sur un prochain achat par exemple).

2. L'indisponibilité du bien

En cas de défaut d'exécution du contrat dû à l'indisponibilité du bien ou service commandé, le client doit être informé de cette indisponibilité et doit, le cas échéant, pouvoir être remboursé sans délai et au plus tard dans les trente jours du paiement des sommes qu'il a versées.
Les frais de retour consécutifs à l'exercice éventuel du droit de rétractation sont, dans ce cas, à la charge du fournisseur et le client doit en être informé.

3. L'exécution de la livraison

Le professionnel est responsable de plein droit à l'égard du client de la bonne exécution des obligations résultant du contrat conclu à distance, que ces obligations soient à exécuter par le professionnel qui a conclu ce contrat ou par d'autres prestataires de services. Toutefois, il peut s'exonérer de tout ou partie de sa responsabilité en apportant la preuve que l'inexécution ou la mauvaise exécution du contrat est imputable, soit au consommateur, soit au fait imprévisible et insurmontable d'un tiers au contrat, soit à un cas de force majeure.

FICHE RESSOURCE

4

LA VALIDATION DE LA COMMANDE

I Finaliser la commande

Pour que la commande soit valable, elle doit être effectuée en quatre étapes obligatoires :
- visualisation du détail de la commande et du prix total à payer ;
- correction d'erreurs éventuelles ;
- acceptation des conditions générales de vente (CGV) ;
- confirmation de la commande.

Ces étapes doivent apparaître sur le site, accompagnées des mentions suivantes :
- les moyens techniques permettant à l'utilisateur, avant la conclusion du contrat, d'identifier les erreurs et de les corriger ;
- les langues proposées pour la conclusion du contrat ;
- les modalités d'archivage de la commande ;
- les moyens de consulter les règles professionnelles et commerciales auxquelles le vendeur est soumis.

II Accepter les conditions générales de vente (CGV)

Pour conclure la vente, l'e-marchand doit recueillir le consentement du client, souvent matérialisée par une case à cocher sur la page de validation de la commande. Il doit également proposer un lien vers les conditions générales de vente pour que le client puisse prendre connaissance des conditions de vente avant de les accepter.

1. Les informations précontractuelles obligatoires en *B2C*

Les relations de professionnel à consommateur (*B2C*) sont encadrées par le Code de la consommation, qui impose une obligation d'information précontractuelle. L'entreprise est tenue de communiquer, de manière lisible et compréhensible (dans les CGV), avant la conclusion d'un contrat à distance, les informations suivantes :
- le caractéristiques essentielles des biens ou services vendus,
- les prix des biens ou services vendus,
- la date ou le délai de livraison des biens ou services vendus,
- le droit de rétractation, ses modalités d'application,
- l'adresse du professionnel et ses coordonnées,
- le cas échéant, la durée minimale des obligations contractuelles du consommateur,
- le cas échéant, les cautions ou autres garanties à payer par le consommateur et leurs conditions,
- si c'est le cas, l'existence de codes de conduite applicables,
- si le coût est calculé autrement que le tarif de base, le coût de l'utilisation de la technique de communication à distance nécessaire à la conclusion du contrat. Le cas échéant, la possibilité de recourir à des procédures extrajudiciaires pour régler les litiges.

2. Les informations précontractuelles obligatoires en *B2B*

Dans le cadre des relations de professionnel à professionnel (*B2B*), les règles à respecter sont prévues par le Code de commerce (art. L. 441-6). Ce texte indique que le professionnel est tenu de communiquer à tout client professionnel qui en fait la demande :
- ses conditions de vente,
- son barème des prix unitaires,
- ses réductions de prix,
- ses conditions de règlement.

FICHE RESSOURCE

5

LE PAIEMENT

Le tunnel de paiement est à la dernière étape du processus d'achat. Il est judicieux de supprimer les boutons « précédent » ou « retour arrière » pour éviter que le client soit tenté de quitter la page de paiement.

I Proposer plusieurs modalités de paiement

Le client doit être informé, dès le début de sa commande, des moyens de paiement proposés. Le vendeur peut prévoir différents types de paiement :

Carte bancaire	Carte délivrée par un établissement financier permettant de réaliser le paiement (Mastercard, Visa...). La carte bancaire reste le moyen de paiement en ligne le plus utilisé (85 % des transactions).
Service de paiement en ligne ou porte-monnaie électronique ou portefeuille en ligne	Plateforme de paiement numérique qui permet de régler des achats ou de recevoir de l'argent sans avoir à saisir ses coordonnées bancaires. Cette tirelire numérique est approvisionnée par carte ou virement, par l'utilisateur. Parmi les principaux opérateurs du système, on peut citer PayPal. Ces services représentent environ 9 % des transactions et se développent de plus en plus.
Carte/chèque cadeau	Une carte cadeau est une carte magnétique sur laquelle est enregistré un crédit d'achat valable dans une ou plusieurs enseignes. Elle peut être de valeur fixe (20 €, 50 €...) ou variable (le client choisit le montant en activant la carte). En France, la valeur maximale chargeable sur une carte cadeau est de 150 €. La carte peut être utilisée en une fois ou en plusieurs fois.
Chèque fidélité	Somme sous forme de chèque récompensant la fidélité, selon un système de points le plus souvent. Sa durée de validité est limitée, calculée à partir de la date d'émission.

II Faciliter et sécuriser la transaction

L'adresse URL en « https:// » indique que la page est sécurisée. Le formulaire de paiement ne doit mentionner que les informations nécessaires : nom du client, numéro de carte bancaire, date d'expiration et cryptogramme. Il est inutile de demander encore une fois l'e-mail. La plupart du temps, cette étape est gérée par l'opérateur financier de la solution de paiement ou par la banque de l'internaute :

EXEMPLES

Page de validation de type 3D Secure (protocole sécurisé de paiement sur Internet : « Verified by Visa » et « MasterCard SecureCode »).

Afin de renforcer la sécurité du paiement en ligne, l'Autorité bancaire européenne (EBA) a publié la directive sur les services de paiement (DSP2) qui rend obligatoire l'authentification forte. Ainsi, pour prouver son identité, l'utilisateur doit valider au moins deux des trois conditions suivantes :
– un mot de passe ou un code que seul l'utilisateur connaît ;
– un appareil (téléphone mobile, carte à puce, etc.) que seul l'utilisateur possède ;
– une caractéristique personnelle du client (empreinte digitale, reconnaissance vocale, ou faciale).
Les banques et autres prestataires de services de paiement doivent avoir les infrastructures nécessaires à cette authentification forte comme celle de 3D Secure souvent utilisée dans l'e-commerce.

III Les obligations légales relatives au paiement

L'e-acheteur doit être informé de son obligation de paiement avant la validation de commande et doit recevoir une confirmation de commande au plus tard au moment de la livraison. Le paiement peut être effectué lors de la commande ou à la livraison contre remboursement (dans ce cas, des frais supplémentaires peuvent être appliqués). Les délais de règlement ne peuvent pas excéder 60 jours maximum ou 45 jours fin de mois à compter de la date d'émission de la facture.

FICHE RESSOURCE

6

LA RÉTRACTATION ET LA RECONQUÊTE

I Le droit de rétractation

1. Le principe

Lors de la conclusion du contrat, le client doit être informé des modalités du droit de rétractation : durée du délai, point de départ, remboursement du produit, paiement des frais de retour, etc. Le professionnel doit mettre à sa disposition un formulaire de rétractation.

L'acheteur en ligne a donc un droit de rétractation de 14 jours à partir du lendemain où il entre en possession du bien ou accepte l'offre de prestation, sans justification, ni paiement de pénalités de sa part. Il peut cependant être redevable des frais de retour. Ce droit de rétractation s'applique aussi aux produits soldés, d'occasion ou en déstockage.

Le remboursement de la totalité des sommes versées (y compris les frais de livraison), doit être fait dans les 30 jours à partir du moment où le professionnel est informé de la décision du client de se rétracter. Au-delà de ce délai, la somme due est productive d'intérêts au taux légal en vigueur.

2. Les exceptions

À condition que cela soit clairement signalé au moment de l'achat, certains produits ou prestations ne sont pas soumis au droit de rétractation et ne peuvent pas être remboursés.

EXEMPLES

- Bien confectionné spécialement pour le client (sur mesure par exemple)
- Produit ne pouvant pas être réexpédié par nature
- Produit périssable (alimentaire par exemple)
- CD, DVD s'ils ont été ouverts par le client
- Presse (journaux, périodiques ou magazines)
- Prestation de services d'hébergement, de transport, de restauration ou de loisir

II La reconquête des clients

De nombreux clients abandonnent leur panier au cours du processus. Des solutions existent pour tenter de les récupérer.

1. Le *retargeting*

Le *retargeting* consiste à cibler un individu qui a visité un site marchand mais qui n'a rien acheté. Quelques heures à quelques jours après la visite infructueuse, l'individu ciblé reçoit un e-mail (*e-mail retargeting*).

Le message peut comprendre les articles mis initialement dans le panier, avec souvent un avantage supplémentaire pour les prospects passant finalement leur commande. Il peut aussi utiliser les techniques du marketing de l'urgence : il indique au prospect que s'il reporte sa décision, il risque de ne plus pouvoir bénéficier de l'offre ou d'un avantage lié à la commande.

La relance peut être faite par un prestataire extérieur spécialisé dans l'*e-mail retargeting* qui dispose de bases de plusieurs millions d'adresses e-mail *opt-in* (adresse pour laquelle le destinataire a consenti à recevoir des e-mails commerciaux).

2. Les webinaires et les outils de contact avec un conseiller

Il est possible de proposer aux internautes ayant abandonné leur panier d'assister à une présentation en direct sur Internet (webinaire), qui permet de montrer les avantages du produit et de répondre à toutes les questions. Cette technique permet de récupérer entre 5 et 7 % des internautes qui avaient abandonné leur panier.

Pour réduire les abandons de panier, il est également possible de proposer de l'aide en ligne à un visiteur qui a passé déjà un peu de temps sur le site *via* les outils de tchat.

Applications

Maîtrise

1 Dynamiser les ventes grâce au conseil client

Casaphoto.fr est un site de vente d'appareils photo qui surfe sur la mode des appareils photo instantanés permettant d'imprimer immédiatement un tirage papier de petit format. De nombreux internautes sont curieux car ils connaissent mal cette technologie et le nombre de visiteurs sur le site est en forte hausse. Toutefois, la plupart quittent le site sans acheter. En tant qu'assistant(e) commercial(e), vous cherchez des moyens de pousser les visiteurs à l'achat. Vous avez trouvé sur Internet l'interview du directeur marketing d'une entreprise concurrente qui semble avoir vécu un problème similaire (document 1).

1. Identifiez l'offre et le problème que rencontre Casaphoto.fr. La stratégie mise en place par votre concurrent (document 1) vous paraît-elle intéressante ? Justifiez votre réponse.
2. Vous décidez d'intégrer au site un outil de *click & chat* qui permettra de conseiller les clients. Rédiger le texte à intégrer sur le site pour présenter l'intérêt de cet outil.
3. À quel moment décidez-vous de faire apparaître la fenêtre de tchat sur le site ? Justifiez votre réponse.
4. Identifiez deux commentaires (document 2) que vous allez pouvoir mettre en avant sur la fiche produit des appareils photo et justifiez l'intérêt de proposer ces commentaires.

Document 1 Interview du directeur marketing de MaxiPhoto

– Quel problème avez-vous rencontré ?

– Les clients aimaient bien notre site, mais ils avaient peur de s'engager. Ils se demandaient s'ils prenaient la bonne décision en achetant chez nous…

– Qu'avez-vous fait ?

– Le meilleur moyen de les rassurer était de limiter les freins à l'achat. Pour cela, rien de mieux que de leur parler le plus tôt possible, surtout s'ils ont mis un produit dans leur panier. Nous avons donc mis en place deux outils : un *click to chat* et un *click to call* avec une possibilité de rappel en moins de trois minutes par un téléconseiller. Ce service est accessible tout le long de la procédure d'achat, même pendant la phase d'identification et de paiement.

– Qu'est-ce que cela a impliqué ?

– Il fallait des interlocuteurs pour répondre aux clients. Nous avons externalisé ce service auprès d'un centre de relation client spécialisé.

– Cela a-t-il été concluant ?

– Oui ! Nous avons amélioré nos ventes de 30 % uniquement grâce à notre module de tchat !

Document 2

Michelle, le 4 octobre à 13h12

★★★★☆

J'ai reçu un appareil photo instantané il y a trois ans et cela fait trois ans que je fais des albums avec ! Il y a seulement 3-4 photos par événement / soirée / visite / manifestation mais quel plaisir de savoir que j'ai capturé quelques secondes d'un moment appréciable. Ne pas hésiter à acheter !

Mathieu, le 14 avril à 23h14

★★★★★

La photo instantanée rend les gens jeunes et beaux. Les gens sont mille fois plus beaux avec un air *vintage*. N'hésitez pas, je suis fan !

Ingrid, le 11 mars à 19h22

★★★★★

Je suis partie à Madrid pour une semaine en mai. Je ne me suis quasiment pas servie de mon téléphone pour faire des photos car j'ai utilisé exclusivement le Polaroïd. Aucun regret de devoir ajouter un budget pour le tirage, il y a un côté sentimental qui manque aux autres photos. J'ai pris mon temps pour prendre LA photo du Prado, LA photo des tapas !.. »

Inès, Le 7 août à 15h18

Photos nulles, appareil hors de prix !

Applications

Maîtrise

2 Mettre en place une *wishlist*

Vous êtes responsable des ventes du site Girlly.fr, spécialisé dans le vêtement féminin. Vous devez en particulier superviser la mise en place d'une fonctionnalité « liste de souhaits » (*wishlist*). Un compte client étant nécessaire pour sauvegarder les articles dans la *wishlist*, vous souhaitez mettre à jour à cette occasion le formulaire de création de compte client.

1. Quel est le principe et l'intérêt d'une *wishlist* pour le site Girlly.fr ?
2. Vérifiez et corrigez si nécessaire les informations obligatoires figurant en bas du formulaire d'inscription à la *wishlist*.
3. La fiche produit de la robe est-elle optimisée pour favoriser l'achat et faciliter la constitution du panier et de la *whishlist* ? Justifiez votre réponse et ajoutez des éléments si nécessaire.

Document Message en bas du formulaire d'inscription à la *wishlist*

« Les informations recueillies par Girlly.fr à partir de ce formulaire font l'objet d'un traitement informatique destiné aux services marketing et comptabilité de Girlly.fr, dans la finalité de traitement de vos commandes, de gestion de votre compte client, d'études marketing et statistiques dans le but de vous fournir les offres les plus adaptées, de suivi de qualité de nos services et de prospection commerciale. Ces données seront conservées durant au maximum 3 ans à compter de notre dernier contact. Conformément à la loi « informatique et libertés » du 6 janvier 1978 modifiée, vous disposez d'un droit d'accès et de rectification aux informations qui vous concernent. Vous pouvez accéder aux informations vous concernant en vous adressant à : contact@Girlly.fr ou Service client Girlly, 1 rue de Chabrol, 75010 Paris. »

Expertise

3 Reconquérir et fidéliser le client

Goodirama.fr est un site de vente en ligne de gadgets publicitaires personnalisables (*goodies*) destinés aux entreprises. Les entreprises clientes utilisent les *goodies* comme cadeaux publicitaires distribués aux visiteurs sur les salons, ou dans le cadre d'autres actions marketing. Malgré une offre à prix très bas par rapport aux sites concurrents, les ventes en ligne de Goodirama diminuent fortement. Les clients continuent à visiter le site mais abandonnent souvent leur panier, voire ne vont même pas jusqu'à mettre le produit dans le panier. Le directeur commercial vous demande de réfléchir au moyen de convertir les visiteurs, mais aussi au moyen de fidéliser les entreprises déjà clientes.

1. Après avoir visionné la vidéo (document 1), expliquez au directeur commercial en quoi la mise en place d'une stratégie de *retargeting* permettrait d'augmenter le taux de conversion des visiteurs.

2 Le directeur commercial vous transfère deux mails qu'il a reçus. Il vous demande de vous en inspirer pour rédiger deux modèles de mails afin de mener des actions de *retargeting* :
- l'un pour les visiteurs du site qui ont mis un article dans leur panier mais n'ont pas concrétisé l'achat ;
- l'autre pour les entreprises déjà clientes qui ont visité plusieurs pages du site et auxquelles on peut proposer une promotion.

3 Proposez une idée de webinaire (document 3) que pourrait organiser Goodirama pour éviter les abandons de panier de ses visiteurs et les pousser à l'achat.

Document 1 Vidéo : L'*e-mail retargeting*

Reciblage (retargeting) ou remarketing, comment ça marche
Durée : 2'15
liennathan.fr/q8t29e

Document 2 Mails transférés par le directeur commercial

Passez votre commande avant qu'il ne soit trop tard !

HopShoes

Bonjour Stéphanie,

Lors de votre précédente visite sur notre site, vous avez ajouté des produits à votre panier. À ce jour, vous n'avez toujours pas validé votre commande. Afin de bénéficier de nos meilleures offres sur vos produits préférés, nous vous invitons à poursuivre votre commande.

À tout de suite sur HopShoes.com !

Je retrouve en un clic le contenu de ma commande :

Nus Pieds Blue
Shoemax
55,60 €

Derbies Cuir
FashionR
76,99 €

Je finalise ma commande

Bonjour Bertrand,

Votre panier contient un bon d'achat dont la validité expire dans moins d'un mois. Si vous désirez l'utiliser, allez sur votre compte ClockBox.com Sans action de votre part, votre bon d'achat disparaîtra automatiquement de votre panier et sera perdu.

Voici le détail du bon d'achat présent dans votre panier :

Opération spéciale
Date d'expiration : dimanche 8 novembre
Code : PROMO9BCR

À bientôt,

Voir mon panier

Document 3 Interview du directeur commercial

– Quelles sont vos pistes pour redynamiser les ventes ?

– Nous réfléchissons à la possibilité de proposer aux internautes qui ont abandonné leur panier d'assister à un webinare, une présentation en direct sur Internet. Pendant cette présentation, nous montrerions les avantages de nos produits et pourrions répondre en direct à toutes les questions. L'idéal serait de proposer un travail collaboratif avec le client ou de donner un enseignement à distance.

– Pourquoi envisagez-vous cette méthode ?

– En appliquant cette technique, certaines entreprises arrivent à récupérer entre 5 et 7 % des internautes qui avaient abandonné leur panier ou qui n'ont pas été jusqu'à mettre le produit dans le panier.

Synthèse

Suivre et réguler le processus de vente

La constitution et la validation du panier

- Indiquer les caractéristiques du produit et sa disponibilité
- Indiquer le délai d'expiration du panier
- – Possibilité de choisir la quantité
  – Possibilité de présélection

La création du compte

- – Demander le minimum d'informations
  – Demander l'e-mail en premier
- – Automatiser la saisie
  – Respecter la protection des données personnelles
- Laisser la possibilité de commander sans compte

Le choix des modalités de livraison

- Proposer différentes modalités
- Réduire au maximum le coût de la livraison
- Respecter les obligations légales

La validation de la commande

- Donner les informations nécessaires
- Faire accepter les CGV
- Respecter les informations précontractuelles en (*B to B* et *B to C*)

Le paiement

- Proposer différentes modalités
- Sécuriser la transaction
- Respecter les obligations légales

La rétractation et la reconquête des clients

- – Fournir le formulaire de rétractation
  – Avertir des modalités de rétractation
- – Mettre en place des actions de *retargeting*
  – Relancer grâce à l'aide en ligne et aux webinaires

TESTEZ-VOUS

Quiz sur le chapitre 15
liennathan.fr/ic89k2

MOTS CLÉS

Tunnel de paiement · Processus de conversion · Webinaire · Panier d'achat · *Click to call / Click to tchat* · *E-mail retargeting*

CHAPITRE
16 Animer un site de e-commerce

Contexte professionnel

Activités/Tâches
Valorisation en ligne de l'offre et des promotions commerciales
Mise en œuvre d'animations commerciales en e-commerce

Compétence
Dynamiser un site de e-commerce

Vers PIX
2.2. Partager et publier
1.2. Développer des documents textuels

« Tommes d'Ariège et d'Ailleurs » est une entreprise familiale de production, distribution et affinage spécialisée dans les fromages de montagne. Gérée depuis un an par Julio Merzouk, petit-fils du fondateur, l'entreprise sélectionne pour ses clients des fromages inédits provenant de différents terroirs, en recherchant avant tout la qualité, l'authenticité et le goût.
Après avoir ouvert un point de vente il y a quelques années, Julio a décidé de se lancer dans la vente en ligne. Il a créé lui-même, avec l'aide d'un ami web-concepteur, le site de l'entreprise.

Votre rôle

Julio Merzouk vient de vous recruter comme assistant(e) commercial(e) pour gérer les animations sur son site de e-commerce.

Vos objectifs

I Construire un plan d'animation

Julio Merzouk vous demande de l'aider à réaliser un planning des animations annuelles du site.

1 Identifiez l'activité de l'entreprise Tommes d'Ariège et d'Ailleurs et justifiez l'intérêt de proposer des animations sur son site marchand. — Annexes 1 et 2

2 Définissez les objectifs des animations imaginées par Julio Merzouk et indiquez les ressources nécessaires pour les mettre en place. Éliminez si besoin les animations qui ne vous semblent pas pertinentes. — Fiche ressource 1 ; Annexe 3

3 Réalisez le planning synthétique des animations de l'année sous forme d'un tableau, avec au moins une animation par mois à l'aide de vos idées personnelles et des animations les plus pertinentes de M. Merzouk. — Fiche ressource 2

II Planifier les animations

Julio Merzouk a commencé à lister les tâches nécessaires pour réaliser l'animation « Un plateau de recettes pour Noël » prévue pour le mois de décembre (annexe 5).

4 Définissez des dates pour la promotion, le webinaire ainsi que les canaux d'annonce. — Annexe 4

5 Complétez le tableau commencé par Julio Merzouk en classant les étapes restantes. — Fiche ressource 3 ; Annexe 5

III Mettre en place des animations commerciales et communiquer sur les opérations de promotion

Julio Merzouk vous demande à présent de mettre en place sur le site l'animation de Noël.

6 Afin de préparer le message de la promotion, synthétisez les informations nécessaires (cible, objectif, type d'action, durée…). — Fiche ressource 4 ; Annexes 4 et 5

7 Définissez le contenu (axe, bénéfice, ton) de la promotion envisagée.

8 Rédigez le texte et choisissez l'image pour construire la page. — Annexe 6 ; Fiche ressource 5 ; Annexe 7

IV Communiquer sur les opérations de promotion

Julio souhaite tester vos capacités à analyser et concevoir un e-mail afin de préparer le mail qui sera envoyé pour promouvoir l'opération « Un plateau de recettes pour Noël ».

9 Julio Merzouk vous demande de critiquer un mail commercial qu'il a reçu afin d'éviter certaines erreurs. — Fiche ressource 6 ; Annexe 8

10 Sélectionnez pour cette opération uniquement les clients ayant commandé une des quatre références présentées dans le plateau, à l'aide de l'extrait du fichier Excel fourni par M. Merzouk. — Annexe 9 ; Fichier-clients.xlsx

11 Rédigez le mail qui annonce l'opération « Un plateau de recettes pour Noël », en utilisant l'annexe 10 et choisissez la page d'atterrissage en justifiant votre réponse. Rédigez un SMS de relance aux clients ayant déjà commandé deux des produits du plateau à envoyer avant le début de l'opération. — Annexe 10

Votre dossier

Annexe 1 — Histoire de l'entreprise

La fromagerie Tommes d'Ariège et d'Ailleurs a été créée il y a plus de 50 ans en Ariège par Ahmed Merzouk. Après avoir vendu pendant des années les fromages sur les marchés et sur les foires, le petit-fils, Julio Merzouk, a ouvert un point de vente dans le centre de Rueil-Malmaison.

Julio Merzouk vend des tommes produites dans différentes zones géographiques. Dans la cave de sa fromagerie, il termine l'affinage des tommes qui ont été primées à plusieurs reprises, notamment à la prestigieuse Foire de Paris. Julio Merzouk compte parmi ses clients plusieurs restaurants étoilés qui recherchent la variété de ses produits et la qualité de son affinage.

Afin de développer ses ventes et toucher une nouvelle clientèle, il a récemment développé un site de e-commerce sur lequel il vend ses fromages en ligne.

Annexe 2 — Entretien avec Julio Merzouk

– Bonjour Julio, pouvez-vous me parler de la création de votre site marchand ?

– Bien sûr. J'ai créé le site avec l'aide d'un ami d'école qui m'a présenté quelques exemples de sites qu'il avait contribué à créer pour des entreprises.

– Qu'est-ce qui vous a poussé à franchir le pas ?

– Tout d'abord, la volonté de ne pas manquer le virage de l'e-commerce dans notre métier, le frais, mais aussi la baisse du coût des emballages de transport qui assurent deux jours de réfrigération. Ces éléments, combinés au lancement de services comme Chronofresh de Chronopost qui permettent de délivrer en express des produits frais ou surgelés, ont permis d'alléger les contraintes de conservation et de transport et nous ont décidé à nous lancer dans la vente en ligne.

– Comment avez-vous conçu la structure du site et décidé des contenus à publier ?

– L'objectif du site est de valoriser nos produits et notre histoire, mais surtout de permettre aux clients d'acheter nos produits toute l'année. Nous avons aussi un compte Facebook pour raconter les étapes de fabrication de nos produits et promouvoir nos actions. Lorsque j'ai créé ma première promotion, seuls dix clients ont profité de l'offre, mais cela a permis de générer 2 000 € de commandes sur d'autres produits. J'aimerais arriver à optimiser notre programme d'animation pour qu'il permette aussi d'augmenter nos ventes sur le site en décembre, juillet et septembre, qui sont nos mois creux.

Annexe 3 — Les idées d'animations de Julio Merzouk

- Du 24 au 29 janvier, un pot de confit de figues offert pour 70 € d'achat
- À l'occasion du salon du fromage et des produits laitiers à Paris du 15 au 18 février et du Salon de l'Agriculture du 25 février au 2 mars : 1 fromage offert pour 3 achetés
- Le printemps des fromages : à l'occasion du Printemps, un vin de fleur offert avec tout achat de 40 € de fromages.
- Opération « Un plateau de recettes pour Noël » : promotion plateau de fromages et webinaire recettes de Noël.
- Animation « Jour des célibataires » : 30 % offerts sur tout le site pour une photo de célibataire avec un fromage posté sur le compte Facebook.
- À l'occasion des vacances d'été, un livre sur les Pyrénées ariégeoises offert pour 2 kg de fromages achetés du 1er au 31 juillet.

Annexe 4 — Opération « Un plateau de recettes pour Noël »

But de l'opération : créer du trafic et construire le *story telling* de l'entreprise pendant la période des fêtes, où les ventes de fromages représentent 15 % des ventes de l'année.

Anecdote : quand Julio était enfant, sa grand-mère italienne préparait une table et un plat de fête pour chacun des quatre dimanches de l'Avent qui précèdent Noël.

Promotion : un plateau de présentation de fromages avec quatre tommes des meilleurs produits au prix de 65 € au lieu de 100 € : tomme de vache primée du mont Valier de 1 kg, tomme jeune mixte du Couseran de 1 kg, tomme du Haut-Adige de Monte Baldo (900 g, 24 mois) et tomme noire de Kabylie (700 g).

Webinaire (séminaire en ligne durant lequel les participants peuvent interagir *via* une messagerie en ligne ou par téléphone) sur les recettes réalisées à base de fromage, organisé les quatre samedis qui précèdent le dimanche de l'Avent. C'est une cheffe cuisinière d'un restaurant reconnu qui doit réaliser l'animation du webinaire avec la participation de Julio.

Annexe 5 Liste des tâches pour lancer l'opération

Voici la liste des tâches que Julio a recensées.

Étapes à classer dans le tableau :

- Contrôler les promotions rédigées
- Rédiger la promotion sur le carrousel de la page d'accueil
- Réaliser la mise en page de la page promotion avec le logiciel de création de site
- Rédiger la page promotion du site et choisir des images
- Mise en ligne de la promotion
- Choisir la photographie pour la page d'accueil

N°	Tâche	Ressources humaines et matérielles	Durée	Tâche antérieure
A	Définir le budget et les indicateurs clés de performance	Julio	½ journée	-
B	Estimer le nombre de commandes	Julio, à faire avant les commandes par analyse des résultats des opérations précédentes	½ journée	A
C	Rechercher et choisir le fournisseur du plateau	Assistant(e) commercial	2 j	A
D	Vérifier les stocks des 4 produits	Julio	2 j	B
E	Commander les plateaux	Assistant(e) commercial	1 j	B – C
F	Réserver le photographe	Assistant(e) commercial	1 j	A
G	Faire les photographies du plateau, des fromages, du plateau de fromage, de la cuisinière en cuisine	Photographe, 1 mois avant la promotion	1 j	F
H		Vous	1 j	
I		Vous	1 j	
J		Vous	1 j	
K		Julio	1 j	
L		Vous, logiciel ProWeb ou autre CMS	1 j	
M		Julio	7 semaines du 9/11 au 31/12	
N	Rédaction de l'email annonçant la promotion	Assistant(e) commercial	1 journée	L
O	Sélection de la cible dans le fichier	Assistant(e) commercial	1 journée	L
P	Envoi du mailing	Assistant(e) commercial	1 j	M
Q	Rédaction des messages d'annonce sur réseaux sociaux	Assistant(e) commercial	9/11,16/11,23/11,30/11,7/12,14/12,	M-relation début
R	Mise en ligne des vidéos du webinaire sur Youtube et sur le blog	Assistant(e) commercial	Tous les lundis du mois de décembre à 8 h	Q et webinaire
S	Analyse des résultats de l'opération	Julio	Le 5 janvier	M et jours fériés

Annexe 6 — Page promotion du site

Tommes d'Ariège et d'Ailleurs

Mon panier

Accueil | Notre histoire | Nos fromages | Promos | Foires | Blog | Contact

Une tranche de tomme mixte offerte dès 40,00 € d'achat

Je profite de la promotion

Offre valable uniquement sur les commandes de tommes du 26/11 au 13/12.
avec un montant supérieur ou égal à 40,00 hors frais de livraison.
Tranche de 250 g de tomme mixte des Pyrénées
La Tomme Mixte des Pyrénées est un fromage à pâte pressée non cuite au lait cru de Vache et de Brebis.

- 10 %

Tomme du Haut Adige
Morceau de 500 g

13,49 € au lieu de 14,99 €

Ajouter au panier

- 30 %

Tomme du Mont Valier
1/2 tomme (env. 2 kg)

15,67 € au lieu de 26,37 €

Ajouter au panier

- 30 %

Tomme du Couseran
Morceau de 250 g

7,35 € au lieu de 10,50 €

Ajouter au panier

- 10 %

Tomme mixte de Savoie
Morceau de 250 g

8,32 € au lieu de 9,25 €

Ajouter au panier

- 10 %

Tomme des Bauges
Morceau de 200 g

6,75 € au lieu de 7,50 €

Ajouter au panier

- 20 %

Tomme noire de Kabylie
Tomme entière (env. 900 g)

19,80 € au lieu de 24,75 €

Ajouter au panier

Participez à notre Webinaire « Cuisinez nos tommes » !

Ce webinaire permet de découvrir et d'apprendre les secrets des meilleures recettes à bases de tommes pour l'hiver.
Inscrivez-vous vite !

Formulaire d'inscription

Nom :

Prénom :

Mail :

Tél :

Vos fromages préférés livrés chez vous en 1 clic !

Les Tommes d'Ariège et d'Ailleurs vous proposent de choisir vos fromages à l'unité en ligne, comme en fromagerie traditionnelle. Les produits de la fromagerie en ligne sont livrés dans un colis réfrigéré afin de garantir la chaîne du froid durant le transport.

Annexe 7 Page d'accueil du site

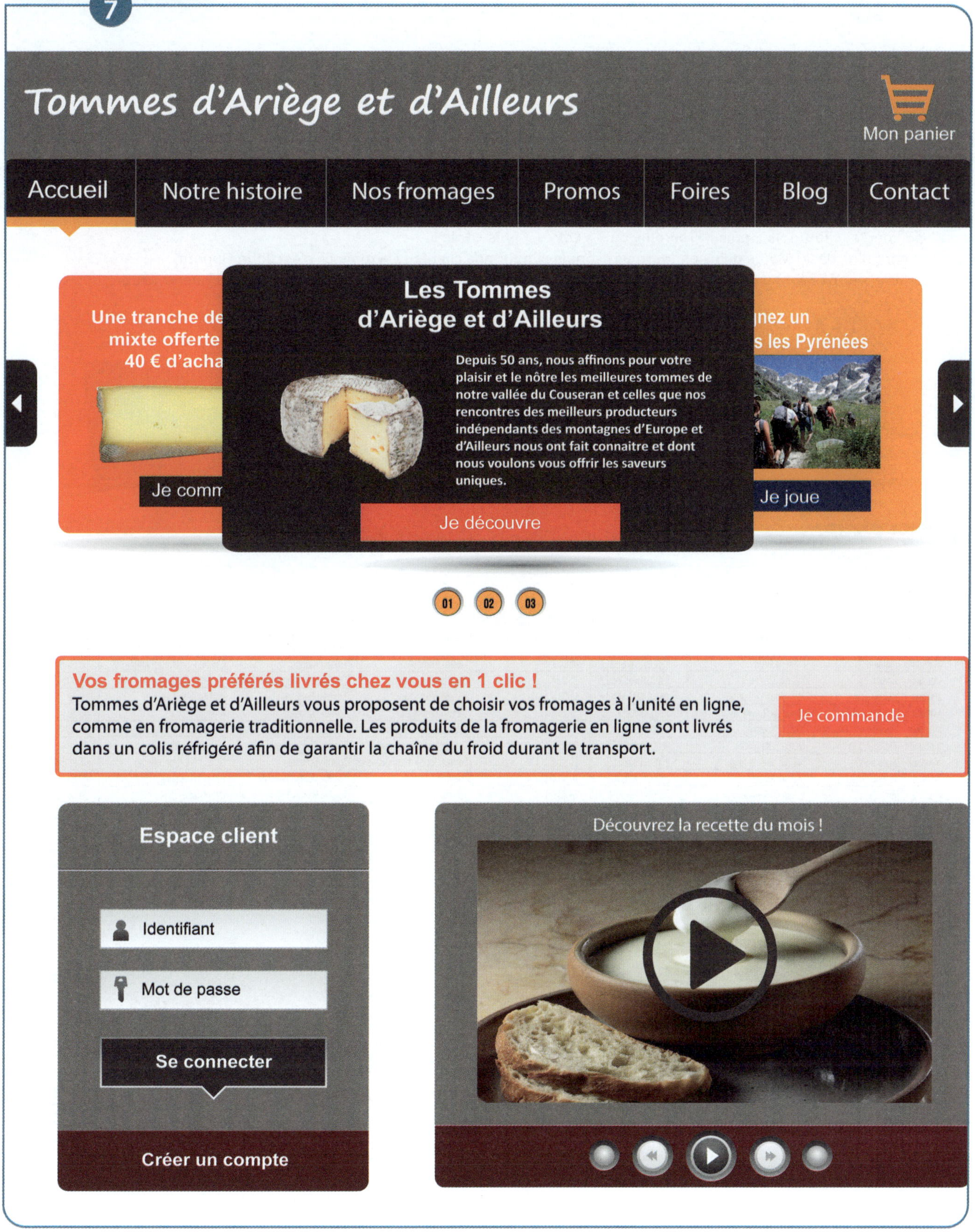

Annexe 8 — Exemple de mail commercial à critiquer

De : messagerieweb@emailing.pokerkif.fr
À : Julio.Merzouk@LesTommesdAriege.com
Date : 26/06/2017 10:01
Objet : C'est le tournoi de l'année pour vous : gagnez 1 000 euros sans risque !

Salut Monsieur Julio !

Toujours fan de tournois ? Alors n'hésitez plus ! Je vous ai préparé une surprise pour fêter le 1er anniversaire de notre site ! Ce mardi à 23 h, je vous invite à un tournoi gratuit pas comme les autres : finissez dans les 5 premiers et vous remporterez chacun 1 000 € ! Inscrivez-vous gratuitement au tournoi « Le Cadeau d'Éric » via l'onglet « Tournois » puis « Freeroll » puis « Offres » puis « Éric ».

Encore plus de 20 M$ de gains en tournois ce mois-ci pour nos clients ! Ce mois-ci, c'est John Dupont, un amateur passionné de tournois à 5 €, qui a gagné 25 000 € au tournoi spécial de l'été. Alors, à quand votre tour Julio ?

Bonne chance pour le tournoi !
Éric Bertrand, directeur Pokerkif
Pour toute question : support@pokerkif.fr

Annexe 9 — Données du fichier clients (extrait du fichier Excel)

Civilité	Responsable	Rue	CP	Ville	CA 2016	Nbre de commandes N-1	Dernière référence achetée	Avant dernière référence achetée	e-mail	Téléphone Portable
Madame	Perrin Sara	34 rue de Presles	13000	MARSEILLE	125,25 €	1	Tomme Mont Valier	Demi tomme Gruyère	PerrinSara@laposte.net	07 07 47 89 12
Monsieur	Jabbe Mohamed	2 rue de Paris	13000	MARSEILLE	95,00 €	1	Tomme Bethmale	Tomme Kabylie	Jabbe-Mohamed@laposte.net	06 56 89 78 45
Monsieur	Roibert Pill	252 rue Marchais	13000	MARSEILLE	25,00 €	1	Demi tomme Gruyère	Demi-tomme Couseran 18 mois	RoibertPill@orange.fr	06 63 52 41 78
Madame	Saloo Lucie	21 rue des Mathurins	13000	MARSEILLE	12,23 €	1	Tomme Mont Valier	Tranche Bethmale	Saloocie@gmail.com	06 69 98 74 45
Madame	Pongi Sarah	10 rue de Roumanie	13000	MARSEILLE	56,23 €	1	Tomme Savoie 2kg	Tomme Bethmale	PongiSarah@orange.fr	06 30 51 48 78
Monsieur	Daoud Louis-Maalouf	20 rue de Rome	13000	MARSEILLE	85,85 €	1	Demi-tomme Coseran 18	Tomme Bethmale	DaoudLouis-Maalouf@orange.fr	07 48 45 42 41
Madame	Picherl Lucia	15 rue Jean Moulin	26000	VALENCE	56,25 €	1	Tomme Vielle Couseran	Tomme Savoie 2kg	Picherl-cia@laposte.net	06 78 45 85 23
Monsieur	Predon Fifi	142 rue Guthemberg	26000	VALENCE	28,59 €	1	Tomme Jeune mixte Couseran	Tomme Bethmale	PredonFifi@laposte.net	07 98 54 21 32
Monsieur	Rissolé Lucien	252 rue Amelot	26000	VALENCE	24,42 €	1	Tranche Bethmale	Tomme Vieille Couseran	RissolLucien@orange.fr	06 65 62 68 72
Madame	Boy Neil	19 rue de Strasbourg	38000	GRENOBLE	48,63 €	1	Tomme Jura	Tomme Haut Adige	Boy+Neil@laposte.net	06 06 06 12 93
Monsieur	Garod Théo	12 rue Bréguet	38000	GRENOBLE	75,25 €	2	Tomme Kabylie	Tranche Bethmale	Garodhéo@laposte.net	06 30 62 95 87
Monsieur	Zebulon Abder	14 rue Faidherbe	38000	GRENOBLE	84,84 €	2	Tomme Haut Adige	Tomme Bethmale	Zebulon-Abder@laposte.net	06 65 69 68 62
Monsieur	Cevret Lorenz	15 rue des Prairies	38000	GRENOBLE	65,56 €	1	Tomme Bethmale	Demi tomme Gruyère	Cevret-Lorenz@laposte.net	06 02 23 56 89

Annexe 10 — Modèle de mail à utiliser

Notre entreprise vous propose de découvrir au plus vite une offre simple et très intéressante

Bonjour Monsieur X,
En tant que client de notre produit Y, nous nous devions de vous proposer cette offre qui devrait vous plaire ! Nous vous en rappelons les caractéristiques principales :
- un très bon rapport qualité-prix,
- un goût inégalé,
- l'envoi gratuit et sécurisé dans un emballage isotherme,
- un gain de 30 %.

Alors, profitez-en sans tarder !

Je profite de l'offre maintenant

À bientôt !
Suivez-nous sur Facebook et Twitter.

FICHE RESSOURCE

1

LES ANIMATIONS COMMERCIALES DU SITE : OBJECTIFS ET MOYENS

I Les objectifs de l'animation commerciale

Une boutique de e-commerce doit toujours être en mouvement : ce dynamisme lui permet d'offrir une image positive et d'optimiser son référencement. L'animation du site est donc essentielle pour qu'il soit fréquenté et génère du chiffre d'affaires. On distingue plusieurs objectifs définis selon la problématique de l'entreprise :

Objectif	Fonctions
Générer du trafic	Les animations vont générer plus de fréquentation en rendant le site attractif et en optimisant son référencement naturel. Relayer les promotions sur les réseaux sociaux *via* l'e-mailing ou le blog de l'entreprise permet également de générer du trafic.
Contourner la périodicité des ventes	L'animation commerciale va permettre de dynamiser les périodes creuses. Un jeu-concours, une vente exceptionnelle ou un coupon de réduction inciteront le consommateur à acheter et pourront aussi permettre de réaliser des opérations de déstockage.
Lancer un nouveau produit	L'animation commerciale aide à réussir le lancement d'une nouvelle offre ou d'un nouveau produit. Elle permet d'optimiser la communication sur l'offre et aide le décollage des ventes.
Fidéliser le client	Les animations dynamisent le site et incitent le client à aller voir les annonces de nouveautés, les nouveaux guides, les nouvelles promotions, etc.
Favoriser le *Web to store*	En point de vente physique, l'animation commerciale attire les clients sur les points de vente. La recherche d'informations se réalise surtout sur Internet, mais les deux tiers des clients concrétisent l'achat dans un point de vente physique.
Améliorer le *cross-selling* et le panier moyen	Le *cross-selling* consiste à proposer un service ou produit complémentaire au client qui achète un produit associé sur le site. Dans plus de 50 % des cas, les clients venus pour une promotion sur le site effectuent finalement un autre achat.
Optimiser la conversion	L'animation commerciale favorise l'achat d'impulsion : le consommateur aura tendance à profiter d'une promotion et se décidera plus rapidement à acheter.
Améliorer la e-réputation	Les animations commerciales contribuent à animer les réseaux sociaux : les internautes peuvent « liker » la communication ou diffuser un avis positif sur l'achat.

II Les moyens nécessaires

Réaliser un programme d'animation commerciale est un investissement important en termes de temps et de moyens. Pour savoir quel programme mettre en place, il est important d'examiner d'abord si on dispose des moyens de le réaliser. Un programme cohérent permettant une animation régulière sera toujours plus efficace pour fidéliser les clients.

Ressources	Fonctions
Ressources humaines	Qui va s'occuper de l'animation commerciale : quelles sont les compétences en interne (webmaster, *community manager*…), quelles sont celles qui seront gérées en externe (maquettiste, photographe…), quelles contraintes en termes de délai de réalisation et de coût cela implique-t-il ?
Ressources financières	De quels moyens dispose l'entreprise pour atteindre les objectifs qu'elle s'est fixés ? Il faut estimer le coût du temps passé en interne à la réalisation des animations, le montant des prestations externes, le coût des communications et publicités, des ressources matérielles. Le planning et les types d'actions et communications réalisées dépendront de ces moyens. L'estimation du coût total doit permettre de vérifier à l'avance si le programme d'animations est rentable. On peut pour cela calculer le retour sur investissement : **ROI** (%) = bénéfices générés par la campagne / coût de la campagne × 100
Ressources matérielles	Quels sont les outils nécessaires pour mettre en place les animations : extensions pour le logiciel de création de site, outils d'analyse de résultats, appareils photo et vidéo et logiciels de montage et retouche, application de création de jeux et concours… Il faut choisir ceux que l'entreprise doit acquérir et ceux qui nécessitent une formation.

FICHE RESSOURCE 2

RÉALISER LE PLAN D'ANIMATION

I Le plan d'animation

Le plan d'animation est un document qui décrit l'ensemble des actions à mettre en œuvre sur une période (généralement l'année à venir) pour remplir les objectifs de l'entreprise en termes de trafic et de ventes. Il offre une vision globale des animations à mettre en place afin de prévoir les charges de travail des équipes et d'avoir une vue précise de la fréquence des animations.

Pour construire le plan d'animation, on recoupe la liste des événements de la vie de l'entreprise et la saisonnalité (périodes de vente des différents produits), puis on situe les animations sur un planning pour obtenir un plan équilibré permettant d'optimiser la fréquentation du site et les ventes.

La détermination des périodes creuses pour chaque produit permettra de lancer des animations durant les mois calmes afin de lisser les ventes.

Le plan d'animation doit rester modifiable pour s'adapter à la vie de l'entreprise et aux modifications de l'environnement commercial.

II Les thèmes d'animation

Thème	Description
Les saisons 	Les saisons sont l'occasion de proposer des animations pour dynamiser les ventes des produits de saison ou mettre en avant les nouvelles collections (par ex. les brochettes en été ou la raclette en hiver).
Les événements calendaires 	Le calendrier offre diverses opportunités d'animations, en exploitant les événements populaires susceptibles de correspondre à la thématique du site. Les événements les plus exploités sont : le nouvel an, l'épiphanie, le *Hug Day*, le nouvel an chinois, la Chandeleur, la saint Valentin, Mardi gras et Carnaval, la Fête des grands-mères, la saint Patrick, le passage à l'heure d'été ou d'hiver, Pâques, le 1er Mai, l'Ascension, la Fête des voisins, la Fête des mères, le Ramadan, la Fête des pères, l'été, la Fête de la musique, le 14 Juillet, la rentrée scolaire, la Fête des grands-pères, Halloween et Toussaint, les vendanges, le beaujolais nouveau, la sainte Catherine et Noël (14 % des ventes). L'entreprise retiendra uniquement pour ses animations les événements cohérents avec son image et son univers.
Les périodes commerciales 	Elles sont incontournables et donnent lieu à des animations sur chaque site de e-commerce. Il s'agit en premier lieu des deux périodes de soldes d'hiver et d'été (27 % des ventes), du *Black Friday* et *Cyber Monday* (fin novembre) et du jour des célibataires (11 novembre ; 21,7 Mds de CA pour Alibaba en 2017).
Les journées internationales 	Ces périodes de plus en plus exploitées sur la Toile peuvent faire l'objet d'animations sans but commercial direct, notamment sur les réseaux sociaux : Journée internationale du droit des femmes, Journée mondiale de la procrastination, Journée internationale de la sage-femme, des infirmières, Journée du chat, du chien, Nuit européenne des musées…
Les dates liées au secteur 	Ce sera par exemple les vendanges pour une entreprise liée au vin, la *fashion-week* pour une entreprise de vêtements, la *French Tech Week* pour les produits technologiques, les coupes du monde pour les produits sportifs…

III Les différents types d'animations et de promotions

Type d'animation		Description	Objectifs
	**Réduction**	– Remise en pourcentage ou en valeur sur le prix – Pour renforcer l'impact de la promotion, on peut afficher l'ancien prix barré – Très efficace sur des produits concurrentiels	Optimiser la conversion et le CA
	**Vente flash**	– Remise en valeur ou en pourcentage accordée pour une durée limitée – Très incitative, facilite l'achat compulsif – À utiliser surtout sur les produits qui ne sont pas de première nécessité (mode, luxe)	– Augmenter le CA et le panier moyen – Favoriser le *cross-selling*
	**Remise partenaire**	– Réduction proposée aux visiteurs venant de sites partenaires (blogs, sites d'information…) – Facilite les partenariats avec des sites référents du secteur, augmente la visibilité du site	– Augmenter le trafic – Sélectionner les meilleurs supports
	**Frais de port offerts**	– Proposé à partir d'un certain montant (veiller à bien calculer le montant minimum d'achat pour garantir la marge) – Peut permettre de se distinguer des concurrents et décider le client hésitant	Limiter le taux d'abandon de panier
	**Webinaire et film de promotion produit**	Un webinaire ou séminaire Web est une conférence en ligne, souvent diffusée sous forme vidéo, en direct ou en différé, avec un animateur qui présente un produit ou service. Les clients s'inscrivent pour participer et peuvent interagir *via* un tchat en ligne ou par téléphone. Le webinar peut ensuite être communiqué en ligne pour animer le blog ou le site.	– Éviter le déplacement au client – Identifier et qualifier les contacts – Prouver la valeur d'usage du produit – Aider le client à se projeter
	**Produit offert**	En complément d'une commande ou en offre de bienvenue : échantillons pour les parfumeries, piles avec un produit électronique, etc.	– Favoriser l'essai produit – Fidéliser
	**Vente jumelée**	Consiste à vendre deux articles, différents ou non, à un prix inférieur à la somme de chacun des deux vendus séparément	– Favoriser l'essai – Augmenter le panier moyen –Faire connaître la gamme
	**Jeux et concours**	L'opération doit correspondre à l'image de l'entreprise : concours photo, meilleure recette, utilisation, vidéo… En récompense, des produits commercialisés par l'entreprise ou d'autres offres peuvent être offerts. Les jeux et concours doivent respecter la réglementation ; le formulaire d'inscription sera court et simple pour récolter le maximum de mails.	– Recruter de nouveaux contacts/clients – Améliorer la notoriété de la marque et le référencement – Favoriser l'essai – Accroître le trafic – Fidéliser

FICHE RESSOURCE 3

RÉALISER UN PLANNING D'ANIMATION

I Les étapes du planning d'animation

Le planning d'animation va être réalisé en trois temps :

Étape 1	Réaliser un **planning synthétique** qui récapitule l'ensemble des animations de façon simple et visuelle avec les principales dates butoirs. Il peut être réalisé avec un outil simple (tableau Excel par mois, planning de tâches).
Étape 2	Réaliser le **planning opérationnel** listant par ordre chronologique l'ensemble des tâches nécessaires à la réalisation de chaque action et indiquant pour chaque tâche les ressources matérielles et humaines ainsi que les tâches antérieures, c'est-à-dire celles qui doivent avoir été réalisées pour que la tâche concernée puisse débuter.
Étape 3	Représenter les informations du planning en utilisant un tableur ou un outil de planification permettant de tracer un diagramme de Gantt.

II Utiliser un logiciel de planification

Les principales indications portées sur le diagramme de Gantt, réalisables grâce à un logiciel de planification (Gantter de Google, GanttProject, MSProject) sont :

La liste des tâches sur l'axe vertical avec les dates de début et fin de chaque tâche

La durée, affichée sur l'axe horizontal (la durée des week-ends doit être préalablement paramétrée)

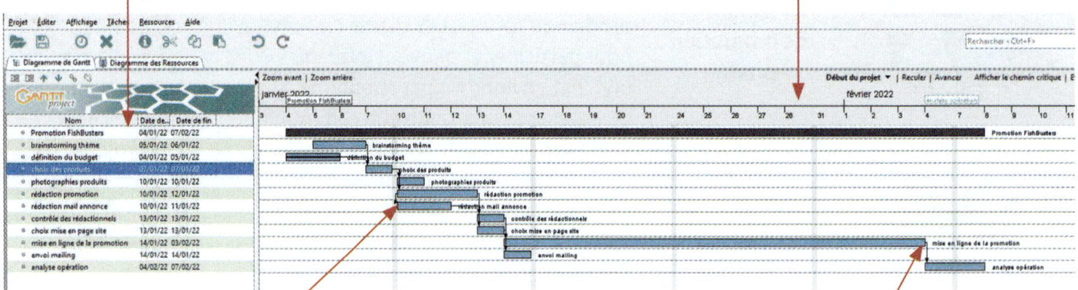

Les tâches sont représentées par des barres dont la longueur est proportionnelle au temps de réalisation

Les liaisons entre tâches sont représentées graphiquement pour indiquer leur chronologie.

Liaison début-début :
le démarrage de la tâche suivante dépend du début de la tâche précédente (tâches concomitantes).

Ex. : la rédaction du mail débute en même temps que la rédaction de la promotion

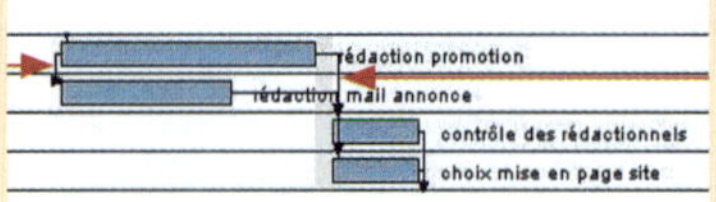

Liaison fin-début :
le début de la tâche suivante ne peut se faire avant la fin de la tâche précédente.

Ex. : le contrôle des rédactionnels ne peut se faire que si la rédaction de la promotion est terminée.

Si le planning comprend un nombre de tâches assez limité ou un nombre limité de contraintes entre ces tâches, il est possible d'établir directement le planning sous forme de diagramme de Gantt après avoir listé et évalué les différentes tâches et leur enchaînement.

FICHE RESSOURCE

4

CRÉER LE CONTENU DE LA PROMOTION

I Synthétiser les informations essentielles

Il est indispensable de synthétiser les informations essentielles qui doivent guider en permanence le choix et la réalisation de la promotion :
- cible : quel est le public visé par la promotion (prospects, clients, clients fidèles, anciens clients…) ?
- objectif : créer du trafic, augmenter le panier moyen, augmenter le taux de conversion, augmenter la conversion… ;
- type d'action prévue : couponnage, réduction croisée, vente jumelée, concours… ;
- budget : budget total, budget promotion, budget communication, coût maximum par client… ;
- durée et planification de l'action ;
- technique d'animation et thème choisis.

L'analyse des actions menées par les concurrents doit aussi permettre de se positionner par rapport à eux en fonction de la position occupée par l'entreprise sur le marché. Elle lui permettra de mieux se distinguer ou, au contraire, de mener une action similaire pour contrer les concurrents.

II Définir le contenu du message promotionnel

Il s'agit de définir le contenu et la forme du message. Pour cela, on définit :

Un axe	C'est le message promotionnel que l'on souhaite communiquer auprès de la cible pour atteindre l'objectif.
Un bénéfice pour le consommateur	Quel est l'avantage principal pour le client ? Quelle est l'idée principale qui va permettre de transmettre le message ?
Un ton, un style	C'est la manière dont le message et le bénéfice client vont être exprimés. Cela comprend l'ambiance (couleurs, son...), le ton (humoristique, sérieux, décalé...) et le style (démonstratif, tranche de vie, témoignage…). Ils doivent être cohérents avec la cible et avec les objectifs de la promotion.

III Mettre en forme le message promotionnel sur le site

La mise en forme du message promotionnel doit être adaptée aux contraintes de place et d'ergonomie de l'endroit où le message est publié sur le site. L'offre sera par exemple annoncée de manière succincte sur le carrousel de la page d'accueil, puis sera détaillée sur une page dédiée à la promotion. Exemple de promotion sur une page dédiée :

Accroche promotionnelle : elle doit retenir l'attention de l'internaute.

Message promotionnel : l'axe, qui doit être concis et clair, décrit l'offre et indique le bénéfice pour l'utilisateur. Le texte doit éveiller l'intérêt du client. Privilégier les termes qui mettent en avant les avantages client : gratuit, service complémentaire, produit en plus…

Phrase d'action : la phrase finale incite à l'action en proposant de cliquer sur le bouton lié à la page d'achat (*call to action*).

Image : illustre l'offre et suscite le désir du client

FICHE RESSOURCE

5

PUBLIER LA PROMOTION SUR LE SITE

I Publier la promotion sur une page ou une rubrique dédiée

La promotion peut être publiée :
– **sur une page dédiée,** construite sur le modèle d'une page rubrique ou produit : cela modifie l'architecture du site habituel et montre le coté exceptionnel de l'offre. Cette technique sera réservée à des opérations exceptionnelles, par leur originalité ou leur importance (par exemple une opération spéciale Noël) pour ne pas trop bousculer les habitudes des clients et ne pas être déceptif ;
– **dans une rubrique promotion** regroupant l'ensemble des offres promotionnelles en cours : cela permet aux dénicheurs de bonnes affaires de faire le tour des offres dès leur arrivée sur le site ;
– **sur la page catalogue et produits habituelle :** pour les offres traditionnelles, cette technique minimise l'effort en limitant le travail à la modification du texte et des prix.

II Annoncer la promotion sur la page d'accueil

La page d'accueil (*homepage*) étant la page la plus visitée d'un site, il est indispensable d'animer cet espace en annonçant les promotions. L'annonce sur la page d'accueil permet de renvoyer directement au descriptif du produit, ou à la page dédiée à la promotion ou à la commande.

1. Le carrousel

Il présente, sur la partie supérieure de la *homepage*, deux ou trois éléments graphiques légendés et anime ainsi la première page du site. C'est le bon endroit pour afficher une promotion. Il est préférable de proposer la promotion en première position car les 2 % (maximum) d'internautes cliquent majoritairement sur la première offre. Pour être efficace, le message doit être explicite et indiquer clairement où cliquer pour accéder à l'offre complète.

2. Les bannières publicitaires classiques

Elles sont utilisées pour faire des annonces publicitaires et créer du trafic sur les sites. Leur inconvénient principal est leur caractère intrusif, qui peut desservir l'image d'un produit haut de gamme ou *B to B*.

La bannière simple	En format GIF, il s'agit d'un bandeau de taille 468 × 60 pixels généralement positionné en haut de page.
Le *skyscraper*	Bannière verticale qui s'intègre au contenu qui apparaît sur le côté.
La fenêtre *pop-up*	De dimension variable, elle s'ouvre spontanément sur une partie de l'écran.
L'interstitiel	Annonce publicitaire sous forme de *pop-up* qui s'affiche en plein écran et vient recouvrir intégralement la page visitée.
Le *pop-under*	Ouverture automatique d'une page derrière celle que l'internaute est en train de consulter, et qui devient visible lorsque l'internaute ferme sa page.

3. Les formats de bannière *Rich Media*

Ils incluent dans la publicité une animation visuelle ou sonore : la publicité en ligne devient multimédia et interactive. Son efficacité est supérieure à celle du format classique, permet une création publicitaire plus riche et se généralise avec la progression des moyens techniques.

Les bannières animées interactives	S'actualisent en temps réel et permettent une interaction (taper un e-mail, gratter un code…).
Les objets en mouvement	Objets publicitaires animés, en déplacement sur l'écran.
L'*expand banner*	S'agrandit lorsqu'on passe la souris dessus.
Le superstitiel	Annonce publicitaire sous forme de *pop-up* qui s'affiche en plein écran (interstitiel) avec des animations visuelles ou sonores.
Le flash transparent	Animation de quelques secondes conçue sur un calque transparent et qui n'empêche pas de voir le reste de la page.
L'habillage éphémère du site	Lors d'événements ou de périodes particulières (Pâques, Halloween, sortie d'un film...), un site peut revoir complètement son *design* et modifier ses *templates*.

4. Le listing de produits

La dernière option est de présenter, dans la moitié basse de la page d'accueil, un listing des produits et services en promotion. Très explicite, ce type d'annonce est efficace mais a tendance à dévaloriser l'image du site en insistant sur l'aspect prix.

FICHE RESSOURCE 6

PROMOUVOIR LES ANIMATIONS COMMERCIALES

I Les différents moyens de promotion des animations

Les animations doivent être annoncées pour être vues. Cette annonce peut se faire par e-mail, par SMS et/ou sur les réseaux sociaux, qui permettent de diffuser efficacement l'annonce, participent à la construction du *story-telling* de la marque et améliorent le référencement naturel du site. Des actions externes peuvent aussi être menées : publicité sur des sites partenaires, en contrepartie d'une rémunération ou en échange d'une publicité pour leurs produits sur le site de l'entreprise.

II Annoncer la promotion par e-mail

L'e-mailing est le moyen de diffusion le plus utilisé et le plus efficace pour promouvoir un site d'e-commerce. Au-delà des résultats directs en termes de vente, il crée du trafic vers le site de l'entreprise grâce aux liens pointant vers celui-ci.

Les étapes de la création d'un e-mail promotionnel	
1. Définir les objectifs	Le mail doit être adapté aux objectifs : recrutement de clients, fidélisation, trafic vers le site…
2. Sélectionner les contacts cibles	Filtrer le fichier de données et sélectionner les contacts auxquels adresser le message.
3. Rédiger l'objet	Il doit être : › **court et inciter le destinataire à ouvrir le message :** éveiller sa curiosité sans trop en dévoiler, utiliser des verbes d'action, éviter les chiffres et caractères gras, envoyer le mail avec une adresse de réponse et identifier clairement l'entreprise ; › **le plus naturel et personnalisé possible :** utiliser des éléments familiers au prospect comme son prénom, le nom de son entreprise, etc. L'aspect commercial de l'offre peut ne pas être évoqué lors de la première prise de contact pour ne pas effrayer le prospect. Il est possible de tester plusieurs objets (technique A/B testing) sur un envoi test pour choisir celui qui génère le taux d'ouverture le plus fort.
4. Rédiger le message	Le message doit être : › **percutant :** l'objectif est de faire une seule proposition commerciale claire et qui mette en avant les avantages pour le client ; › **personnalisé** à l'aide d'informations sur le client (*a minima* ses nom et prénom ainsi que l'adaptation du genre dans toutes les phrases ; au mieux, un rappel des dernières interactions entre le client et l'entreprise). ***B to C :*** le mail vise à amener le client à acheter sur le site. L'image de l'offre doit être de grande taille et le bouton sur lequel cliquer doit être bien visible. ***B to B :*** éviter les images et les « accélérateurs » (termes qui accélèrent la vente : gratuit, cadeau…) : personnaliser le message au problème du client et proposer une solution.
5. Définir la page d'atterrissage (*landing page*)	Elle doit être spécifique au message de l'offre afin de maintenir la cohérence. Il ne faut pas amener le prospect sur la page d'accueil du site mais sur celle qui met en valeur l'offre proposée.
6. Soigner le graphisme	Les éléments graphiques du mail doivent respecter la charte graphique de l'entreprise et du site. Un modèle est défini pour que les e-mails restent cohérents, ce que proposent les logiciels d'envoi de e-mailing (Sarbacane, Mailchimp...). L'e-mail doit être « *responsive* » pour pouvoir être lu sur n'importe quel support (smartphone, tablette…).
7. Respectez les contraintes juridiques	Préciser l'identité de l'annonceur et proposer un moyen simple de s'opposer à recevoir de nouvelles sollicitations. ***B to C :*** règle de l'*opt-in* (acceptation explicite du client : il est interdit de proposer une case déjà précochée). ***B to B :*** règle de l'*opt-out* (consentement non nécessaire dès lors que l'objet de la sollicitation est en rapport avec l'entreprise démarchée).
8. Choisir les jours et horaires d'envoi	En fonction du public cible et du secteur d'activité, certains jours de la semaine ou certains horaires seront plus ou moins appropriés. Un test à différents moments (A/B testing) peut permettre de choisir. De manière générale, éviter le lundi matin (les mails de prospection n'ont qu'une importance faible).

Maîtrise

1 Faire le choix d'un logiciel d'e-mailing

Vous travaillez au sein de l'entreprise Qama, spécialisée dans le conditionnement et l'acheminement des produits de quincaillerie et d'agencement (cuisine, salle de bain…). Votre mission principale est d'augmenter le nombre de rendez-vous des commerciaux itinérants de l'entreprise.

1. Identifiez les avantages pour Qama de réaliser des campagnes d'e-mailing avec un logiciel professionnel.
2. À quel élément fondamental allez-vous être particulièrement attentif pour que les campagnes de promotion par e-mailing soient efficaces ?
3. Réalisez un e-mail annonçant la sortie de la nouvelle ligne d'éviers de marque Schock aux cuisinistes. Le mail doit proposer aux cuisinistes réalisant plus de 500 K€ de chiffre d'affaires annuel de bénéficier de la visite d'un commercial Qama pour leur présenter la nouvelle gamme et ses avantages (le commercial pourra leur proposer 15 % de réduction sur une nouvelle commande évier).
4. Entraînez-vous à créer cet e-mail à l'aide d'un logiciel d'e-mailing.

Document 1 La stratégie e-mailing de Qama

L'e-mailing répond à des objectifs multiples : Qama envoie entre une à trois campagnes par semaine. Les cibles sont des professionnels (industriels, artisans, menuisiers, cuisinistes architectes…).
L'e-mailing est essentiellement utilisé pour promouvoir les produits. La société dispose d'équipes de commerciaux itinérants et sédentaires. La dernière campagne envoyée visait à promouvoir le lancement du nouveau catalogue papier, qui permet aux clients de choisir plus rapidement qu'avec le site.
Qama apprécie la rapidité et le faible coût de l'e-mailing : l'e-mailing est un moyen de communication particulièrement utile pour son immédiateté car, dans les minutes qui suivent l'envoi d'une campagne, on sait que des milliers de clients peuvent lire l'information. Son principal avantage, non négligeable pour une PME, est son faible coût au vu du nombre de destinataires que l'on peut toucher.
La société a compris très tôt qu'une base de contacts saine était un élément fondateur pour la réussite d'une campagne de e-mailing : « *Nous avons alimenté notre base de contacts mails au fur et à mesure des années. Lors d'une ouverture de compte ou d'une commande, une adresse mail est nécessaire. En récoltant de cette façon nos contacts, nous évitons au maximum d'être blacklistés par la suite. De plus, nous ciblons les mails envoyés par rapport à l'activité du client.* »
La délivrabilité est au cœur des enjeux de l'e-mail marketing : en faisant appel au service de routage professionnel du logiciel Sarbacane, la société s'assure que ses e-mails atteignent bien les boîtes de réception des destinataires. Le logiciel permet aussi d'être certain d'envoyer des campagnes optimisées pour être lisible sur les terminaux mobiles de lecture : « *Nous prenons très au sérieux l'e-mail "responsive". La majorité de nos clients sont équipés de smartphone et sont souvent en déplacement, sur des chantiers notamment. Ils doivent pouvoir accéder facilement aux e-mails que nous leur envoyons.* »

www.blog.sarbacane.com, 21 juin 2013.

Document 2 La nouvelle gamme d'éviers Schock

La société Schock est pionnière dans la fabrication d'éviers en granit, en liant des matières minérales à des produits de synthèse modernes. Soucieuse de l'environnement, elle accorde une très grande importance à la durabilité de ses produits et de sa production et veille à ce que les matériaux utilisés ne représentent aucun danger pour l'environnement. Si la totalité de la production est basée en Allemagne pour garder la qualité de fabrication, la conception est réalisée en Italie pour rester à la pointe du *design*.

Synthèse

Animer un site de e-commerce

Cohérence du choix des animations du site de e-commerce avec :

- le positionnement du site
- les objectifs fixés
- les moyens financiers, matériels et humains mobilisables

Planifier les animations du site de e-commerce

- Réaliser un plan d'animation annuel
- Choisir des thèmes
- Choisir les types de promotions
- Réaliser un diagramme de Gantt

Créer le contenu promotionnel

- Rassembler les informations essentielles : cible, objectif, type d'action, budget, durée, thème
- Définir le contenu du message promotionnel : axe, bénéfice, ton, style
- Rédiger et mettre en forme le message promotionnel sur le site : accroche, message, phrase d'action, image

Publier la promotion sur le site

- sur une page promotion dédiée
- sur la page d'accueil : carrousel, bannières classiques ou *Rich Media*
- sur la page catalogue et les pages produits

Promouvoir l'animation commerciale

- par des publications sur les réseaux sociaux
- par l'envoi d'e-mails
- par l'envoi de SMS

Rédiger des e-mails promotionnels

- Définir un objectif et des contacts cibles
- Rédiger l'objet et le corps du message : être concis et percutant
- Définir la page d'atterrissage et soigner le graphisme

TESTEZ-VOUS

Quiz sur le chapitre 16
liennathan.fr/k77s2q

MOTS CLÉS : *Cross-selling* · Planning d'animation · Webinaire · Bannière · Carrousel · *Rich Media*

CHAPITRE 17

Diagnostiquer l'activité de e-commerce

Contexte professionnel

Activités/Tâches
Évaluation du trafic et du référencement du site
Analyse des résultats des ventes et des opérations de e-commerce

Compétence
Diagnostiquer l'activité de e-commerce

Vers PIX
1.3. Traiter des données

L'entreprise Pedalerond.com est une entreprise spécialisée dans la vente et la distribution de cycles et pièces détachées. Pionnière de la vente à distance de pièces détachées et de cycles en France, spécialiste en *B to B*, elle possède depuis 40 ans une boutique dans la ville de Cahors (46). L'entreprise a développé une gamme de vélos de course et VTT très bien notée dans les revues spécialisées, et qui est utilisée par des cyclistes professionnels. L'entreprise a des contrats de fournitures de pièces et vélos avec plus de la moitié des clubs cyclotouristes de France et fournit un réseau de 125 magasins de cycles indépendants. Il y a six mois, Robert Lerond, le fondateur de l'entreprise, a décidé de lancer un site de vente en ligne *B to C* pour développer ses ventes et se faire connaître d'une nouvelle clientèle. Toutefois, la fréquentation du site et les ventes peinent à décoller.

Votre rôle

Robert Lerond vous recrute pour aider la directrice commerciale à gérer l'activité Web. Il souhaite que vous l'aidiez à analyser les performances de l'entreprise sur le Web et à fixer des objectifs afin d'améliorer la visibilité et de développer le chiffre d'affaires du site.

Vos objectifs

I Analyser les performances d'un site débutant

Robert Lerond vous demande de le conseiller sur les actions à mettre en place pour developper les ventes de son nouveau site B to C.

1 Quels sont les objectifs que poursuit M. Lerond dans ce lancement de site ?

Fiche ressource 1
Annexe 1

2 À partir de ces données fournies sur les ventes du mois précédent, calculez les principaux indicateurs : taux de rebond, taux de refus, taux d'abandon, taux de conversion par visite et taux de conversion par visiteur.

Fiche ressource 2
Annexe 2

3 Analysez et interprétez les performances du site destiné aux particuliers en les comparant aux indicateurs usuellement relevés. Quels nouveaux indicateurs Robert Lerond devrait-il mettre en place pour développer son activité ?

Annexe 3

4 Quels types d'actions lui suggérez-vous pour atteindre ses objectifs ?

II Apprécier le choix des indicateurs et affiner l'analyse

Depuis un an que vous êtes dans l'entreprise, les ventes se sont développées et M. Lerond vous demande d'analyser les indicateurs clés des différentes rubrique du site.

5 Analysez le discours de M. Lerond et identifiez les différents objectifs qu'il poursuit pour les rubriques pièces détachées, VAE et vélos de ville de son site.

Annexe 4

6 Analysez les indicateurs globaux de l'activité du site et complétez le par le calcul des taux d'atteinte des objectifs.

Fiche ressource 2
Annexe 5
Indicateurs.xlsx

7 Quelle analyse pouvez-vous faire de la performance du site, et plus particulièrement des rubriques pièces détachées, VAE et City ?

M. Lerond souhaite évaluer plus précisément l'opération d'e-mailing sur les vélos de ville. Il vous a fourni les résultats et vous demande de les analyser.

8 Calculez le taux de conversion et analysez la performance de cette opération.

Fiche ressource 2
Annexe 6

III Suivre l'activité avec un tableau de bord

Les indicateurs choisis doivent figurer dans un tableau de bord destiné à améliorer le suivi de l'activité du site Pedalerond. M. Lerond vous demande de l'aider à construire son tableau de bord (annexe 9). Afin de préparer ce tableau, vous récupérez les statistiques de trafic du site sur Google Analytics (annexe 8).

9 À l'aide des données de Google Analytics, complétez le tableau des sources de trafic du site (annexe 7). Que constatez-vous ?

Annexes 7 et 8
Trafic.xlsx

10 Sur le tableau de bord (annexe 9), complétez le tableau de suivi des canaux d'acquisition. Ajoutez ensuite un graphique de votre choix représentant le taux d'atteinte des objectifs et un graphique représentant le taux de conversion par visiteur unique.

Fiche ressource 3
Annexe 9
Tableau-de-bord.xlsx

11 Appréciez la performance réalisée ce mois-ci par le site pedalerond.com en prenant en compte toutes les données, puis proposez des idées d'actions à mener.

Votre dossier

Annexe 1 — Le site de Robert Lerond et ses objectifs : votre interview

Qui sont vos clients ?

Robert Lerond : La clientèle est hétérogène, la plupart sont des passionnés de vélo qui habitent dans la région ou qui sont membres de nos 280 clubs de cyclisme partenaires. On a aussi des clients qui commencent à se mettre au vélo pour aller travailler et se déplacer en ville.

Pourquoi avoir développé un site de e-commerce ?

— L'entreprise faisait face à une perte de chiffre d'affaires car la concurrence est rude. De nombreux sites chinois ou anglais, qui proposent des tarifs et des promotions agressives, se sont développés ces deux dernières années et mon CA a baissé. Pour le relancer, j'ai donc décidé il y a six mois de lancer un site de vente en ligne pour particuliers, pour développer les ventes et faire connaître mes produits à une nouvelle clientèle, car le bouche à oreille et la clientèle professionnelle ne suffisent plus.

Quel est l'objectif principal de ce site ?

— L'objectif est de recruter des nouveaux clients, d'aborder la clientèle des urbains et des jeunes, qui ne se déplacent plus forcément en boutique, et surtout de faire connaître nos gammes propres, notre marque «pédalerond» et nos services à une nouvelle clientèle. Les passionnés n'hésitent pas à venir me voir et c'est toujours un plus, mais le site leur donnera, à eux et à tous nos clients, l'occasion de commander plus rapidement et plus simplement (c'est aussi moins coûteux pour nous que les catalogues). C'est notre objectif numéro un : leur faciliter la tâche. Nous espérons 10 000 visites par mois au bout de quatre mois, et un taux de conversion dans la moyenne.

Annexe 2 — Données transmises

Nombre de visites (sessions)	3 100
Temps de chargement d'une page	8 sec.
Nombre de visiteurs uniques	2 700
Nombre de visiteurs uniques ayant vu une seule page	2 000
Nombre de visiteurs uniques ayant vu plusieurs pages sans acheter	600
Nombre de paniers constitués	202
Nombre de commandes	40

Taux de conversion des visiteurs bénéficiant d'une réduction par leur club de vélo	7 %
Taux de conversion des visiteurs SEO (référencement naturel)	0,5 %
CA dégagé	4 200 €
Marge dégagée	1 050 €
Investissement du mois	8 000 €
Taux de marque moyen des activités de vente	0,5 %

Annexe 3 — Données usuelles globales (tous secteurs)

Indicateurs	%
Taux de rebond	38,71
Taux de refus	86,38
Taux d'abandon	70
Taux de conversion par visite	2,1
Taux de conversion par visiteur	3,46

Source : France Fevad-Kantar Média 2013 et Infographies Salecycle.fr sur données 2014 sur déclaratifs de clients de 12 pays de l'OCDE et 2015 sur 500 marques internationales.

Annexe 4 — Extrait du discours de M. Lerond

« Ce mois-ci est très important pour nous. Comme vous le savez, notre place de cinquième sur le secteur de la vente de pièces détachées de vélos est principalement due à notre politique de partenariat avec les clubs, les commerces indépendants… Ces sites partenaires nous ont permis de réussir cette année. J'aimerais vérifier que c'est toujours le cas en analysant notre trafic.

Mais, ce mois-ci, c'est surtout le lancement complet sur le site des gammes vélos à assistance électrique (VAE) et vélos de ville (City) qui nous occupe. À présent que nous sommes assurés de la fidélisation de nos clients traditionnels, nous pouvons partir à la conquête d'une nouvelle clientèle. La réussite du lancement de ces deux gammes est essentielle dans le contexte d'un marché qui s'élargit surtout au niveau de ces segments, alors que les segments traditionnels VTT et course progressent moins. Notre survie face à la guerre des prix de nos concurrents passe par là.

Enfin, je suis inquiet de nos ventes sur le marché des pièces détachées où la concurrence est directe et où nous devons également faire face à une guerre des prix. Ce segment représente la moitié de nos commandes et j'espère les maintenir car elle nous amène les deux tiers de notre trafic permettant de faire connaître nos autres offres. »

Annexe 5 Indicateurs : pièces détachées, VAE, vélos de ville (fichier Excel)

Les cases en jaune sont à compléter.

	Février 2018	Mars 2018	Objectifs	Taux d'atteinte de l'objectif
Activité générale				
Visites				
Sessions	27500	30953	30 000	
Sessions variation	NA			
visiteurs uniques	22005	26000	25 000	
visiteurs uniques variation	NA			
Comportement				
Taux de rebond	25,00 %	28,00 %	26,00 %	
Rebond Variation				
Pages vues	125 300	162 002		
Nb pages / session	4,6			
Durée moy. des sessions	00:02:20	00:02:55		
% Nouvelles sessions	68 %	77 %		
Conversion				
Ajouts panier	2651	3262		
Taux d'ajout panier	9,6 %			
Commandes	645	752	700	
Commandes variation	NA			
Taux de conversion	2,35 %	2,43 %	2,30 %	
Taux de conversion variation	NA	9,32 %		
Taux d'abandon de panier	75,67 %	76,95 %	75 %	
Taux d'abandon variation	NA			
Panier moyen	115 €	135 €	140,00 €	
Variation panier moyen	NA	17,4 %		
Chiffre d'affaires			100 000 €	
Chiffre d'affaires variation	NA	37 %		
Marge dégagée	26 551 €	35 532 €		
Investissement	19 887 €	33 258 €		
ROI	33,51 %			
Performance - Cycle Route et Cycle VTT			**Variation (%)**	
Cycles route - Pages vues	25 252	27852	10,30 %	
Cycles route- Ajouts panier	505	499	– 1,19 %	
Cycles route - Commandes	151	148	– 1,99 %	
Cycles route - Taux d'abandon de panier	70,10 %	70,34 %	0,34 %	
Cycles route - Part du Taux de conversion	0,55 %	0,48 %	– 12,92 %	
Cycle VTT- Pages vues	23025	26521	15,18 %	
Cycle VTT - Ajouts panier	325	266	– 18,15 %	
Cycle VTT - Commandes	121	135	11,57 %	
Cycle VTT -Taux d'abandon de panier	62,77 %	49,25 %	– 21,54 %	
Cycle VTT - Part du Taux de conversion	0,44 %	0,44 %	– 0,88 %	
Performance - Pièces détachées, Gamme VAE, Gamme City			**Variation (%)**	
Pièces détachées - Pages vues	77 023	89317	15,96 %	
Pièces détachées- Ajouts panier	1821	1965	7,91 %	
Pièces détachées - Commandes	373	368	– 1,34 %	
Pièces détachées - Taux d'abandon de panier	79,52 %	81,27 %	2,21 %	
Pièces détachées - Part du Taux de conversion	1,36 %	1,19 %	– 12,35 %	
Gamme VAE - Pages vues	0	14125		
Gamme VAE - Ajouts panier	0	266		
Gamme VAE - Commandes	0	75		
Gamme VAE - Taux d'abandon de panier	0	71,80 %		
Gamme VAE - Part du Taux de conversion	0,00 %	0,24 %		
Gamme City - Pages vues	0	4187		
Gamme City - Ajouts panier	0	266		
Gamme City - Commandes	0	24		
Gamme City - Taux d'abandon de panier	0	90,98 %		
Gamme City - Part du Taux de conversion	0,00 %	0,08 %		

Annexe 6 — Résultats de la campagne de e-mailing sur la gamme City

Nb de mails	45 000	Nb de messages non délivrés	11 203
Nb de mails ouverts	8 950	Nb de plaintes pour spam	1 009
Nb de clics	251	Taux d'ouverture moyen du secteur	21,4 %
Nb de commandes	13	Taux de réactivité moyen du secteur	17,7 %

Annexe 7 — Sources du trafic sur le site Pedalerond (fichier Excel)

Pedalerond n'est que cinquième en termes de SEO sur le marché français mais c'est cet indicateur qui est important pour lui car il lui fournit plus de 45 % de son trafic.

En bleu, les données à repérer dans les données Google Analytics.
En jaune, les calculs à effectuer.

	Février N	Mars N
Canaux d'acquisition des clients		
SEO (recherche organique)		
SEO - Sessions	10 920	12 527
% des sessions	39,71 %	
SEO - % Nouveaux utilisateurs	72 %	79 %
SEO - Visiteurs uniques	7541	7 952
SEO - Taux de rebond	32,00 %	34,23 %
SEO - Taux de conversion	0,92 %	0,86 %
SEO - Taux de conversion/Vis unique	1,33 %	1,35 %
SEO - Commandes	100	108
SEO - Chiffre d'affaires	11 652 €	13 802 €
Social (trafic généré par les réseaux sociaux)		
Social - Sessions	6 402	7243
% des sessions	23,28 %	
Social -% Nouveaux utilisateurs	73 %	82 %
Social - Visiteurs uniques	1 816	3 130
Social - Taux de rebond	37,20 %	39,23 %
Social - Taux de conversion	0,18 %	0,20 %
Social - Taux de conversion/Vis unique	2,15 %	2,12 %
Social - Commandes	39	66
Social - Chiffre d'affaires	2 660 €	4 637 €
Direct		
Direct - Sessions	5 420	5347
% des sessions	19,71 %	
Direct - % Nouveaux utilisateurs	68 %	70 %
Direct - visiteurs uniques	1 859	
Direct - Taux de rebond	13 %	
Direct - Taux de conversion	4,01 %	3,95 %
Direct - Taux de conversion/Vis unique	11,69 %	
Direct - Commandes	217	211
Direct - Chiffre d'affaires	4 525 €	4 920 €
Référents		
Référents - Sessions	4 003	4 251
% des sessions	14,56 %	
Référents - % Nouveaux utilisateurs	72 %	74 %
Référents - visiteurs uniques	1 816	
Référents - Taux de rebond	28 %	
Référents - Taux de conversion	6,89 %	7,89 %
Référents - Taux de conversion/Vis unique	15,19 %	
Référents - Commandes	276	335
Référents - Chiffre d'affaires	2 660 €	4 637 €
SEA (recherche payée)		
SEA - Sessions	755	1585
% des sessions	2,75 %	
SEA -% Nouveaux utilisateurs	82 %	88 %
SEA - visiteurs uniques	502	
SEA - Taux de rebond	28 %	
SEA- Taux de conversion	1,65 %	1,84 %
SEA - Taux de conversion/Vis unique	2,48 %	
SEA - Commandes	12	29
SEA - Chiffre d'affaires	2 242 €	773 €

Annexe 8 Tableau de bord de Google Analytics

Dimension principale : Default Channel Grouping
Conversion : Commerce électronique

	Acquisition								
	Utilisateurs	Nouveaux utilisateurs	Sessions	Taux de rebond	Pages/session	Durée moyenne des sessions	Taux de conversion du commerce électronique	Transactions	Chiffre d'affaires
	30 953	24 143	101 869	28 %	5,2	00:02:55	2,57 %	752	
1 Organic Search	12 527			34,23 %			0,86 %		
2 Social	7 243			39,23 %			0,20 %		
3 Direct	5 347			14 %			3,95 %		
4 Referral	4 251			26 %			7,89 %		
5 Paid Search	1 585			26 %			1,84 %		

Annexe 9 — Tableau de bord mensuel de suivi de l'activité (fichier Excel)

Tableau de bord de suivi des Indicateurs Clés de Performance — Pedalerond.com

Indicateurs Principaux	
Sessions	30 953 / 12,56 %
Taux de Rebond	28 % / + 12 %
Taux de Conversion	2,43 % / 9,32 %
Taux Abandon Panier	76,95 % / + 1,69 %
Commandes	752 / 16,59 %
C.A.	101 520 / 36,87 %
Panier Moyen	135 € / 17,39 %

Graphique à insérer

Trafic et comportement

Canaux	SEO	Social	Direct	Référents	SEA
Taux de conversion					
Sessions					

Sessions	Visiteurs uniques	Pages vues	Pages / sessions
30 953	26 000	162 002	5,23

Durée sessions	Tx AjoutPanier	ROI
00:02:55	10,54%	6,84%

Analyse des gammes et conversion

Commandes	
Route	148
VTT	135
Pièces	368
VAE	75
City	24

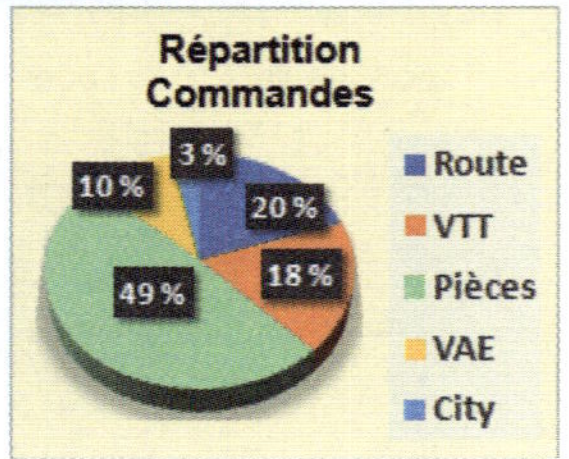

Pages Vues	
Route	27852
VTT	26521
Pièces	89317
VAE	14125
City	4187

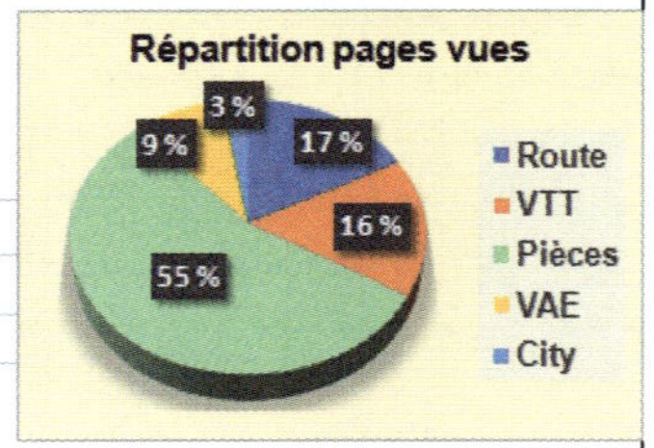

Taux d'abandon du panier	
Route	70,34%
VTT	49,25%
Pièces	81,27%
VAE	71,80%
City	90,98%

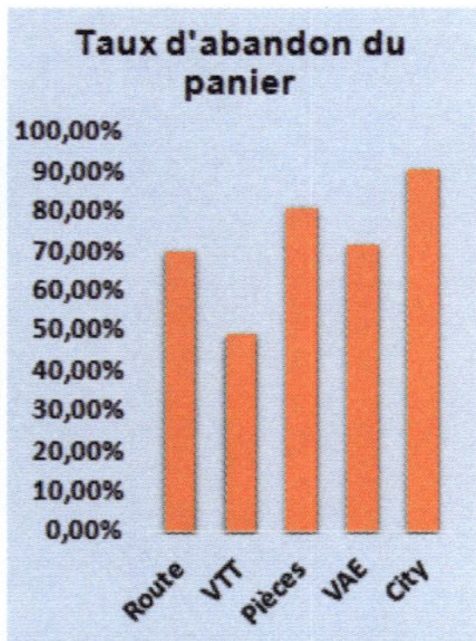

Taux de conversion par visiteur unique	
SEO	1,35%
Social	2,12%
Direct	7,14%
Référents	10,72%
SEA	2,85%

Graphique à insérer

FICHE RESSOURCE

1

LA DÉMARCHE D'ÉVALUATION DU SITE DE E-COMMERCE

I Mesurer la performance à l'aide d'indicateurs

Mesurer la performance d'un site de e-commerce consiste à mesurer ses résultats. Il peut s'agir de résultats financiers (chiffre d'affaires, marges, rentabilité) ou de résultats en termes de notoriété, par exemple.
La performance commerciale d'un site se mesure principalement à l'aide d'indicateurs chiffrés de performance (ICP) ou *Key Performance Indicator* (KPI), dont on compare régulièrement l'évolution dans le temps et par rapport aux objectifs. Les indicateurs sont souvent multiples, et leur choix dépend de l'objectif visé et de l'élément mesuré par l'entreprise : trafic du site Web, fidélisation des internautes, promotion d'un produit, acquisition de prospects, etc.
L'évaluation de ces indicateurs est possible grâce au *tracking*, qui consiste à recueillir des données concernant le comportement des internautes sur un site, sur une bannière publicitaire, un e-mail de promotion, etc. (nombre de clics, nombre de pages vues…).

II Repérer les différents types d'objectifs

Les objectifs peuvent varier en fonction de l'état de développement du site, de la stratégie Web et des étapes du tunnel de conversion que l'entreprise souhaite optimiser :

Étapes du tunnel de conversion	Exemples
Notoriété / Séduction	Une entreprise qui débute sur le Web pourra se fixer comme premier objectif d'augmenter le trafic de son site.
Considération	Augmenter la durée des sessions de 10 %, pour une entreprise qui redéfinit son site.
Conversion	Avoir un taux de conversion supérieur de 10 % à celui de son secteur pour l'entreprise leader.
Fidélisation	Augmenter le taux de réachat.
Transformation du client en ambassadeur	Avoir par exemple un taux de partage de 15 % des actualités sur Twitter.

III Suivre les étapes de la démarche d'évaluation

Étape 1 : Définir l'objectif stratégique, la justification du site Web

Exemple : augmenter le chiffre d'affaires de la boutique (*store*) pour une boutique de fromages.

Étape 2 : Définir les objectifs tactiques, c'est-à-dire traduire la stratégie en objectifs d'action

Exemple : augmenter le nombre de clients, augmenter le panier moyen ou augmenter le nombre de réservation des promotions.

Étape 3 : Définir les indicateurs de performance correspondant à ces objectifs

Exemple : nombre de nouvelles adresses mails enregistrées, montant moyen des commandes, nombre de paiements en ligne, taux de rebond sur les promotions.

Étape 4 : Déterminer l'objectif à atteindre pour chaque indicateur clé

Exemple : 50 adresses mails par semaine, 55 € par commande, 10 paiements en ligne par semaine, 20 % de taux de rebond…

Étape 5 : Mettre en forme les résultats des indicateurs dans un tableau de bord

Exemple : diagramme circulaire de la répartition des visiteurs par source de trafic.

FICHE RESSOURCE

2

LES PRINCIPAUX INDICATEURS D'ANALYSE DE L'ACTIVITÉ DE E-COMMERCE

I Les principaux indicateurs à prendre en compte

Les indicateurs (KPI) peuvent varier selon les objectifs fixés, mais il est possible de distinguer certains KPI indispensables pour mesurer la performance globale d'un site marchand :

Indicateurs	Calcul	Description	Utilité
Taux de rebond	Nombre de visiteurs uniques ayant vu une seule page / Nombre de visiteurs uniques	Pourcentage de visiteurs ayant consulté une seule page Web	Fournit des informations sur la qualité et la pertinence de la page d'atterrissage ; sur une autre page, permet de voir si la promesse au client est tenue ou si celui-ci est déçu.
Taux de refus	Nombre de visiteurs uniques ayant vu plusieurs pages sans acheter / Nombre de visiteurs uniques	Pourcentage de visiteurs ayant consulté plusieurs pages Web sans acheter	Permet d'évaluer la prédisposition des visiteurs à acheter sur le site ainsi que le niveau d'intérêt à l'égard de l'offre du site (prix, largeur de gamme, disponibilité, services...).
Taux d'abandon de panier	Nombre de visiteurs n'ayant pas validé leur panier / Nombre de visiteurs ayant un panier	Pourcentage de visiteurs mettant des articles dans le panier mais sans le valider	Permet d'identifier les freins à l'achat au moment de la validation de commande. Pour connaître la cause, il faut compléter ce taux avec les indicateurs des taux d'abandon page par page (livraison, validation, paiement…).
Taux de conversion (ou de transformation)	Nombre de commandes / Nombre de visites	Pourcentage d'internautes ayant passé commande au cours de leur visite	Permet de rendre compte de l'amélioration ou non de la performance commerciale du site. Permet aussi de se comparer aux ratios de la concurrence pour évaluer son attractivité.
Taux de conversion par visiteur unique	Nombre de commandes / Nombre de visiteurs uniques	Pourcentage d'internautes ayant passé commande sur une période définie	Donne une indication sur la performance à plus long terme (en général un mois) et permet de connaître la fréquence d'achat et la fidélité du prospect.
Nombre de visites	Nombre de visites (sessions sur Google Analytics)	–	Indicateur brut de l'attractivité et de la notoriété d'un site, peu qualitatif ; c'est à tort ou à raison l'indicateur le plus suivi.
Retour sur investissement (ROI)	Marge brute (ou CA) / Investissement réalisé	–	Calcule la rentabilité du site ou d'une action en particulier.

II Les autres indicateurs pour enrichir l'analyse

Il est également possible d'utiliser des indicateurs qui évaluent plus finement l'activité du site.

1. Indicateurs de notoriété et de considération

Indicateurs	Exemples d'objectif visé
% de nouvelles visites, visiteurs uniques	Mesurer l'attractivité du site
Information sur les visiteurs (pays, âge...)	Ajuster le ciblage des campagnes de référencement/promotion
Répartition des diverses sources de trafic	Choisir des canaux pour les promotions (réseaux sociaux…)
Nombre de liens entrants	Optimiser le référencement naturel
Position sur les moteurs de recherche	Mesurer la visibilité du site
Part de marché SEO / principal concurrent	Se positionner et évaluer son offre et attractivité
Taux de rebond	Séduction de l'internaute
Durée moyenne des visites	Mesurer l'attractivité des pages
Temps de chargement d'une page	3 s en moyenne (au-delà de 8 s, 50 % des internautes quittent la page)
Taux d'ouverture de la *newsletter*	Mesurer l'affinité des prospects avec les offres proposées

Indicateurs	Exemples d'objectif visé
Nombre d'appels/demandes clients	Définir et ajuster les informations à faire figurer sur le site
Nombre de pages vues par visite	Mesurer l'attractivité et ajuster la structure du site

2. Indicateurs de conversion

Indicateurs	Exemples d'utilisation
Nombre de visites et de jours avant l'achat	Estimer l'attractivité de l'offre et la recherche d'offres concurrentes (cet indicateur augmente pour les achats réfléchis)
Nombre de transactions	Observer l'activité du site et prévoir si nécessaire les actions à mettre en place en cas de variation importante d'activité régulière ou temporaire
Montant moyen du panier par canal d'acquisition, par navigateur	Sélectionner les canaux rentables et estimer la rentabilité des commandes par rapport aux coûts logistiques et marketing
Nombre de produits par panier	Juger de la pertinence des suggestions d'achat proposées au client et de la cohérence de l'offre globale du site de e-commerce

3. Indicateurs de fidélisation et de transformation des clients en ambassadeurs

Indicateurs	Exemples d'utilisation
Fréquence des visites	Mesurer la fidélité des clients vis-à-vis de l'entreprise
% d'avis sur le site	Mesurer l'engagement du client vis-à-vis de l'entreprise
% d'avis positifs sur le site	Évaluer la satisfaction client
Taux de réachat	Juger de la pertinence de l'offre, de la satisfaction client, de la pertinence des actions de promotion et de la *newsletter*
Note moyenne sur la transaction effectuée	Mesurer la satisfaction client
Note moyenne sur les produits	Mesurer l'engagement et la satisfaction client pour ajuster l'offre
NPS (*Net Promoter Score*)	Permet de suivre la fidélité et le rapport du client à la marque [calculé à partir des réponses à la question posée par questionnaire au client, il classe les clients en Promoteurs (9 et 10), Passifs (7 et 8), Détracteurs (0 à 6)] : calcul : NPS = nombre de promoteurs (%) – nombre de détracteurs (%)
Note moyenne sur les sites d'avis consommateurs et sur les comparateurs	Évaluer le positionnement par rapport aux concurrents et vérifier que le suivi post-achat est efficace
Partages sur les réseaux sociaux	Évaluer le succès des publications et mieux cibler les contenus
Nombre de fans sur Facebook, Twitter, Pinterest	Mesurer le taux d'engagement des clients

III Les indicateurs pour évaluer les campagnes d'e-mailing

Indicateurs	Calcul	Description / Intérêt
Taux d'ouverture	Nombre d'ouvertures d'e-mail / nombre d'e-mails envoyés × 100	Juger de la fiabilité et du ciblage de la base
Taux de clic	Nombre de clics sur un lien dans l'e-mail / nombre d'e-mails envoyés × 100	Mesurer la performance globale de l'envoi
Taux de réactivité (%)	Nombre de clics sur un lien dans l'e-mail / nombre d'e-mails ouverts × 100	Mesurer la pertinence de l'offre
Hard Bounces	Nombre de messages non délivrés (erreur DNS ou SMTP) / nombre d'e-mails envoyés × 100	Mesurer la qualité de la base
Taux de spam	Nombre de plaintes pour spam / nombre d'e-mails envoyés × 100	
Nombre de désinscrits	–	Juger de l'adéquation des bases utilisées par rapport aux taux habituels de désinscription

Ces indicateurs peuvent être calculés sur des envois de type A/B testing, afin de choisir le message le plus efficace ou l'offre la mieux adaptée au prospect.

FICHE RESSOURCE

3

LA MISE EN FORME DU TABLEAU DE BORD

I La conception du tableau de bord

1. Les objectifs du tableau de bord

Le tableau de bord (ou *dashboard*) donne un aperçu synthétique des résultats. Il présente seulement quelques-uns des indicateurs suivis par l'entreprise, choisis en fonction des objectifs stratégiques et de la communication que l'on souhaite faire passer.
Il permet de vérifier si la stratégie menée a été efficace et guide dans la prise de décision.

2. La diffusion du tableau de bord

Avant de construire un tableau de bord, on doit se poser la question de ses destinataires, de sa fréquence de mise à jour (mensuelle, hebdomadaire, voire journalière en e-commerce), de sa forme et de sa présentation.
Les données à intégrer dans le tableau étant issues de sources multiples (Google Analytics, Facebook, LinkedIn, CRM, e-mailing...), il faudra trouver des solutions techniques pour autoriser et automatiser l'agrégation des données dans un seul tableau, ou les réaliser par copier-coller quand cela n'est pas possible.

II Le tableau de bord de Google Analytics

Google Analytics propose son propre tableau de bord, très complet et personnalisable en fonction de ses propres objectifs. Il permet de :
– mesurer l'audience du site, l'acquisition de trafic, le comportement des internautes et les conversions ;
– distinguer les sources de trafic pour identifier les canaux les plus performants ;
– analyser la performance du SEO (référencement naturel) et celle du SEA (référencement payant) ;
– générer des rapports qui permettent de comprendre les pages et produits les plus consultés.
D'autres outils d'analyse de performance de sites Web existent, qui peuvent être gratuits ou payants (Xiti, Piwik, extensions analytiques des CMS comme Magento ou Prestashop, Google Analytics Premium ou la solution Adobe).

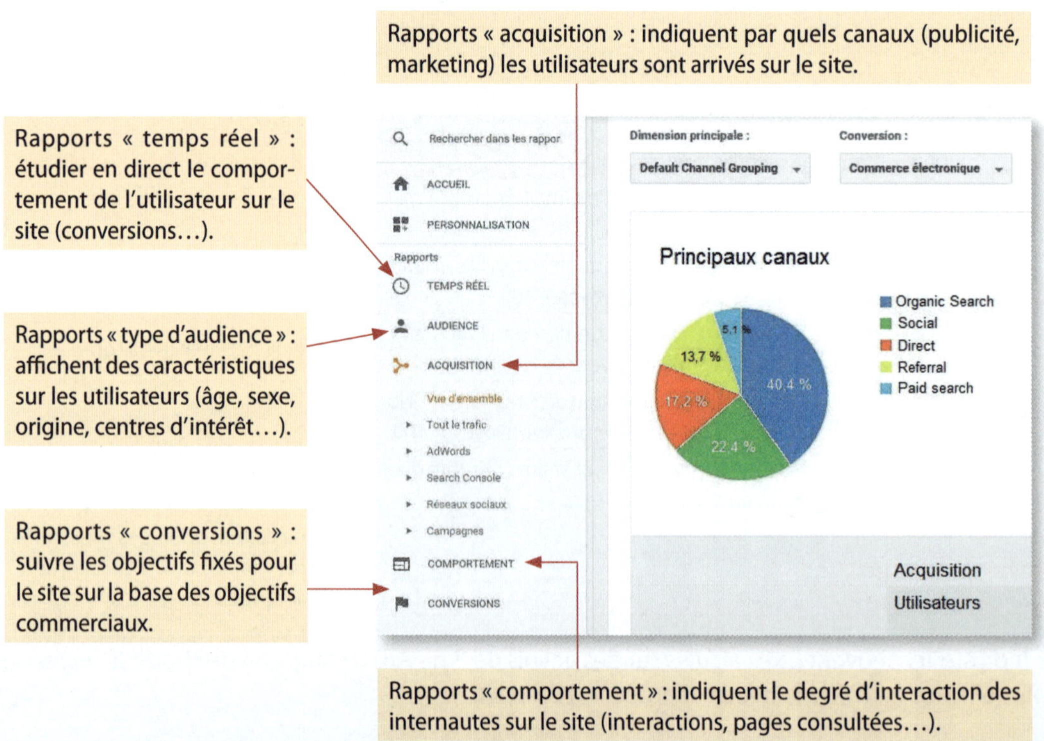

Applications

Maîtrise

E5A-E5B

1 Analyser les ventes d'un site de e-commerce

Vous venez d'être embauché(e) au sein du service commercial de Buro Fournitures, une entreprise qui propose une large gamme de fournitures de bureau à des tarifs compétitifs.
L'entreprise a réalisé son site avec Prestashop et utilise son module d'analyse Webanalytics.
Votre responsable vous demande de l'aider à analyser les derniers résultats journaliers.

1 Analysez les moyens de paiement proposés sur le site (document 1) : lequel semble le moins pertinent et pourrait être supprimé ? Justifiez votre choix.

2 Identifiez les catégories de produits qui se vendent le mieux et celles qui génèrent le chiffre d'affaires le plus important (document 1). Formulez vos conclusions sur la segmentation des ventes et les produits à surveiller.

3 La catégorie des cartouches est-elle primordiale pour Buro Fournitures ? Selon vous, quel est son rôle dans l'assortiment ?

4 Analysez les modes de connexion des visiteurs (document 2) : utilisent-ils principalement des équipements mobiles ou des postes informatiques pour commander ? Comment expliquez-vous ce schéma d'achat ?

5 Malgré ces résultats, les clients fidèles de l'entreprise sollicitent une application mobile. L'entreprise doit-elle développer son application sur Apple Store ou sur Google Play ? Pourquoi ?

6 À partir des données extraites de l'analyse de Google Analytics (document 3), identifiez les principaux problèmes du site et formulez des recommandations à votre responsable.

7 L'entreprise met peu de promotions en valeur dans sa *newsletter* car elle pratique tous les jours les prix les plus bas du marché. Doit-elle poursuivre cette stratégie ? Justifiez votre réponse.

Document 1 Extrait du module d'analyse des ventes PrestaShop de l'entreprise

Données sur une journée :

Module	Commande	Ventes	Valeur du panier moyen
PayPlug*	2	1 278,66 €	639,33 €
Carte bancaire	2	1 000,46 €	500,23 €
PayGreen*	2	758,29 €	379,15 €
Virement bancaire	2	646,76 €	323,38 €
Chèque	2	520,64 €	260,32 €
PayPal*	3	100,61 €	33,54 €

**PayPlug, PayGreen et PayPal sont des plateformes de paiement en ligne.*

Document 1 Extrait du module d'analyse des ventes PrestaShop de l'entreprise (suite)

Catégorie	Produits vendus	Ventes	Pourcentage de produits vendus	Pourcentage de ventes	Prix moyen
Bureaux et postes informatiques	2	1 160,36 €	4,0 %	32,3 %	580,18 €
Mobilier de classement	4	714,40 €	8,0 %	19,9 %	178,60 €
Armoires bibliothèques et meubles de rangement	3	563,18 €	6,0 %	15,7 %	187,73 €
Fauteuils de bureau	1	548,41 €	2,0 %	15,3 %	548,41 €
Cartouches	13	315,52 €	26,0 %	8,8 %	24,27 €
Cahiers carnets et répertoires	9	60,12 €	18,0 %	1,7 %	6,68 €
Distributeurs	1	56,52 €	2,0 %	1,6 %	56,52 €
Agendas et calendriers	4	55,06 €	8,0 %	1,5 %	13,77 €
Divers pour courrier	1	54,25 €	2,0 %	1,5 %	54,25 €
Crayons	5	35,65 €	1,0 %	1,0 %	7,13 €
Produits multi-usages	3	14,19 €	6,0 %	0,4 %	4,73 €

Document 2 Module d'analyse des ventes PrestaShop

Navigateur Web

Indique la popularité de chaque navigateur, en pourcentage d'utilisation sur la base des clients.

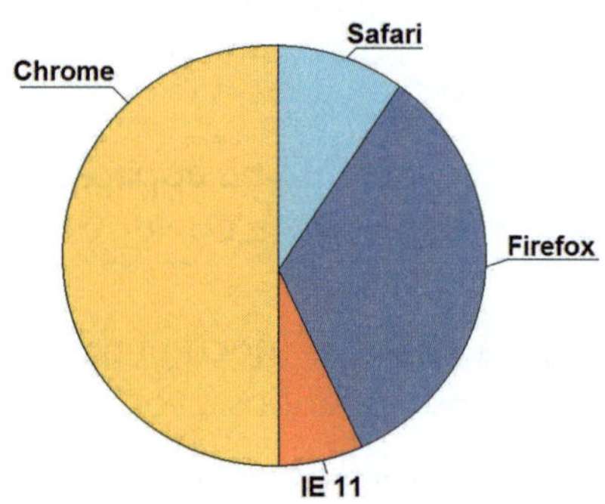

Système d'exploitation

Indique le pourcentage de chaque système d'exploitation utilisé par les clients.

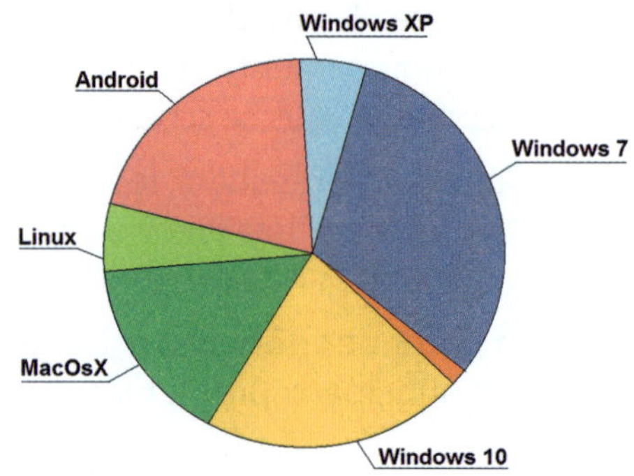

Document 3 Données extraites de Google Analytics

Taux de rebond	75 %
Durée moyenne des visites	2 mn 55 s
Temps de chargement d'une page	7 s
Taux d'ouverture de la *newsletter*	0,5 %
Nombre d'appels / demandes clients	12 % des commandes génèrent des appels de renseignements pour un objectif de seulement 5 % d'appels.
Nombre de pages vues par visite	1,2
Nombre de pages vues par visiteur ayant commandé	35
Taux de refus	50 %
NPS	60 (le NPS moyen du secteur est de 10)

Expertise

E5-A

2 Analyser la rentabilité d'une opération de e-mailing

Vous travaillez pour ImmoInternet, agence immobilière en ligne. Votre mission est d'augmenter le nombre de rendez-vous des commerciaux pour les estimations et le nombre de biens à vendre. Vous avez décidé d'utiliser la technique A/B testing qui consiste à créer plusieurs versions d'un e-mail envoyé à différents échantillons indépendants et aléatoires afin de déterminer la version la plus performante sur la base d'indicateurs préalablement définis. Vous avez testé la campagne suivante en faisant varier certains éléments (document 1).

1. Analysez les résultats de l'opération de A/B e-mailing (document 2). Calculez le taux de conversion et analysez la performance des différentes versions. Quelle version retenez-vous pour l'envoi final au reste du fichier ?
2. Quels autres éléments du mail pourriez-vous encore tester pour améliorer votre message ?
3. Calculez la rentabilité de l'opération en vous basant sur les données du document 2.

Document 1 Versions du mail

Version 1

De : Promotion@immoInternet.com

Objet : Estimation offerte et personnalisée en 48 h

ImmoInternet est une start-up dans le domaine de l'immobilier 2.0 proposant un service unique et personnalisé en privilégiant la sécurité.

Avec **ImmoInternet**, vendez votre bien et **démarrez une nouvelle vie** !

RECEVOIR UNE ESTIMATION

Version 2
Objet de la campagne modifié : « Gagnez 10 % sur la vente de votre maison »

Version 3
Visuel modifié : un visuel représentant une photo d'une maison 5 pièces avec jardin

Version 4
Texte du bouton modifié : « Recevez une estimation gratuite »

Document 2 Résultats

Résultats de l'A/B testing :

Mail	Version 1	Version 2	Version 3	Version 4
Nb mails	500	500	500	500
Nb mails ouverts	80	90	81	79
Nb clics	12	18	19	18
Nb devis	2	5	3	5

Taux d'ouverture moyen du secteur	11,4 %
Taux de clic moyen du secteur	1,3 %

Résultats de la campagne :

Location de fichier	0,00 €
Conception du mail	1 500 €
Campagne de testing	2 000 €
Prix d'un devis	95 €
Probabilité de vendre un bien	30 %
Marge réalisée par vente	7 000 €

Nombre de mails envoyés	500 000
Nombre d'ouvertures	93 200
Nombre de clics	2 203
Nombre de devis (estimation)	405
Nombre de nouveaux biens	107

Synthèse

Diagnostiquer l'activité de e-commerce

Étapes de la démarche d'évaluation

1. Définir l'objectif stratégique
2. Définir les objectifs tactiques
3. Définir les indicateurs de performance correspondant à ces objectifs
4. Déterminer l'objectif à atteindre pour chaque indicateur
5. Mettre en forme les résultats des indicateurs dans un tableau de bord

Les principaux indicateurs à prendre en compte pour un site de e-commerce

Indicateurs de notoriété et d'attractivité	Indicateurs de considération	Indicateurs de conversion	Indicateurs de fidélisation et transformation en ambassadeurs	Indicateurs d'évaluation des campagnes de e-mailing
Taux de rebond	Taux de refus	• Taux d'abandon de panier • Taux de conversion	• Taux de conversion par visiteur unique • Nombre de visites	Retour sur investissement (ROI)

La mise en forme du tableau de bord

- Choisir des indicateurs en fonction des objectifs recherchés
- Identifier un destinataire, définir une fréquence de diffusion, une forme et une présentation
- Utiliser des outils pour recueillir les données et les mettre en forme (Google Analytics, Prestashop…)

TESTEZ-VOUS

Quiz sur le chapitre 17
liennathan.fr/vj399d

MOTS CLÉS

Indicateur clé de performance (KPI) · Tableau de bord · ROI

En route vers l'épreuve E5A

Voir PRÉSENTATION DE L'ÉPREUVE page 329

BOSEY

Vous travaillez pour l'entreprise Bosey, qui a développé un site marchand spécialisé dans la vente d'accessoires pour écouter de la musique. Les pages présentant les produits sont très appréciées et consultées. Cependant, Bosey.fr rencontre des problèmes de rentabilité, car les clients quittent souvent le site au moment de concrétiser le paiement. Le site a été réalisé avec Prestashop et propose le module d'analyse Webanalytics. Le directeur commercial vous demande de repérer les endroits du site qui pourraient être améliorés et d'analyser les derniers résultats journaliers pour cerner les axes d'amélioration.

1. Schématisez le tunnel d'achat de Bosey.fr et identifiez les points forts et points faibles de chaque étape (documents 1 et 2).
2. Proposez des améliorations pour la phase de paiement en vous appuyant sur les conseils de la directrice marketing (document 3).
3. Quels moyens de paiement vous semblent le moins pertinents (document 4) ?
4. À partir des données extraites de l'analyse de Google Analytics, identifiez les points forts et les faiblesses du site et formulez des recommandations à votre responsable (document 5).
5. En vous inspirant du cas traité et en mobilisant vos connaissances, proposez, en une trentaine de lignes, une réflexion commerciale structurée qui répondra à la question suivante : quels sont les éléments à prendre en compte pour augmenter le taux de conversion d'un site de e-commerce ?

Annexe 1 Le processus d'achat chez Bosey.fr

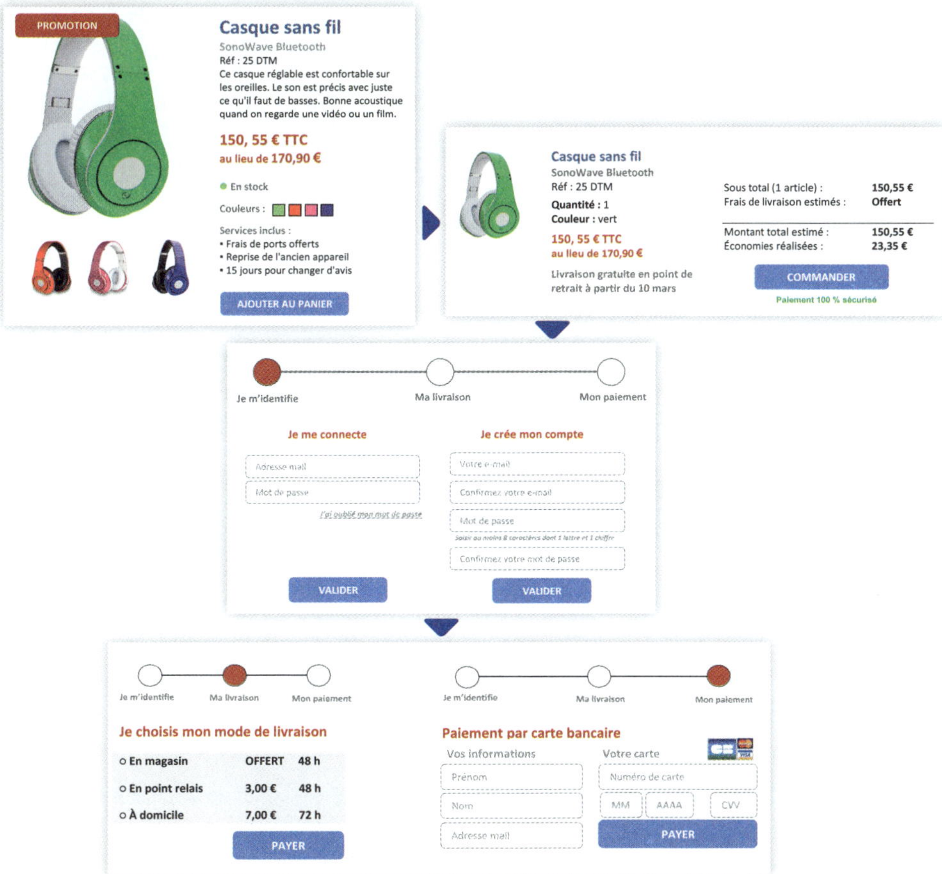

Annexe 2 Les conseils pour optimiser votre tunnel d'achat

Pour améliorer votre tunnel d'achat, il est important d'optimiser les pages de votre site de e-commerce. Vous pouvez mettre en place des filtres produits pour faciliter les recherches de vos visiteurs et de la même façon, gagner du temps. Une page optimisée c'est aussi une page non surchargée, le visiteur doit s'y retrouver facilement, toujours sans perdre de temps. Évitez également d'intégrer trop de couleurs, cela nuirait dangereusement à l'image de votre entreprise, et l'internaute n'aurait qu'une seule envie : fuir votre site.
Un service client optimisé, le *live chat* est devenu le canal le plus utilisé pour être toujours au plus proche de ses clients. Optimisez également votre service client avec le service après-vente. Si vous n'assurez pas un bon suivi de l'achat de votre client et que celui-ci est insatisfait, vous aurez raté l'étape de fidélisation.
La dernière étape de l'acte d'achat est le paiement. Si vous voulez que le visiteur aille au bout de son acte d'achat, vous devez rendre le processus de paiement de votre e-commerce simple et rapide. Proposez des moyens de paiement variés. Le moyen de paiement le plus utilisé reste aujourd'hui la carte bancaire (Visa, Mastercard, American Express, JCD…). De plus en plus d'e-commerçants ont mis en place des modes de paiement sur le long terme où il est possible de payer en plusieurs fois (souvent pour des produits coûteux).
Pour encore plus de sécurité, vous pouvez intégrer plusieurs systèmes pour rassurer votre client. Vous pouvez en effet mettre en place le système 3D-Secure.

https://www.ecommerce-nation.fr

Annexe 3 Les conseils de la directrice marketing

« Pour créer des formulaires de paiement simples, je conseille en général d'utiliser des solutions comme PayPlug ou Hipay, qui améliorent fortement les taux de conversion sur le site. En plus, les formulaires et les pages de paiement peuvent être personnalisés et testés à l'aide de ces outils. Il est donc possible d'essayer différentes versions, tailles, longueurs, couleurs, etc., de vos pages de paiement afin de savoir quelles sont celles qui aboutissent au meilleur taux de conversion. »

Annexe 4 Extrait du module d'analyse des ventes PrestaShop de Bosey.fr du mardi 11 mars

Module	Commande	Ventes	Panier moyen (€)
Carte bancaire	23	3 579	155,61
Virement bancaire	2	237	118,50
Chèque	5	543	108,60
Plateforme de paiement en ligne			
• PayPlug	5	1 250	250,00
• PayGreen	3	349	116,33
• PayPal	1	56	56

Annexe 5 Extrait des données de Google Analytics

Taux de rebond	20 %
Durée moyenne des visites	5 minutes
Nombre de pages vues par visite	3

Entraînement à l'épreuve E5A

Voir PRÉSENTATION DE L'ÉPREUVE page 329

VISITPARIS

Entrepreneurs dans l'âme, Katia et Jérôme Belloui ont lancé en 2019 leur propre entreprise, VisitParis. Tous les deux passionnés par Paris, son histoire et ses monuments, ils ont décidé de transmettre leur passion en proposant des sorties culturelles dans la capitale.
Leur offre est pour le moment centrée sur des visites guidées de la capitale, des jeux de pistes ou des chasses au trésor à destination de publics variés : les familles, les écoles, mais aussi les entreprises souhaitant proposer à leurs salariés des séminaires d'intégration ou des challenges. Depuis quelques mois, Katia et Jérôme proposent également l'organisation de « fêtes d'anniversaire » spécialement dédiées aux enfants.
« VisitParis » dispose d'une agence dans le 11e arrondissement de Paris. Suite à la crise sanitaire qui a stoppé temporairement leur activité, Katia et Jérôme ont choisi de mettre en place une stratégie digitale, afin de continuer à être visibles. Ils décident alors de créer un site de e-commerce, VisitParis.com, et d'investir les réseaux sociaux.

Dossier 1 — Diagnostiquer la stratégie digitale

Partie 1. Développer le trafic

Le site VisitParis.com apparaît pour le moment en 3e page des Serps[1].
Le site peine à gagner en visibilité.

- **Annexe 1** L'offre de VisitParis destinée aux familles et aux écoles
- **Annexe 2** Des parcours personnalisés pour les entreprises
- **Annexe 3** L'entretien avec Katia B., gérante de la SARL VisitParis
- **Annexe 4** L'origine du trafic du site – trimestre 1 de l'année N en cours
- **Annexe 5** Le site VisitParis.com dans les résultats de recherche
- **Annexe 6** Le commentaire posté sur Facebook par Julien N. directeur d'école

Travail à faire

1 Appréciez l'origine du trafic du site VisitParis.com puis proposez des idées concrètes permettant d'améliorer le trafic du site.

Katia et Jérôme souhaitent également développer l'engagement sur leurs réseaux sociaux afin de développer le trafic vers le site.

2 Proposez quatre contenus pouvant être publiés sur les réseaux. Vous viserez toutes les cibles, et préciserez à chaque fois l'objectif, l'idée du contenu et le réseau utilisé.

Un directeur d'école a posté un commentaire négatif sur Facebook : il est mécontent de l'organisation d'une sortie culturelle organisée pour sa classe de CM2.

3 Modérez le commentaire posté par le directeur d'école sur le compte Facebook de l'entreprise.

1 Serps (*Search engine result page*) : page de résultats des moteurs de recherche.

Partie 2. Développer la présence sur les régies publicitaires

Sur les conseils d'une agence de webmarketing, Katia et Jérôme B. choisissent de développer leur présence sur les régies publicitaires : Google Ads et Facebook Ads.

Annexe 7 Les résultats de la campagne réalisée sur Google Ads

Annexe 8 Les résultats de la campagne menée sur Facebook Ads

1 Calculez le panier moyen, le coût par clic et le coût par vente pour les deux campagnes publicitaires menées sur Google Ads et Facebook Ads. Concluez sur la rentabilité de ces investissements publicitaires.

Dossier 2 Développer la relation client en e-commerce

Katia et Jérôme vous communiquent les chiffres de l'activité de la boutique en ligne pour les deux premiers mois d'activité et vous demandent de les analyser.

Annexe 9 Les chiffres de l'activité des deux premiers mois du site de e-commerce

Annexe 10 Le tableau des ratios de performance du e-commerce de l'année en cours

Annexe 11 Les résultats de l'enquête menée par l'agence de *webmarketing*

Annexe 12 Le *marketing automation* et le *retargeting*

Travail à faire

1 Analysez l'activité du site de e-commerce VisitParis.com sur les deux premiers mois à partir d'indicateurs pertinents puis faites des propositions permettant d'optimiser ces résultats.

2 Présentez les intérêts d'une démarche de *marketing automation* pour l'entreprise.

3 Proposez un scénario de *marketing automation* destiné à un prospect qui aurait quitté la page produit « découverte scolaire ludique de Paris » destinée aux directeurs d'école après avoir passé plus de 5 minutes sur cette page, puis rédigez le mail de relance.

Réflexion structurée

Dans un développement structuré d'une trentaine de lignes, vous répondrez à la question suivante :

« Quelles sont les contraintes technologiques, juridiques et commerciales à prendre en compte lors de la mise en place d'un site de e-commerce ? »

Annexe 1 L'offre de VisitParis destinée aux familles et aux écoles

Les enfants sont souvent réticents lorsqu'il s'agit d'apprendre, prenant davantage cela pour une contrainte et ne trouvant pas d'utilité à la chose. Alors, comment faire ?

Chez VisitParis, nous pensons qu'il n'est jamais trop tôt, ni jamais trop tard d'ailleurs, pour se cultiver en s'amusant ! Car apprendre c'est comprendre, et comprendre de façon ludique permet de mieux mémoriser, plus longtemps. À l'aide de contenus ludiques et variés, nous apprenons à vos enfants à s'orienter dans l'espace et à utiliser un plan, à résoudre des énigmes et à développer leur curiosité. Des pauses régulières sont prévues dans nos différents parcours afin d'optimiser l'énergie et la vivacité de nos petits génies.

Nos parcours se réalisent par groupe (de 2 à 20 personnes) de tout âge, car chez VisitParis, nous sommes convaincus que la mixité est importante et productive. Les visites sont assurées par des séniors diplômés, entretenant avec les enfants un lien transgénérationnel fort qui permet d'obtenir un échange de qualité. Nos parcours peuvent être assurés en anglais. Des interprètes sont proposés pour toutes les autres langues (sur devis).

Nous affirmons qu'en s'amusant tout devient plus intéressant !

Annexe 2 Des parcours personnalisés pour les entreprises

VisitParis mêle l'histoire de France à l'histoire de votre entreprise ou de votre activité, par le jeu. L'objectif est de faire vivre une expérience à vos salariés et de construire une cohésion d'équipe. Le groupe doit résoudre des énigmes ensemble à travers un parcours ludique et riche de faits historiques.

Fondation histoire pour tous

Secteur d'activité : Institution nationale

Parcours sur mesure : « C'était comment la Libération de Paris ? » Revivre les deux journées du 25 et 26 août 1944, à travers les pas du général de Gaulle.

Objectif : Transmission de la mémoire auprès des jeunes générations, Éducation nationale, grandes écoles.

Parfum Paris

Secteur d'activité : Parfum

Parcours sur mesure : « Les parfums de l'Histoire »

Découverte originale de l'île Saint-Louis au travers d'un jeu de piste dévoilant un personnage emblématique dans l'histoire de la parfumerie.

Objectif : Développement de service

Chefautop

Secteur d'activité : Événementiel culinaire

Parcours sur mesure : « Gourmandises et passages couverts »

Tour du monde des spécialités culinaires à travers les mythiques passages couverts parisiens.

Objectif : Fédérer et récompenser une équipe

Annexe 3 L'entretien avec Katia B., gérante de la SARL VisitParis

Pourquoi avez-vous créé un site ?

Katia : Nous souhaitons gagner en visibilité pour notre agence et élargir notre clientèle. Durant la crise sanitaire, nous avons perdu tout contact avec les CSE (comité social et économique), les écoles, et les familles. L'objectif du site de e-commerce est bien sûr le développement d'un nouveau canal de distribution, dans une optique cross-canal, voire omnicanal à terme. Mais nous souhaitons également engager une démarche *inbound* avec des contenus attractifs afin de valoriser notre savoir-faire auprès de nos différentes cibles. Il est important également que nous puissions collecter des données pour continuer à nourrir nos visiteurs.

• • •

Annexe 3 Entretien avec Katia B, gérante de la SARL VisitParis (suite)

Pourquoi souhaitez-vous faire évoluer votre site ?

Katia : Notre site n'est pas encore tout à fait *mobile friendly*. Nous souhaitons également créer une newsletter informant des dernières nouveautés, comme notre circuit « Découverte de l'Opéra Garnier à travers l'histoire du *Fantôme de l'Opéra* » destiné aux écoles.

Nous sommes également conscients de la nécessité de respecter la réglementation en matière de collecte de données personnelles. Nous retravaillons actuellement les pages de réassurance de notre site, indispensables pour notre crédibilité en tant que site marchand.

Êtes-vous présents sur les réseaux sociaux ?

Katia : Oui, pour le moment nous avons investi Instagram, YouTube et Facebook. Nous avons une communauté de l'ordre de 220 abonnés. Par contre, nous n'avons pas de *community manager* dédié et nous publions très peu sur les réseaux (fréquence de 3 posts par semaine en moyenne). Nos taux d'engagement sont faibles : 1,2 % pour Instagram par exemple (moyenne du secteur à 4 %) ou 2 % sur YouTube (moyenne du secteur à 5 %). Il nous est difficile de publier régulièrement. Nous avons bien sûr communiqué sur notre nouveau site, nos réseaux et sur tous nos supports de communication (flyer, carte de visite, kakemono* présent dans notre boutique), mais cela n'est pas suffisant. La vraie question est de savoir ce que recherchent nos clients afin d'améliorer notre référencement naturel.

**Kakemono : affiche publicitaire.*

Annexe 4 L'origine du trafic du site – trimestre 1 de l'année N en cours

Dans les résultats de recherche naturelle (« Organic Search »), le site ressort sur les mots-clés : « visites de Paris », « circuits Paris ».

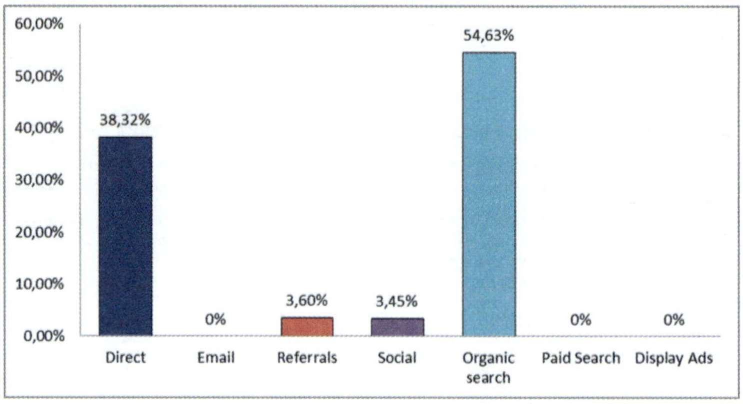

Remarque : la rubrique « e-mail » est censée référencer tout le trafic envoyé à votre site web provenant d'un e-mail, à condition bien sûr que le lien contenu dans l'e-mail soit bien tracké. Pour que les sessions apparaissent dans cette catégorie, les liens doivent contenir la balise de support « e-mail ». Si ce n'est pas le cas, le trafic risque d'apparaître dans la partie « Direct ».

Annexe 5 Le site VisitParis.com dans les résultats de recherche

VisitParis

http://www.visitParis.com

Notre agence située dans le 11e arrondissement de Paris vous accueille tous les jours du lundi au samedi de 10 heures à 19 heures afin de déterminer avec vous une visite personnalisée de la capitale.

Annexe 6 Le commentaire posté sur Facebook par Julien N., directeur d'école

« Bonjour,

Vous avez organisé une visite de Paris pour une de mes classes de CM2. Nous avons été déçus de la prestation, chère comparativement aux services proposés. Les élèves ont trouvé la visite peu ludique et peu intéressante. Je ne suis pas sûr que le circuit "le Paris gallo-romain" soit le mieux adapté à des élèves de cet âge-là ! Nous avons payé pour une offre personnalisée, nous avons eu finalement une sortie classique, banale et peu adaptée. »

Annexe 7 Les résultats de la campagne réalisée sur Google Ads

Période : trimestre 2 de l'année en cours

Plateforme : Google Ads

Mots-clés mis en avant : découverte ludique Paris en famille

Cible visée : la cible « Famille »

Clics	Ventes	Montant dépensé	Chiffre d'affaires HT* (retenu celui généré auprès des familles)
350	195	2.345 k€	25 600 €

** Le taux de marque moyen est de 38 %.*

Annexe 8 Les résultats de la campagne menée sur Facebook Ads

Période : trimestre 2 de l'année en cours

Plateforme : Facebook Ads

Offre : mise en avant des posts présentant les découvertes de Paris en famille

Cible visée : la cible « Famille »

	CA HT*	Nombre de ventes	Clics	Budget
Facebook Ads	5 200 €	30	70	1 095 €

** Le taux de marque moyen est de 38 %.*

Annexe 9 L'activité des deux premiers mois du site de e-commerce

Mois	Nombre de visiteurs	Nombre de rebonds	Nombre de paniers	Nombre d'achats
Mois 1 année N	2 500	1 300	40	15
Mois 2 année N	3 000	1 250	43	18

Sur cette période, l'agence VisitParis a enregistré une hausse des demandes de renseignements (par mail ou par téléphone) portant sur les circuits culturels proposés.

Annexe 10 — Ratios de performance du e-commerce de l'année en cours

Secteur	Taux de rebond	Taux d'abandon de panier	Taux de conversion par visiteur
High-tech	42 %	54 %	6 %
Tour opérateurs	32 %	96 %	0.70 %
Voyages	37 %	74 %	3.2 %
Éducation	33 %	85 %	2.9 %
Global	47 %	70 %	3 %

Annexe 11 — Les résultats de l'enquête menée par l'agence de *Webmarketing*

Échantillon : 100 visiteurs du site VisitParis.com

Sondage : 10 questions numériques visant à apprécier l'ergonomie du site et l'efficacité de son tunnel de conversion

Q1. Notez sur une échelle de 1 à 10 les différents éléments du site VisitParis.com :

Éléments du site à analyser	Note attribuée sur 10
Clarté des fiches produits (description précise)	8
Processus de création d'un compte pour une commande	7
Processus de mise au panier (*widget*)	10
Éléments de réassurance présents sur le site	6
Clarté des mentions légales	5
Clarté de la politique liée aux cookies et à la collecte de données personnelles	5
Qualité des visuels produits	10
Fluidité de la navigation (arborescence, *widgets*)	3
Informations concernant la livraison (date, délai, prix)	4
Conditions de paiement	4

Légende : 1, note la plus basse ; 10, note la plus haute.

Annexe 12 — Le *marketing automation* et le *retargeting*

Le *marketing automation* désigne au sens large l'automatisation de campagnes marketing déclenchées par un ensemble de conditions prédéfinies et en fonction du comportement de l'utilisateur. Il est possible d'automatiser l'envoi d'e-mails, de SMS, la segmentation de contact, le *lead scoring* ou encore le *lead nurturing*.

L'automatisation se fait à travers des scénarios préconçus en fonction du comportement de l'utilisateur : par exemple, l'envoi d'un e-mail de bienvenue lors de son inscription à une liste ou d'un mail de relance lorsqu'il abandonne un panier.

https://fr.sendinblue.com

PRÉSENTATION DE L'ÉPREUVE E5 DU BTS NDRC

L'épreuve E5 (**coefficient 4**) permet d'évaluer l'acquisition des compétences associées au bloc 2 de compétences « Relation client à distance et digitalisation ». Selon les activités à réaliser, le candidat devra également mobiliser des éléments de culture économique, juridique et managériale appliquée. L'épreuve se compose de **deux parties** :

Une épreuve ponctuelle écrite (E5A)	Une épreuve ponctuelle pratique (E5B)
Durée : 3 heures – coefficient 2	Durée : 40 minutes – coefficient 2

I L'épreuve ponctuelle écrite (E5A) – durée : 3 heures – coefficient 2

Le sujet est composé de :

Plusieurs dossiers Ils présentent des activités professionnelles et questionnent le candidat autour de problématiques commerciales et numériques, ex. : *analyse des performances d'un site web ou d'une équipe de téléacteurs*	**Une réflexion commerciale structurée** en lien avec le sujet

A– Les dossiers

➡ L'épreuve revêt la forme d'une **étude de cas** reposant sur un **contexte réel d'organisation** ayant des activités de relation client à distance. L'organisation utilise des outils numériques. Elle est engagée dans une stratégie de communication unifiée dans le cadre d'un contact omnicanal. Le sujet comprend une quinzaine de pages (temps de lecture maximum : 20 minutes).

EXEMPLE (SUJET « ARBRE-CADEAU »)

Arbre-cadeau est une société de vente à distance. Cette entreprise propose des arbres aux particuliers et aux professionnels notamment les CSE (comité social et économique). Les arbres sont des cadeaux symboliques pouvant être offerts lors d'événements. La société dispose d'une boutique en ligne, mais souffre d'un manque de notoriété et de visibilité sur les réseaux sociaux. Elle fait donc appel aux services d'une agence de web marketing.

Les questions peuvent exiger une analyse quantitative ou qualitative, une production rédactionnelle ou une prise de décision. Le candidat devra argumenter et justifier ses choix.

Le sujet est structuré en dossiers. Chaque dossier vise à résoudre une problématique commerciale rencontrée par l'organisation. Le dossier 1 vise à évaluer la stratégie numérique mise en place (analyse du trafic sur le site marchand et pertinence des choix de publicités).

DOSSIER 1 – Diagnostiquer la stratégie digitale

Avant de prendre des décisions en matière de stratégie digitale, Sandrine BERKEL vous demande un diagnostic de la situation actuelle. En effet, Sandrine BERKEL a eu recours à une agence de webmarketing et elle aimerait évaluer la pertinence de cette décision. De plus, elle s'interroge sur la priorité donnée, jusque-là, à la clientèle des particuliers.

Annexe 1 : Offre commerciale B to C et B to B
Annexe 2 : Indicateurs relatifs au site www.arbre-cadeau.fr
Annexe 3 : Résultats des campagnes réalisées sur Google Ads par le site web www.arbre-cadeau.fr
Annexe 4 : Publication sur le réseau social Facebook et résultats
Annexe 5 : Extraits du portefeuille-clients du site web www.arbre-cadeau.fr entre janvier et août 2020

Travail à faire

1.1 Analyser l'évolution du trafic du site *web www.arbre-cadeau.fr* pour la période janvier - août 2020 par rapport à la même période 2019.

1.2 Analyser les résultats des actions menées par l'agence de *webmarketing* avec le réseau social *Facebook* et avec *Google Ads.*

1.3 Comparer pour chaque segment de clientèle, l'offre, la méthode de vente et les performances commerciales.

Les questions sont formulées à l'aide de verbes à l'infinitif.

Les annexes utiles au traitement du sujet sont regroupées par dossier (documents, tableaux, explications littérales, extraits de textes légaux, etc.).

B– La réflexion commerciale structurée

➡ Le sujet comprend également une **question de réflexion commerciale** en lien avec le contexte du sujet. Cette question engage le candidat à élargir son champ de réflexion et à développer un raisonnement structuré sur une trentaine de lignes maximum.

EXEMPLES

Comment la stratégie digitale sur les réseaux sociaux peut-elle être adaptée à chaque segment de clientèle ?
Est-il toujours pertinent pour une entreprise d'externaliser son service de relation client à distance ?

➡ **Conseils méthodologiques compte tenu des capacités évaluées** à l'examen (selon la grille d'évaluation de l'examen) :

1 – Lire la question et définir les mots clés	Afin de mieux comprendre le sujet, il faut repérer puis définir les mots clés. Ex. : « Est-il toujours pertinent pour une entreprise d'externaliser son service de relation client à distance ? » Les mots clés sont « externaliser », « service de relation client à distance » et « pertinent ». La question pose la question de la pertinence de l'externalisation. La présence d'une introduction n'est pas exigée, par contre une définition des mots clés en amont semble pertinente.
2 – Lister les idées au brouillon	Il s'agit de lister (sans détailler) au brouillon toutes les idées permettant de répondre au sujet. Certains sujets peuvent exiger du candidat une vision transversale (e-commerce, réseaux sociaux, CRC…). La maîtrise du cours sera donc indispensable. Ex. : « Est-il toujours pertinent pour une entreprise d'externaliser son service de relation client à distance ? » Les idées sont multiples : avoir accès à des télé-opérateurs confirmés, à des ressources matérielles (SVI, CRM), à des locaux équipés. Le commanditaire n'aura pas à gérer le management des équipes sur place ou le recrutement. Les limites de l'externalisation sont la maîtrise de l'image, de l'offre, etc. ➡ Le candidat pourra ainsi répondre aux capacités attendues pour cette épreuve : le **nombre d'idées** émises permet de répondre à la question. Les idées mobilisent des **savoirs.**
3 – Dégager **un plan**	Une fois les idées listées et le sujet compris, le candidat pourra dégager un plan. Ex. : « Est-il toujours pertinent pour une entreprise d'externaliser son service de relation client à distance ? ». Cette question invite à un plan du type : I- Les intérêts de l'externalisation d'un service de relation client II- Les limites de l'externalisation d'un service de relation client ➡ Le candidat pourra ainsi répondre aux capacités attendues pour cette épreuve : organiser les idées dans une **logique d'ensemble.**
4 – **Argumenter**	Un argument est structuré en 3 parties : il s'appuie sur une idée (notion de cours, exploitation du sujet), justifiée et illustrée. Ex. : sur le sujet précédent : – un argument, c'est une idée claire : l'externalisation du service de relation client permet d'avoir accès à des équipes formées ; – cette idée est justifiée : en effet, les téléopérateurs sont recrutés sur un profil de poste précis puis formés (écoute téléphonique). Le chef de plateau pilote et motive par objectifs son équipe ; – enfin, cette idée sera illustrée : par exemple, dans notre cas X, la maîtrise des logiciels de *phoning* et du traitement des barrages sont des compétences attendues dans le profil de poste des futurs téléopérateurs. ➡ Le candidat pourra ainsi répondre aux capacités attendues pour cette épreuve : – l'idée est exprimée **clairement, justifiée et illustrée ;** – le **sujet est réinvesti** pour la construction des idées.
5 – Les idées témoignent d'une prise de distance par rapport au sujet	➡ Enfin, le candidat devra **prendre du recul** par rapport au sujet, voire questionner les choix de l'organisation présentée dans le sujet. Ex. : sur le sujet précédent, le chef de plateau a-t-il le droit d'enregistrer les appels de ses téléopérateurs dans un objectif de formation ? Le candidat pourra être invité à mobiliser des connaissances en CEJM appliquée. Une conclusion n'est pas exigée.

➡ **Gestion du temps :** Il est conseillé de consacrer entre 45 min et 1 heure à la réflexion commerciale (recherche des idées au brouillon et rédaction).

C- L'évaluation

L'épreuve écrite est notée sur **40 points**. La réflexion commerciale peut représenter jusqu'à un quart des points :
– la forme (orthographe, syntaxe, présentation, etc.) est évaluée au sein de chaque question. Il n'existe pas de barème à part ;
– la réflexion structurée est évaluée à travers les critères (capacités) décrits précédemment.

II L'épreuve ponctuelle pratique (E5B) – durée : 40 minutes – coefficient 2

A– L'épreuve

L'épreuve vise à évaluer les compétences techniques du candidat sur les logiciels autour de deux pôles de compétences : animer la relation client digitale et développer la relation client en e-commerce. Elle se déroule sur poste informatique dans un centre d'examen, sans temps de préparation. Le candidat traite un sujet sous le regard croisé de deux examinateurs.

B– Le sujet, les logiciels et les compétences évaluées

Le sujet s'appuie sur **un contexte digital** d'une organisation (site vitrine ou site de e-commerce) conçu au niveau national. Un nouveau contexte est défini tous les ans dans la circulaire d'organisation du BTS NDRC.	Exemple : une TPE spécialisée dans la création et la fabrication de meubles à partir de palettes recyclées souhaite développer son activité en créant un site web sur Wordpress et une boutique en ligne *via* Prestashop. L'entreprise vise une clientèle de particuliers, mais développe également la cible des professionnels (restaurants, collectivités…). Par manque de temps, ces deux sites ont besoin d'être redynamisés.
Les logiciels sont définis tous les ans dans la circulaire du BTS. Ces logiciels peuvent évoluer au fil des années (ex. : utilisation d'un logiciel de *marketing automation*).	Exemple : pour les sessions 2021 et 2022, les contextes se sont appuyés sur le CMS Wordpress pour le site vitrine et le CMS Prestashop pour le site de e-commerce. La circulaire précise également le thème utilisé (ex. : sur Prestashop, Thème Classic 1.0.0), la version requise du CMS (ex. : Wordpress 5.7), les extensions à maîtriser (ex. : l'extension Yoast pour Wordpress).
Les compétences évaluées portent à la fois sur une dimension rédactionnelle **et** une dimension technique. La circulaire liste tous les ans les fonctionnalités attendues selon les logiciels. Ces fonctionnalités déterminent les compétences qui doivent être maîtrisées par le candidat.	Exemple de questionnement sur Wordpress : « Rédigez un article (150 mots) mettant en valeur le nouveau produit ». Le candidat doit maîtriser : – la rédaction : phrases courtes, utilisation de mots de coordination, de mots clés pertinents, maîtrise de l'orthographe et de la syntaxe, etc. ; – la technique : utilisation de l'éditeur (insertion médias ou galeries photos, insertion de liens, mise en page) et maîtrise du référencement (balises titres, métadescription, requête cible, etc.).

C- L'évaluation

L'évaluation s'appuie sur **des niveaux de compétences** : du niveau 1 (compétence peu ou pas maîtrisée) au niveau 4 (compétence maîtrisée). Le candidat doit donc veiller à traiter les questions, dans leur dimension rédactionnelle et technique.

Exemple de niveaux d'évaluation sur Wordpress :

Question : « Rédigez un article présentant la participation de l'entreprise à un salon de créateurs dans la région PACA. Il est demandé d'illustrer l'article grâce à la bibliothèque. »

Niveau 1 Le candidat rédige un article incomplet ou crée une page avec un contenu peu pertinent.

Niveau 2 Le candidat rédige un article incomplet, mais utilise l'éditeur pour la mise en page, et insère des médias.

Niveau 3 Le candidat rédige un article pertinent (mots clés) et structuré (intertitres, phrases courtes), insère des liens, renseigne les balises des images.

Niveau 4 En plus du niveau 3, le candidat utilise des étiquettes et des pluggins (Yoast par exemple) pour améliorer le référencement de son article (balises, requête).

Exemple de critères d'évaluation sur Prestashop :

Question : « Créez une fiche produit pour le nouveau fauteuil présenté dans l'annexe 1. Vous associerez à cette fiche un autre produit de votre choix. »

Niveau 1 Le candidat ne complète que l'onglet Essentiel de la fiche produit (prix, quantités, nom du produit…) sans rédiger la description et le récapitulatif.

Niveau 2 Le candidat remplit tous les champs de l'onglet Essentiel, notamment la description et le récapitulatif.

Niveau 3 Le candidat remplit également les onglets Quantités, Livraison, Prix, en cohérence avec l'annexe. Il réalise l'action de *cross selling* demandé.

Niveau 4 Le candidat améliore le référencement de la fiche produit grâce aux onglets Référencement SEO et Options (balises, mots clés) et veille à la visibilité de la fiche produit sur le site.

Lexique

Adresse Internet : équivalent sur Internet de l'adresse postale. Elle est composée d'un préfixe «www» (*World Wide Web*) et d'un nom de domaine ; le nom de domaine est composé d'une chaîne de caractères suivi d'une extension.

Animation de communautés : publication de contenus à un rythme adapté (*storytelling*, présentation de l'offre, des valeurs de la marque...) ayant pour objectif d'attirer l'attention, de susciter le partage et la contribution des membres de la communauté.

Appels entrants : appels provenant des clients et prospects avant et après l'achat.

Arborescence : représentation graphique de la structure d'un site et de l'organisation des différentes pages du site hiérarchisant les données et informations de façon logique. Le schéma part de la page d'accueil puis identifie les rubriques et sous-rubriques du site, puis les pages correspondantes. L'arborescence doit être simple et logique.

***Backlink* :** lien entrant vers le site d'une entreprise. Ce lien provient généralement d'un autre site ou blog qui recommande l'entreprise par insertion d'un lien vers son site.

***Bad buzz* :** bouche à oreille négatif qui se propage sur les réseaux sociaux, déclenché par une action/inaction d'une entreprise non appréciée par les internautes.

Bannière : bandeau publicitaire dans une page Web. Les bannières publicitaires sont utilisées pour faire des annonces publicitaires et créer du trafic sur les sites. En cliquant dessus, l'internaute accède directement à la promotion annoncée.

Base de données : ensemble d'informations structurées accessibles au moyen d'un logiciel ou d'un fichier Excel par exemple. Il faut choisir, pour chaque base de données, la structure qui permet d'utiliser le plus simplement et le plus efficacement les informations au cours des opérations marketing.

Blog : acronyme de « *Web log* », qui signifie « journal de bord » ou « journal sur Internet ». Il s'agit d'un espace personnel d'expression qui peut être créé par un internaute ou une entreprise afin de publier des articles appelés « posts », « billets » ou « messages ».

***Buzz* :** effet de bouche à oreille sur Internet et dans les médias déclenché par un événement ou une diffusion qui provoque une réaction des internautes. Il peut être positif ou négatif.

Carrousel : situé sur la partie supérieure de la page d'accueil d'un site, il est constitué de deux ou trois éléments graphiques légendés et animés (publicité, événement...).

Charte éditoriale : document de référence pour la production de contenus destinée à la communication d'entreprise. On parle aussi de « règles de rédaction » ou de « guide rédactionnel ». La charte éditoriale permet d'assurer une homogénéité rédactionnelle. Elle s'adresse aux rédacteurs des contenus et précise – pour chaque cible et chaque grande thématique – la ligne éditoriale, le ton, le champ lexical et les règles de mise en forme des contenus.

***Click & mortar* :** littéralement « clic et mortier », *mortar* (mortier) fait référence à l'activité physique de l'enseigne, *click* renvoie à l'activité en ligne. Le terme qualifie une entreprise traditionnelle qui développe une nouvelle activité économique en ligne.

***Click to call / Click to chat* :** outil permettant au client de contacter le service client ou d'être rappelé par un commercial. Le *click to call* permet d'être rappelé au téléphone par le commercial. Le click to chat permet d'établir un échange instantanée avec l'entreprise.

Communication unifiée : ensemble d'équipements informatiques permettant de centraliser et de partager les informations au sein de l'entreprise sur les clients. Vise à assurer la continuité de la communication entre les différents professionnels d'une entreprise.

CNIL (Commission nationale de l'informatique et des libertés) : autorité administrative française qui veille à ce que l'informatique ne porte pas atteinte aux droits de l'homme, à la vie privée, ou aux libertés individuelles ou publiques.

CRM (*Customer Relationship Management* ; en français GRC) : Gestion de la relation client) : logiciel permettant de centraliser les informations, de suivre l'historique des échanges et des actions menées sur les clients et prospects de l'entreprise.

Cross-canal : création de passerelles entre les différents canaux de vente (point de vente physique, catalogue, site Web...) pour qu'ils puissent fonctionner ensemble et soient complémentaires. Chaque canal peut avoir un intérêt particulier lors de chacune des étapes du processus d'achat.

Cross-selling : technique marketing consistant à proposer un service ou produit complémentaire au client qui achète un produit sur le site.

***E-mail retargeting* :** technique consistant à envoyer un e-mail pour relancer un prospect ayant visité un site Web mais n'ayant pas concrétisé l'achat.

***Employee advocacy* :** stratégie selon laquelle une entreprise ou une marque mobilise ses salariés pour devenir ses ambassadeurs dans leur vie professionnelle mais aussi dans leur vie privée, notamment sur les réseaux sociaux.

Enquête de satisfaction : sondage réalisé par téléphone, SMS ou mail, afin de mesurer la satisfaction client, qui évalue la capacité des téléacteurs à répondre aux attentes des clients. Elle est mesurée au niveau global mais aussi à toutes les étapes du parcours (la façon dont s'est déroulé le contact, le temps d'attente, la facilité à joindre le bon interlocuteur, la pertinence et le délai de la réponse, la prise de congé, la personnalisation de la réponse...).

E-réputation : perception et représentation qu'ont les internautes d'une entreprise ou d'une marque, et qu'ils vont se constituer en fonction des flux d'informations qu'ils rencontrent sur le Net. Ces informations sont produites par l'organisation elle-même mais aussi par les acteurs de son environnement économique proche : salariés, fournisseurs, concurrents, clients...

Ergonomie : adaptation d'un environnement de travail (outils, matériel, organisation...) aux besoins de l'utilisateur.

Extension : suffixe composant le nom de domaine. Il est choisi en fonction de la clientèle visée, clientèle d'un pays (.fr pour la France, .eu pour l'Union européenne) ou clientèle internationale (.com pour une activité commerciale, .org pour les associations ou les ONG).

Forum : espace de discussion en ligne permettant aux internautes d'échanger, de poser des questions ou de répondre par des posts sur les thématiques proposées.

Formation : processus d'apprentissage permettant à un individu d'acquérir le savoir et les savoir-faire (capacité et aptitude) nécessaires à l'exercice d'un métier ou d'une activité professionnelle.

***Gif* :** format court de vidéo ou image animée (8 à 10 secondes maximum).

***Hashtag* :** représenté par le signe # (dièse). Il facilite l'identification d'un thème ou d'un mot sur les réseaux sociaux.

Hébergement : service consistant à stocker 24 h / 24 et 7 j / 7 l'ensemble des composants (pages, contenus) d'un site. L'hébergement est réalisé sur un serveur connecté à Internet.

***Inbound marketing* (marketing entrant) :** stratégie consistant à proposer des contenus sur les médias et réseaux susceptibles d'intéresser et de convertir les prospects. L'idée est de faire venir le client.

Influenceur : individu qui, de par son statut ou son exposition médiatique (nombre d'abonnés sur les réseaux), peut influencer les comportements de consommation dans un univers donné.

Indicateurs clés de performance (KPI) : indicateurs mesurés régulièrement permettant de mesurer la performance de l'entreprise en vérifiant si les objectifs fixés ont été atteints.

Indicateurs d'appels entrants : ratios quantitatifs et qualitatifs permettant de mesurer la quantité, la rapidité et la qualité du traitement des appels entrants.

Indicateurs d'appels sortants : ratios d'analyse quantitatifs permettant de déterminer la taille de l'équipe affectée aux appels sortants selon le type d'appel et de mettre en place des actions de remédiation, mais aussi qualitatifs pour assurer une prestation de qualité, l'analyse de la pertinence de la communication et des outils utilisés.

Ligne éditoriale : règles qui définissent l'orientation des contenus. Elle peut s'appliquer à tout type de publication (site Internet, blog, réseaux sociaux, journal, magazine papier...), voire à l'entité éditoriale (maison d'édition, chaîne de télévision, société de presse, radio…).

Logiciel de *phoning* : souvent intégrés au module de CRM, ils permettent de mener l'ensemble des tâches nécessaires à l'activité des téléopérateurs à partir d'une seule interface : constitution et qualification de bases de données, prospection téléphonique, prise de rendez-vous, relances, plannings…

Maquette fonctionnelle : Une maquette fonctionnelle ou *wireframe* est la représentation schématique de la structure d'une page web et des différentes zones de contenu prévues (En-tête, Corps de Page, Pied de Page

***Marketing automation* (campagne marketing automatisée) :** ensemble des techniques et outils permettant de traiter de manière automatique des tâches régulières et répétitives.

Marketing d'influence : ensemble des techniques utilisant la force de recommandation ou de prescription des influenceurs (prescripteurs et/ou ambassadeurs).

M-commerce (mobile commerce) : ensemble des transactions commerciales réalisées sur terminaux mobiles (smartphone ou tablette) et, par conséquent, tous les actes liés à l'achat et à la vente de biens ou de services sur mobile.

Médias sociaux : ensemble des plateformes d'échange, incluant les sites participatifs comme les wikis, forums, blogs.

Modération : principe selon lequel les contributions des internautes destinées à un forum ou à un espace de commentaires sont contrôlées avant ou après leur diffusion en ligne. Cette supervision réalisée par un modérateur et/ou un outil automatique permet de filtrer les propos excessifs ou grossiers et vérifie que les propos diffusés ne présentent pas un caractère illicite, injurieux ou diffamatoire.

Mots-clés : mots ou expressions utilisés par les internautes lors d'une recherche sur Internet.

Multicanal : diversification des canaux et multiplication des points de contact pour toucher la clientèle, communiquer avec elle et distribuer les produits. Les différents canaux restent indépendants et ne communiquent pas entre eux.

Nétiquette : contraction des mots « Net », « éthique » (comportement social) et « étiquette » (code de bonne conduite) : désigne un ensemble de règles de comportement liés à la façon de s'exprimer sur Internet (politesse, tolérance…), en particulier sur les réseaux sociaux.

***Net Promoter Score* (NPS) :** indicateur permettant de mesurer le niveau global de satisfaction des clients et de repérer les principaux motifs de satisfaction/insatisfaction. Il est calculé sur la base des réponses obtenues à plusieurs questions numériques. Le calcul à chaque question est fondé sur une échelle de 0 (« pas du tout ») à 10 (« absolument »).

***Newsletter* :** e-mail envoyé à des abonnés visant à les informer sur l'offre, les événements ou l'histoire de l'entreprise et à les fidéliser.

Nom de domaine : moyen technique de localisation et d'accès aux pages Web. C'est le premier contact avec le visiteur d'un site : la saisie d'un nom de domaine dans un navigateur Web permet d'accéder directement à la page.

Objectifs : buts à atteindre, permettant de comprendre et de mener à bien le travail. Ils doivent être atteignables, réalisables, clairs, mesurables et équitables.

Omnicanal : optimisation de l'interconnexion des différents canaux digitaux et physiques : les services proposés en point de vente physique le sont aussi en ligne. Il s'agit d'offrir au client une expérience globale unifiée à travers l'utilisation simultanée des canaux.

Objectifs d'animation : objectifs guidant la réalisation des animations commerciales de l'entreprise, déterminés selon ses problématiques et ses résultats.

***Opt-in* :** principe consistant à recueillir le consentement préalable, clair et explicite d'un particulier pour pouvoir lui adresser une newsletter ou un e-mail commercial.

***Outbound marketing* (marketing sortant) :** envoi de messages marketing, promotionnels et publicitaires au prospects ou clients pour les attirer. Cette stratégie s'appuie généralement sur les médias payés.

Outils d'aide à la vente (OAV) : outils permettant au commercial d'être plus performant face à son client (argumentaire produit CAP, script d'appel, préparation des objections/ réfutations…).

Persona : profil imaginé doté d'un prénom et de caractéristiques sociales et psychologiques qui va représenter l'acheteur idéal, basé sur des données réel de clients existants.

PGI (ou ERP) : ensemble des fonctionnalités nécessaires à la gestion de l'activité de l'entreprise (gestion des achats et ventes, gestion comptable, contrôle de gestion, gestion de production et planification, gestion des stocks…) dans un même logiciel et à partir d'une seule base de données.

Page d'accueil (ou *home page*) : page principale d'un site ; elle présente l'entreprise et propose au visiteur un scénario de navigation.

Page d'atterrissage (ou *landing page*) : page sur laquelle l'internaute arrive après avoir cliqué sur un lien commercial ou une publicité ou à l'issue d'une recherche naturelle s ur un moteur de recherche.

Panier d'achat : espace virtuel d'un site marchand regroupant tous les produits sélectionnés par l'internaute lors de ses achats sur le site (sorte de Caddie virtuel).

Pilotage d'équipe : ensemble des activités du manager permettant d'organiser le travail des équipes.

Place de marché (ou *market-place*) : site marchand qui sert d'intermédiaire entre un acheteur et un vendeur (particulier ou professionnel). La place de marché permet à différents vendeurs de diffuser leurs annonces moyennant commission, tandis que l'acheteur bénéficie d'une transaction sécurisée.

Planning d'animation : programmation de l'ensemble des animations de e-commerce à mettre en place annuellement et par action.

Podcast (contraction de « iPod » et « *broadcasting* ») **:** forme de contenu « portable » au format audio.

Procédure de recrutement : ensemble des étapes permettant de recruter un collaborateur.

Processus de conversion : enchaînement d'actions menant l'internaute à acheter un produit ou service.

Prospection téléphonique : ensemble des actions de marketing menées par téléphone à destination des prospects ou clients et ayant pour objectif de recruter de nouveaux clients ou de développer les ventes.

Protection des données personnelles : principe de respect et de protection des données personnelles d'une personne physique identifiée ou identifiable. Les données des entreprises (nom de la société, raison sociale) n'entrent pas dans le champ d'application de la CNIL et du RGPD. Le nom d'un salarié ou d'un dirigeant d'entreprise est considéré comme une donnée personnelle.

***Pure player* :** entreprise spécialisée dans la vente en ligne uniquement.

Qualification : désigne les opérations réalisées sur une base de données pour la nettoyer, vérifier les informations et les mettre à jour ou les compléter.

Réclamation : expression d'une insatisfaction qu'un client attribue à un organisme et dont il demande le traitement : réparation d'un préjudice ressenti (remboursement, geste commercial, bon de réduction, etc.), action correctrice liée à l'offre de produit ou service (modification produit…).

Référencement naturel (ou SEO : *Search Engine Optimization*) : technique permettant d'améliorer la visibilité d'un site, c'est-à-dire sa position dans les pages des résultats de recherche suite aux requêtes des internautes.

Référencement payant (ou SEA : *Search Engine Advertising*) : liens commerciaux payés par les annonceurs pour apparaître en haut des résultats de recherche des internautes.

Rémunération : addition du salaire fixe et de la partie variable calculée sur les résultats. Peuvent s'y ajouter des primes et des bonus pour récompenser l'atteinte des objectifs fixés (nombre de rendez-vous, volume des ventes…), basés généralement sur la performance individuelle mais parfois calculés collectivement.

Réseau social : désigne une plateforme d'échange entre internautes sous forme de réseau (Facebook, Twitter…).

RGPD (Règlement européen sur la protection des données) : entré en vigueur en mai 2018, il définit les principes à respecter pour la collecte, le traitement et la conservation des données personnelles.

***Rich média* :** publicité multimédia et interactive.

ROI (*Return On Investment*) : mesure la rentabilité d'un investissement ou d'une action commerciale.

***Scoring* :** technique consistant à affecter une note ou un score à chaque client de la base de données, de façon à identifier les plus intéressants (ceux qui rapportent plus, achètent plus souvent, sont plus réceptifs aux sollicitations…).

Script d'appel : argumentaire permettant de poser les bonnes questions et qui valide que le prospect a bien compris le message. Le manager construit un script pour chaque campagne sur le logiciel de *phoning*, qui s'affiche automatiquement sur l'écran du télévendeur lors des appels. Les scripts dynamiques s'adaptent en temps réel en fonction de la réponse du client.

Segmentation : découpage de la clientèle en segments aux caractéristiques homogènes. La segmentation est primordiale car une entreprise peut rarement cibler tous les clients sur son marché.

Stratégie de communication communautaire : vise à rassembler les communautés (inviter les clients, cibler les influenceurs ou les salariés ambassadeurs) puis à les engager sur les réseaux sociaux.

Serveur vocal interactif (SVI) : système informatique permettant de gérer les appels entrants à l'aide de messages vocaux enregistrés ou de synthèse vocale. L'appelant interagit avec le serveur par la voix ou par l'utilisation des touches de son téléphone.

Tableau de bord : représentation visuelle synthétique des résultats mettant en valeur l'évolution et les niveaux atteints par les indicateurs. Ils permettent, à partir de quelques indicateurs pertinents, une analyse synthétique et rapide des données pour orienter le pilotage de l'activité et améliorer la performance commerciale. Les tableaux de bord peuvent porter sur tout ou partie de l'activité de l'entreprise. Ils sont construits en fonction d'objectifs préalablement définis.

Taux d'engagement : mesure l'engagement de la communauté ; se mesure selon les réseaux sociaux par le nombre de « j'aime », de commentaires, de partages, comparé au nombre d'impressions (vues du message) ou d'abonnés.

Tchat : lieu de discussion virtuel, par écran interposé, sur Internet ou via un logiciel adéquat.

Thèmes d'animation : thèmes mobilisables pour créer des animations (saison, événement calendaire…).

***Tracking* :** collecte de données sur les internautes lors de leurs activités en ligne (grâce aux cookies par exemple). Le *tracking* aide les entreprises à comprendre leurs clients, leurs parcours de navigation et leur parcours jusqu'à l'acte d'achat.

Tunnel d'achat : parcours que suit l'internaute depuis son arrivée sur le site jusqu'à la page de confirmation de commande. La longueur du tunnel d'achat varie selon le site et selon le type d'activité.

Tunnel de paiement : correspond à l'enchaînement de pages ou d'écrans liés au paiement sur le site. Son optimisation consiste à réduire le nombre d'abandons enregistrés à ce stade de la commande.

Veille : opération visant à collecter et traiter les informations et à diffuser des connaissances utiles pour améliorer la compétitivité de l'entreprise, maîtriser son environnement et aider à la prise de décision.

Webinaire : présentation vidéo d'un produit en direct sur Internet, permettant de montrer les avantages du produit et son fonctionnement et permettant de répondre en direct aux questions des internautes et de les conseiller.

Crédits photographiques

Chapitre 1 : p. 9 et 11 : © Andrey Popov/Adobe Stock ; p. 11 (h) : © Halfpoint/Adobe Stock ; p. 11 (bg) : © Maridav/Adobe Stock ; p. 11 (bd) : © sireonio/AdobeStock ; p. 12 (h) : © puckillustrations ; p. 12 (b) : © triocean/Adobe Stock ; p. 13 : © Africa Studio/Adobe Stock ; p. 14 : © Nizwa Design/Adobe Stock ; p. 23(h) : © lulu/Adobe Stock ; p. 23 (b) Vicent Landrin ; p. 26 : © scorcom /Adobe Stock ; p. 27 : © Viacheslav Iakobchuk/Adobe Stock ; p. 28 : © smallredgirl/Adobe Stock ; p. 29 : © amenic181/ Adobe Stock.

Chapitre 2 : p. 31 : © Bojan/Adobe Stock ; p. 33 : © apanfilova/Adobe Stock ; p. 33 : © Patrick J./Adobe Stock ; p. 33 : © fizkesp/Adobe Stock ; p. 35 : © auremar/Adobe Stock ; p. 35 (hg) : © Petr Malyshev/AdobeStock ; p. 35 (hm) : © gerasimenuk/Adobe Stock ; p. 35 (hd) : © puaypuayzaa/Adobe Stock ; p. 35 (b) : © Rawpixel.com/Adobe Stock ; p. 36 : © Rawpixel.com/Adobe Stock ; p. 43 (h) : © Didier Doceux/Adobe Stock ; p. 43 (b) : © Rawpixel.com/Adobe Stock ; p. 44 (h) : © opolja/Adobe Stock ; p. 44 (b) : © Mike Fouque/Adobe Stock ; p. 45 : © Minerva Studio/Adobe Stock.

Chapitre 3 : p. 47 : © WavebreakMediaMicro/Adobe Stock ; p. 49 (h) : © Julien Eichinger/Adobe Stock ; p. 49 (m) TarikVision/Adobe Stock ; p. 49 (b) : © kartoxjm/Adobe Stock ; p. 50 (h) : © JanEngel/Adobe Stock ; p. 50 (m) Seksan. TH/Adobe Stock ; p. 50 (b) : © Rawpixel.com/Adobe Stock ; p. 51 (h) : © Rawpixel.com/Adobe Stock ; p. 51 (b) : © goodluz/Adobe Stock ; p. 52 : © Magicnolia/Adobe Stock ; p. 59 : © luckybusiness/Adobe Stock ; p. 59 logo Kone ; p. 60 : © Boggy/Adobe Stock ; p. 61 : © Tyler Olson/Adobe Stock ; p. 62(h) : logo iAdvize ; p. 62 (b) © DG-Studio/Adobe Stock ; p. 63 (h) : © siminitzki/Adobe Stock ; p. 63 (b) : © Good Studio/Adobe Stock.

Chapitre 4 : p. 65 : © ACP prod/Adobe Stock ; p. 67 (hg) : © alexey_boldin/Adobe Stock ; p. 67 (hm) : © Scanrail/Adobe Stock ; p. 67 (hd) : © lucadp/AdobeStock ; p. 68 (h) : © goodluz/Adobe Stock ; p. 68 (b) : © goodluz/Adobe Stock ; p. 69 : © ty/Adobe Stock ; p. 70 : © Andrey_Arkusha/Adobe Stock ; p. 71 : © Andrey_Arkusha/AdobeStock ; p. 79 : Andrey Popov/Adobe Stock ; p. 80 : © Production Perig/Adobe Stock ; p. 81 (h) : © nd3000 ; p. 81 (b) : © Production Perig/Adobe Stock ; p. 82 (h) : © nd3000 ; p. 82 (m) : © bnenin/Adobe Stock ; p. 82 (b) : © Peter Bernik ; p. 83 (h) : © gpointstudio/Adobe Stock ; p. 83 (b) : © georgerudy/Adobe Stock ; p. 84 (h) : © Production Perig/Adobe Stock ; p. 84 (b) : © milanmarkovic78/Adobe Stock ; p. 85 : © Jokiewalker/Adobe Stock.

Embaloupe : p. 87 : © smspsy/Adobe Stock ; p. 88 : © Minerva Studio/Adobe Stock

Chapitre 5 : p. 89 : © ty/Adobe Stock ; p. 91 (hg) : © Bernd Jürgens/Adobe Stock ; p. 91 (hd) : © Peter Atkins/Adobe Stock ; p. 91 (mg) : © Grischa Georgiew/Adobe Stock ; p. 91 (md) : © Matthias Stolt/Adobe Stock ; p. 91 (b) : © contrastwerkstatt/Adobe Stock ; p. 93 (h) : © krissikunterbunt/Adobe Stock ; p. 93 (b) : © Jeanette Dietl/Adobe Stock ; p. 94 : © ikostudio/Adobe Stock ; p. 96 : © Production Perig/Adobe Stock ; p. 103 : © thomaslerchphoto/Adobe Stock ; p. 105 : © andriigorulko/Adobe Stock.

Chapitre 6 : p. 107 : © phototouch/Adobe Stock ; p. 109 (h) : © Sabine Naumann/Adobe Stock ; p. 109 (b) : © Minerva Studio/Adobe Stock ; p. 117 : © made_by_nana/Adobe Stock ; p. 119 : © Sergey Ryzhov/Adobe Stock ; p. 120 : © DenisProduction.com/Adobe Stock ; p. 121 : © pressmaster/Adobe Stock ;

Kanguri : p. 123 (h) : © Kitika/Adobe Stock ; p. 126 : elnariz/Adobe Stock

Chapitre 7 : p. 127 : © Catherine CLAVERY/Adobe Stock ; p. 129 : © Petzl ; p. 130 (h) : Petzl ; p. 130 (b) : © Picture-Factory/Adobe Stock ; p. 131 : © Petzl ; p. 132 : © vitaliymateha/Adobe Stock ; p. 137 : © helenedevun/Adobe Stock ; p. 138 (h) : © seventyfour/Adobe Stock ; p. 138 (b) : Billard Toulet ; p. 139 (h) : goncalocosta.photo@gmail.com/Adobe Stock ; p. 139 (m) : © MicroOne/Adobe Stock ; p. 139 (b) : Dmitry Naumov/Adobe Stock ; p. 140 (h) : © Gilles Paire/Adobe Stock ; p. 139 : Rawpixel Ltd./Adobe Stock.

Chapitre 8 : p. 143 : © constantinos/Adobe Stock ; p. 145 (h) : © dulsita/Adobe Stock ; p. 145 (b) : © contrastwerkstatt/Adobe Stock ; p. 146 (h) : © Cédric SAUNIER/Adobe Stock ; p. 146 (bg) : © Angel Simon/Adobe Stock ; p. 146 (bm) : © illustrez-vous/Adobe Stock ; p. 146 (bd) : © olyina/Adobe Stock ; p. 147 (h) : © Cédric SAUNIER/Adobe Stock ; p. 147 (m) : © isaac74/Adobe Stock ; p. 147 (bg) : © Theastock/Adobe Stock ; p. 149 (bd) : © Angel Simon/Adobe Stock ; p. 150 (h) : © ProfyArt/Adobe Stock ; p. 150 (m) : © arisara82/Adobe Stock ; p. 152 (b) : © simo988/Adobe Stock ; p. 153 : © virtua73/Adobe Stock ; p. 155 : © Yeko Photo Studio/Adobe Stock ; p. 156 (h) : © Christian Musat/Adobe Stock ; p. 156 (b) : © industrieblick/Adobe Stock ; p. 157 (h) : © Dmytro Titov/Adobe Stock ; p. 157 (b) : © Alex Li/Adobe Stock ; p. 158 (h) : © Olesia Bilkei/Adobe Stock ; p. 158 (bg) : © exopixel/Adobe Stock ; p. 158 (bd) : © macrovector/Adobe Stock ; p. 159 : © creativesunday/Adobe Stock.

Chapitre 9 : p. 161 : © myronovychoksana/Adobe Stock ; p. 163 : © IVASHstudio/Adobe Stock ; p. 164 (h) : © MyArtisticView/Adobe Stock ; p. 164 (b) : © dashamuller/Adobe Stock ; p. 165 (h) : © IVASHstudio/Adobe Stock ; p. 165 (m) : © myronovychoksana/Adobe Stock ; p. 165 (b) : © konoplizkaya/Adobe Stock ; p. 166 : © davy liger/Adobe Stock ; p. 167 (de haut en bas) : © HN Works/Adobe Stock ; © Nizwa Design/Adobe Stock ; © blankstock/Adobe Stock ; © botond1977/Adobe Stock ; © sissoupitch/Adobe Stock © Nizwa Design/Adobe Stock ; © Marc/Adobe Stock ; © alexalmighty/Adobe Stock ; © Daniel Berkmann/Adobe Stock ; p. 175 (h) : © womue/Adobe Stock ; p. 175 (mg) : © Reika/Adobe Stock ; p. 175 (md) : © Monique Pouzet/Adobe Stock ; p. 175 (b) : © ALF photo/Adobe Stock ; p. 176 : © Syda Productions/Adobe Stock ; p. 177 : © Marcin Janiec/Adobe Stock

Chapitre 10 : p. 179 : © amixstudio/Adobe Stock ; p. 181 : © Kadmy/Adobe Stock ; p. 162 (m) : © ShniDesign/Adobe Stock ; p. 184 (de haut en bas) : © PUNTO STUDIO FOTO AG/Adobe Stock, © yanlev/Adobe Stock, © imacture/Adobe Stock, © minicel73/Adobe Stock, © plprod/Adobe Stock ; © AYAimages/Adobe Stock ; p. 194 (h) : © Andrey Popov/Adobe Stock ; p. 194 (b) : © bagiuiani/Adobe Stock

La caravelle : p. 197 : © Azat Valeevp/Adobe Stock ; 197 : nikkolia@gmail.com/Adobe Stock

Chapitre 11 : p. 199 : © goodluz/Adobe Stock ; p. 198 : © Pellocks/Adobe Stock ; p. 199 : © © mast3r /Adobe Stock ; p. 209 et 210 (b) : © Lonely Planet ; p. 210 (h) : © Ivan Kopylov/Adobe Stock ; p. 210 (m) : © NoDenmand/Adobe Stock ; p. 211 : © niroworld/Adobe Stock ; p. 212 : © Tsian/Adobe Stock ; p. 213 : © Dreaming Andy/Adobe Stock

Chapitre 12 : p. 215 : © WavebreakmediaMicro/Adobe Stock ; p. 217 (h) : © M. studio/Adobe Stock ; p. 217 (b) : © pavel1964/Adobe Stock ; p. 218 : © galam/Adobe Stock ; p. 217 (hg) : © kariolan/Adobe Stock ; p. 217 (hd) : © ozelenskaya/Adobe Stock ; p. 226 : © Ayamap/Adobe Stock ; p : 229 : © Tatyana/Adobe Stock

Chapitre 13 : p. 231 : © Laguiolle Village ; p. 233 Laguiolle Village : © ; p. 235 : © ricardoferrando/Adobe Stock ; p. 236 : © ricardoferrando/Adobe Stock ; p. 236 : © Maksym Yemelyanov ; p. 243 : © Karin & Uwe Annasp/Adobe Stock ; p. 245 : © ricardoferrando/Adobe Stock ; p. 245 : Vincent Landrin

Chapitre 14 : p. 249 et 251 : © JackF/Adobe Stock ; p. 252, 255 et 256 : © Librairie Nouvelle ; p. 253 (h) : © Decitre ; p. 253 (b) : © La Fnac ; p. 254 : © WavebreakmediaMicro/Adobe Stock ; p. 260 et 261 : © Nathan ; p. 263 : © StockPhotosArt/Adobe Stock ; p. 264 : © highwaystarz/Adobe Stock ; p. 264 (b) et 265 : © Nature & Découvertes ; p. 266 (h) : © cynoclub/Adobe Stock ; p. 266 (b) : © cynoclub/Adobe Stock ; p. 267 (h) : © Syda Productions/Adobe Stock ; p. 267 (b) : © Maygutyak/Adobe Stock.

Chapitre 15 : p. 269 : © xerox123/Adobe Stock ; p. 271 (de haut en bas) : © Aleks Che/Adobe Stock ; © xerox123/Adobe Stock ; © pioneer111/Adobe Stock ; © Ruslan Semichev/Adobe Stock ; © shutswis/Adobe Stock ; © sorokafoto/Adobe Stock ; © Wire_man/Adobe Stock ; © kaninstudio/Adobe Stock ; © macrovector/Adobe Stock ; © Ornella prastarin/Adobe Stock ; Vicent Landrin ; p. 272, 273, 274 et 275 : © Aleks Che/Adobe Stock ; © sorokafoto/Adobe Stock ; p. 273 : © Yukobo/Adobe Stock ; p. 274 : © marino/Adobe Stock ; p. 276 : © Alexey Achepovsky/Adobe Stock ; p. 283 : © ProstoSvet/Adobe Stock ; p. 286 : © Thomas Jansa/Adobe Stock ; p. 285 (de gauche à droite) : © hiddencatch/Adobe Stock ; © patricia/Adobe Stock ; © fidio/Adobe Stock ; © Tiko/Adobe Stock ; © Ornella prastarin/Adobe Stock

Chapitre 16 : p. 287 : © anrymos/Adobe Stock ; p. 289 : © Riccardo Spinella/Adobe Stock ; p. 290 : © Pictures news/Adobe Stock ; p. 292 (de haut en bas et de gauche à droite) : © ALF photo/Adobe Stock ; © FOOD-pictures/Adobe Stock ; © Brad Pict ; © PhotoKD ; © PhotoKD ; © Brad Pict ; © cynoclub ; © Richard Villalon ; p. 293 (de haut en bas et de gauche à droite) : © ALF photo/Adobe Stock ; © Brad Pict/Adobe Stock ; © FOOD-pictures/Adobe Stock ; p. 294 (h) : © Discovod/Adobe Stock ; p. 294 (b) : © beatrice prève/Adobe Stock ; p. 296 (de haut en bas) : © konvertar/Adobe Stock ; © M. studio/Adobe Stock ; © ket4up/Adobe Stock ; © Comauthor/Adobe Stock ; © yolande1955/Adobe Stock ; p. 297 (de haut en bas) : © Jérôme Rommé/Adobe Stock ; © kotoyamagami/Adobe Stock ; © Brad Pict/Adobe Stock ; © gribouilleeva/Adobe Stock ; © AMATHIEU/Adobe Stock ; © Zonda/Adobe Stock ; © Jérôme Rommé/Adobe Stock ; © Brad Pict/Adobe Stock ; p. 299 : © HstrongART/Adobe Stock ; p. 300 : © Denis Semenchenko ; p. 301 : © premiumdesigner/Adobe Stock ; p. 303 : © Stefano Garau/Adobe Stock

Chapitre 17 : p. 305 : © auremar/Adobe Stock ; p. 307 : © JackF/Adobe Stock ; p. 308 (h) : © Lucky Dragon USA/Adobe Stock ; p. 308 (b) : © stockphoto-graf/Adobe Stock ; p. 309 : © eshma/Adobe Stock ; p. 317 : © borisshevchuk/Adobe Stock ; p. 319 : © Romolo Tavani/Adobe Stock.

Bosey : p. 321(h) : © Rawf8/Adobe Stock. ; p. 321(b) © gna60/Adobe Stock ; p. 322 © Dragana Gordic

N° projet : 10279598 - Dépôt légal : Avril 2022
Achevé d'imprimer en Mars 2022 en Italie par L.E.G.O. S.p. A., Lavis (TN)